基于多维视角下的英语教育模式研究

舒婧娟　汪 萍　鲁春林　著

中国海洋大学出版社

·青岛·

图书在版编目（CIP）数据

基于多维视角下的英语教育模式研究／舒婧娟，汪萍，鲁春林著. — 青岛：中国海洋大学出版社，2018.2
ISBN 978-7-5670-1811-2

Ⅰ. ①基… Ⅱ. ①舒… ②汪… ③鲁… Ⅲ. ①英语-教学研究 Ⅳ. ①H319.3

中国版本图书馆 CIP 数据核字（2018）第 104648 号

出版发行	中国海洋大学出版社		
社　　址	青岛市香港东路 23 号	邮政编码	266071
出 版 人	杨立敏		
网　　址	http://pub.ouc.edu.cn		
责任编辑	孙玉苗	电　　话	0532-85901040
印　　刷	北京虎彩文化传播有限公司		
版　　次	2019 年 6 月第 1 版		
印　　次	2019 年 6 月第 1 次印刷		
成品尺寸	185 mm×260 mm		
印　　张	17		
字　　数	410 千		
印　　数	1～1000		
定　　价	56.00 元		
订购电话	0532-82032573（传真）		

前　言

　　在国际交往日趋频繁的今天，英语作为国际通用语言，其地位不断提高，英语教育的重要性也愈发显著。语言自身的复杂性和系统性使得英语并不那么容易被掌握，大部分人都要通过经年累月的专门学习才能具备良好的英语语言素质。不可否认，我国的英语教育自改革开放以来取得了不小的成就，大批英语学习者已经在国际交流与合作中发挥作用，但英语学习的弱势群体依然存在，因此，新时期的英语教育仍需大力推进。社会进步和科技发展不但改变着人们的日常生活，更对教育教学起着不可忽视的推动作用。在这样的背景之下，英语教育的视角不断更新，英语教育的模式也不断被注入新的因子，一场英语教育改革正在如火如荼地进行。反思传统的英语教育，教师以成绩为导向，过分注重学生的应试能力，忽略了学生实际语言应用能力的培养，这与英语教学是为了向社会输出英语人才的初衷相违背。从多维视角探索英语教育模式，不但能拓宽现有英语教育的路径，还能提高英语教学的有效性，从而推动英语教育改革与发展。

　　综观当前英语教育中存在的种种问题，作者结合自身的英语教学实践，撰写了《基于多维视角下的英语教育模式研究》一书。本书首先从英语教育的基本状况入手，分析了英语教育的发展历程、理论基础、影响因素等内容。而后，本书探讨不同视角下的英语教育模式，既包括当前较为火热的生态化英语教育、网络环境下的英语教育、基于多元文化的英语教育，也包括十分经典的任务型英语教育、情境因素影响下的英语教育、自主学习英语教育，以及从心理学和专门用途角度探微的英语教育。此部分论述翔实，理据清晰，让读者对英语教育模式有深入的认知。最后，本书以英语教师的专业发展和英语教学评价收尾，一方面肯定了英语教师在整个英语教育活动中的重要性，另一方面也对教学评价为英语教育带来的反馈与提升作用进行了分析。

　　本书具有以下特点：

　　第一，内容翔实，条理清晰。教育教学类图书最忌讳泛泛而谈，读者在通读全书后无法根据自己的理解构建相应的知识体系。本书则成功避免了这一点。本书紧扣"多维视角"的主题，详细介绍了多种内涵与形式各异的英语教育模式，让读者读后可对全书内容了然于胸。

　　第二，注重理论与实践相结合。空洞的理论研究往往难以调动读者的阅读兴趣，因而本书在对理论进行阐释时增加了相应的实践策略指导。如在任务型教学法与英语教育一章中，首先介绍了任务型教学法的基本内容，而后对其在英语教育中的具体应用进行了分析，最后提出了任务型教学法在英语教育实践中的优化策略。

第三，紧跟时代发展。英语教育随着时代发展而不断发展。新时期的英语教育应当紧跟时代步伐，充分发挥现代信息技术的辅助作用，开展网络环境下的英语教育，全面提高英语教学的有效性。

本书在撰写过程中得到了众多学者的支持和鼓励，同时参考和借鉴了有关专家、教研人员的研究成果，在此对其表示诚挚的感谢！由于时间紧促，加之作者水平有限，书中难免存在疏漏和不妥之处，还望广大读者批评和指正。

目　录

第一章　英语教育概述

当今社会，英语已经成为国际通用语言，英语教育的重要性愈发凸显。改革开放后，中国的英语教育发展速度一直较快，国民整体英语素质都得到了相应提高。英语教育的发展为对外交流、文化建设和经济发展都做出了重要贡献。本章即对英语教育展开全面分析，其中既包括中国英语教育的发展历程，又包括英语教育的理论基础、原则、影响因素，同时还对素质教育理念下的英语教育进行了相关探讨。

第一节　我国英语教育的发展历程

一、早期贸易与传教中的英语教育

在早期的中西贸易中曾普遍存在一种不中不西的语言，称为"洋泾浜"（Pidgin）。从词源上，"Pidgin"这个词源自中国人（主要是粤语区的人）对于英语单词 business（生意）不准确的发音。它指的是讲不同语言的族群由于交际的需要，临时创造出来的一种混合语。我国洋泾浜是由葡萄牙语、英语和汉语相互融合而成的，其中葡萄牙语和英语处于主导地位。

根据语言学家霍尔（G. S. Hall）的看法，我国洋泾浜的发展可以分成 4 个阶段：起源、兴盛、扩展和消亡。第一个阶段为 18 世纪之前，以澳门葡萄牙语为主导。第二阶段为 18 世纪到 19 世纪 40 年代，中英贸易迅速发展，形成了盛行一时的广东英语。第三阶段为 19 世纪 40 年代到 19 世纪末期。鸦片战争之后，广州、厦门、上海、福州等地开始对外通商，广州原本就存在的中国人与外国人交流的媒介"广东英语"借此机会得以北上，并逐渐影响到其他几个城市。其中较为典型的例子就是开埠后的上海，开始盛行所谓上海洋泾浜英语。第四阶段为 19 世纪末期到现在。19 世纪末期，洋泾浜英语逐渐消亡，其主要原因是中国社会政治、经济和文化的发展以及不规范用语所带来的交流上的不方便，使得人们在对外交流中更喜欢用标准英语。今天，洋泾浜英语作为一种曾经存在过的实际交流的语言其大部分已经消亡，但也有部分词汇被现代汉语和现代英语所吸纳，尤其是在香港、上海等地，我们还能从一些当地的特有词汇中看到它的影子。

1818 年，英国传教士马礼逊（R. Morrison）在马六甲建立的英华书院被看作是我国教会英语教育的开端。和贸易英语不同，教会英语教育作为传教士传教活动的一部分，它并不是将中西文化交流或英语的实用性价值作为目标，而是将其作为传播福音的工具。教会英语教育的根本目的就是传播以基督文明为核心的西方文明，使中国人皈依基督教，进一步达到传教以及为西方殖民利益及宗教利益服务的目的。

近代早期的教会学校集中在 5 个开放通商的沿海城市（上海、宁波、福州、厦门、广州）和香港；大多附设于教堂，规模小，开始时一般不满 10 人，招生的对象主要是下层的子弟。这些教会学校以初等、中等教育为主，并且受到整个社会的排斥。其主要原因有两点：其一，教会学校的教育目标与我国传统的教育目标相冲突。中国传统教育偏重科举，强调学生熟读四书五经。而教会学校则注重基督教教义的理解，提倡西学，培养出来的学生是难以应付中国的科举考试的。其二，中西文化的冲突。一些传教士以西方文化优越主义的姿态傲视中国，推崇用西方文化向传统的儒家文化挑战。而中国人一直深受儒家文化以及科举制度的影响，对西方文化也持有排斥的态度。

教会学校把主要精力都放在了传教的最重要工具——英语教育上。这一时期的教会英语教育的特点是教学内容简单，采取语法翻译法，以英文原版教材为主。但是，它们奏响了我国学校英语教育的先声，将正规英语教育的概念引入了我国，在客观上促进了英语在我国的传播。

二、清朝末期的英语教育

19 世纪中叶，随着全球形势的发展变化，作为外语的主要语种已由葡萄牙语、西班牙语逐渐转换为英国、美国使用的英语了。1862 年京师同文馆（School of Combined Learning）建立，首先开设英文馆。关于英语教育，同文馆注重翻译实践（笔译和口译）的教学，并采用了一种具体的英语教学模式——语法翻译法。同文馆在低年级阶段主要集中强化英语语言训练。语言通顺之后，从中高年级开始，英语语言训练就开始和科学知识的教学相互融合。这种注重当时的社会需求、以科学教学促进语言的学习是当时英语教育的特色，对现在的英语教学也有很好的借鉴意义。

在京师同文馆的影响和带动之下，随后在全国主要大城市纷纷设立英语人才的培养机构。上海成立"上海广方言馆"（1863 年），以外国语文为主修课程，兼修历史、地理与自然科学；在广州成立了"广方言馆"（又称"广州同文馆"，1864 年），培养八旗子弟翻译人才；1867 年成立了江南制造厂，内设翻译局，并开始翻译西方的自然科学、军事科学著作。这一时期英语翻译成为了解和学习西方文化和先进科学的最佳通道。1902 年京师同文馆并入京师大学堂（今北京大学），并于 1903 年设立"译学馆"（College of Language），继承并发展了同文馆的教学理念和教学模式等。另外，其办学目标是在培养翻译和英语教育方面人才的基础上，以训练他们中西贯通为最高目标。这种"中西并重"的观念特别强调"外语学习并非仅是涉猎西学的门径，还是研读外国学术的辅助；学习外语的终极目的并非仅是语言文字的应用，而是会通中学与西学"。"译学馆"是我国清末培养外交、外贸方面的笔译与口译人员中规模最大的一所学校，为清末乃至后来的民国政府输送了大量翻译与外交人才。

三、民国时期的英语教育

中西方交流需要英语人才。如果说最初的中西方交往是基于宗教、科技、文化等层面的交流，那么随之而来的交流则是一种基于政治、经济、文化等多维度、全方位、立体式的交流。到了民国时期，这种交流进一步扩大，已从沿海通商口岸扩大到广大内陆地区，甚至甘肃、新疆、西藏等内陆腹地和边疆地区都被纳入世界资本主义体系。频繁的对外政治交往、经贸往来、科技文化交流都需要大量精通英语的人才。开展英语教育，培养英语人才，直接关系到学校的生存和发展。因此，以市场为导向，学校英语教育一开始就承担起了为社会发展培养英语人才的历史使命，这也与当时各地的社会经济发展水平相吻合。清末的学校英语教育主要集中在 5 个沿海通商口岸。到了民国时期，英语教育在全国各地、各级各类学校中蓬勃开展起来，建立并稳定了大学、中学、小学英语教育体系，即使是远在西南边陲、相对封闭落后的西藏地区，也出现了英语学校。但是，受需求的影响，民国时期的学校英语教育，特别是外语专门学校和开设外国文学（英国文学）系科的高等学校，仍主要集中在上海、南京、福建、广州等沿海地区和省会城市。各类学校根据本地经济社会发展的需要自主开设英语教育课程，培养了大量的英语人才，有力地促进了中外政治、经济、科技和文化交流。

在具体的教育实践中，民国时期的学校英语教育，在清末英语教育的基础上，立足于社会与经济发展的实际，紧跟国际英语教育的潮流，围绕语言教学和英语人才培养，谋划学校英语教育布局，革新英语教育模式，加强师资队伍建设，引进使用原版英文教材，从而形成了鲜明的特点，具体如下。

1. 学校英语教育发展不平衡

首先，从整体上看，民国时期的社会生产力发展水平还比较低下，在广袤的内陆地区，自给自足的封建自然经济仍占主导地位，是典型的农业社会。只是在上海、广州、南京等开放口岸和大城市，由于西方帝国主义的入侵等原因，资本主义工商业才相对发达。沿海与内地、城市与农村之间的经济社会发展水平差异极大，"二元结构"非常明显，学校英语教育也存在较大的差异。经济发达、外向度高的沿海省份和城市的英语教育水平明显高于经济落后、外向度低的地区。

其次，民国时期的办学体制多元，既有公立学校，也有私立学校，还有一定数量的教会学校。因其类型多样，教育目标和教学要求、教学方法不尽相同。不同类型学校的英语教学在课程设置、教学内容、教学方法、教材选择、师资建设等方面，差异非常大。在教学方法方面，普通公立学校、私立学校多采用语法翻译法，专业课程和农村学校的英语课程一般用汉语讲授。教会学校则紧跟国际英语教学潮流，采用直接法开展双语教学，用英语讲授专业课程。

2. 英语教育师资逐渐实现自给

为了免致"永远仰给外国教师"，培养造就本土英语教师的工作开始受到关注和重视，英语师资培养由此提上议事日程。1912 年以后，国家随即着手加强英语教育，培养英语教师。在 1924 年中华教育改进社的南京教育年会上，英语教学组提出《英语教学改进计划》，特别强调培养中等学校的英语教师的重要性，并制定了详细的培养方案。除了外籍教师外，民国时期英语教师的来源主要有三：一是高等学校英语系培养。民国时期的大学，开设的外国文学（或英国文学）系的很多。到 1949 年，全国有几十所综合性大学设有外国文学（或英国文学）系科，有 10 余所高校设有外国语（英语）师范系科。二是各大学、专门学校都很重视自己英语教师的培养，通过培训、进修或交换教授、公派出国培训等形式，提高现有教师的专业水平和能力。三是出国留学人员回国任教。西方列强为了培植在华代理人，以便控制中国并捞取商业利益，大量接收中国留学生。其中，赴英、美留学人数较多。这些留学生，在西方国家学习自然科学和人文社会科学知识，并学到了各国"活"的语言。许多留学生回国后，积极从事英语教育工作。

四、1949 年后的英语教育

（一）初期（1949—1965 年）

在 1949 年至 20 世纪 60 年代是初期阶段，百废待兴。这一阶段我国政府对外语教育规划工作比较重视，不仅初步确立了学校外语教育的基本模式和培养目标，也建立了外语教育的各级体系。但是，这个阶段我国外语教育政策的制定不可避免地受到国际大环境的制约以及国内政治运动的影响。当时由于国家的对外政策倾向以"亲苏学苏、反美抗美"为基本特征，我国的外语教育出现了一边倒倾向，全社会掀起了学俄语的热潮。

1950 年教育部明确将俄语课纳入中学外语课程之中，同时设置了多门语言理论课程，晚清及民国已发展较成熟的英语课逐渐从课程表上消失了。那个时候外语教学必然突出的是俄语，英语作为中学的一门学科，在很长一段时间内是处于一种勉强维持的局面。1956 年 7 月，教育部下达《关于中学外国语科的通知》，这个通知在当时我国的中学外语教育中占有重要的地位。它纠正了忽视英语教学的偏向，撤销了 1954 年起初中停开外语科的决定。这个通知的下达，结束了我国中学英语教学勉强维持的局面。自 1957 年开始，我国的中学英语教学终于摆脱了勉强维持的局面，开始逐步恢复。在教育部正式颁发的中学教学计划中，外语已被列为一门重点学科。

（二）"文化大革命"时期（1966—1976 年）

正在英语教育刚刚开始得到重视之时，一场长达 10 年之久的"文化大革命"开始，这场社会运动使得英语教育陷入停滞的状态。在此期间，高等教育几乎处于瘫痪状态。此时期的英语教育不太规范，没有教学大纲、教学要求，一般采取教生词、读课文以及英汉互译的方法。学生基本上不练习口语，课堂上偶尔采用问答法。因此，学生在这个时期很少能学到地道的英语，学习的内容大多为具有中国特色的政治方面的英语译文，这些语言难以被以英语为母语国家的人所接受与理解。

（三）改革开放时期（1978 年至今）

改革开放政策不仅给我国经济的发展带来了春风，同时也给英语教育注入了新的活力。这一时期的英语教育事业和其他事业一样发生了巨大的变化，特别是在十一届三中全会后提出的"为实现四个现代化而努力学习外语"的方针政策，深得人心，引起了全社会对英语学习的关注，全国出现了学习英语的热潮。改革开放后的 30 年是我国英语教育飞速发展的时期，这一时期的英语教育取得了令人瞩目的成绩。于基础教育阶段而言，1978 年教育部贯彻邓小平同志要重视中小学教育的指示，为了培养更多的建设性人才，颁布了《全日制十年制中小学英语教学大纲（试行草案）》，1978 年国务院批转教育部《关于加强中小学教师队伍管理工作的意见》，1979 年教育部采取让高等院校和其他部门教师到中学、师范和教师进修学院担任教师工作的措施，加强中学外语教师队伍，坚决制止外语骨干教师的外流，保证基础教育阶段外语教师师资队伍的稳定。于高等教育阶段而言，1978 年，高考制度得以恢复，我国的英语教育开始蓬勃发展起来。英语教育不管在师资力量的壮大、教学大纲的制订，还是在教材建设、教学方法多样化等方面均取得了长足的进步。

五、全球化背景下的英语教育

当今世界，国家与国家、民族与民族之间的相互接触越来越频繁，全球化成为这个时代的特征。作为全球通用的语言——英语被越来越多的国家重视，它不仅关系到个人的发展，而且还与国家的综合实力有关。随着全球化趋势日益明显，英语教育越来越受到全世界的关注和重视。韩国、日本等国不仅采取学习英语年龄提前、学校课时增加等方式以提高本国国民的英语水平，而且把提高国民英语水平看作提高国际竞争力、适应全球化经济发展、促进民族之间相互理解融合、提高国际意识的重要途径之一。于中国而言，英语教育的重要性也是与日俱增。

（一）全球化背景下英语教育存在的问题

1. 注重语言知识技能，淡化语言应用能力

在教学过程中重视记忆和机械的模仿，忽视学生的情感需求和对自主学习能力的培养。教师常常采用以讲解词汇和语法知识为主的上课方式，学生往往被动听课、做笔记。这种课堂模式使学生只能掌握有限的语言技能，虽能应付各类的升学考试，但是缺乏课堂的互动，难以充分调动学生学习的积极性，从而影响到学生语言综合运用能力的提高。

2. 对英语专业定位存在误解

随着我国市场经济的发展，能否带来经济效益成为接受高等教育的主要目标之一。英语专业教育与社会主义市场经济的关系是值得教育行政部门、高等学校和全体外语教育工作者思考的一大问题。英语专业教育要避免高等教育哲学中的两个极端，即认识论哲学和政治论哲学。前者指的是高等教育"趋向于把以'闲逸的好奇'精神追求知识作为目的"，即它强调大学以探索高深学问和忠实客观地追求知识为目的，英语专业教育主要关注的是文学教育，培养纯语言、纯文学的人，很少考虑到政治和商业的目的。后者指的是"人民探讨深奥的知识不仅出于'闲逸的好奇'，而且还因为它对国家有着深远影响"，它强调英语专业教育不应成为远离社会的"象牙塔"，而是要适应环境的需要，为社会提供各种服务。目前高校的英语专业教育中以高等教育政治论为主导，英语专业的学生深受整个社会大潮流的影响，功利主义和实用主义的思想倾向明显，对专业定位认识不明确。一些英语专业的学生将本科英语教育看作便于从事某项实用性专业工作的辅助手段，甚至作

为出国留学或研究生入学考试的敲门砖。因此，他们重视立竿见影的应用型课程的学习、重视语言技能的学习和各类资格证书的考试，将大学视为公司的职业培训中心和语言考试培训中心，忽视对文学文化课的学习。实际上，他们思想上的误区，恰恰阻碍了他们的未来发展。

3. 英语教育标准混乱、评价体系不科学

目前我国有《义务教育阶段英语课程标准》《普通高级中学英语课程标准》《大学英语教学要求》和《高等学校英语专业英语教学大纲》等。这些标准各自为政，没有很好地衔接。大学阶段又人为地区分为公共英语和专业英语，违背了语言的客观规律。与这些标准相对应的评价体系也不科学，只考查了语言的部分内容，这在很大程度上导致了应试教育的盛行。

4. 高等院校英语教育师资力量不均衡

高等教育大众化阶段，各个高校英语专业师资差别很大，新办英语专业高校的师资力量往往比较薄弱。专业教师数量不足，每位教师承担的课时量大、科目多。在师资力量奇缺的高校，甚至出现了部分教师每学期承担 2~4 门专业课，人均每周的课时数达到 14 节的情况。每位教师都有自己的专长，不可能胜任不同性质课程的教学；再则超负荷的工作量，使教师疲于教学而无暇顾及科研工作，从而影响了教师学术发展。师资结构不合理，主要表现为教师的学历和职称普遍比较低，缺少专业学科建设的带头人和教师团队。教师在教学和科研方面经验不足，难以有效地引导学生的学习和指导他们的毕业论文。

5. 对本民族文化的认知自觉性有所下降

在我国，英语教育受到社会的广泛重视。一个人所具有的英语水平已经成为升学、就业、职称晋级和衡量社会地位的重要标准和依据。但是由于受应试教育以及教学理念等因素的影响，一些青年学生在跨文化交际中屡屡出现"中国文化失语症"，即在跨文化交际中作为中国人提不出自己独特的观点，无法准确有效地表达中国社会特有的文化现象。中国优秀传统文化的传播在无形中被忽略，导致了中国对外文化交流和传播的严重失衡。更严重的是，一些学生对英语国家文化的认同超过对自己国家文化的认同。华中科技大学刘献君教授指出："如果我们的人文文化也全盘西化，那么中国人将只是一个种族、生理、生物的概念，而非民族的概念。"我们必须清醒地认识到，民族文化的认同与传承不仅仅是一个文化问题，而且是涉及社会和个人的安危、国家主权和民族独立的政治问题。

（二）全球化背景下英语教育的改革思路

1. 培养全球视野和创新思维

在英语教育中，要使学生学会做人、学会生活、学会学习，具备适应全球化的能力和素质；要变应试教育为素质教育，培养学生语言综合运用能力、学习技巧、创新思维等。英语教育要让学生具有全球化视野，既能以全球化的视野进行思维，又能结合本地实际采取适当行动，解决实际问题。在英语教育中要有具体的国际化方面的内容，通过讨论，激发学生的学习动机，提升英语水平和全球化意识。英语教育的目标应是培养适应经济全球化、信息全球化的，有国际意识、国际竞争力的人才。在教育观念上要具有全球化战略思维和国际化战略眼光；具有国际竞争意识及合作交流意识；具有坚持中国特色、弘扬中华民族优秀传统文化、防止地域文化和殖民主义入侵的意识。

2. 加强师资队伍建设

师资队伍是学科发展的重要力量。为了培养合格的英语专业人才，必须提高教师的综合素质和改善师资队伍结构。高校要有规划、有目标地引进人才（学科带头人）、稳定人才（中青年教师队伍，防止人才流失）和培养人才（鼓励教师的在职教育，提高教师的综合素质和专业水平），合理地配置教师队伍职称、学历和年龄结构。尤其要重视学科带头人和骨干教师的培养，使他们能充分发挥自己的作用并建立不同专业方向的学科团队，从而带动整个教师队伍的发展。

3. 制定统一的英语教育标准和科学的评价体系

《大学英语课程教学要求》调整了大学英语的教学目标：培养学生的英语综合应用能力，特别是听说能力，使他们在今后工作和社会交往中能用英语有效地进行口头和书面的信息交流，同时增强其自主学习能力，提高综合文化素养，以适应我国社会发展和国际交流的需要。在此要求中，强调了英语综合应用能力、听说能力、自主学习能力，这是进步的表现。但在具体的要求中没有提及文化交际方面的内容，这与中小学英语课程标准严重脱节，与英语专业教学大纲的要求也有所不同。高等学校英语专业英语教学大纲规定：高等学校英语专业培养具有扎实的英语语言基础和广博的文化知识，并能熟练地运用英语在外事、教育、经贸、文化、科研、军事等部门从事翻译、教学、管理、研究等工作的复合型英语人才。我们应成立国家外语中心，通过制定"一条龙"式的《国家英语课程标准与教学要求》，涵盖小学、普通中学、高职高专、大学，把英语教育放在一个科学、有序、目标明确的完整框架内。只有这样，才能使学生具备英语综合应用能力，适应全球化的要求。同时，要制定《国家英语能力标准》，用统一的尺度来衡量英语水平的高低，不再区分英语专业和非英语专业。从小学到大学有不同的等级要求，学生要分别达到相应的能力标准。

4. 培养文化自觉意识

首先，自觉认同本民族文化。英语作为文化传递的重要工具，在教学中教师既要引导学生学习西方优秀文化，又要树立和提升对民族文化的自觉认知。在跨文化交际中如果缺少文化自觉意识，就很难完成对外来文化的理解、吸收和传播。

其次，自觉引领文化方向。教育肩负着文化传承和创新的历史使命。我国教育在传承和发扬中华民族文化传统和建设现代新文化方面，始终扮演着不可替代的角色。英语教育是我国教育的重要组成部分，它在我国对外交往和文化传播中起着重要的作用，在文化建设中肩负着引领社会文化方向的重大责任。英语教育在培养人才的过程中，只有把体现社会主义核心价值的文化观念融入教学科研和文化交流之中，才能确保文化引领方向。

最后，全球化背景下的英语教育要自觉秉承"和而不同"的理念。"和而不同"是中华优秀传统文化的精华，其含义是在保持各自主体性的前提下承认不同的存在，尊重不同个体的特性，并与其他个体和谐相处。面对多元化文化我们既承认不同国家或民族文化之间的差异性，又追求不同文化间的相互吸收、相互交融，最终达到和谐的统一与共同繁荣的目标。中华文化正是在长期同异域文化的碰撞激荡、吸收借鉴、"和而不同"中发展起来的多种文化积淀的结晶。将"和而不同"的思想运用于外国语言与文化的学习，就是既不丢弃民族文化，也不拒绝外来文化。是在知己知彼的前提下做到扬弃和在平等看待不同文化基础上的学习，既要始终自觉保持民族文化的独立性，又要有海纳百川的心态，以促进多元文化间相互尊重和相互理解，谋求共生共存。

第二节　英语教育的理论基础

一、比较语言学

比较语言学，又称历史比较语言学。19 世纪，在语言研究内部发展需求的推动下，在生物进化学说、比较解剖学等自然科学以及其他因素的影响下，语言学家开始把语言作为独立的对象进行研究，并且形成了历史比较的研究方法，从而使语言研究作为一门相对独立的学科建立起来，语言学史上的第一个相对独立的学派——历史比较语言学诞生了。历史比较语言学发源于 18 世纪末到 19 世纪初的德国，辉煌了一个世纪，它的建立宣告语言的研究已经不再是经学的附庸，从此语言的研究走上科学的道路。比较语言学是把相关的各种语言放在一起进行共时比较或把一种语言各个不同的历史发展阶段进行历时比较，以找出它们在语音、词汇、语法上的对应关系和异同的一门学科。比较语言学既可以用来研究相关语言之间结构上的亲缘关系，找出它们的共同母语，又可以找出语言发展、变化的轨迹和语言发展、变化的原因。

二、错误分析理论

错误分析理论是 20 世纪中后期盛行的对第二语言或外语学习者错误的研究，通过比较学习者的母语和目标语这两种语言来探求他们之间的异同。20 世纪 60 年代后期，英国应用语言学家科德（S. P. Corder）在 1967 年发表的 *The Significance of Learner's Errors*（《学习者错误之重要意义》）一文中提出错误分析理论，对学习者在学习过程中的错误进行系统性分析研究，从而确定其错误的来源，为教学与学习过程中进一步消除这些错误提供依据。

错误分析理论认为，外语学习者在学习一种新语言时，也像儿童学习母语一样，对目标语做出各种假设，并不断在语言接触和交际使用的过程中检验假设。在这个学习过程中，错误不仅是不可避免的而且还是必要的，因为它反映了学习者对目标语所做的假设与目标语体系不符时出现的偏差。通过观察分析这些错误，教师可以了解学习者如何建立假设并检验它，了解外语学习者学习的方法和对目标语的熟悉程度。

错误分析理论使人们改变了对错误本质的认识，把错误从需要避免、需要纠正的地位提高到了作为认识语言学习内部过程的向导地位，随着语言学的不断发展，错误分析理论也必将得到进一步充实和完善，它对外语教学的指导作用也必将日益重要。

三、结构主义语言学

从 19 世纪末到 20 世纪中期，不论是在自然科学领域还是在人文科学领域都开展着一场结构主义革命。不少学者如帕西（P. E. Passy）、斯威特（H. Sweet）、布龙菲尔德（L. Bloomfield）、韩礼德（M. A. K. Halliday）等都对语言的结构进行了分析和研究，并提出了自己的观点和理论。在这方面的研究工作中，美国和英国的结构主义语言学家取得了显著的成绩并做出了卓越的贡献。

（一）美国的结构主义语言学

美国结构主义语言学家的研究工作是从研究没有文字的美洲印第安人的口头语言开始的。他们用语言符号（如国际音标）把印第安人口头讲的话如实记录下来，然后对收集到的口语样本进行不同层面的分析，研究它们的结构和特征。其后，美国结构主义语言学家又运用他们在实践中建立起来的"描写"方法去研究英语和其他印欧语系语言。他们认为语言可看作一个把意义编成语码的系统。这个系统由结构相关的成分组成，这些成分是音位、词素、单词、结构和句型。一个语言系统包括它的音位系统、词素系统和句法系统。由于语言差异性的存在，美国结构主义语言学家认为，在学习外语时，母语会干扰和影响外语的学习。当外语的结构和母语的结构不同时，学习困难和错误就会出现，学习外语主要就是要克服这种困难。他们还认为，如果母语和外语有相同的结构，学习上就不会出现困难，对于相同的结构，教学中不用教授，只要让学生接触语言就可以了。因此，在外语教学中，应集中力量去解决两种语言结构上的差异问题。为了预测学习某一外语会碰到的困难和问题，可使用对比分析（Contrastive Analysis）去比较母语与外语在结构层面上的异同。

（二）英国的结构主义语言学

对语言结构特别是句型结构的研究，英国的语言学家做了大量的工作并取得了卓越的成效和显著的成果。英国著名的语言学家帕尔默（H. Palmer）、霍恩比（A. S. Hornby）和其他学者从 20 世纪 20 年代开始共同分析、总结主要的英语语法结构，把英语语法结构归纳成一定的句型。英国语言学家对英语句型的详尽描述和解释，为人们了解英语的内在结构提供了大量资料，也为英语教学特别是语法教学和句型教学尤其是句型转换（Paraphrasing）提供了依据。如果说美国结构主义语言学家在研究语言时特别注意语言之间的差异、主张使用对比分析去预测在外语学习时会出现的困难的话，那么英国结构主义语言学家在研究英语结构时特别注意的是语言结构和结构使用情景之间的关系。

四、发生认识论

发生认识论是皮亚杰（J. Piaget）根据以他为代表的日内瓦学派对儿童心理发展的研究和其他学科有关认识论的研究而提出的一种关于认识论的理论。它试图以认识的历史、社会根源以及认识所依据的概念和"运算"的心理起源为根据来解释认识，特别是解释科学认识。皮亚杰心理学的理论核心是"发生认识论"，主要研究人类的认识（认知、智力、思维、心理的发生和结构）。他认为，人类的知识不管多么高深、复杂，都可以追溯到人的童年时期，甚至可以追溯到胚胎时期。所以儿童出生以后，认识是怎样形成的，智力思维是怎样发展的，它是受哪些因素所制约的，它的内在结构是什么，各种不同水平的智力、思维结构是如何先后出现的等都值得研究。

五、建构主义理论

建构主义理论是由认知主义学习理论发展而来的，它从认识论的高度提出了认识的建构性原则，强调了认识的能动性。建构主义的代表人物有皮亚杰、科恩伯格（O. Kernberg）、斯滕伯格（R. J. Sternberg）、卡茨（D. Katz）等。在皮亚杰提出的"认知结构说"的基础上，科恩伯格进一步研究了认知结构的性质与发展条件，斯滕伯格和卡茨等人强调人体的主动性在建构认知结构过程中的作用，并探索了认知过程中如何发挥个体的主动性。维果茨基（L. Vygotsky）提出的"文化历史发展理论"强调学习者所处的社会文化、历史背景在认知过程中的作用，并提出了"最近发展区"的理论。这些研究进一步丰富和完善了建构主义理论，为理论更好地应用于教学创造了条件。建构主义理论的基本观点是，学习需要在教师的指导下坚持以学生为中心的原则。也就是说，该理论主张学生是信息加工的主体，是意义的主动建构者，而不是外部刺激的被动接受者和被灌输的对象。教师是学习的意义，建构的帮助者和促进者，而不是知识的传授者和灌输者。直到20世纪90年代，随着科学技术的迅猛发展，多媒体和网络技术为建构主义理论学习环境提供了技术支持，使得建构主义学习理论教学设计思想得以实现。

六、心灵主义习得理论

（一）普遍语法

乔姆斯基（N. Chomsky）是心灵主义习得理论的代表人物之一，他提出心灵主义的习得理论目的是要解释儿童母语的习得问题。乔姆斯基（N. Chomsky）认为任何发育正常的儿童能在短短几年内获得母语使用能力，这个事实用行为主义学习理论解释不了。在乔姆斯基（N. Chomsky）看来，人类有一个与生俱来植于大脑里的所谓语言习得机制（Language Acquisition Device，LAD）或普遍语法（Universal Grammar，UG）。这是一种假设，因为至今还未被证实。按照乔姆斯基（N. Chomsky）的理论，外部环境和语言输入只有"激活"语言习得机制的作用。语言输入进入人脑就创立了一种语言知识，这种语言知识包括"原则""参数"和"词汇"。尽管乔姆斯基（N. Chomsky）的理论不论在解释母语习得还是在解释第二语言习得方面都还存在有争议的地方，但正如郭杰克所说的那样："对乔姆斯基（N. Chomsky）的普遍语法理论进行深入的探讨会有助于揭示语言习得的奥秘，至少从普遍语法的角度去研究语言习得会给我们一个新的视角，从而有助于我们对问题有更为全面和更为深入的思考。"

（二）克拉申的监察模式

克拉申（D. Krashen）是美国南加州大学语言学系的教授。在一系列他人和自己研究的基础上，他提出了旨在解释第二语言是如何习得的学习理论。他的理论常称为监察模式。克拉申的监察模式由 5 个假设组成，即习得和学得假设、自然顺序假设、监察假设、输入假设和情感过滤假设。

按照习得和学得假设（Acquisition-Learning Hypothesis），培养第二语言或外语能力有两种不同的途径，一种是习得，另一种是学得。习得是一种自然的方式，它是一种觉察不到的过程，像小孩习得母语一样，学习者在有意义的交际中，通过对语言的理解和使用，自然获得使用语言的能力。学得是指有意识地学习语言规则的过程。学得最后能弄懂语言知识，并能把语言规则予以表述。正规学习能促使学得发生，对错误的纠正能帮助弄懂规则，但学得不能促使习得发生。克拉申提出自然顺序假设来说明习得语言规则是有一定的次序的。按自然顺序假设，一种语言的语法规则或结构是按一定的、可以预示的顺序习得的，在第二语言或外语学习时有类似情况。克拉申提出语言输入假设来说明语言是怎样习得的。他认为，只要人们接收到足够的语言输入，而这些输入又是可以理解的（Comprehensible），那么人们就可以习得语言。克拉申还提出监察假设来说明学得的作用。克拉申认为，有意识的学得（知识或规则）只能起到监察的作用，这种监察作用可以发生在写或说之前或之后。克拉申提出情感过滤假设（Affective Filter Hypothesis）来说明心理或情感因素对外语学习的影响。影响外语学习的心理或情感因素包括一个人的动机（Motivation）、信心（Self-confidence）和忧虑程度（Anxiety）。克拉申把情感因素看作可以调节的过滤器，这个过滤器可以让语言输入自由通过或阻碍语言输入通过，而语言输入只有通过了过滤器才能运行语言习得机制并为大脑所接收。因此，在外语学习过程中，强烈的动机及自信心和低的忧虑状态对习得来说是较为有利的。

上述的 5 个假设构成了克拉申外语教学理论，这个理论对外语教学有一定的启示作用。

按照克拉申的外语教学理论，进行外语教学时应该尽量向学生提供可理解的语言输入，为学生习得语言创造一个有利的环境。教师应使用一切手段来增加语言输入的可理解性，如教师可采用直观的教具（如实物、图片、电影等）来辅助教学，也可以按学生水平，使用不同的词汇和语言结构来教学。此外，教师应创造一个轻松愉快、自由自在的学习气氛，只有这样，语言输入才能更有效地为大脑所接收。因此，不要强加压力于学生，在学生不会回答问题或还未有能力作答时，不要强迫他们作答。在学习的最初阶段，可使用"全身反应法"来教学，这样可以减少学生的忧虑，避免产生害怕犯错误的心理。与此同时，语言输入应是有趣的，学生应在教学中参与有意义的交际活动，而不是句法形式的训练，这样才能更好地调动学生学习的积极性，提高学习的效率。由于习得依赖可理解的输入，因此，课堂的活动应该集中在听和阅读两个方面的训练上，说的能力应让其自然产生。

七、社会语言学

社会语言学是一门新兴的语言学分支，主要研究语言的社会本质和差别以及影响它们的社会因素。由此可见，社会语言学将语言当作一种社会现象进行研究，并认为语言最本质的功能就是社会交际功能。美国社会语言学家海姆斯（D. Hymes）认为，儿童是在社会化的过程中自然而然地习得母语的。他们不仅能说出符合语法和本族语习惯的句子，还能在一定的场合、情境中使用恰当的语言。另外，海姆斯还曾指出："交际能力是运用语言进行社会交往的能力，既包括语言能力，也包括影响语言使用的社会文化意识能力；既包括言语行为的语法正确性，又包括言语行为的社交得体性。"① 这一理论即"交际能力"理论。

总的来说，社会语言学主要研究语言与文化、职业等之间的关系，以及对语言在不同的社会环境及条件下的应用。社会语言学认为，人们在表达同一思想内容时所使用的语言会因为种族、民族、性别、年龄、身份、经济地位、文化程度及场合等方面的不同而产生很大的差别。社会语言学的研究促使人们更加关注语言使用的得体性，同时也促使教育工作者更加重视培养学生得体地使用语言的能力。在此影响下，交际法应运而生。

第三节　英语教育的原则与影响因素

一、英语教育的原则

（一）以学生为中心原则

学生是教学活动的主体和内在因素，教师要想充分激发学生的主观能动性，提高教学质量，就必须要以学生为中心。所谓的以学生为中心，指的是在教学过程中，从学生的实际情况出发设计和组织教学活动，进而培养学生的交际能力。在英语教学中，教师的指导作用不容忽视，但是充分调动学生的积极性才是教学质量有效提高的保证。以学生为中心需要教师在教学中为学生的学习创造条件。教师的"教"必须建立在学生"学"的基础上，教师的"教"要以学生的"学"为依据。教师在教学中的所有活动都必须考虑学生的心理和需要，根据学生的反应来调节自己的教学活动。具体来说，教师需要做到以下几点。

1. 培养学生成为独立的语言学习者

有限的课堂教学只能传授有限的知识，况且语言学习又有其特殊性，即连贯性，一旦不接触或不使用所学语言，就有可能前功尽弃。这也是学生对英语教学失望的一个原因。即使再用功的学生，他如果仅老老实实地完成老师布置的作业，并按部就班地温习课本的话，那么，通过考试后不久，他就有可能把课堂上所学的那些语言知识忘记过半。英语学习归根结底是学生自身独立的学习。英语教学的目的不仅是向学生传授语言知识，更重要的是使他们成为独立的语言学习者，培养学生使用所学语言的能力，并向学生传授适用的语言学习方法，提高他们的语言自学意识和能力。

2. 在备课和教学活动中突出学生的中心地位

首先，备课是教师教学的重要环节，教师可以通过备课了解学生。教师可以通过学生在课堂上的表现、测试成绩等了解其学习状况，这些情况的了解都有利于教师根据学生的

---

① 侯旭. 社会语言学 [M]. 南京：东南大学出版社，2010.

学习水平、接受能力、学习风格以及学习态度等来设计教学实践活动。教师在备课中应尽量设计一些开放性较强的任务，这样可以促使所有学生都参与进来，使学生真正成为学习的主体。其次，教师要根据学生的特点、知识结构、学习兴趣等内容进行形式多样的活动设计。学生的性格不同，性格开朗外向的学生往往善于表现自己，因此其对教学活动的参与度就高。而那些性格比较内向的学生不善言谈，羞于表达自己，因此对于教学活动的参与度则低。这样的情况就要求教师在尊重学生差异性的基础上设计一些能够使所有学生都可以参与的教学活动。教学活动设计必须要能够激发学生的参与积极性，且能够保证学生的全面参与。

（二）兴趣性原则

1. 兴趣性教育原则的依据

（1）对兴趣教育价值的肯定。确认兴趣在教育中的重要意义和地位，反映了对兴趣与教学过程的密切关系的认识，体现了教学内在规律对教学原则的要求。在教育史中关于兴趣教育价值的论述不胜枚举，归纳起来主要有这几个方面：兴趣是学生求知的内在动力和愉快学习的诱因，这种状态下教学效果最佳；兴趣是牢固掌握知识和提升学业成绩的保障，对智能发展作用巨大；兴趣维持长久的注意力，可促进学生努力训练；兴趣具有德育价值，是促进个性全面发展的要素；兴趣推动自我终身学习，对成功成才也具有特殊意义等。特别值得一提的是杜威（J. Dewey）的观点。杜威（J. Dewey）在《我的教育信条》中认为，兴趣是教学的起点和决定课程进度的真正中心，并且"方法的问题最后可以归结为儿童的能力和兴趣发展的顺序问题。提供教材和创立教材的法则就是包含在儿童自己本性之中的法则"，"因此，经常而细心地观察儿童的兴趣，对于教育者是最重要的。"

（2）以兴趣为取向的教学目标。把学有兴趣当作教学目标，是教育兴趣说的一个跨越，也反映了一定教学目的对教学原则的要求。中国古代即有从孔子肇始的"知之者不如好之者，好之者不如乐之者"（《论语·雍也》）的一贯主张，讲的就是好学、乐学的重要和追求以学为好、以学为乐的境界。在西方，以兴趣为取向的教育目的观可追溯到卢梭（J. J. Rousseau）。他说："我的目的不是教给他各种各样的知识，而是教他怎样在需要的时候取得知识，是教给他准确地估计知识的价值，是教他爱真理胜于一切。"① 赫尔巴特（J. F. Herbart）明确指出："教学的最终目的虽然存在于德行这个概念之中，但是为了达到这个最终目的，教学必须特别包含较近的目的，这个较近目的可以表述为'多方面的兴趣'。"赫尔巴特（J. F. Herbart）认为兴趣是目的也可为手段。

2. 兴趣性教育原则的实施

（1）充分尊重学生的主体性。教育是一种主动的过程，教师必须清楚地认识到英语课堂的主体是学生。只有通过学生积极主动地尝试与创造，教学活动才能达到预期的效果，学生也才能获得认知和语言能力的发展。因此，教师要从学生的心理和生理特点出发，遵循语言学习规律，采用多种教学方式，培养学生兴趣，让学生通过体验和实践进行学习，逐渐形成语感并提高交流能力。

（2）营造轻松愉快的学习环境。学习环境的好坏，在趣味教学中占有重要的地位。

---

① 卢梭. 爱弥尔［M］. 北京：人民教育出版社，2001.

轻松愉快的课堂氛围可使学生热情地投入到学习中，带动学生高效率地听课，引发学生的兴趣和求知欲。教师上课时，尽可能多用抑扬顿挫、风趣幽默的语言，并配以丰富的表情和手势来组织课堂教学，让学生在开放的教学环境中轻松学习。传统教学"重结果，轻过程"，有意无意间忽视了学生学习新知识的思维过程，能力得不到发展。为了淡化传统教学给人们的印象，就要寓教于乐，动静结合、学用结合、师生配合，充分发挥情感的调节功能。如在课前，可根据教学内容，由教师用学生听懂或大致听懂的英语讲一个笑话或一则谚语；或由学生进行课前三分钟英语会话练习，自由演讲；又或集体唱一首英文歌曲，这种教学前的热身活动，不仅活跃了气氛，而且提高了学生的课堂参与度，重视了学生"学"的过程，也为学生在教学活动中充分发挥智能潜力提供了最佳的情绪背景。

（3）对教材进行深度挖掘。教师在备课过程中，应认真地研究教材，挖掘教材中学生感兴趣的内容与话题，使每节课都有让学生感兴趣的内容和活动，最大限度地调动学生的积极性。例如，英语课堂教学可以尽量把日常生活中的交际形式（如生活里常见的问候、打招呼，对人、物、画面的介绍等）搬到课堂上，为学生在日常生活中使用课堂上所学的英语创造条件。生活里常见的交际形式在课堂上做惯了，学生用英语进行交际的能力就会逐渐提高。

（三）交际性原则

语言是交际的工具，人们只有借助语言才能交流思想、传递信息。美国社会语言学家海姆斯指出，交际是在特定语境中说话者和听话者、作者和读者之间的意义转换。由此便能总结出交际的以下几个特点：①交际有口语和书面语两种形式；②交际只在一定的语境中发生；③交际需要两个以上的人参与；④交际需要两个或多个参与者之间的互动。

学习英语的目的在于用英语进行交际，而英语教学的目的是培养学生使用这种交际工具的能力，能够运用所学的语言知识在不同的场合下对不同的对象进行有效得体的交际就是交际能力的核心。因此，在英语教学中必须贯彻交际性原则，使学生能够运用所学英语与人交流。具体来说，英语教师要在英语教学中做到以下几点。

（1）教学过程交际化。教学过程实际上是一个师生输出和接收信息的过程。交际性教学原则充分体现了语言教学的目的和实质。要求教学过程交际化，即要求语言教学过程成为师生运用语言作为交际工具进行交流的过程。交际性教学原则的英语教学过程如下：已知英语知识的交际实践→新的英语语言项→新旧英语知识的综合交际实践。在这样的教学过程中，教师是语言交际活动的组织者，根据教学目的和学生的实际情况把已授和新授的语言知识融入交际训练中去；学生是语言交际活动的积极参加者，在教师的引导下，在交际环境中真实地使用所学语言知识进行交际。

（2）教学内容语境化。语境就是上下文单词、短语、语句或篇章的前后关系。单词、短语、语句等基本语言单位只有在一定的语境下才具有其确切真实的含义，脱离了语境，语言单位就不具备交际功能。语境化是英语教学的基本前提。任何教学内容包括词汇、语音、语法等如果脱离了语境进行教学，教学效果都将是不理想的，学生不可能确切掌握所学语言知识的交际功能。例如，在词汇教学中，如果教师对一个单词或词组进行简单的语音、语义的讲授，学生是不可能掌握其真实含义和确切用法的。但教师如果把该单词和词组设置在一定的语境中进行讲解和训练，教学效果就显然不同了。

（3）教学手段现代化。在课堂教学中给学生提供使用外语进行交际的机会和场所，即在课堂上大量模拟实际交际的各种场景，这是交际性教学的一大特点。但在我国实际的英语教学中，运用传统的教学手段在课堂上大量创造模拟实际的交际场景是很困难的，因为缺少英语国家的交际环境，而且即使勉为其难地做起来也费时费力。现代化的教学手段便能解决这一难题。英语教师可以运用多媒体或网络辅助教学等方式把学生融入真实的英语交际场景中去，去体验地道的英语，去感受英语国家的文化。运用多媒体辅助外语教学是当前最先进的教学手段之一。多媒体形象、直观，是集图、文、声、像于一体的语言学习载体，可以为学生提供一个极为轻松愉快的语言学习环境，能够激发学生的学习兴趣和交际欲望。

（四）循序渐进原则

英语教学中的循序渐进原则包括以下3层含义。

（1）学生在学习语言时应从口语开始，然后逐渐过渡到书面语。首先，从语言发展的历史来看，先有口语后有书面语。因此，学生学习英语应从听说（口语）开始，逐渐过渡到读写。其次，口语词汇比较常用，句子结构简单，比书面语更容易学习，因而也容易激发学生的积极性与自信心。最后，通过口语的学习，学生可以尽快地获得日常生活所需的交际技能，有利于学用结合，使教学生动活泼。因此，学生学习英语应从听说（口语）开始，逐渐过渡到读写。

（2）在听、说、读、写等语言技能的培养上，应该首先侧重听、说能力的培养，逐渐过渡到读、写技能的培养。听、说、读、写是英语的4项基本技能，应该全面发展，但是，由于我国的大部分学生缺少英语的语言环境，听便成了他们获取英语知识和纯正优美的语音、语调的唯一途径。另外，听、说教学还能使学生学到基本的词汇和基本的句子结构，从而为读、写能力的培养奠定基础。因此，在英语学习的初级阶段，教师应加强"听、说"的教学，每节课都要尽可能地为学生创造良好的语言环境，让学生在充足的"听"的练习中学习英语，并通过师生之间和同学之间的语言交流，不断巩固、不断更正、灵活运用所学的英语知识。在培养听说能力的基础上，循序渐进地向"读、写"教学过渡。

（3）英语能力的提高不是一次性完成的，必须循环往复，逐步深化，是一个螺旋式发展的过程，需要进行多次的循环。但这种循环不是单纯的重复，每一次重复都是以旧带新，从已知到未知，都在前一次学习的基础上在深度和难度上有所提高。因此，教学的各个部分以及前后课之间应该紧密联系，使得前面所教的内容为后面的内容打下基础，而后面所教的内容也得复习前面所学的内容。换句话说，教师应该注意从学生已有的语言知识和已经熟悉的语言技能出发，讲授新知识，培养新的技能。

（五）真实性原则

所谓真实性原则就是为了提高英语教学质量、教学效率和教学成绩，英语教师应该对教育因素的真实内涵，尤其是英语教育的真实目的、学生的真实学习目的和动力、真实学习兴趣与真实学习困难等有所把握，并保证英语教学中的语义、语境、语用材料、教学过程、教学策略、教学方法和技巧以及教学技术等因素的真实性。在英语教学中，遵循真实性原则就是保证各个环节的真实，以培养学生综合语言运用能力为总目标，在真实的环境中获得真实的语言能力。

在英语教学中要实现真实性原则，需要做到以下几个方面。

1. 语言材料的真实性

在英语教学中，学生接触到的语言材料大多是为教学目的而改编过来的，这些材料有它们的优势，如系统、信息量大、便于课堂操作等。但我们也应看到，仅仅靠这些材料无法培养学生的实际语言运用能力。特别是在非母语环境下学习英语，社会、家庭缺乏相应的语言环境，课堂几乎是学生唯一的语言习得场所。在这种情况下，给学生输入真实语言材料显得尤为重要。

2. 语言教学环境的真实性

交际性、任务型英语教学的实施，需要一个真实的语言环境。因此，帮助学生建立语境化的参考框架，形成主动的语义表达和推理机制，将成为提高学生话语理解和表述能力的有效途径。情景语境是一种物理语境，是言语交际与习得各种显性因素的总和。在课堂上，教师布置一项交际任务时，要尽量明确规定好各相关语境因素，并利用各种条件创设，补充缺失语境，使学生在特定的语境下进行语言操练，从而保证任务的真实性。现代教学手段的使用在一定程度上为在英语教学过程中创设真实的情景语境提供了便利条件，如利用多媒体手段教师可以在课堂上实现英语教学材料的视听同步，使学生边听边看，仿佛身临其境。

3. 语言能力的真实性

威德森（H. G. Widdowson）提出在英语教学中应区别"用法"（Usage）和"应用"（Use）。[①] 他指出，衡量一个语言结构"用法"的标准是看它是否正确，而"应用"则应该用是否恰当来衡量。如上所述，英语教学的最终目的是培养学生的综合语言运用能力，这种能力不是语法能力，而是一种语用能力。在英语教学过程中，对学生语用能力的培养要贯穿于英语教学的全过程，融于语言学习各环节的学习和训练之中。在课堂上，要结合实际情况设计和运用一些活动来对学生进行跨文化语用能力的训练。近年来，英语教学领域非常注重教学环节的任务型，即教师在设计活动时，首先要有明确的目的，要把活动设计成要求学生来完成的任务，这种任务要力求真实性、针对性、可操作性，使学生在完成教师所设计任务的过程中训练语言的运用能力。比如，我们训练学生在西方文化中如何发出和应对邀请的，可规定一个特定语境，让学生通过讨论的方式逐步形成较为符合西方习惯的对话，然后再变换另外一种语境让学生进行表演，看看又是怎样发出邀请、怎样应对邀请的，如此不断变换，直到学生基本掌握这一话题表达习惯为止。

（六）正确利用母语原则

1. 适当用母语进行解释

英语学习是在母语习得后进行的学习活动。在英语学习之前，学生已能用母语进行交

---

① H. G. Widdowson. *Teaching Language as Communication* [M]. New York：Oxford University Press，1978.

际，他们的时间、地点以及空间等概念已经形成，学习者已学会了用母语来表达这些概念。这时，用一种新的语言来构建概念就会比较难，而借助母语已建立起来的概念，教师只需要教会学习者一种新的符号表达形式，就可以使学习者较快和较好地掌握某些概念。因此，适当地使用本族语进行解释能起到清楚、明了和加深印象的效果。

2. 通过母语与英语的比较帮助学生理解

本族语的适当使用利于本族语与英语的比较，帮助学习者更好地理解两种语言各自的特点，从而在英语学习过程中排除本国语的干扰。学习英语是个相当复杂的过程。在这一过程中，学习者很可能会因本族语系统的影响时而犯错误。如果能在适当的场合，结合英语学习的内容，对于英、汉两种语言在某一结构、某一用法上的差异和特点用本族语进行简单讲授，学习者通过比较将会了解并明确英、汉两种语言在使用上需要注意的问题，那么他们在使用英语进行交际时，就会对本族语系统经常造成英语使用中的错误进行刻意避免，从而提高英语使用的效果。

二、英语教育的影响因素

（一）教师

教师是英语教育的重要因素，在英语教育中起着主导作用。在英语课堂上，教师主要充当两种角色，即掌控者和引导者。作为一名合格的英语教师，首先应该具有纯正的发音。然而并非所有的英语教师都具有纯正的发音，所以教师可借助多媒体等手段来弥补自己的不足，确保学生在课堂上所听的语言都是纯正的。同时，教师在讲解单词、句子、课文时，应该穿插一些解释，对难懂的词语要不断重复。

在多数英语课堂上，教师的讲话占据课堂时间的大部分。不可否认，教师的讲话有利于学生的语言习得，但也不能因此牺牲掉学生的练习时间。同时，教师还要注意不断变化教学的形式，以增强课堂的趣味性。一个合格的英语教师还应具有一定的应变能力，能预测课堂活动中出现的状况，能很好地处理课堂上的突发事件，确保课堂活动的有序开展。

此外，教师应该随时调整自己的提问方式、语言运用、提供反馈的方式。在英语课堂中，提问是教师常用的一种教学手段。通过提问，可以有效激发学生的学习兴趣，促使学生积极思考，帮助教师诱导某些知识结构。另外，语言运用的方式也很重要，为了让学生对所讲述知识有一个充分的了解，教师在教学中可以采用重复话语、降低语速、增加停顿、改变发音、调整措辞、简化语法规则、调整语篇等措施。

学生是英语教学的重要反馈者，同样，教师的反馈也是十分重要的。所谓教师的反馈就是指教师针对学生的学习情况提供反馈。教师的反馈可以是对学生话语的回答，如表示学生问答正确或错误、赞扬鼓励、扩展学生的答案、重复学生所答、总结学生回答、批评等。总之，教师的目的就是采用不同形式的教学方法，调动学生的积极性，扩展学生的知识面，培养学生的学习能力，提高整体的教学效果。

（二）学生

学生是课堂学习的主体。《现代汉语词典》中给出的"主体"定义就是"有认识和实践能力的人"。由此可知，学生能够作为学习的主体，是因为他们具有一定的认识和实践能力。在英语教育中，教师要教会学生通过感官获取来自教材的各种信息，并学会对这些信息进行比较、分析、综合、概括，进行去粗取精、去伪存真、由此及彼、由表及里的思考，抓住事物的本质，发现事物内在的联系，从而归纳出事物的规律，确立科学的知识系统。经过这一过程之后，学生不仅学到了英语知识，培养了英语交际能力，而且在学习过程中培养出独立自主的学习能力，学会独立解决新问题。可见，学生学习的过程，就是不断主动丰富自己的主观世界、不断完善自己的内化过程。教师在教学的过程中需要注意学生这一角色的特殊性以及不同学生身上所具有的个体差异性。

（三）环境

1. 社会环境

随着我国经济的快速发展，社会对具有英语语言能力人才的需求越来越大、越来越高。越来越多的中国人和中国企业走出国门，于是学习英语就成了人们的强烈愿望。可以说，大学英语四、六级就是在这种时代召唤下逐步成长和壮大起来的，同时它也对英语教学和学习起到了一定的反拨作用。

2. 学校环境

（1）教学设备。教学设备是学校教学的重要组成部分，学校教学设备包括很多方面，教室、图书馆、实验楼、办公楼、宿舍等都属于学校的教学设备。教学设备的完善程度直接影响着英语教学活动的开展。好的教学设施，如教学楼以及图书馆等都有助于增强学生的学习意识。一些语音教室和多媒体设备可以为学生的英语口语学习提供必要的技术支持，学生可以通过语音教室等提高自己的口语水平，这些设施也在一定程度上缓解了学生的学习疲劳，有助于激发其英语学习兴趣。总之，这些现代化的教学设备为英语教学提供了很好的环境。

（2）教学信息。现代化的教学设施不仅可以为学生提供一些学习的工具，还可以拓宽学生的信息渠道。学生的英语知识不仅可以通过教材和课本获得，还可以通过互联网等来获取。英语学习需要实践，只在课本中学习英语是不可能从根本上提高英语水平的，因此现代网络技术为英语学习提供了很好的信息来源，使学生能够通过互联网等与英语世界进行交流与学习。

第四节 素质教育理念下的英语教育

一、素质与素质教育

(一) 素质的界定

从不同角度出发，可以对"素质"概念做出不同的界定。生理学认为，素质是有机体生来具有的某些解剖生理特点。按人们一般的认识，素质常指一个人所具有的、基本稳定的特质，即素养和涵养。教育学的解释为，素质是指人在先天生理基础上，受后天教育的影响，通过自身努力养成的比较稳定的身心发展的基本品质。显然，教育学对素质含义的界定既考虑了人先天的生理基础，又考虑了后天环境教育的影响，符合一般意义上人们对素质的理解。

根据教育学的解释，我们不妨对"素质"予以如下表述：人的素质是在原有生理、心理条件的基础上，通过后天的教育培养、学习实践而形成的基本稳定的身心品质要素的总和。素质实质是经过长期内化，积淀在身心中的"潜能"。在一定的外界条件诱发下，这种"潜能"就会立即转化为人的语言或行为。例如，一个人经过长期的思想教育，形成了"见义勇为"的优秀品质，这种品质就是素质；法律知识和条文谁也不能全部背诵，但通过学习却增强了法律意识，知道遵纪守法，这也是素质。也就是说，素质尽管"从来也不用想起，却永远也不会忘记"。一旦外界发生了突发性的事件时，这种潜在的素质便会立即释放出来，变成挺身而出的自觉行动。所以说，素质的形成是一个长期的过程，而素质的表现是人的社会活动。

(二) 素质教育的内涵

一般认为素质教育就是以每个受教育者已有素质为基础，以尊重受教育者自主性为核心，以社会需要素质为追求，对教育内容、途径、方法、手段进行有计划的运用与实施，将未来社会对人才素质的基本要求，有效地转化为每一个体自我发展的追求，在个性潜能有效得到外化的过程中，逐步形成社会所需要的素质的教育，一般侧重指基础教育。素质教育以提高全民族素质为宗旨，为实现教育方针规定的目标，着眼于受教育者群体和社会长远发展的要求，以面向全体学生、全面提高学生的基本素质为根本目的，注重开发受教育者的潜能，促进受教育者德、智、体诸方面发展。

(三) 素质教育的基本特征

1. 基础性与发展性

"就本质言，基础教育可以称为素质教育。"[①] 发展和完善人的基本素质是基础教育的

---

① 燕国材. 略论素质教育的几种外部关系 [J]. 上海教育科研, 2001 (6): 11-14.

宗旨，因此可以说基础教育的本质就是素质教育。素质教育具有基础性，这也是相对于专业性和定向性来说的。素质教育注重学生一般知识和能力的培养，不是让学生成为某专业领域的行家，不同于专业素质和职业素质。我国教育改革的目的是提高全民族的整体素质，而每个人的素质是整个民族素质的基础。同时，素质教育具有未来性。"人既是手段，又是目的"①，教育不仅仅是为了眼前的升学目标和就业需求，更是立足于未来社会的需要。素质教育所重视的基础知识和基本技能为学生将来的发展奠定基础，更注重培养学生的公民素质，为社会主义的建设培养有用之才。分析学生现在的一般学习和发展情况，有利于预测学生未来的发展，如果教师根据预测结果来调整每个学生的教学方法和方案，那么将会促进未来每个学生个性的更大发展。因此，素质教育的基础性和发展性既要求培养学生基本素质，还要求教授学生学习的方法，让学生学会学习、学会生存，培养学生的创新意识和创造能力。

2. 全体性与全面性

素质教育反"应试教育"之道。它不是面向部分人而是面向全体人；它并不反对英才，但反对使所有教育变为英才教育的模式；它不是一种选择性、淘汰性、大一统的教育，而是一种使每一个人都得到发展的教育，每个人都在他原有的基础上有所发展，都在他天赋允许的范围内充分发展。这样素质教育便也是差异性教育。换句话说，素质教育要求平等，要求尊重每一个学生，但素质教育不赞成教育上的平均主义和"一刀切"。另外，素质教育要求人的全面发展和整体发展，要求德、智、体、美等各方面并重，要求全面发展学生的生理素质、心理素质和文化素质。有研究者指出："素质教育中的'全面发展'有两个方面的具体规定性：第一，针对每一个个体来说，它是'一般发展'和'特殊发展'的统一；第二，针对班级、学校乃至整个社会群体而言，它是'共同发展'和'差别发展'的协调。""全面发展实际上就是'最优发展'。"

3. 创新性

教育要为经济建设服务，要为祖国的现代化服务，就必须超前发展，根据未来社会的发展趋势以及对人才素质的要求，调整教学计划，科学设置课程，采用相应的教学内容和教学方法，使人的各方面素质，尤其是适应能力和创造能力得到迅速提高。素质教育不仅注重学生现在的一般发展，不仅重视学生现在一般发展对于未来的发展价值和迁移价值，而且重视直接培养学生的自我发展能力。面向未来的人必须具有强烈的开拓创新精神，这种开拓创新精神，不是靠死记硬背的教学方式培养出来的，而是靠灵活多样的创新性教育活动培养出来的。创新性的教育活动，要求按规律办事，在课堂教学时间内高质高效地完成教学任务；在课余活动当中，充分发挥学生的个性特长；反对那种违反教育教学规律、任意加班加点，搞题海战术、增加学生学习负担和精神负担的教学活动。创新性的教育教学活动，不仅以教学规律为基础，而且以理论联系实际为教学的根本原则，反对空洞的说教，使教学内容与社会生活现实和学生的实际情况融为一体，引导学生学习研究发明创造的规律和创造方法，培养他们的创新能力。只有这样，学生各方面的素质才能得以较快的发展。

---

① 王道俊. 关于教育的主体性问题 [J]. 教育研究与实验，1996 (2)：1-5.

4. 主体性与人本性

学生有主体意识和主动精神，有自主学习的能力。素质教育注重弘扬人的主体性、以人为本，把学生看作是具有主观能动性的完整的人。而传统教育把学生当作知识的被动接收器，学生被分数和考试所束缚，忽视了学生的主体性和教育的人本性。素质教育的核心和灵魂是主体性，它的根本意义是促进学生全面而主动地发展。马克思认为："人是一切社会实践活动的发动者、组织者和承担者，是认识世界和改造世界的主体。"主体性是人的本质特征和内在特性，是人区别于其他动物最本质的特征。因此素质教育具有主体性和人本性。在教育活动中教师应该引导学生主动学习，激发学生的能动性，促进学生形成健全的人格。马克思主义全面发展学说认为人的发展是全面的，也是主动的，"人的自由发展是人的一切发展的条件"。因此素质教育要求在注重学生的主体性和人本性的同时也要对学生进行科学的引导，不是完全放纵学生的行为，而是在主体性原则下让学生朝着预期的目标发展，把学生的主体性和教育目标有机联结起来。素质教育体现了以人为本的教育理念。

5. 层次性

从纵向来看，任何一个事物的发展都会显示出一定的层次性，素质教育也不例外。而素质教育的层次性，是由素质本身的层次结构所决定的。根据心理学的研究，现在一般公认，素质是由生理素质、心理素质和社会素质等 3 个层次构成的。生理素质是素质的最低层次，它是人们与生俱来的感知器官、运动器官、神经系统特别是大脑在结构上和机能上的一系列特点的综合。它是纯先天的自然素质。过去心理学上所说的素质即指此而言。心理素质是第二个层次，它是在先天自然素质的基础上，通过后天的教育作用、环境影响而逐步形成的。它尽管形形色色，纷繁复杂，但总可以一分为二，即认识——智力因素和意向——非智力因素。它是先天与后天的"合金"。社会素质是最高层次，人们后天获得的一切东西，如政治观点、思想认识、道德品质、行为习惯、知识技能，乃至于世界观、人生观、价值观等都是。它是纯后天的东西。在素质教育中，我们就应当按照这种层次性来开展工作，既要注意各素质层次之间的相对独立性，又要考虑它们之间的内在联系与相互依存性。

二、素质教育融入英语教育的必要性

人们对我国的学生与西方发达国家的学生进行了比较，对我国的教育制度、教育质量与外国的教育制度、教育质量进行了比较。人们看到，我国的基础教育在许多方面落后于其他国家。比如，我国学生的动手能力不及美国学生，创造性思维能力不及英国学生，等等。究其原因，最重要的便是我国教育的指导思想有问题。正如《关于当前积极推进中小学实施素质教育的若干意见》中指出的，"新中国成立以来，特别是党的十一届三中全会以来，在各级党委和政府的领导下，在社会各界的关心和支持下，广大教育工作者努力贯彻国家的教育方针，为我国培养了大批优秀人才，基础教育取得了令人瞩目的成就。……同时，我们也必须深刻认识应试教育对中小学教育产生的影响和危害。它（应试教育）主要面向少数学生，忽视大多数学生的发展，偏重知识传授，忽视德育、体育、美育和生产劳动教育；忽视能力与心理素质的培养；以死记硬背和机械重复训练为方法，妨碍学生生动、活泼、主动地学习，使学生课业负担过重；以考试成绩作为评价学生的主要标准甚至作为唯一标准，挫伤了学生学习的主动性、积极性和创造性，影响了他们全面素质的提高。"

在高度信息化的时代，英语教育的重要性尽人皆知。英语要实施素质教育，要与其他学科共同努力，把我国的学生培养成德、智、体、美、劳全面发展的，有理想、有道德、有文化、有纪律的社会主义建设者和接班人。21 世纪的建设者和接班人应具有合理的素质结构，包含思想品德，知识和技能，身体和心理，合作精神等诸方面。语言的素质，其中外语方面的素质应视为合理素质结构的构成成分。20 世纪 50 年代以后，随着语言学家的新认识，世界各国的英语教学发生了非常大的变化，新的教学法不断涌现，新的教材体系也得以实践。语言的功能意念成为语言学以及语言教学的焦点和重点。在我国，交际法也已开始盛行，教学大纲和课堂教学都已是面目一新。对于英语教师来说，深刻领会语言知识和交际能力的内涵，选择最优的教育教学方法，以达到素质教育中英语学科教育的目标是迫在眉睫的任务。

三、素质教育融入英语教育的主要方法

(一) 更新英语教育观念

观念是行为的先导，实施素质教育首先要使英语教师认识到英语素质教育的本质，要切实转变观念。第一，转变英语教育目的观。英语教育旨在提高全体学生的英语水平，注重激发学生的学习兴趣，为进一步深造打好基础。教师在教学过程中要使学生的个性特长得以和谐的发展。树立重视发展学生的交往、表达、思维、自学和创新等能力的教育观念。只有树立这些教育观念才有可能使学生成为社会需要的高素质英语人才。第二，转变英语教学质量观。教学质量观影响着人才培养的规格。就中学英语学科来说，其教学的质量要求就是大面积提高学生英语水平，重视听、说、读、写等全面训练，使不同层次的学生获得英语基础知识和能力。第三，转变英语教学方法观。在教学方法上，教师在教学中必须突出交际性原则，有效地激发学生的语言活动中枢，使每个学生得到最大限度的收获。

(二) 树立平等、民主、和谐、向上的新型师生关系

高质量的英语素质教育，既与英语教师自身素质和态度有关，又与学生的辛勤刻苦有关。平等、民主、和谐、向上的师生关系，是英语素质教育的前提条件和重要保障，既有利于教师的教，更有利于学生的学，两者的良性互动才能发挥出教学相长的巨大威力，实现英语素质教育的最大化。从目前的教育实践上看，师生关系状态不够理想，学生对老师不够尊敬，老师对学生不够亲和，降低了教师的从业的积极性和自身素质的提高，也造成了学生的厌学情绪和英语水平的下滑，尤其是英语基础较为薄弱的同学，更是无法激起学习英语的兴趣和热情。在这对关系中，英语教师应该发挥主导作用，主动作为，努力与学生共同建立起新型融洽向上的师生关系。

(三) 推进隐性课程

1. 隐性课程的含义

隐性课程一般被认为是相对于显性课程而言的一种课程形态。显性课程是指学校教育

中列入教学计划内、具有直接、明确教育目标的学科课程和活动课程。隐性课程"指学校教育的非学术结果，这些结果不仅重要而且系统地发生，但未明示于各级公立学校的教育理论或原理之中"。隐性课程深藏于学校文化之中，它没有直接、公开地向学生施教，而是以隐蔽的方式，把有关信息渗透到具体的人、事、物以及活动过程之中，并传授给学生，具有隐蔽性、间接性、广泛性、渗透性、持久性等特点。隐性课程主要通过感染、暗示、熏陶等方式影响和促进学生非理性因素的发展，对学生的知识、情感、信念、意志、行为和价值观等方面产生潜移默化的影响，给理性因素发展提供动力和感性经验。

隐性课程在学校教育中普遍存在，英语隐性课程是指在英语教育过程中，学生在英语显性课程之外无意识获得的内隐的、非计划性的、具有多维文化浸透性质的学习经验。隐性课程一般分为物质形态、精神形态、活动形态等类型。物质形态的英语隐性课程主要包括英语学习者的学习和生活场所，英语教材和馆藏的英语文献等学习材料，外语多功能阅览室、英语电子资源、语言实验室、多媒体教室、英语电台、校园网络等也属于这一类；精神形态的英语隐性课程，主要涉及英语教育的办学理念、教师气质、领导作风、思维方式、教学艺术、校风班风、学术氛围、人际关系等校园文化以及学校的管理制度、考试制度等；活动形态的英语隐性课程主要指能给英语学习者带来隐性教育影响的课外活动，如英语演讲、辩论、朗诵及口译、笔译、多媒体课件制作等各种活动。丰富多样的英语隐性课程从不同层面不知不觉地带来了一些非预期的学习经验，潜移默化地陶冶着英语学习者的心灵，影响着他们的言行和思维。

2. 隐性课程在英语素质教育中的应用

英语素质教育是一种立足于未来的综合教育，它重视在英语教学中渗透对学生的品格教育和情感教育，重视培养学生对异国文化的正确态度和进行跨文化交际的强烈意识，重视提高学生创新能力、合作能力，优化学生的语言学习策略，协调发展学生的语言素质、文化素质、思想品德素质和心理素质。隐性课程能很好地达到其中某些教育目标，特别是在发展学生的习惯、情感、态度、人格、行为素养等非智力因素方面有着特殊的作用。在培养学生的独立性、主动性、创造性或适应环境、与人交往的能力方面，目前学校的英语显性课程中除了少数课程有鲜见的理论涉及外，很少有其他的相关训练方式了，更多的锻炼与实践环节则是由隐性课程的潜移默化作用来完成。隐性课程与英语素质教育在本质上存在的这些广泛、直接的相容性，是隐性课程发挥素质教育功能的基本前提。此外，英语素质教育是一种面向全体学生、全面提高学生综合素质、使学生积极主动地发展的教育，全体性、全面性、主动性集中概括了高校英语素质教育的本质特征。英语隐性课程也符合这些本质特征。在全体性方面，英语隐性课程是通过信息渗透于环境对学生产生影响，不是单独针对某个特殊群体或个人，一经实施就如同磁场一样使身处环境之中的每一个学生公平地受到感染和教育；在全面性方面，英语隐性课程内容涉及学校物质、精神、活动环境的各种要素，影响到学生的知、情、意、行等各个方面；在主动性方面，英语隐性课程没有设立具体的教学目标和教学任务，没有固定的教学模式，没有强制灌输的教学方法，没有强制的纪律约束，学生在有意无意中受到启发和教育，主动性得到充分发挥。

（四）改变课堂教学模式，更新教学内容方法

在英语课堂教学中，教师要改变教学模式，从注重讲授的应试教育模式转变为注重应

用的素质教育模式，为学生创设情境，促进英语语言能力的发展。教师在课堂上为学生提供语言情景的主题，让学生自编对话，自主分角色表演，自主合作探究，引导学生组织语言表达，激发学生的语言兴趣，培养学生的英语思维和表达能力，使英语真正成为语言交流的工具。更新和扩展课堂教学内容。教师在课堂教学中以教材为基础的前提下，要不限于教材，让学生从多种渠道、以多种形式学习英语。教师不仅要合理利用课堂教学资源，还要积极探索和开发课程资源，如视听资料和阅读资料等，注重拓宽学生的文化视野，提高学生的文化意识。教师在英语单词、文章、诗歌等教学中，不应只是对读音、词汇、语法、意思等进行讲解，而是将其放在文化的大背景下，从欣赏英语语言的角度出发，使学生了解英语国家风俗礼仪、历史文化，培养学生的兴趣，进而增加学生语言输入量，发展学生跨国际文化交流技能。教师的课堂教学方法还要丰富多元、灵活多变。教师在英语教学中应当真正改变以教师讲授为主的课堂教学方法，采用情景教学法和任务型教学法，让学生参与到学习的活动中来，学生在活动中不断转换角色，用英语的思维方式表达自己的思想。课堂教学的地点也不仅限于教室，校园内、外都可以成为教学的地点，教学地点的选择应该随着教学内容的变化而变化，以增加学生英语学习的趣味性，将英语更好地付诸实践应用。

（五）构建英语素质教育的课程体系

应结合当前及未来中国社会发展的趋势，对英语教学内容进行分层次、分专业、分领域的改革，增强实用性。一是要在当前英语素质教育的阶梯型构建的框架基础上，对于每一阶段的教材，根据学生的年龄特点和认知水平进行教材内容的改编，使其知识内容体系健全完善，知识衔接更自然适当；二是加大对职专院校不同专业领域的英语教材的整合力度，把专业性与通俗性，知识性与实用性相结合，既突出专业特色，又符合学生实际；三是做到校内与校外、国内与国外英语素质教育资源的相互协调和共享。在英语出版物中，应有适合不同年龄阶段的国内和国外的读物，注意和英语素质教育各阶段相适合，尽可能丰富英语素质教育内容，做到二者相互补充，相得益彰。

第二章　心理学视角下的英语教育模式探微

心理学与英语教育有着十分密切的关系，任何一位优秀的英语教师都离不开对心理学的了解和深入研究。心理学可以为英语教师提供有关人的心理性能、特性和规律等方面的知识。英语教师只有了解学生的智力、情感、意志和性格，以及学生的心理发展所经过的阶段，才能对学生进行正确而有效的英语教育，并促进学生智力、情感、意志和性格的发展。本章即对心理学视角下的英语教育模式进行详细分析，其中既包括对英语教育心理学基础的介绍，还有对基于心理学的英语教育践行策略的阐释，更对英语教师的心理进行了深入研究。

第一节　英语教育的心理学基础

一、语言潜能

语言潜能（Language Aptitude），也称作语言学能、语言素质或语言天才。斯凯罕（P. Skehan）曾经对语言潜能做了系统的论述，认为语言潜能有两个要点：第一，这种潜能是一种混合物，它结合了语言处理和处理非语境化材料的能力。这两种能力对语言学习的成功与否起着至关重要的作用。第二，斯凯罕认为他所陈述的潜能分析不仅与正式语言学习环境有关，而且也与交际定向的课堂教学和学习、习得环境有关，斯凯罕对语言潜能的界定可适用于正式和非正式两种语言学习环境。卡罗尔（D. W. Carroll）认为，语言潜能在两种意义上是具有普遍性的："其一，不论学习哪一门外语，潜能的影响都是一样的；其二，不论操何种母语，外语潜能的个人差异同样存在。"卡罗尔进一步阐述了语言潜能的观点：①语言潜能与语言成就不同，前者能预测学习者能学多好，而后者则体现出学习者学了多少、掌握了多少；②语言潜能与学习动机无关，兰伯特（W. Lambert）与加德纳（R. Gardner）的研究已多次表明语言潜能与学习动机是相互独立；③语言潜能往往是个稳定的因素，甚至可能是天生固有的，从这一点来看，语言潜能是很难靠后天培养的；④语言潜能不是习得第二语言或外语学习的前提条件（因为所有学习者，不管其语言潜能如何，都能掌握一定程度的第二语言），但却能加快第二语言习得或外语学习，使所有语言学习活动变得更轻松，所以，学习者的语言潜能也许可以用来预测他们第二语言习得或外语学习的速度。⑤语言潜能与一般的智力不同。语言潜能与智力之间没有相关性，智商高的学习者外语潜能不见得一定好，相反，外语潜能好的学习者智商也未必非常高。

综合以上两位语言学家的观点，我们认为语言潜能就是学习外语所需的认知素质，或是学习外语的能力倾向，即一种固定的、与生俱来的天资（Endowment）。有这种天资的人，在语言学习方面可能会取得更快的进步。这似乎是能力与素质的关系。的确，素质是一种内在的潜质，而能力是形成一定素质的前提。素质通过能力作用于外界，当我们积极努力提高学生外语素质时，也就是要力求培养学生的语言能力。而语言潜能正是就学生的认知素质来预测其学习外语的潜在能力。

二、动机与态度

斯波斯克（B. Spolsky）认为，外语学习动机本身包括 3 方面内容：对待学习外语的态度、学习这种语言的愿望和为学习这种语言付出的努力。如果学生真正有了动机，这三方面都包括在内。外语学习者的动机是外语教育工作者所关心的一个问题，外语教育工作者把动机问题列为教育学生所面临的最重要的问题。

外语学习动机是人类行为动机之一，它表现为外语学习的强烈愿望和求知欲。它是直接推动外语学习的一种内部动因，是外语学习者在外语学习活动中的一种自觉能动性和积极性的心理状态。加德纳认为，外语学习动机应包括 4 个方面：目的（a Goal）、学习的努力程度（Efforful Behaviour）、达到学习目的的愿望（a Desire to Attain the Goal）和学习态度（Attitude）。有动机的外语学习，其效果极好；而无动机的外语学习，往往把外语学习作为一种负担，学习效果不佳。

所谓态度，应该包括这样几种成分：①认知成分，即对某一目标的信念；②情感成分，即对某一目标的好恶程度；③意动成分，即对某一目标的行动意向及实际行动。显而易见，态度作为一种情感因素，它对某一目标的具体实施和最终达到的程度是极为重要的。斯特恩（H. H. Stern）区分了外语学习中的 3 种基本态度：①对目的语社团和本族语者的态度；②对学习该语言的态度；③对语言和学习语言的一般态度。

态度与动机密切相关。对某外族文化抱有好感、向往其生活方式、渴望了解其历史、文化及社会知识，这十分有利于学习该族的语言。相反，很难令人想象对某外族文化抱有轻蔑、仇视或厌恶的态度的人能认真地学习该族的语言。对于对某一语言抱有好感，对该语言的结构和表达法感到新奇的学习者来说，学习该门外语是一个不断发现新鲜事物的过程，学习是一种乐趣，是一种探索。相反，把外语想象得过难，觉得外语表达法别扭的学习者必然会对外语学习畏之如虎，学习的效果毫无疑问会受影响。学习者对学习材料是否有兴趣、对教学活动的组织形式是否有兴趣，这些也都会影响学习者的情绪和学习效果。教师的个性也是学生改变对外语学习态度的一个重要因素。教师的热情、活泼、博学多才会对学生和学习内容产生积极的影响。

三、情感因素

根据林格伦（H. C. Lindgren）的调查结论，情感因素对学生学习的成败起关键作用，良好的学习习惯和兴趣分别占成功因素的 25% 和 30%，共 55%；而缺乏努力和缺乏兴趣分别占失败因素的 25% 和 35%，共 60%。可见情感因素在学习过程中的重要作用。

（一）情感的功能

1. 动力功能

它是指情感对人的行为活动具有增力或减力的效能，这是现代心理学所揭示的人类情感的极为重要的一个功能。过去人们只认为动机才能推动一个人的行为，情感只是在行为满足或不满足需要时产生的一种体验，对行为无甚作用。但研究表明，情感不仅仅是伴随人类实践活动所产生的一种体验，而且对人类行为直接产生巨大的影响。例如，同一个人，在同一个动机支配下，在情绪高涨和情绪低落两种情况下，其工作动力有着十分明显的差别。在前一种情况下，个体全力以赴，能克服困难直达预定目标。在后一种情况下，个体无精打采，稍有阻碍，便畏缩不前。情感的这一功能运用在教学上，就能充分调动学生学习的积极性和自主性。教学活动不同于一般的认知活动，它要求学生在规定时间、按规定程序接受规定内容，进行规定的认知操作。学生即便有学习动机，但在不同的时间，学习状态是不一样的。通常学生是用意志来调节他们的学习状态，然而实践证明仅凭意志是不够的，因为情绪状态调节学生学习的态度和积极性。换句话说，情绪决定教学对他们有吸引力还是引起反感，决定学生在学习中是注意力集中、有兴趣、满意、积极、精神振奋；还是冷淡、消极、散漫、不满足、压抑。可见只有发挥情感的动力功能，才能真正调动学生学习的积极性和提高教学效果。

2. 疏导功能

它是指情感会提高或降低一个人对他人言行的接受程度的效能。心理学研究发现，一个人接受他人言行时的情绪状态如何、感情表现如何以及一个人与他人之间的情感关系如何，都会影响一个人对他人言行的接受程度。情感的这一功能一旦在教学中发挥作用，就会直接影响教学的认知内容的内化。所谓内化是指外部的教学要求和内容转化为学生头脑中的需要和认知结构。当情感发挥积极的疏导功能时，有利于学生对认知要求、认知内容的接受、内化。相反，当情感发挥消极的疏导功能时，则会有碍学生对认知要求、认知内容的接受、内化。

3. 调节功能

情感的调节功能指情感对人的活动具有支配作用，并指引或者维持活动的方向。人在实践活动中产生的情感，无论是肯定的情感还是否定的情感，其所起的作用对人随后的活动都起着组织、促进或者瓦解和阻止的作用。肯定的情感让人感到满足和顺利，会使人产生努力去达到自己追求的目标的愿望；否定的情感则会降低人的活动性，使人心神不定、犹豫不决，甚至会改变人的活动方向。情感的促进作用是在情感的适应中表现出来的，正常的心理活动受到外界的干扰而产生的情感，会促使人去关注外界环境的变化，从而调节自己的行为方式去适应外界的这种变化。比如，适度的焦虑会使人更加努力地工作，发挥更大的工作效率；适度的情绪紧张可使工作成绩更显著；喜悦可以促使人更积极地追求喜悦对象；炽热的情感可以产生巨大的能量，使人投身为之钟情的事业；对敌人愤怒的情感可以激起人对愤怒对象更猛烈的打击。

4. 迁移功能

它是指个体对他人的情感会迁移到与他人有关的对象上去的效能。例如，一个人对另一个人感情很深，那么他会对另一个人经常使用的东西或喜欢的东西亦产生好感。这种情况，可以用一个很形象的成语"爱屋及乌"来概括。在英语中也有类似的说法："Love me, love my dog."这其实是一种普遍的情感现象，是情感扩散、泛化的结果。情感的这一功能运用在教学中，就能起到改善学生对所学知识的倾向性的效能。教育心理学的研究表明，只有当学生真正喜欢自己所学的东西，对它产生直接的兴趣，他才会更好地学好它。2000多年前的教育家孔子曾经说过："知之者不如好之者，好之者不如乐之者。"要使学生喜爱所学的知识，利用情感的迁移功能是极其重要的一个方面，那就是设法将学生对教师产生的积极情感迁移到教师所教的内容上去。我国教育名著《学记》所指出的"亲其师，而信其道"，便是这一功能在教学中的有效运用。关键是，首先教师要与学生建立情感，其次教师要真正喜爱自己所教的东西，这样才能真正实现积极的情感迁移。

5. 感染功能

情感的感染功能是指个人的情感可以感染别人，使别人产生强烈的内心体验，形成与之相应的情感。一个人如果与别人产生情感上的共鸣，就容易把别人的要求转化为自己的要求，也乐于去接受别人的要求。一个人对另一个人点头微笑，另一个人回以握手或拥抱，都是情感感染和共鸣的表现和结果。青年男女之间的恋爱就具有高度的感染性。恋爱固然是建立在包括文化背景、兴趣爱好、性格气质、思想品德等各方面的品评和协调的基础上，但这种品评和协调不是停留在一般的语义水平上，而是双方在情感上彼此相通、敏锐感应、互相欣赏、互相依赖的融合，这便是情感的感染性。

（二）情感教育的重要性

1. 有利于提高语言学习效果

布朗（R. Brown）从他本人及别人的研究成果中得出结论，情感因素在第二语言学习中具有决定性的作用。凡是不成功的外语学习者都可归咎于各种各样的情感障碍。这就需要教师在教学过程中，注重与学生的情感交流。因为如果学生处于消极情感的影响下，不管是多么优秀的教师、教材、教学手段，其教学效果都不会十分明显，学生的学习潜力也不会充分发挥。相反，如果学生有着积极情感（如自尊、自信、移情、动机、愉快、惊喜等），他们便能创造有利于学习的心理状态。英语教学最重要的环节就是课堂上的师生互动。课堂是教师教学、学生学习、教师与学生交流沟通的重要场所，所以在课堂中形成的生生关系、师生关系以及由此形成的课堂气氛对学生的语言学习有着重要的影响。因此，教师要放下架子，积极地与学生沟通，并利用各种方法和渠道了解并尽快解决学生的困难。只有这样，学生才能不断增强自己的信心和学习热情，进而取得良好的学习效果。

2. 有利于创造轻松和谐的课堂气氛

教师要针对每个学生的不同特点与情况，采取不同的教育措施。在课堂教学中，要尽量给学生营造一个轻松舒服的课堂环境，多对学生进行鼓励，要减少不必要的批评。要不断地强化他们学习的优点，减少其缺点，对于学生的学习要给予正确的引导和鼓励，通过有效的激励促进学生进步。英语教师在课堂教学过程中，要充分运用身体语言、表情和副语言等超语言因素来进行教学，通过有效的超语言因素来活跃课堂气氛、简化讲解，提高学生学习兴趣。

3. 有利于促进学生全面发展

从某种意义上说，情感教学不仅在语言教学上发挥着重大的作用，促进着教学的发展，还能够超出教学领域，促进学生人格的全面发展。在传统的英语教学中，过于强调大脑的理性和认知功能，而忽视了非理性方面的发展，从而形成了"情感空白"。当前的大学教育，大多把专业教学放在首位，而对大学生的精神的关切和投入远远不够，总结起来为三多三少：微观教育太多，宏观教育太少；技能知识教育太多，人格教育太少；做事的教育太多，做人的教育太少。这种现象非常值得重视。如果高等教育疏于关注学生心智的和谐发展，未来社会的人才将不会再有高尚的人格境界，其结局无益于社会，更无益于个人。外语教育同其他学科一样，应将培养和促进人的全面发展作为其最终目标。教师应在教学中，不断激发并强化学生的学习兴趣，并引导他们逐渐将兴趣转为稳定的学习动机，以使他们树立自信心，锻炼克服困难的意志，认识自己学习的优势与劣势。乐于同他人合作，养成和谐和健康向上的品格。

四、性格

心理学上区分的"外向型"和"内向型"两种不同的性格对外语习得具有一定的影响。内、外倾的学生，在进行外语对话练习时的表现不同。内倾的学生往往回答问题较慢，而外倾的学生则易于不多加思考就轻率回答。对前者必须多耐心鼓励并增强其勇气，对后者则应要求其慎重回答。

在某个时期内，人们倾向于认为，外向型性格的学习者由于练习外语的机会多而学习成绩要优于内向型性格的学习者。但后来有些研究者做了相关的实验却发现事实并非如此。可能的解释是，不同性格的学习者在处理不同的学习任务中运用了不同的策略。外向型性格的学习者其健谈和善于反应，更易于获得更多的输入和实践的机会，但他们往往不十分注重语言的形式；而内向型的学习者可能更善于利用其沉静的性格对有限的输入进行更深入细致的形式分析，尤其在注重语言形式和语言规则教学的课堂教学环境下占有优势。

教师对不同性格的学习者可采用的方法有二：一是顺其自然，"顺水推舟"，针对不同的学习任务在不同的场合注意发挥学生各自的长处；二是通过某些手段，促使不同性格的学习者向相反的方向做些转变，以适应各种不同的学习环境和任务。不管怎样，教师了解学生性格，并在教学过程中考虑这一性格因素的作用是完全必要的。

五、元认知

（一）元认知的界定

元认知由弗拉维尔（J. H. Flavell）于 20 世纪 70 年代提出，又被称作反省认知、监控认知、超认知、反审认知等，是个体关于自己的认知过程的知识和调节这些过程的能力。学习者可以通过元认知来了解、检验、评估和调整自己的认知活动。一般认为，元认知可以由元认知知识、元认知体验和元认知监控 3 部分组成。元认知知识主要包括个体对自己或他人的认知活动的过程以及结果等方面的知识；元认知体验指伴随认知活动而产生的认知体验和情感体验；元认知监控指认知主体在认知过程中，以自己的认知活动为对象，进行自觉的监督、控制和调节。弗拉维尔于 20 世纪七十年代首次提出元认知的概念，他在

1979 年提出的元认知理论框架被广泛应用于发展心理学和二语习得研究。弗拉维尔认为，元认知是对认知的认知，即认知主体对有关自身任何认知活动的认识或调节，是认知主体关注并调控认知活动的知识与能力，包括元认知知识和元认知体验。元认知知识是指认知主体所存储的既和自身有关又和各种任务、目标、活动及经验有关的知识片段。弗拉维尔将元认知知识分为 3 类：①主体知识，即认知主体关于自己及他人作为认知加工者在认知方面的某些特征的知识；②任务知识，即关于认知任务已提供信息的性质、任务要求及目的的知识；③策略知识，即关于策略（认知策略和元认知策略）及其有效运用的知识。对于元认知体验，弗拉维尔并没有进行分类。1985 年，弗拉维尔在《认知发展》中明确将元认知定义为认知主体对自身认知活动的认知，包括以下几个方面：认知正在进行的认知过程、自身认知能力和两者的相互作用；认知自身心理状态、能力、目标、策略等；计划、监控和评价自身认知活动。

除了弗拉维尔以外，许多研究者都对元认知理论做了大量的研究和界定。他们认为元认知不仅是一个整体的知识体系，同时也是一个动态的过程。例如，魏纳特（P. Weinert）将元认知定义为二级水平的认知，即对想法的想法，对知识的知识，或是对行动的思考。因此，元认知这一概念被广泛地定义为关于认知的知识和调控，它包括计划、监控、评价和详细化等过程。元认知被一些学者看作是学习的中心。

（二）元认知知识与外语教学

1. 主体知识

根据弗拉维尔的理论，温登（A. L. Wenden）将个人主体知识分为 3 方面的内容：①对自我认知能力差异的看法；②对认知个体之间认知能力差异的看法；③对人类认知能力普遍性的看法。它主要是指学习者个人对自己作为学习者所表现出的学习能力和学习效率的总体看法。一般来说，学生的年龄、学能、智力、性格、学习动因、社会文化因素及认知风格等，都与学业成绩有一定的关系。在社会文化方面，我国俗语"只要功夫深，铁棒磨成针"和"水滴石穿"所倡导的"勤能补拙"的观念是大家普遍接受的治学的理念，这也是我国学生在外语学习中注重的学习方法之一。因此他们通常会将学习效果不佳归咎于个人努力不够。这与西方教育理论中把学能及智力提到至高地位的做法有一定的差别。再比如，缺乏学习动因或学能较低的学生的学习成绩通常不如人意，这一点似乎被诸多研究结果所证实。负面的自我评估，也就是元认知理论中的负面的自我效度感，也通常带来不利的后果。因此，教师要引导学生正面、积极地评价自己，使他们充分意识到积极对待自我会产生积极效能，并想办法帮助这些学生克服困难取得进步。外语老师要正确地对待上述诸因素对学生学习的影响，意识到学生在上述方面的个体差异，因材施教。

2. 任务知识

弗拉维尔认为，任务知识可以分为两类：①对认知任务完成的最好方法以及完成的可能性的看法；②对任务要求难度或任务目标高低的看法。认识学习任务的性质可以让学生懂得如何对学习任务分类，比如，了解到学习语言不同于学习生物学或驾驶车辆，口头语与书面语之间存在差异，等等。另外，一边把目标语与母语进行对比，一边充分理解语言的三大特征，即语言的系统性、创意性和相似性，也会激发学生使用目标语的动机。简言之，语言是由一定的规则支配的用来交流思想的工具。人们可以创意地、灵活地使用语言。除了语言的特殊性之外，它们之间还存在着共性，即它们在许多方面具有相似性。例如，语言必须要通过音、形、义来再现社会现实与意识形态。这种理解可以鼓励学生充分发挥其潜能并用所学的语言来表达自己的思想。听、说、读、写各有其特点，但是融会贯通、勤于实践、学以致用是外语学习成功的保障之一。同样，对学习任务的要求和目的的认识也非常重要。这里所指的学习任务就是外语学习的任何方面：了解怎样的学习任务需要怎样的资源，在一定的情况下如何获取资源才能完成学习任务，如何掌握判断学习任务的难易度以便采取不同的学习策略来顺利完成外语学习的某一任务等等。充分理解任务知识这些方面的重要性对学生学好外语大有裨益。

3. 策略知识

虽然弗拉维尔对策略知识没有进行详尽的论述，但是他指出，策略知识就是认知主体在进行认知活动时，为达到某种目的而运用的知识。温登认为策略知识包括两方面的内容：①知晓哪种策略对自己的学习最有效；②懂得学习的最佳途径是什么。策略知识指学生对学习过程的了解，即对自己和他人的认知过程的理解。它也指学生对学习过程的控制与调节。语言学习策略可分为3类：元认知策略、认知策略和社会-情感策略。元认知策略关系到学习者对所有与学习有关因素的计划、监控和评价。认知策略涉及与所学语言材料的互动，即具体地使用某种技巧学习所使用的材料。社会-情感策略涉及人与人之间的相互交流和情感控制对学习的助益。外语教师可以引导、开发学生的策略知识，并有意识地教授他们如何使用这些学习策略。

第二节　基于心理学的英语教育践行策略

一、提高学生英语学习迁移能力

（一）学习迁移能力在英语学习中的重要性

英语教育的目标就是全面培养学生听、说、读、写能力，提高学生英语语言的综合能力。在英语的教学实践中，对学生听、说、读、写能力的培养应抓住两个要点：一是让学生掌握一定的英语语音、语法的规则并记住一定规模的英文词汇，二是培养学生的英语学科思维能力。英语语音、语法的规则其实就是对大量的英语言语现象进行高度概括的结果，因而也是思维的结果，所以英语语音、语法规则的学习离不开思维，英文词汇的记忆也离不开思维的加工。因此，可以说英语学科学习能力的核心和本质就是英语学科思维能力。要发展学生的英语学科学习能力，必须培养和发展其英语学科思维能力。根据林崇德教授的思维结构理论，英语学科思维就是"按照一定的目的，对一定的英语材料，通过分析与综合、比较与分类、抽象与概括、系统化与具体化等思维方法，对该英文材料做出一定的解释，进而揭示英语材料与意义关系的过程和结果。"

英语学科思维能力最主要的特征就是概括，英语学习与运用的过程就是概括的过程，也就是迁移的过程。没有概括就谈不上迁移，没有概括就不能掌握英语知识，也不能运用英语知识，更不能通过已有的英语知识去学习新的英语知识。英语学科的概括能力就是从大量的英语材料中"抽离"出最重要的东西的能力，就是能从不同的英语材料中找出共同点的能力，具体包括英语语音、词汇、语法、语用规律的概括能力、把概括的东西具体化的能力以及在概括的基础上把英语知识系统化的能力。概括的过程就是迁移的过程，概括的水平越高，迁移范围就越广，跨度就越大。学生具有概括能力，就能抓住英语语音、词汇、语法、语用的本质，就能掌握英语语音、词汇、语法、语用的规律，就能发现已经掌握的英语语言知识与新遇到的英语语言问题之间的联系，就能运用已有的英语语言知识去学习新的英语语言知识，就能举一反三，触类旁通，就能温故而知新。概括能力的提高即迁移能力的提高，将会有效促进学生英语学习能力的提高。

（二）提高学生英语学习迁移能力的策略

1. 正确认识英语教学与应考的关系

教学过程中的考试、考查是检查教师教学和学生学习的重要手段之一。以高中阶段的英语教学为例，由于高中阶段面临高考，其强大的"应试引力"的作用，往往使教学模式陷入应试教育的怪圈，使得教学极具功利性，教学中存在着"重知识讲解，轻能力培养"的倾向。英语教育教学经过了一、二期课程改革，其实质是课程文化的嬗变，是教育教学观念、态度和行为的重构。在这种新课改的背景下，高中英语教师面对越来越全球化的发展，当务之急是如何转变观念，内化课程标准，改变过去强调接受式学习、死记硬背、机械训练的落后观念，进行有效教学，改变英语课堂教学中高耗低效的局面，从培养学生学习策略的角度来重新审视自己的教学策略，从而影响学生的学习态度，使学生通过体验、感悟、总结、归纳主动获取知识，提高语言的综合运用能力和英语学习的迁移能力，为进一步的学习深造打好基础，这也是推行素质教育的出发点和目标。

2. 创设语用环境，提高学生元认知水平

与母语相比，英语学习更依赖于元认知能力。由于中国学生学习英语的语言环境相对不利，缺乏实际使用英语的场合，因此，教师应强调并鼓励学生形成应用英语的意识，使学生有意识地比较、分析语言输入与母语及已有语言水平的差异，选择、调整自己的学习方式和方法，有意识地主动应用迁移。尽管英语学习与其他学科的学习一样，也涉及知识、技能的掌握问题，但值得注意的是，若教师仅要求学生去背诵、操练单词或句型，而不教给学生一些进行深层次认知加工的方法，则学生的学习在很大程度上是机械的、孤立的，很难灵活准确地应用于其他情境中。深层次的认知加工，即利用个体已经掌握的熟练的原有经验或者利用生动的表象、图形或图表等，充分、透彻地理解建构新的学习材料的意义及其各种可能的联系，这是避免机械学习的有效手段之一。

在英语学习中，迁移之所以难以产生，一方面与学习者本人的认知与元认知水平较低有一定关系，另一方面也与教学中忽视学生相关能力的培养有关。就学生自身而言，可能缺乏相应的内部动机来主动激活、提取并使用所学习的语言，或不知道何时、何处、如何将课堂中学习的语言知识与技能应用于实际或适宜的情境中，课堂中的语言学习与应用是脱节的。就教师而言，在课堂教学中是否对有效掌握语言的方法、学习策略给以必要的重视和指导，是否强调所教的语言的实用性和适用条件，是否有利于调动学生使用英语的积极性和主动意识等，这都决定了学生元认知水平的高低。在教学实践中，元认知学习策略的培养与运用对学生主动学习所产生的作用非常大。学习能力强的学生，其学习的自我监控水平一般都较高，即他们具有较多的有关学习、学习情境和学习策略等方面的知识，善于计划、评价、调控自己的学习过程，灵活地应用各种策略，去达到特定的目标。学习能力差的学生正好相反，虽然他们在有关知识的水平方面可能同许多学习能力强的学生基本相同，但是，他们有关学习及学习策略方面的知识却比较贫乏，不善于根据学习材料、学习任务以及个人的具体特点和当时的实际情况而灵活地采取适当的学习策略或补救措施，表现出对自己学习行为的控制和调节水平较低。这说明，在具备一定的基础知识的前提下，学生学习的自我监控水平已成为影响其学习成功的关键因素。

因此，学生应该在英语学习的过程中，根据元认知的特点，通过教师有计划、有系统地培养来积极发展元认知，英语教师把元认知的培养作为教学的目标之一。例如，在英语阅读理解的元认知的教学中，可以采取直接指导、阅读示范、自我提问、程式化训练等方法来提高学生的元认知水平。又如，在语法和词汇教学中可以结合学生学习中产生的问题采用直接指导、出声思维、编流程图等方法提高学生的元认知水平，建构起他们的语言学习框架，促进英语学习中语言知识的迁移。

二、运用注意规律开展英语教学

所谓注意（Attention），是指人的心理活动对一定事物的指向和集中。注意的指向性是指心理活动有选择地反映一定的对象，而离开其余的对象。注意的集中性是指心理活动指向某事物的时候，心理活动便离开其他一切无关的事物，并且抑制多余的活动。注意是一种心理活动，不是一种独立的心理过程，不反映事物的属性和特征。但它是一切心理过程的开端，并始终伴随着心理过程而存在，是保证心理过程顺利进行的必要条件，人的一切心理活动都离不开注意。注意是教师进行教学工作的前提条件。因为如果学生的注意没有集中，学生其他的心理活动根本不可能顺利进行，因而教学活动也就无法顺利开展。作为英语教师，要结合英语自身的特点，在教学过程中充分运用注意的规律来组织教学，以提高教学质量。

（一）利用无意注意的规律组织教学

1. 创设良好的教学环境

良好的教学环境是避免无意注意产生消极影响的重要因素。教学环境主要包括校园和教室。校园要安静、整洁，避免噪音和有害气体污染，使其成为环境优美，适宜学习的场所。教室里空气要清新，光线要充足，布置要简朴、素雅，不宜过多的装饰和不必的张贴。教师穿着要朴素大方，避免奇装异服。

2. 注意教学内容的适宜性

能够满足需要，符合兴趣的刺激物容易成为无意注意的对象。因此，教师在组织教学活动时，在考虑教学内容的科学性、知识性、思想性、趣味性、实践性等基础上，应充分考虑学生原有的知识经验，在学生的"最近发展区"内，把教学内容组织得丰富些、新颖些，把新旧知识有机地结合起来。

3. 注意教学形式的多样性、生动性、灵活性

多样化、生动、灵活的教学，有利于吸引学生的无意注意，保持对教学内容的稳定的

注意。教师上课除采取讲授这一教学形式以外，还应穿插使用提问、启发、讨论、角色扮演等诸多形式，使学生有耳目一新的感觉。

（二）利用有意注意的规律组织教学

1. 让学生明确英语学习的目的、任务，激发学习的自觉性

有的学生学习积极性不强，成绩不理想，往往是由于英语学习目的不明确造成的。因此，教师要向学生进行学习目的性的教育，让学生明白英语学习的目的、任务和重大意义，增强他们英语学习的责任感、紧迫感，使他们端正学习态度。只有这样，学生在学习中才能发挥其主体性，即学习的自觉性、主动性、积极性，从而保持注意的稳定。

2. 正确组织教学活动，严格要求学生，建立正常的课堂教学秩序

教师要根据教学过程的规律和教学原则，严密组织课堂教学，使每个环节都有充实的活动内容。教学内容和时间安排要紧凑，要结合教材内容提出具有启发性的问题，引导学生积极思考，使学生成为教学过程的积极参与者；要严格要求学生，使学生明确课堂学习应遵循的基本要求，明白应该做什么，不应该做什么，养成良好的课堂学习习惯。禁止迟到、早退、"讲小话"等不良现象的发生，以免影响甚至破坏正常的课堂教学秩序，分散学生的注意力。

3. 加强意志力的培养和锻炼

英语学习是艰苦的脑力活动，要学好需要有坚强的意志力。加强学生的意志力，要求教师不间断地向学生提出严格而合理的要求。这种要求应该是学生力所能及的。太难，学生望而生畏，失去信心；太易，思想不重视，注意力不集中。要使学生在相信自己的能力，并经过一定的意志努力，排除各种干扰，克服困难完成学习任务的过程中，加强意志力的锻炼，培养有意注意。

（三）掌握控制注意分散的方法

作为教师，要从教师的责任感和关心学生的高度出发，关注学生的注意集中情况，掌握控制注意分散的有效方法。①"打预防针"。对注意力容易分散的学生，教师要对他们进行必要的教育，在座位上可以做适当的调整，使其减少或消除分心现象的产生。②进行适时适当的暗示。在教学中，教师可采用目光凝视、摇头示意、暂停讲课等方式，向注意分散的学生发出暗示，及时制止他们分心。③指名提问。结合教学内容，对注意力不集中的学生提出问题，要求要他回答。④表扬与批评相结合。表扬专心的学生或善意批评不专心的学生都是防止注意分散的好方法。⑤指导学生组织自己的有意注意。教师应对学生如何组织自己的有意注意活动给予必要的指导，如要求学生适时地提醒自己"保持注意""坚持注意"或反问自己"老师讲到哪里了"，等等。通过语言的调节作用，可以有效地使学生自己把注意力维持在当前活动。

三、培养学生积极学习的情感

（一）加强学生的情感认知

加强学生的情感认知指的是让学生了解自己的学习地位和学习责任。在加强学生情感

认知的过程中，学生会明确自己的学习主体地位。这种情感的认知会刺激学生学习的积极性，使学生了解学习的目的和意义，改变被动学习的局面。教学是师生双方情感互动的过程，教学最重要、最有价值的体现是学生的参与。但是，由于传统的"以教师为中心"的教学模式的影响，学生课堂气氛不活跃，课堂活动参与度不高。学生必须改变过去被动的学习方式，主动参与课堂教学，充分发挥自己的主观能动性，从而提高自主学习能力，更好地适应社会需求。

在课堂中形成的生生关系、师生关系以及由此形成的课堂气氛对学生的语言学习有着重要的影响。因此，教师要放下架子，积极地与学生沟通，随时掌握学生的情感动向，并利用各种方法和渠道了解并尽快解决学生的困难。学生是很容易产生焦虑的群体，教师需要在教学中对学生的个性进行综合考虑和引导。这种引导和帮助不仅需要教师采用循序渐进的原则和方法，还要切实改变学生被动学习的状态。这就要求英语教师积极开展多样的课堂活动，充分利用现代化的教学辅助手段营造积极的英语课堂氛围。根据实际情况，教师可采用个体活动、小组活动、全体活动等教学形式。形式多样的课堂活动提高了学生的英语表达能力，同时也提高了学生的自主学习能力和合作学习能力。这种合作学习有利于树立学生英语学习的自信心，降低学生的英语学习焦虑感。

（二）合理加工教学内容，培养学生学习兴趣

1. 教学内容的难度把握

教学内容的难度应控制在"i+1"内，语言输入应当是可理解的。克拉申认为有效的语言输入必须是可理解的，即学习者听到或读到可理解的语言材料，其难度应略高于学习者目前的水平，即i+1。太难容易挫伤学习者的信心，使其产生焦虑；太简单又容易使学习者失去兴趣。克拉申的输入假说不仅为教学内容的处理提供了认知维度上的操作依据，使得输入内容具有一定的挑战性，形成信息沟，从情感维度上使学生产生"跳一跳才能够得着"的冲击力去掌握新的学习材料。

2. 教学内容的趣味化和关联化

据克拉申的情感过滤假设，情感过滤作用越低，语言习得的收效就越大。教师在选择语言输入材料时，尽量找一些有趣的材料，学生感兴趣、贴近学生生活的话题，或者与学生的专业相联系的输入材料，引导他们利用语境和自己原有的知识来理解语言输入，引发学习者认知和情感上的共鸣，使得学习者在整个学习过程中形成愉快的、有兴趣的主导心境，同时调节学生的学习心向，从而促使学习者的情感和认知互相促进发展的局面。

3. 教学内容的情感性处理

当然，并非所有的教学材料都是很有趣或与学生联系密切的，但材料不具备趣味性和关联性时，就需要教师适当地运用心理匹配策略的认知匹配和超预期策略，对教学内容实施情感性处理。认知匹配是指教师通过调整学生对教学内容与自己需要之间关系的认知评价，来达到心理匹配。其要点在于教师通过适当的启发、诱导，改变学生原来的认知评价，使之认识到所接触的教学内容是符合其需要的，从而达到调节学生学习心向的目的。超预期策略就是指在教学过程中教师应恰当处理教学内容，使之呈现的教学内容超出学生预期，引发学生的兴趣情绪，以有效调节学生的学习心向，提高其学习的积极性。

（三）用感情激活课堂教学气氛

课堂是教师和学生交流沟通的主要场所。在课堂中教师要平等地去对待每一个学生，不要用轻视的目光和挖苦的语句去伤害学生的自尊心，注重发现每个学生的闪光点并要及时表扬和肯定，经常用赞赏和鼓励的语气肯定每个学生所取得的每一点成绩，这样的课堂气氛才活跃，才充满着生机。另外，教师还要加强自身修养的学习，在课堂上不要因一些琐碎的事而发怒、生气，这样会影响教师在学生中的形象，影响师生之间的感情。

利用课余时间沟通师生情感，有助于建立良好的师生关系。新型良好师生情感关系应该是建立在师生个性全面交往基础上的情感关系，它是一种真正的人与人的心灵沟通，是师生相互关爱的结果，是师生创造性得到充分发挥的催化剂，是促进教师与学生的性情和灵魂提升的沃土。师生之间缺乏积极的情感联系，不仅使得一直为人们珍视的师生情谊黯然失色，也使得教育活动失去了宝贵的动力源泉。优化师生情感关系，重建温馨感人的师生情谊，是师生关系改革的现实要求。在学校里，师生的交流不仅仅是课堂教学，课余生活中的师生交流也是很有必要的，有些老师不重视课余的时间与学生交往和沟通，认为课余的交流是班主任的责任，与任课教学无关，使得教学之余师生之间的情感交流处于空白地带，致使感情的功能没有发挥其应有的作用，阻碍了教学中的感情交流。因此，课余时间教师可以通过与学生聊天，和学生玩有趣的活动，来拉近师生间的感情距离。

用真情感染学生。教师需要知道：只有热爱学生，才能教好学生；只要有感情地教，学生就会有感情地学，学生对学习就会产生兴趣。对于一门学科，不是每一位学生都有兴趣去学。如何使绝大部分学生产生学习英语的兴趣呢？这就需要教师多和学生谈心，多给学生一些生活上的关爱，进而引发学生产生情感上的共鸣，为学生的英语学习创造动力。

四、合理进行归因

（一）归因理论的定义与基本观点

一切事物的运动变化，都有其原因，人的行为当然也是如此。人们对他人或自己的行为通过知觉、思维、推理等内部信息加工过程，推断其产生原因的认知活动就叫作归因（Attribution）。归因总是与"为什么"这样的问题联系在一起，具有认知性、针对性和后续性等特点。而归因理论（Attribution Theory），就是关于人们如何解释自己或他人的行为以及这种解释如何影响他们的情绪、期望、动机、行为等的心理学理论。

以下为归因理论的基本观点：

（1）根据行为原因的来源这一维度，人们可以把行为的原因分为内因和外因两大类。内因是影响行为的主体内部因素，包括能力、努力、需要、动机、性格、态度、情绪、品质、个性等。外因是影响行为的外部条件，包括任务难度、机遇、条件、他人的帮助等。无论在何种情况下，个体的任何行为既有内部原因，也有外部原因，是内因和外因共同作用的结果。但是，内因是行为的根本原因，外因只有通过内因才能起作用。

（2）根据行为原因稳定与否这一维度，可以把影响行为原因分为稳定和非稳定两类。稳定原因包括能力、需要、动机、个性、任务难度、社会规范、职业要求等，而非稳定原因包括努力、机遇、情绪、情境等。稳定原因具有经常性、一贯性的特点，它可以在各种场合影响行为者活动的进行，是影响行为的首要原因。非稳定原因具有偶然性、暂时性的特点，它只是在特定的场合影响活动的进行，是影响行为的第二位的原因。在对行为归因时，要首先考虑稳定原因对行为的影响，同时，也应十分重视非稳定原因对行为的作用。

（3）影响行为的各种原因中，有的是可以控制的，而有的是不可以控制的，因此对行为的分析还必须从原因的第三个维度，即控制性来分析。从控制性来看，能力、性格、品质、任务难度、情境等是不可控制原因，而情绪、努力等是可控制原因。一般来说，不可控制原因是一种客观存在，不会因人的主观意志而改变。人们在对行为归因时，既要尊重客观事实，又要强调主观努力，避免因不能客观地分析可控制性原因和不可控制性原因对行为的影响而导致归因上的主观性、片面性。

（4）归因还会影响人们的期望变化。这种期望变化和原因的稳定性紧密联系在一起，具体表现如下：如果将成功归因于能力、任务难度等稳定因素，行为者会增加自我效能感，增强信心，提高积极性，对今后类似的任务有较高的期望。若将失败归因于能力、任务难度等稳定因素，行为者往往容易放弃努力，产生习得性无助感，对未来成功的期望值较低。反之，若将成功归因于不稳定因素如努力、运气、身心状况、外界环境等时，行为者会认为未来成功可能少，因而对成功可能不抱希望。若将失败归因于不稳定因素，则会有利于维持行为者的自信心，激励他投入到以后的行为中去，以改变目前的状况。

（二）基于归因理论的英语教育

1. 了解学生归因风格，因材施教

归因风格是指个体在长期的归因过程中形成的比较稳定的归因倾向。由于每个学生个性特点、生活经历、认知风格等存在着差异，他们的归因风格也必然千差万别。因此，教师要关注他们的归因反应，通过教学了解他们的归因特点，以便因材施教。例如，对于有"习得性无助感"的同学，教师要逐渐引导他们对失败做出努力不够的归因，并通过适当强化使其逐步改变其原来的归因方式，从而增加其学习的信心。而对于有"推卸责任"倾向的学生，则教师不能一味加以指责，而是要耐心地引导他们认清自己的长处和缺点，客观地分析其成功和失败的原因。

2. 正确引导学生在英语学习中的挫折感

学生在学习英语时，经常会由于成绩不理想而产生挫折感。挫折感一般会给学生消极的情感体验，从而使其产生消极的行为反应。作为教师，应指导学生对学习挫折进行归因，化消极为积极，激励学习信心，使其产生新的期望。为此，教师应帮助学生做到挫折面前能正视挫折，实事求是，找出哪些现象是导致失败的自身原因、可控制的原因，哪些因素是外部的、不可控制的因素，这样才能对失败原因予以准确把握。如果是自身的、可控制的因素造成的失败，就要克服自身不足，通过努力去获得成功。如果是外部的、不可控制的稳定因素造成的失败，则需要降低原目标的重要性或重新调整目标，否则目标英语教学新论达不到，就难以克服挫折感。

3. 对学生进行多种形式的归因训练

要对学生采取灵活多样的形式来进行归因训练，具体方法有：①榜样法。教师现身说法，向学生说明自己怎样正确归因，也可以让归因正确的学生谈自己在成功或失败时是怎样归因的。②强化法。对学生的积极归因给予鼓励和赞许，进行正强化，促使其形成稳定的归因倾向；对学生的错误归因，给予否定的评价，进行负强化，引导学生矫正归因误差。③讨论法。让学生讨论成败的原因，教师加以总结评价，鼓励符合实际情况的归因，指出归因误差，并使学生形成共识。④谈话法。对归因有偏差的学生，通过个别谈话，正确诊断其归因偏向及归因技能，进行心理辅导，矫正不正确的归因倾向。⑤渗透法。在教学活动中，适时点拨，巧妙引申，渗透归因指导，潜移默化地影响学生，使之形成积极的归因倾向。

第三节　英语教师心理研究

一、教师的心理品质

（一）感知

感知是感觉与知觉的合称，感觉和知觉是不可分割的，因为事物的个别属性不能离开事物的整体而单独存在，在感觉事物的个别属性的同时也就知觉了事物的整体。教师的感知主要有如下特点。

1. 选择性

人们在感知事物时，不可能对各种事物都进行反映，总是有倾向地选择出某些事物作为感知的对象，从而获得对其清晰的印象，其余的事物则作为感知的背景，只能被模糊地觉察到，这种现象就是感知的选择性。教师的感知选择往往倾向于选择与教育、教学活动相关时的客观刺激。比如在看报时，教师对许多新闻报道的感知是一般的，而对有关教育、教学方面的信息感知就特别敏锐，能给予更多的关注。这是因为教师的感知正是与教育、教学相关的环境造成的，当它形成选择性以后，又反转来对该类事物保持特有的敏感性。又比如，对学生读课文时读错字、作业本上写错别字、语句不通等，英语教师会比别人具有更强的反应能力，一下子就能感知出来。

2. 整体性

我们所感知的对象，都具有不同的属性，由许多不同的部分所组成。但是我们并不把它们感知为彼此孤立的各个部分，而总是作为一个统一的整体来感知，这就是感知的整体性特点。感知的整体性要求教师在教学过程中做到突出重点，抓住事物的本质属性，这对于学生快速、准确识别客观事物有重要意义。因为各种事物都处于千变万化之中，如果因为客观事物发生了一定的变化，就不能识别了，那就会给我们的学习、生活带来许多困难。然而，当我们在认识客观事物时，只要抓住了主要特征或关键部分，就可以做出整体性的反映，从而节省了时间和精力，最终取得较好的效果。因此，在阅读课文时，要强调整体感知，英语教师要教会学生首先着眼于课文整体，从整体入手，这样才可能贴切地把握基于整体篇章、整体语言艺术基础上的作品的最主要的精华与要点，才能把一篇篇鲜活生动的课文读得富有情味。再者，教师的教育对象——学生是有机的整体，"是整体的人"。他们不仅具备全部的智慧力量和人格力量，而且体验着全部的教育生活。所以，教师对学生的感知与教育需要重视整体素质的发展，除了智力之外，还有体力、情感和意志等。

3. 理解性

人们在感知客观事物时，总是根据自己已有的认知、经验来理解它，赋予它一定的意义，并用词语把它标记出来，感知的这一点，叫作感知的理解性。对同一个知觉对象，知识经验不同的人，对其内容深度与精确度的感知就有很大的差异。所以，教学中教师从能唤起学生先前经验的材料开始是很重要的。要学生构成清晰的感知，重要的是理解而不是死记，并且理解了的知识才更有助于长时记忆。另外，词语对感知理解的影响很大，因为感知过程是两种信号系统协同活动的结果，有了第二信号词语的刺激，就会激活与词语相联系的视觉表象，从而去识别事物。词语的作用在于明确感知的方向、提示感知的内容、唤起对客观事物的回忆等。语言越准确、具体、生动、形象，它所唤起的感知形象就会越深刻、广泛。所以教师在课堂上要注意语言表达的艺术，加强语言修养，这样才有助于学生的感知，有利于提高教学质量。

（二）智力

1. 灵活的思维能力

教师的劳动是复杂的脑力劳动，教师工作的对象是活生生的正在成长、智力正在发展的儿童和青少年。教育过程是一个不断变化的动态过程，教师无论是向学生传授知识，培养能力，发展智力，还是向学生进行思想教育，塑造学生灵魂，处理教育中的各种问题，都需要灵活、敏捷、深刻的合乎逻辑的思维能力。

思维的灵活性是思维的客观性、广阔性、深刻性和独立性的集中表现，而这些表现都来源于广博的知识经验。教师如果没有足够的教育知识，没有对学生身心实际情况及生活环境的深刻了解，没有较高的教育才能，那么表现出来的思维特点就是表面的、狭隘的、呆滞的、紊乱的和主观的。在教学过程中，教师必须根据学生的知识基础和智力水平，对教材进行加工处理，巧妙灵活地启发引导学生进行积极的思维活动，使学生能迅速在自己原有认识结构中找到有关材料，深刻理解教材内容，把外在的知识转化为头脑中的财富。教师在对学生进行英语教育过程中，要针对具有不同思想面貌和个性特征的学生，做好晓之以理、动之以情的工作，避免学生出现消极的定势现象。要努力使学生在一种积极的情绪状态下，把教师的要求内化成自己的观点与信念。

2. 敏锐的观察能力

敏锐的观察能力是指那种善于在偶然的细微枝节中看出事物本质的一般特性和规律的感知能力。敏锐的观察能力和灵活的思维能力是相辅相成的。观察敏锐正是思维灵活的表现；思维灵活，是观察敏锐的结果。观察敏锐的教师，常常能从学生细微的表现中，如学生的眼神、姿态、行为、穿着等方面，洞察到他们的个性特征、知识状态、智力水平、精神状态及道德面貌。对好的方面进行及时引发；对一些不好的苗头，及时教育，防微杜渐。了解学生是教育好学生的前提。具有敏锐观察力的教师，在教学活动中，不仅能细腻地洞察学生的外表行为中的微小差别，还能透过外表推知学生的品德、能力、气质、性格、习惯等内心世界。这是教师对学生进行正确教育和贯彻因材施教的前提。

3. 丰富生动的想象力

丰富生动的想象力是教师智力结构的重要内容。在教育活动中，教师对课堂教学的设计，对学生集体活动的设计，以及对每个学生发展前景的期待等，都离不开想象的参与。在教学活动中，教师丰富的想象力不仅能使课堂教学的设计符合学生的实际情况，还可以将抽象的知识形象化。教师用生动、形象的语言教学，有助于学生产生丰富的联想，在头脑中重新组合产生新形象，促进对抽象知识的理解，从而使学生既学得生动有趣，又发展了想象力。教师在组织各种集体活动和进行英语教育时，总是要运用想象力预见活动过程中可能出现的各种情况，预想各种教育措施可能出现的结果，使教育活动在计划的轨道上，在意识的控制下，取得预期的结果。

（三）效能感

效能感是个人对自己进行某一活动能力的主观判断。这一概念来源于美国心理学家班杜拉（A. Bandura）的自我效能理论。班杜拉认为，人的动机受自我效能感的影响，效能感的高低会影响一个人的认知和行为，一个人的效能感越强烈，所采用的行为就越积极，同时情绪也越饱满。教师效能感水平的高低，影响教师对学生的期望和指导，从而影响教师的工作效率。教师的效能感是解释教师动机的关键因素，它影响着教师对教育工作的积极性，以及碰到困难时的坚持程度。

教师的自我效能感，表现为教师对自己是否有能力对学生的学习产生积极影响所做的主观判断，它分为一般教育效能感和个人教学效能感两个方面。[①] 一般教育效能感，指教师对教育在学生发展中的作用等问题的看法与判断，即教师是否相信教育能够克服社会、家庭及学生本身素质对学生的消极影响，能够有效地促进学生的健康发展的判断。教师的个人教学效能感，指教师认为自己能够有效地指导学生，相信自己具有教好学生的能力。

据有关学者的研究表明，教师的效能感是通过影响教师行为而对学生自我效能及学习能力与成绩起作用的，而学生自我效能和学习能力与成绩是相互影响的。教师效能感在以下 3 个方面影响着教师的行为：

（1）影响教师在工作中的努力程度。效能感强的教师相信自己的教学活动能使学生成才，会投入很大的精力来努力工作。在教学中遇到困难时，他们也能够坚持不懈，勇于向困难挑战。效能感低的教师则认为家庭和社会对学生的影响很大，学生个人的努力是最根本的因素，因此常放弃自己的努力。

（2）影响教师在工作中的经验总结和进一步的学习。效能感强的教师为了提高自己的教学效果，注意总结各方面的经验，不断学习有关知识，进而提高自己的教学能力；而效能感低的教师由于不相信自己在工作中也会取得成绩，难以做到在教学中不断积累、总结经验，提高教学能力。

（3）影响教师在工作中的情绪。效能感强的教师在工作中精神饱满、心情愉快，因而工作效率高，教学效果好；效能感低的老师感到不能胜任工作，常常焦虑和紧张，陷入烦恼之中。

影响教师效能感的因素有外部因素和教师自身因素。外部因素包括社会风气、为教师

---

① 辛涛，申继亮，林崇德. 教师自我效能感与学校因素关系的研究 [J]. 教育研究，1994（10）：16.

发展提供的条件、人际关系等；内部因素主要包括教师的教育观和自信心。外部因素对教师效能感的影响是通过内部因素而起作用的，因此，内部因素是影响教师效能感的关键。教师要形成科学的教育观，需要不断地学习和掌握教育学与心理学知识，并在教育实践中运用、验证和发展这些知识。教师要增强自信心，一是要向他人学习，二是注意不断地对自己的教学进行总结和反思。任何一位教师，在教学中都会有成功，也会有失败。例如，阿什顿（F. Ashton）等人的研究表明，效能感强的教师对学生寄予较高的期望，认为自己对学生的成长负有责任，并相信自己能教好所有的学生。在课堂教学中，他们注意对全班学生的指导，不断探索新的教学方法。在对学生进行指导时，他们表现得比较民主，鼓励学生自由地探索解决问题的方法。当学生遇到困难时，他们表现得很有耐心，会通过重复提问、给予提示等方法促进学生对知识的理解。效能感强的教师由于采取了有效的教育行为，因而能够促进学生学业成就的提高。在师生互动过程中，学生的成绩和各种学习行为也会促进教师效能感的进一步提高。

（四）意志

意志是人们自觉地确定目的、制定计划、采取行动、克服各种困难，从而实现目的的心理过程。一个人的意志表现在他所进行的有目的和有计划的行动中。意志是人类特有的高级心理过程。意志过程一般是由采取决定阶段（包括选择动机、确定行动的目的、选择行动的方法和制订行动计划）和执行决定阶段两个阶段组成的。

教师工作是一种复杂、细致、繁重的劳动。学生知识的获得，道德品质的形成以及世界观、人生观的建立，都要靠教师的辛勤培育。从事这样一种艰巨的工作，没有坚强的意志是不能胜任的。教师的意志品质主要表现在工作上持之以恒，善始善终，坚持原则，对学生的要求严格、明确、合理，并且坚持到底。为此，教师应锻炼和培养自己具有以下意志品质。

1. 目的性

教师的坚强意志主要表现在目的性上。教师完成教育任务的明确目的性和力求达到这一目的的坚定意向，是动员自己的全部力量以克服工作困难的源泉。教师的这种意志品质同其世界观和社会道德情感的发展有直接联系。在教育工作中，教师所遇到的外部与内部困难越大，他们身上的意志品质就表现得越明显。只有忠诚于党的教育事业的教师，工作才会有明确的目的性，才能有克服困难的意志品质。

2. 果断性

教师的坚强意志还表现在果断性上。所谓果断性，就是教师善于及时地采取决断的能力。教师坚决、果断和不屈不挠的坚定信念，是在教育过程中直接影响学生的内在力量。教师的当机立断和教师的教育机智体现了教师果断的意志。这种果断性要在关心学生、爱护学生、使学生理解教师要求的正确性的基础上，以和善的、宁静的、循循善诱的、不急不躁的态度表现出来，而不是以势、以声压人来表现的。教师的坚决果断是与深谋远虑相结合的，在什么情况下，该向学生提出怎样的要求，学生该怎样行动，教师都应有清楚的认识和预见。

3. 自制性

教师意志的自制力，是自己能够掌握或支配行动的能力。自制力表现在强制自己去做应做而不想做的事，强制自己不做想做而不应做的事；表现在善于控制自己消极的情绪情感、激情状态与冲动行为；表现在坚持不懈地了解和教育学生；也表现在对学生所提要求的严格、明确和不断地督促与检查上。所以教师的自制力与教师的沉着、耐心、首尾一贯的坚持性紧密地联系在一起，它是有效地影响学生的重要心理品质。

4. 坚持性

教师要求学生首尾一贯的坚持性，对培养学生的技能、习惯和良好的品德有很大的作用。坚持性包括充沛的精力和坚韧的毅力，教师的精力和毅力也是影响工作成败的意志品质。一个教师对待自己的教学任务能够精神饱满地进行，在困难面前不泄气，长期保持精神焕发；在难题和障碍面前，反而知难而进，精力充沛、毅力顽强，这些都能感染学生。教师良好的意志品质，不仅是提高自己的业务水平和完成教育任务所必需，并且也是学生学习的榜样。青少年由于自我意识的发展，常常具有锻炼自己意志品质的要求，因此，他们常常分析评价教师的意志品质，企图在教师身上找到可以学习的优良品质。

二、英语教师的心理健康

(一) 教师心理健康的内涵及标准

教师的心理健康是一个社会心理学与教育学领域的交叉概念，它除了具备一般个体心理健康的基本特质外，还应有教师职业所决定的特质。而教师心理素质主要是指教师在教育教学活动中决定其教学效果、影响学生身心发展的、在心理过程和个性心理特征方面所表现出来的本质特征。教师的心理健康是与教师的心理素质紧密联系的，其中，心理健康是教师最基本的心理素质，一个具备良好的心理素质的教师很容易实现心理健康的目标。

心理健康是一个人整体的适应的良好状态，是人格健康的全面发展，即人的心理是知、情、意、行的统一体。通常而言，心理健康的标准主要有以下几点。

1. 智力正常

智力正常是人正常生活最基本的心理条件，是心理健康的主要标准。智力是人的观察力、记忆力、想象力、思考力和操作能力的综合。一般常用智力测验来诊断智力发展水平。按照通常的划分，一般认为智商低于70者为智力落后，智商在80以上是对个体心理健康的基本要求。

2. 人际关系和谐

人际关系的协调与否，对人的心理健康有很大的影响。人际关系中，有正向积极的关系，也有负向消极的关系。心理健康的人乐于与人交往，不仅能接受自我，也能接受他人、悦纳他人；能认可别人存在的重要性和作用；容易被他人所理解，被他人和集体所接受，能与他人相互沟通和交往，人际关系协调和谐，在生活的集体中能融为一体，乐群性强，既能在与挚友团聚之时共享欢乐，也能在独处沉思之时无孤独之感。在与人相处时，积极的态度（如同情、友善、信任、尊敬等）总是多于消极的态度（如猜疑、嫉妒、畏惧、敌视等），因而在社会生活中具有较强的适应能力和较充分的安全感。一个心理不健康的人，总是独立于集体之外，与周围的环境和事物格格不入。

3. 心理行为符合年龄特征

人在生命发展的不同年龄阶段，都有相对应的不同的心理行为表现，从而形成不同年龄阶段独特的心理行为模式。心理健康的人应具有与同年龄段大多数人相符合的心理行为特征，如果一个人的心理行为表现与同年龄阶段其他人相比，存在明显的差异，一般就是心理不健康的表现。

4. 了解自我，悦纳自我

一个心理健康的人能体验到生命的存在价值，既能了解自己，又能接受自己，具有自知之明，即能恰当、客观地评价自己的能力、性格、情绪和优缺点，对自己不会提出苛刻的要求，对自己的生活目标和理想也能定得切合实际，因而对自己总是满意的；同时，努力发展自身潜能，即使对自己无法补救的缺陷，也能安然处之。

5. 面对和接受现实

心理健康的人能够面对现实，接受现实，并能够主动地去适应和改造现实，而不是逃避现实，对周围事物和环境能做出客观认识和评价，并能与现实环境保持良好的接触，既有高于现实的理想，又不会沉湎于不切实际的幻想与奢望，他对自己的能力有充分信心，对生活、学习、工作中的各种困难和挑战都能妥善处理。

6. 能协调与控制情绪，心境良好

心理健康的人愉快、乐观、开朗、满意等积极情绪状态总是占据优势，虽然也会有悲、忧、愁、怒等消极的情绪体验，但一般不会长久。他能适当地表达控制自己的情绪，喜不狂、忧不绝、胜不骄、败不馁、谦虚不卑、自尊自重，在社会交往中既不妄自尊大也不畏缩恐惧，对无法得到的东西不过于贪求。争取在社会规范允许范围内满足自己的各种要求，对自己能得到的一切感到满意，心情总是开朗的、乐观的。

7. 热爱生活，乐于工作

心理健康的人珍惜和热爱生活，积极投身于生活，在生活中尽情享受人生的乐趣。他们在工作中尽可能地发挥自己的个性和聪明才智，并从工作的成果中获得满足和激励，把工作看作是乐趣而不是负担。他们能把工作过程中积累的各种有用的信息、知识和技能储存起来，便于随时提取使用，以解决可能遇到的新问题；能够克服各种困难，使自己的行为更有效率，工作更有成效。

（二）英语教师心理健康的重要性

1. 有利于英语教师自身的发展

英语教师也有着生存和发展问题，难免或多或少地有着某种程度的适应问题。如果这些问题不能及时有效地解决就会形成心理疾病。教师若有心理疾病，如长期的过度焦虑、忧虑、烦恼、抑郁、愤怒，必将导致生理上的异常或病变，引发身心疾病。身心疾病是主要由心理—社会因素引起、与情绪有关而呈现身体症状的疾病。疾病使人容易产生焦虑、忧愁、烦恼、抑郁等不良情绪，影响人的情感、意志、性格，乃至人际关系的和谐等，因此，使人无法完全发挥潜能，影响英语教师自身的发展，对教育事业不利，对社会也会产生负面的影响。总之，我们要树立现代教育观念，积极采取有效的措施维护教师的身心健康，努力把教师不良心理消除到最低限度，使广大教师以健康积极的身心投身于教育工作，去培养具有健全人格的学生。

2. 对学生英语知识的学习和个人成长产生积极影响

（1）教师心理健康会影响整个课堂气氛。老师是学生的榜样，可以通过语言和行为来影响学生，学生将会以教师的语言和行为、道德标准作为自己行动的指南。一个心理健康状况良好的教师，会凭借自己的言行、情绪感染学生，让学生拥有乐观、稳定、积极的情绪。具体表现如下：当一个教师面带笑容走进教室，用热情的语气肯定学生，用欣赏的眼光鼓励学生时，学生的情绪自然会高涨，以轻松愉快的心情倾听，心里会有充满幸福的成就感，并表现出强烈的求知欲望。在教师的积极情绪的影响下，学生将表现出他们对老师的尊敬和爱戴。在师生共同努力下，将形成平等、和谐的教学气氛。

（2）教师心理健康会影响学生的学习态度。学生，正处于成长发育的关键时期，独立意识亦同步增长，同时也有着叛逆心理，并希望得到他人的尊重和认可，但又表现出脆弱和无助；再加上学业负担沉重、父母期望过高，很容易产生悲观急躁的负面情绪，所以，在这种情况下就需要教师的引导和沟通。教师心理健康，就会具有爱心、耐心和宽容心，在这三心的作用下使学生具备良好的学习态度。

（3）教师心理健康影响学生健全人格的形成。作为一名教师应该懂得，学生都有自己独立的人格，渴望得到他人的尊重，这也是每个学生的基本需要。教师还应该清楚，培养学生拥有健全的人格，可以促进他们充分去体验学习和成长的乐趣，还可以丰富他们的精神世界，在此过程中还可以挖掘他们的潜能，让他们对世界的认识提高到更高的境界。这就要求教师必须保持良好的心态，不断健全学生的人格。一方面，教师必须有热情的工作态度、饱满的精神状态和稳定的情绪，必须有极强的控制力，具备无私、真诚、谦虚、宽容等优良品质，以自己的完美的人格去影响感化学生。另一方面，教师要根据学生的需要帮助他们解决各种问题。学生在学习过程中会遇到各种困惑、挫折，甚至会造成无法排解的心理障碍。这种情况下，教师就应该肩负起调节学生心理问题的重任，了解造成这种窘境的原因，冷静分析，耐心疏导，帮助学生解除疑惑、化解矛盾，从而维护学生的心理健康，促进学生形成健全的人格。教师要关爱学生，主动为学生营造健康的环境，让学生心情愉悦、思维开阔、想象丰富，让学生具有高昂的学习热情和理性冷静的分析能力，在学习过程中进一步完善他们的人格。

三、英语教师的心理焦虑及其改善策略

（一）英语教师心理焦虑产生的原因

1. 职业压力

英语教师的职业压力主要表现在以下几个方面。一是新工作环境中人际关系方面的压力。据观察发现，刚步入岗位的青年教师大多拥有对教育事业的美好憧憬，然而随后才发现理想中的自我与现实中的自我差距甚远。二是这些青年教师在学校要扮演着多重角色。在学生面前扮演管理者，在领导和老教授面前又变为被管理者和遵从者，他们还要充当校领导与学生之间的联系员。在如此错综复杂的关系网中，青年教师既要处理好与学生之间的关系，还要处理好与同事和上级领导之间的关系。因此，不少内向的青年教师经常在工作环境中感到紧张、焦虑，甚至会出现悲观失望、挫败感等心理障碍。在这种情况下，教师若找不到宣泄的环境，只好选择把负能量压抑在心里或直接消化吸收。长期下来就容易导致心理疾病，进而对教师和学生的身心健康以及教学方面带来不良的后果。三是英语科研任务难。科研是大学教师必须要承担的任务。然而，对于很多英语教师来说，教学经验不足、知识结构不完善，独自承担课题的能力有限，再加上能够成功申报科研立项的机会

少之又少，导致英语教师对科研的自信心和积极性急剧下降。除此之外，随着人事制度改革的深入，许多民办高校开始实行英语教师聘任制度（如英语外聘教师）。尽管这使各大高校取得了良好的教学效果，但这同时也意味着英语教师随时面临被解聘的危险。因此，高校对教师的一系列要求，如抓好教学基本功、科研、学生发展等问题使得英语教师产生精神紧绷、缺乏安全感等心理压力。教师往往不敢在工作环境中宣泄，这样一来很容易把不良情绪直接带入课堂中，进而影响课堂教学效果。

2. 教学方式革新的冲击

随着教学多媒体的不断发展与改进，教师的知识与技能不得不与多媒体教学设备同步更新，教学手段、教学方法以及备课重点也发生变化。对此，青年教师除了备课授课以外，还要抽出大量时间学习多媒体教学设备使用方法以及它在实际课堂中的运用手段。

3. 社会期望过高

教师的劳动带有很强的示范性，教师要以自己的德、学、才、识示范于学生。长期以来，无论是文艺作品还是大众传播媒介，都过度宣传教育功能的"无所不能"在人们的眼里，教师是严肃认真、一丝不苟、刻苦耐劳、兢兢业业、诚实俭朴的。这种角色期望使教师心理长期受到压抑，精神经常处于紧张状态，处事拘谨，甚至强制自己控制正常的需要和行为。

（二）英语教师心理焦虑的改善策略

1. 学校为英语教师个人职业发展营造良好和谐的内部工作环境

学校各阶层要深入了解教师的实际需要，采取恰当的激励方式，提高教师的心理满意度，使他们保持良好的心态。学校管理工作的一项重要任务就是帮助教师排解心理压力带来的困扰。首先，学校要在精神生活上给予帮助，不断提升英语教师的心理承受能力，使教师保持心理平衡，令其能够以积极的态度融入周围的环境。同时，学校应建立良好的管理机制，对英语教师要热情关怀，建立客观公正的教师评价体系以满足成就动机。针对他们上进心强、热情好学、希望得到信任和重用等特点在工作中应充分给予赏识和信任，支持他们大胆工作，赋予重任。除此之外，学校应建立健全英语教师心理压力疏导机制，及时了解英语教师的心理状态。给英语教师提供施展的舞台，激励教师充分发挥才能，使大多数教师能在工作中寻找乐趣，形成良好的精神面貌。

2. 英语教师自身要积极对待英语教学改革

社会想要发展，就要不断进行改革，教育也如此。改革必然会给教师带来新的环境和压力，而这种压力是作为教师必须要承担和接受的。教师应该意识到教育改革的迫切性，积极配合改革新方案，根据改革的要求不断地学习和更新教育理念，在自己的工作和自身专业发展中源源不断地注入新的知识与动力。

3. 学会控制和宣泄自己的不良情绪

情绪控制指个体对自身情绪状态的主动影响。这里主要讲英语教师在学生面前应控制自己的消极情绪，不把挫折感带进教室，更不要发泄在学生身上。如果教师自己遇到了挫折而烦躁，并因此斥责学生，学生们是能够意识到的，他们会因此不再尊重教师。所以教师要时常提醒自己在情绪激动时不要批评学生，而要等待自己能心平气和时再批评，以防止言行过激。

如果不良情绪积蓄过多，得不到适当的宣泄，容易造成心身的紧张状态。这种紧张持续时间过长或强度过高，还可能造成心身疾病。因此，英语教师也应该选择合适的时候、合理的方式宣泄自己的情绪。情绪的宣泄可以从"身""心"两个方面着手。"心"方面如在适当的环境下放声大哭或大笑，对亲近和信任的朋友或亲人倾诉，给自己写信或写日记等。"身"方面如剧烈的体力劳动，纵情高歌，逛逛街，买点自己喜欢的东西等等。还可以出门旅游，从大自然中使自己的情操得到陶冶。

第三章 英语生态化教育模式的构建与实施

教育的本质是还教育以生命，以发展生命为终极目标。生态化教育正是把教师、学生、教学内容和环境等要素看作一个交互作用的动态系统，并以此来建立一种整体、和谐和可持续发展的教学模式，最终实现共同发展的教育教学目标。本章即结合当前英语课堂教学生态失衡的现状，对英语生态化教育模式的构建与实施做出探讨。

第一节 英语生态化教育的内涵与理论基础

一、英语生态化教育的内涵

英语生态化教育就是运用生态学原理和生态主义理论研究教育问题，强调以一种生态的眼光、态度、原理和方法来关注、思考、解释复杂的教育问题，并以生态的方式来开展教育实践，可以说生态化教育既是一种教育理念，也是一种教育实施策略，它是一种系统观、整体观、联系观、和谐观、均衡观下的教育，是一种充分体现和不断运用生态智慧的教育。它的内涵包括以下几个方面。

（一）开放性

只有在整个教育生态环境中保持能量和信息的及时交换，课堂生态系统及其构成因子才能得到更好的发展。英语课堂教学的开放性特征主要体现在以下方面：开放的教学目标是课堂教学生态发展的前提方向（教学将语言基本知识及技能的习得提升为听、说、读、写、译应用能力的提升及跨文化交际等综合能力的培养）；开放的教学模式是课堂教学生态发展的实施过程（教学由传统单一的教学模式演化发展成多模态发展运营形式的交互教学模式）；开放的教学手段是课堂教学生态发展的技术支持（将计算机网络等现代信息教育技术融入具体的英语教学实践中，特别是利用在线学习系统或网络学习平台把听说能力的教育活动延伸至学生课外网络环境下的自主学习之中）；开放的教学评价是教学生态发展的有力保障（将单一的终结性评价发展为更加关注并重视学生能力发展过程的阶段性评价与终结性评价相结合的评价方式及标准上来）。

（二）整体相关性与动态平衡性

美国学者多伊尔（W. Doyle）和庞德（G. Ponder）认为："学习发生的每一个背景中

都包含了一位学习者，一位教师，一个背景和学习的信息……因此，学习发生在一个生态系统之中。"由此，我们把英语教育看作一个复杂的社会现象，它需要对语言、语言学习者、语言学习者与学习环境的关系以及教师的教学及评价都做一个全面、通盘的考量。本书把语言理解为突现生成的语言生成观，将语言学习过程阐释为多维时空流变性的语言学习观，把语言学习者与学习环境的关系诠释为符担性，来对语言教学进行重新建构与诠释，最后以价值多元性来对教师语言教学及评价予以阐释，以此来整体、全面、生态地理解语言教学与研究。英语教育生态模式不是一成不变的固有模式，而是与时俱进的动态发展的语言教学模式。生态英语教育模式的动态性首先表现在学生语言学习的时空流变性；在生态英语教育模式下，学生语言学习在时空上具有显著的流变性，如现时英语学习模式必定为先前母语学习模式的复制和改造，同时之前学习这些语言所形成的思维和经验必将构建自身学习图式，并影响往后语言学习的经验和思维；依此类推，将来心智结构投射能力必将由现有经验和能力决定。因此语言学习分维模式是前有各种规模水平的现象和事件的复制与投射。其次，英语教育生态模式会随着语言教育生态环境的改变而做出相应调整，特别是多样化的教学方法具有很强的适应性。因此，英语教育生态模式重要的特性之一就是整体相关性与动态平衡性的统一。

（三）发展性

健康良性发展是促进生态系统内部生命个体健康发展的最终目标。从教育生态学的角度来讲，英语的教学目标和教学设计不仅是为了满足传统教学意义下的课堂活动的质量发展及社会教育的基本需求，也是为了更加灵活、高效地适应整个社会的健康、良性、可持续型发展的需要。在科学文化知识迅猛更新、网络信息技术日趋发展的现代社会中，仅仅依靠课时数量有限、教学内容单纯的课堂教育和学习是不够的。学生必须具备自主学习及终身学习的学习意识与实践能力，才能真正掌握并提高自身对社会环境的适应与发展能力，进而创造出更大的社会价值。

（四）差异性与标准性

生态化英语教育模式是在吸收前有教学模式优势的基础上发展起来，具有一定的包容性，兼顾了教师中心和学生中心的同时，也考虑了语言本身的特征；在考虑中国语言文化环境的基础上，也充分照顾了英语语言文化的自身特点。特别是在具体语言教学方式和教学内容上，生态化语言教育模式提倡教学方式的多样化，语言教学内容的变化性，以及教学理念的时代性。因此，英语教育生态模式是一种折中式的语言教育模式，具有较强的差异性和标准性的包容统一能力。

二、英语生态化教育的理论基础

（一）生态心理学

以赫尔巴特（J. F. Herbart）将心理学的知识运用到教育研究中为初始，越来越多的教育学家将教育学和心理学的研究结合起来，心理学的因素也成为教学研究不可缺少的一个部分。教学的核心是人，在教学活动中作为活动主体的人，是具有主观能动性的人，他们在同样的情境中有不同的行为和态度，这与他们自身独特的心理密切相关。而心理学是研究人心理的科学，为分析人的行为变化，情感态度提供理论上的解释。显而易见，通过对教学活动中主体的心理研究有助于教学相关理论的建立。一方面，心理学促进了教育学科的发展；另一方面，教育学科的深入发展对心理学研究的要求也越来越高。

在生态化教育领域，生态心理学是其主要的理论基础。在 20 世纪八九十年代，西方学者开始尝试将心理学与生态学相结合来研究生态环境保护的心理渊源，生态心理学由此产生。1981 年国际生态心理学会在美国成立，标志着生态心理学已经成为独立的学科。生态心理学主要探讨如下几个方面的问题：第一，生态心理学遵从生态学的理念，认为在生态大系统之中，各种事物都是紧密相连的，人类不能离开其他事物而独立存在。在这种思想的指导下，生态心理学重点关注自然环境对人类的存在价值，从生态环境保护的层面来定义心理健康的概念。第二，探寻人的本性。人之所以要对环境进行保护，除了为了自身生存的需要，是否也是一种潜意识的本能需求。生态心理学深入探究环境保护问题的根源，让人们认识到自身与自然环境处于一个密不可分的同一系统内部。第三，研究生态环境与人的个体发展、精神需要以及自我满足感方面的相关联系。第四，提出精神健康的新的标准。生态心理学从对生态的保护层面出发，认为精神健康不再局限于个人，而是扩展到整个生态系统内部。

从生态心理学所研究的几个方面内容可以看出，生态心理学遵循整体联系的观点，围绕人类生存的重要问题，为了实现可持续的生态发展，研究人的行为、心理、情感态度，以此为媒介，最终解决生态系统的危机。作为当代心理学发展的一个分支，生态心理学为我们看待人类与自然生态系统的关系，为英语生态化教育研究提供了一个新的研究视角。

（二）限制因子定律

1840 年，德国学者李比希（Justus Liebig）研究发现谷类作物的产量，通常不是受它所大量需要的营养元素的限制，而是受那些只微量需要的原料的限制，只要稍微加入所缺的微量元素，产量马上就会大幅提升。这些微量元素就成为影响作物产量的"限制因子"。人们把这个规律称为"李比希定律"。与这一表述异曲同工而又更加形象的是"木桶理论"：木桶的容量取决于最短的那块木板。将其放大到生态系统中，就是当生态因素缺乏，或是低于临界线，或是超过最大承受度的情况下，就会起限制因子的作用。根据这一定律，要想英语教学有序高效，就必须对教学过程进行分析，找出限制因子，或改进或消除，从而使教学效益得到较大幅度提高。根据我国传统的英语教学理念，听、说、读、写是主要的生态因子。它们相互影响，均有可能成为英语能力结构系统的限制因子。随着学生年龄的增长，学生的学习观受到越来越多的重视。例如，目前苏州市采用的三维教学目标为"知识与技能""过程与方法"和"情感、态度与价值观"。学生对学习英语的兴趣、学习习惯等学习观并不是除了听、说、读、写之外可有可无的第五种技巧。学习观始终存在于英语学习的背后，即使英语水平较高的学生也可能因学习观的原因而受到限制。因此，教师在英语教学中要尊重学生的个性差异，关心学生的学习态度，注重培养学生良好的学习习惯，调节学生的情感态度，变限制因子为非限制因子，努力提高英语教学效率。

（三）教育生态学

教育生态学也称绿色化教育，或者生态化教育。生态化教育始于 20 世纪 70 年代，随着人们对生态环境及其危机进行的深刻反思，生态化思想逐渐被引入教育教学领域。世界性的生态环境危机给动物和人类都带来了长远的灾难，造成了人类生存危机，也激起了人类对自身的生存方式及思维模式的反思。传统教育产生于工业文明时代，其教育指导思想、培养人才的理论、教育目的、目标、教育方针、内容、方法及其模式等，都是按照工业社会及其文明的轨迹进行的，出现了许多与自然不和谐的因素。一方面教育的生产性非常突出，教育进入科技过程、生产过程和市场经济运行过程，成为现代大工业生产发展的重要条件。另一方面教育的生态性相对比较薄弱，甚至可以说几乎处于被忽视的地位。在工业社会及其文明的推动下，教育作为人类改造自身自然和身外自然的实践活动，不管是在改造自身自然的实践中，还是改造身外自然的实践中，都严重地违背了自然生态规律。

教育生态学是研究教育系统内部诸要素之间的相互作用及与其周围生态外部环境（包括个体心理环境、班级课堂环境、学校环境乃至社会环境）之间的能量、物质和信息交换，探究"人—教育—环境"构成的三位一体的社会生态系统的边缘学科。教育学和生态学是教育生态学的最重要的两个理论基础，它把教育与教育生态环境有机地联系起来，并以其相互关系及其作用机理作为研究的对象，其目的是研究教育生态环境对教学的积极和消极影响。

（四）生态语言学

生态语言学（Ecolinguistics），又称语言生态学（Ecology of Language），是由生态学和语言学相结合而形成的一门新兴的交叉学科。那么什么是生态语言学呢？我们先来看看国内外学者对于"生态语言学"这一概念的阐释。《英汉语言学词典》将它定义为"人种语言学、人类语言学和社会语言学等学科领域中对语言和环境，即使用它的社团之间的互相作用进行研究的一门学问"①。这一解释与《语言逻辑辞典》和《语言与语言学词典》中对"语言生态学"（Ecology of Language）的定义源基本相同。黄知常、舒解生则认为生态语言学"是以探究语言与环境的相互作用关系为中心，研究人类语言的生态性质，探究语言的生态伦理，揭示语言发展的生态规律的学科"②。这些定义中有一个共同的因素，就是"语言与环境的相互作用"或者说是"语言与环境的互动关系"。这是广义上的生态语言学的研究内容。虽然生态语言学的研究内容相当广泛，但总体上可分为豪根（E. Haugen）和韩礼德奠定的两种范式。

1. 豪根的"语言生态学"研究范式

以豪根为代表的"语言生态学"的研究范式主张从隐喻的角度理解生态学，传承了19 世纪语言学领域受达尔文主义影响的"将语言比作有机生命体"的基本思想，将"语言"比喻为一种"生物种"，将"语言世界系统"比喻为"生态系统"，将"语言环境"

---

① 劳允栋. 英汉语言学词典 ［M］. 北京：商务印书馆，2004.
② 黄知常，舒解生. 生态语言学：语言学研究的新视角 ［J］. 南华大学学报（社会科学版），2004（2）：68-72.

比喻为"生物环境"。豪根指出,生物学家研究植物、动物与整个环境之间的相互作用,将其称为"生态";社会学家研究人类与他们的整个生存环境之间的相互作用,将其称为"人类生态"(Human Ecology);那么,研究语言与语言环境之间的相互作用,将其称为"语言生态"(Language Ecology),这正是科学术语的自然延伸。

根据"语言—生态"这个基本的隐喻思想,我们可以做出多重联想:由自然生态环境联想到语言生态环境,由生物多样性联想到语言多样性,由各种生物之间的复杂关系联想到各种语言之间的复杂关系,由动植物物种与其生存环境之间的生态关系联想语言与其所处环境的相互关系,由自然生态危机联想到语言生态危机,由保护濒危生物联想到保护濒危语言,等等。这一领域的学者认为语言有自己的生态环境,良好的生态环境是语言发展的保障,反之就是障碍。而语言生态的失衡必然导致文化生态的失衡,最终导致人类社会发展可持续性的破坏。他们运用生态学的理论和方法,研究在语言与环境的相互作用之中语言的生存、发展、演化的状态和过程。其研究任务包括如下几点:①研究现阶段世界上的语言在语言生态上的基本面貌,即语言和语言之间相互影响相互制约形成的"生态链";②研究语言与社会环境的相互作用和关系;③研究语言人和语言的生态对策,尤其是揭示作为语言人在语言生态系统中所起到的决定作用。以上研究任务决定了语言生态学的研究内容十分广泛,包括语言多样性及整体性、语言进化、语言接触、语言生态危机及对策、语言的濒危与消亡,以及对濒危语言、弱势语言的保护、语言政策、语言人权、语言文字规划及改革,等等。

2. 韩礼德的"生态批评语言学"研究范式

豪根开创了生态语言研究的先河,他的"生态隐喻"在20世纪80年代非常流行。进入20世纪90年代,韩礼德开创的生态批评语言学便开始成为生态语言研究的主流范式。韩礼德主张在生物学的意义上理解生态学,强调语言对人类生存的大环境的影响,研究语言在生态环境和其他社会问题的改善和恶化中所起的作用,倡导把语言学研究作为解决生态环境问题的可能途径之一来探索,关注的是语言学家对于环境保护方面可以做出的贡献。这一领域的学者从韩礼德开始,便注重对语言系统和语言运用中的生态或非生态因素进行批评分析,"生态批评语言学"便因此而得名。

生态批评语言学以韩礼德的系统功能语法理论及批评语言学、批评话语分析为其理论基础,以萨丕尔—沃尔夫假说、韩礼德的语言建构主义理论为其哲学基础,基于这样一种思路:语言处于与其环境的交互作用的辩证关系之中,生态危机与人类的世界观和行为方式直接相关,而人的世界观和行为方式是与语言交织在一起并受语言的模塑和影响的,那么"生物环境的危机部分是由语言造成的——或者是由特别的人类中心主义的语言结构造成的,这种结构预先决定了说话者对待环境问题的感知和行为;或者是由语言共同体中的一些成员选择的特别的话语实践造成的"。

(五)阿里氏原则

阿里氏原则(Allee's Principle)指出,种群的疏密程度随生物的种类和环境条件的变化而变化,过疏或过密都会起限制作用,所以,每种生物都应有自己的最适密度。英语教学课堂是生生、师生之间的交际活动,良好的人际关系有利于取得良好的教学效果。因此,在课堂教学的生态体系中,教师虽然还不具有决定班级人数的能力,但是教师可以根据阿里氏原则，对座位的排列做适当的调整优化。例如，在组织学生分组、进行小组合作学习时，可以分成最佳适宜度的三人到五人的学习小组，也可以称之为学习共同体。它是指参与学习活动的学习者包括专家、教师、学生，围绕共同的主题内容，在相同的学习环境中，通过参与活动、会话、协助、问题解决、反思等形式，建构一个具有独特文化氛围和文脉的动态结构。通过小组的共同学习，一方面打破了传统师生之间、生生之间的孤立和隔离，师生之间、生生之间通过相互合作、共同完成任务，从而营造一种亲密融洽的学习氛围。另一方面，某些经济落后地区的学生整体素质较低，通过将相对优秀的学生分布到各组，可以使优秀生所拥有的知识、能力化作小组合作学习的资源，发挥更大的效应；在小组学习时，通过鼓励每一位成员积极提出自己的观点和看法，可以在成员之间拓展彼此的视野，获得不同的视角和观点，从而有助于学生更好地构建自己的知识体系，促使学生不断地展现自我，提升自我的能力。更重要的是，教师通过运用科学有效的策略对小组学习进行监控和引导，使得英语教学课堂这个微观生态系统中的每一个成员都可以沟通情感、经验共享、相互促进、相得益彰，从而使教学的内涵得到丰富，使课堂"群体动力"得到发挥，最终有利于学生英语综合素质的提高。

第二节　信息化语境下英语课堂的生态失衡现象

一、英语课堂中的生态失衡现象

（一）结构失衡

1. 系统组分构成比重的失调

英语课堂生态的最基本构成，即课堂生态主体和课堂生态环境。课堂生态主体的概念比较容易把握，指系统中的生物成分——教师和学生，但是课堂生态环境的概念比较复杂，对一个特定学习者来说，课堂生态系统中的主体有时也会演化为对其产生重要影响的环境。总体来说，本书倾向于从结构维度、关系维度和文化维度来理解课堂生态环境，主要包括课前生成的环境，如教室的自然物理环境、教师的教学水平、学生的基础、师生信息素养、教材和网络多媒体环境等，课中生成的环境，如师生关系、生生关系、师生对课堂环境的情感态度等，以及课后生成的环境，如班级学习风气、课堂教学规章制度等。

课堂生态作为一个系统，内部的因子是互相作用、互相制约的，因此现代信息技术的使用必然会给其他生态因子带来新的要求。换句话说，如果其他生态因子拒绝与信息技术因子同步协变，那么英语课堂生态系统中的各个组分在构成比重上就会出现失调。基于计算机网络和课堂的英语教学改革在全国推广以后，各个学校都以现代信息技术的应用为改革突破口，试图将传统的讲授式课堂教学转变为基于信息化的建构式和共建式课堂教学，以提高英语教学的效果。现代信息技术的大量使用使课堂生态系统中的环境因子发生显著变化，这时，为了保证系统的稳定，其他课堂生态因子必须做出相应的反应，但是遗憾的是，在这个过程中，很多教师没有及时转变教学观念，提高信息素养，也没有在课堂教学中调整课堂角色和制定信息化课堂管理规章制度等，学生也没能及时改变传统的学习方式，接受新的教学理念，适应新的学习环境等。由于这些课堂生态因子没有同步出现相应变化，课堂出现了现代信息技术的大量使用与教师教学理念更新缓慢、学生学习习惯变化缓慢、教师信息水平提高不快、学生信息素养提高不快、教学方法转变缓慢、学生学习自主性不高、课堂气氛依然沉闷、课堂教学依然以教师为中心等情况的不协调。这些不协调的状况严重阻碍了现代信息技术发挥自身应有的功能。现代信息技术犹如一匹良驹，但是指望这一匹好马拉动那么多的元素一起前进，很难形成一股同向合力，自然难以跑出理想的速度，因此出现了教学实践与改革预期之间的落差。

2. 系统组分之间交互关系的失谐

（1）生态主体之间的失谐。在英语课堂生态中，生态主体呈网状交互，包括教师生态群体与学生生态群体、教师生态个体与学生生态群体、教师生态个体之间、学生生态个体之间、学生生态个体与教师生态群体之间的交互关系，其中师生群体之间的交互关系最为重要。在生态课堂中，和谐的师生交互关系主要体现为目标与理念的一致、交流和交互的通畅等。然而，在信息化进程中，这些和谐的表征并不理想，师生之间存在失谐现象。首先体现在师生的目标与理念不太一致，存在交错现象。由于改革是自上而下推行的，教师的目的是先改革，大量使用计算机网络等现代信息技术，开展网络教学，在改革中发现问题和解决问题；而对学生来说，改革不改革并非他们关注的事情，他们的愿望就是高效迅速地学好英语，师生目标不完全一致。反映在教学中，教师采用新的建构式教学理念，强调以学生为中心，注重学生的课堂参与，着重培养学生的自主学习能力，但对这些教学模式和教学方法上的改变，部分学生并不理解和接受，他们认为教师的课堂讲解是一种最快最有效的传授知识的方式，组织他们进行课堂讨论和放手让他们自主学习都是一种浪费时间的做法。

（2）教师与信息技术的失谐。

第一，现代信息技术的课堂应用与教师信息水平不高之间存在矛盾。现代信息技术的广泛使用对教师的信息水平提出了挑战，尤其是一些年长的教师，主观上往往不太愿意通过学习来提高自身的信息水平。虽然近几年情况肯定有所好转，但在信息化改革进行了几年之后还呈现这种状况本身就已说明，有相当一部分课堂生态主体没能及时提高能力和转变观念来适应课堂环境的新变化，他们的教学理念滞后、态度消极、信息水平不高，这与信息化的要求构成了矛盾。这组矛盾的存在严重影响了教师与课堂环境的互动。

第二，生态课堂的教学理念与教师传统教学理念的矛盾。现代课堂生态重视以学生为中心，重视师生互动以及师生与课堂环境的互动，重视学生的课堂参与和探索发现。然而，在现实课堂中，有不少教师观念滞后，仍然坚持以教师为中心，以课堂讲授为主，没有充分利用网络和多媒体技术的优势，组织学生开展各种语言实践活动和探索活动，将讲授型课堂改变为基于信息化的建构型课堂和共建型课堂。

（3）教学模式与信息技术的失谐。

第一，在现代信息技术的语境下使用了传统的教学模式。有些学校认识到了计算机网络的教学优势，购置了先进的计算机，建立了漂亮的自主学习中心，创建了良好的网络学习环境，但是没有真正执行现代课堂生态所推崇的建构式教学模式，没有真正放手让学生在网络环境下自我计划、自我管控、自我探索、自我完成外语学习任务，而只是通过传统作业的形式让学生在自主学习中心通过计算机学习光盘版的教材，现代信息技术的生态功能没能充分发挥出来。这种做法只是新瓶装旧酒，没有实质的变化，在没有计算机、没有网络的前提下同样能够采用这种教学模式进行课堂教学。这种教学模式是虚假的信息化教学模式，自然不能与现代信息技术形成良好交互。

第二，在真正的信息化教学模式下，信息技术的优势因为某些原因而没能充分发挥。首先，学生网络学习的能力和自主性如果不够，就会严重影响教学模式与信息技术的良性互动，影响学习效果。其次，教师的教学方法如果不妥，没有给予适当的指导，没有合适的网上监控，没有恰当的课堂检查，没有必要的师生感情交互，则很难保证计算机网络学习的效率。

（二）功能失调

1. 结构优化功能的衰减

系统不同于集合，集合只是一些分散的人或物聚集到一起，系统却是一些元素聚合到一起之后，各个元素之间产生相互作用、相互关联、相互制约的关系。正是这些元素间的相互作用力，牵引着各个元素不断进行自我调适，最终使各个元素达到一定的质和量，与其他系统组分和谐共处，使整个系统进入一种相对稳定、相对平衡的状态。在自然界中，各种生态系统都具有这种自组织能力，最终牵引着系统达到自然平衡的状态，但整个过程会非常缓慢。在社会生态系统中，因为生态主体具有很强的能动性，一般会使系统较快地调整到平衡态，反之，则证明系统的结构优化功能明显减弱。

信息化进程中的英语课堂生态出现了结构优化功能的减弱，这可以通过对系统结构的观察予以论证。信息化改革之前的英语课堂生态处于相对平衡的状态。对这种平衡态产生巨大扰动作用的，就是现代信息技术在外语教学中的大量使用。现代信息技术迅速演化为课堂环境因子中的主导因子，其产生的扰动作用大大超出了系统本身的自组织和自修复能力，其产生的作用力牵引着其他课堂生态主体和课堂环境因子进行自我调节自我改变，这种变化已经持续了好几年。系统内各组分的构成比重仍然处于失谐状态，从系统动荡过程的时间跨度以及系统现在的结构状态加以判断，系统的结构优化功能减弱了，难以自行修复系统内的平衡。

2. 关系调谐功能的减弱

英语课堂生态系统的关系调谐功能减弱，可以在目前课堂生态内部出现的各组失谐关系或各组矛盾中得到印证。总结来说，这些失谐关系可以描述如下：①传统观点与改革理念上的失谐。有不少教师、学生和管理工作者坚持原有的教学观、学习观和价值观，不愿接受新的教学理念，如任务型教学、交互式教学、研究性学习等，导致了各种矛盾的出现，包括教师对学生、学生对老师、教师对课堂环境、学生对课堂环境等的不满。②改革的大力度与现实能力之间的失谐。这次英语信息化教学改革决心大、力度大、面积广，对课堂生态主体提出了很高的信息素养要求，而现实中的部分老师和学生因为各种原因，信息素养不够，导致理想与现实之间出现很多矛盾。③输入与输出的失谐。对于教学系统来说，通过设备、软件的购置而输入系统的人力、物力和财力似乎与改革的成效不成比例。对于学生来说，通过课堂和网络系统的英语语言输入和学生实际能力的提高不成正比，过程中间存在大量能力的损耗，如学习各种教学系统和教学规章的时间投入、往返机房开机关机的时间损耗等。

　　需要说明的是，这些复杂的失谐关系并不是同时出现的。这些问题对某些学校来说可能已经成过去，但是对另外一些学校来说，可能正在发生。不管怎样，这些失谐的关系都在一定程度上客观存在于某个学校的课堂生态里。时至今日，这些关系仍然没有通过系统自身的纠偏功能予以修复，证明系统调谐关系的能力在失衡状态下严重减弱。

　　3. 生态育人功能发挥不够

　　作为一个生态系统，其最根本的功能应该是提升系统的生产力。对于课堂教学生态来说，其根本功能就是培育人才；对于英语课堂生态来说，其根本功能就是培育英语人才，包括英语师资的自身发展。基于信息化的英语教学改革，旨在建立一个信息化的生态英语课堂，最终培养出具有较强实际语言应用能力尤其是听说能力的英语人才，解决过去社会对英语只能培养"哑巴英语""高分低能"人才的诟病。近几年来的英语教学改革在解决"哑巴英语"方面确实起到了很大的作用，但是课堂生态的育人功能还没有得到充分发挥，证明系统还未演化到一个新的平衡状态。

二、英语课堂中生态失衡现象出现的原因及解决方法

（一）生态失衡现象出现的原因

1. 信息技术因素

　　现代信息技术应用于英语教学，在造成课堂生态环境急剧变化的同时，也与系统中的其他因子产生了相干作用。这种相干作用相当复杂，有同向的作用力，也有反向的作用力，同向的作用力合成协同作用，反向的作用力形成抵消作用，这些复杂的作用力使系统有时在朝无序的方向发展，有时在朝有序的方向运行，无序和有序经常互相转化。如果给予系统足够的时间，鉴于系统的自组织能力，系统在相空间里自由运行的同时，最终会被现代信息技术这个不稳定元素拖到一个目的点，即新的稳定点。但是在英语教学改革的多年来，这种稳定的状态并未形成。根据协同论的观点分析，原因在于现代信息技术没有和系统内的其他因子形成足够大的协同作用，带动系统朝非平衡区运动，并在接近临界点的区域形成最大的合力，序参数迅猛增大，使系统跨过临界点进入一个非线性区域，完成系统的突变，形成新的耗散结构。至于现代信息技术为何不能加强协同作用，原因不外乎两点：①现代信息技术的牵引力还不够大，也就是说英语教学改革中信息化的水平不够高、不够快，带来的冲击力不够大。②其他因子的同向作用力小，而反向作用力大，最终导致合成的协同作用不够大。其他因子的反作用力大，说明系统的其他因子并没有朝着信息化的目标同向发展。要想促使系统发生突变，并在新的非平衡区产生新的结构，形成新的动态平衡，就需要保持并加大现代信息技术的牵引力，或者借助外部力量改变其他生态因子，使它们同现代信息技术同向而行、协同发展。

　　2. 师生因素

　　（1）学生自主学习观念不完善，并缺乏良好的信息素养。通过对学生学习观念的调查，学生的语言学习观念还比较传统，虽然对自主学习有所理解，认为自主学习在英语教学中扮演着积极的促进角色，但是还没有掌握有效的自主学习方法，自我效能感较差，缺乏自信。学生即使理解了教改模式中师生角色转变的重要性，但对教师的指导还有强烈期待，依赖性较强。学生缺少学习英语的主观能动性，不具备相关策略知识，而且对制订学

习计划、设定学习目标及如何进行自我监控、管理与评价等方面的能力和意识较弱。学生对合作学习没有给予足够的重视，缺乏合作的观念。总之，学生的自主学习观还有待完善，学生学习观念的转变需要一个适应过程。教师可以帮助他们转变学习态度、调节学习动机，并加强对学生自主观、合作观的培养，从而提高自主学习效果。

就目前的状况来看，大部分学生具备了基本的信息素养，能够熟练运用信息技术进行自主学习，但是辨别及选择网络信息资源的能力还有待提高，存在对网络不良信息抵抗能力不强，自控能力较差等问题。有一部分学生自主学习热情不高，在自主学习中心迷恋网络游戏，进行毫无意义的聊天对话。随着计算机与网络信息技术的发展，学生能够从小就接触互联网，利用网络进行信息检索，所以具备了一定的信息能力。但是互联网作为一个开放的系统学习环境，网络资源良莠不齐，对学生来说具有明显的诱惑。他们往往缺乏筛选和辨别信息的能力，因此，学生无法最大限度地利用互联网资源来提高自身的英语水平。

（2）教师的教学理念落后，且对信息技术掌握不佳。一方面，英语生态化教学时刻提倡以人文本和可持续发展的教学理念。因此，作为教师应该关注学生个别差异和个性发展。而且教师对于英语生态化教学理念理解程度直接影响着学生的成长和英语学习的质量。从课堂观察结果看，有部分教师没有充分认识生态化视角下的教学理念。他们也没有顾及自身的教学理念实际上对学生的学习态度、学习行为习惯有着密切的关系，仍然持有传统呆板的教学理念，限制了学生的成长。另一方面，英语教师的教学方法与信息技术的运用存在不匹配现象。多数英语教师基本上掌握 PPT 课件的制作方法并具有上网收集资料的能力，但是绝大多数教师不能熟练地掌握视频、音频、动画和超链接的应用技巧。现阶段，大部分英语教师在备课时习惯于拿来主义，即把出版社提供的原始课件不假思索地加以使用，而对使用何种媒介、何时使用和怎样使用不得要领，导致课堂教学往往达不到预期效果。这种简单照搬原始课件，缺乏原始创新和再创新的做法，很难达到教改模式的应有教学效果。

（二）生态失衡现象的解决方法

1. 发挥信息技术作为主导因子的引领作用

信息技术对教育发展具有革命性影响，是推动教育模式演变的重要力量，必须予以高度重视。在英语信息化教学改革进程中，准确理解信息技术在课堂教学中的生态位，有助于充分发挥信息技术的引领作用，带动课堂生态中其他因子进行结构和功能调整，从而修复改革初期因信息技术的广泛应用而给课堂生态造成的失衡。

基于信息化的英语教学改革已推进了多年，广大教育工作者对信息技术在英语教学中作为主导因子的重要地位也有了逐渐清晰的认识。许多学者认为，计算机网络等信息技术在英语教学中的生态位理应随着改革的不断深入而发生改变，初期的辅助教学功能应该转变为引导教学改革的重要力量，并在很大程度上决定着教师教的方式以及学生学的方式，师生的信息素养也在很大程度上决定着其是否能够成为一名合格的教师或优秀的学生。信息技术已经不再是英语教学中若有若无的展示工具，而是教学中不可或缺的教学工具、认知工具和教学主客体的存在方式。信息技术的主导地位一旦确立，课堂生态中其他生态因子必然会随之而动，作为课堂生态主体的教师和学生就会为了追求教学成效和自身发展而主动转变观念，自觉提高信息素养，积极改变教授和学习方式，主动调整课堂交互，作为课堂生态客体的课堂环境和气氛也会相应而变，课堂规章制度也会相应调整，原先失衡的课堂生态就会逐渐被修复。

2. 调整课堂生态因子的生态位

生态位理论认为，生态系统中的种群或物种个体都具有自己的生态位，即一定的时空位置和功能，并以此保持系统的正常运行。

首先，信息化语境下教师的生态位需要调整。传统课堂中的教师一直是知识的转化者和生产者，是学生学习知识的主要源泉，而信息化课堂中的网络资源、多媒体课件以及学生本身都可能成为知识的转化者和生产者，与教师的传统生态位出现一定的重叠，甚至出现竞争排斥现象。比如，有些学生因为在网络自主学习中已经认真学习了相关内容，面授课时就不愿认真听讲，甚至缺勤。学生在学习上遇到问题，也不一定需要向老师提问，还可以借助网络检索答案或在网络论坛求助。这种生态位的重叠要求教师必须改变"传道、授业、解惑"的传统角色，积极主动地探索新的课堂身份。此外，现代信息技术还给教师带来了生态位特化的问题。过去的教师如果要讲解一个单词的用法，必须认真查阅字典，寻找合适的例句，记到脑海中，以便上课时使用。虽然备课很辛苦，但对专业发展很有好处。随着信息技术的广泛使用，现在的教师如果缺少课件，上网搜索下载即可，要教学生发音，放放音频文件即可，资源丰富造成了生态位特化，影响了教师的专业发展，这些都需要引起我们的足够关注并适当调整。

其次，信息化语境下学生的生态位也需要调整。随着英语教学信息化的推进，学生的地位和功能也发生了显著变化，他们再也不只是知识的被动接受者了，而是知识的主动建构者。他们还可能是知识的分解者和生产者。随着以教师为中心的课堂逐步演变为以学生为中心的课堂，学生的角色和地位也必须进行相应调整，学生必须提高主动学习的意识，积极主动地参与各种课堂活动和网络自主学习过程，并积极主动地和老师建立平等和谐的师生关系。另外，生态学的竞争排斥原理揭示，当两个或更多的物种共同分享一定的生态位空间时，会出现竞争排斥现象，一个物种的生态位会被另一个物种挤占甚至该物种被完全排挤掉。根据这一原理，我们的英语教学既要保持适度的竞争，以激发学生的斗志，同时也要通过差异化、个性化培养来规避学生间激烈的竞争。基于信息化的分级教学和个性化教学有助于学生找准各自的生态位，在一定程度上避免同学间因竞争而导致的生态位重叠。

第三节 英语生态化教育模式的构建原则

一、整体性原则

英语生态化教育模式应当遵循生态系统的整体性原则，该原则主要表现在理论和实践两个方面。从理论上讲，一方面生态主体、课堂教学生态环境以及一些多元的生态因子相互作用，共同构成一个有机的整体。换言之，师生、课堂教学环境以及一些课堂教学赖以需要的因素共同构成英语生态化教育系统。在此系统中，学生的生态主体地位不容忽视，学生的发展至关重要。因此，英语生态化教育系统不仅要关注学生英语语言知识的学习，更重要的是，把学生看成一个完整的生命体，学生是完整的人，更要注重其情感态度、价值观、意志力等全面发展，给予学生完整的生命教育。另一方面，英语生态化教育系统中教师与学生也构成了一个统一的有机整体。教师是该生态系统中另一个生态主体，教师处于生态系统的主导地位，但英语教师课堂教学的方方面面都要以学生为中心，学生的一切发展，教师都必须全方位的关注，不仅要时刻关注学生的个体性差异，而且要尊重学生身心发展的规律。而学生对学习的态度、兴趣也能间接影响着英语课堂教学的质量，同时更为直接影响着教师教学态度与教学能力的展现。因此，英语生态化教育系统之中的师生关系是实现师生间共生的前提。从实践上讲，英语词汇教学、语音教学、写作教学、阅读教学和语法教学彼此之间相互联系，共同构成英语教学这统一整体。英语的阅读教学，特别是高年级的英语生态化课堂教学，遵循着生态系统整体性原则。英语阅读教学是基于学生对于英语阅读材料的精读或略读，在阅读中不需要学生理解每个单词详细释义。词构于句，句构于文，这些元素与无形处紧密相连。所以，我们要用生态系统的整体性视角来看待一篇英文的文章，这样有助于学生对于文本的整体感知与理解，更有利于文本感情的表达。如果将一篇文章割裂成单词、短语、单句等形式，那么文章的整个语境都会被改变甚至会被破坏，文章语义自然也会发生改变，这并不利于学生英语基础知识的习得。

二、可持续发展原则

《我们共同的未来》中对可持续发展的定义如下："既可以满足当代人的需求，又不会对满足后代发展所需要的能力构成危害的发展。"[①] 可持续发展直面眼前的利益，但更放眼未来，强调在社会建设中应注重人类、环境等多方面的共同而持续的发展。教育系统作为社会系统的一个子系统，承担着培养生态主体，即人的重任。英语教育系统应遵循可持续发展的原则，以培养学生的可持续发展为教育目标，让学生学会学习。只有拥有了学习的能力，学生才能在一生中富有旺盛的个体生命力。并且，除了学生英语学习能力的培养和发展，英语教学同样也应当重视学生的心理发展和身体发展。学生的发展是由多方面构成的，缺少了任何一方面，都不可能可持续地生长。此外，英语教学系统作为一个完整的发展系统，是由教师、学生、环境等部分组成的，因此不能忽视每一个生态因子的作用，应当注重整体的发展。

三、人本性原则

人本性原则就是坚持以人为本。我们在构建英语生态化教育模式的过程中，必须坚持以人为本，具体地说，就是以学生为中心，建立和谐的师生关系，实现师生共生的价值追求。以人为本是人本主义教育思想的核心内容。人本主义教育思想古已有之，中国古代传统的儒家"人本"教育思想承认人的高贵，肯定人的价值，认可人的潜力，重视人的个性。他们认为，教育的功能就在于帮助人们发现自己的高贵，认识自己的价值，发挥自己

---

① 范国瑞. 教育生态学 [M]. 南京：江苏教育出版社，2000.

的潜能，发展自己的个性，实现自己的价值。20 世纪五六十年代，美国兴起人本主义教育思潮，崇尚心智潜能的自由运用和个性和谐发展的教育理念，肯定人的价值和尊严，认为教育的目标就是促使人的潜能得以发挥。根据人本主义思想，每个人都有各自的价值，都有不同的潜能，都有差异化的个性。教育的过程，就是帮助每个人发现人的价值、发挥人的潜能、发展人的个性、获得自我实现的过程。我国当代教育人本论的核心思想也是"以人为本"，以人性为本位，尊重、关心、理解、信任每一位学生，帮助学生发展个性、实现自我。不同历史时期的人本主义教育思想虽有所不同，但却具有一些共同的特征：①重视"全人"教育，以个体的全面发展为教育目的；②重视建设和谐的师生关系；③教学过程重视学生的主体作用。

四、主导式自主学习原则

在多元互动式教学模式的作用下，主导式自主学习作为英语学习的手段与模式，已经成为必然的选择和客观现实。这种学习模式要求学生在教师的客观指导下，结合自身的特点制定具体的英语学习目标，自主地学习英语，使教师的参与度与学生学习的主观能动性呈现出有机、良性、生态化的结合。有关研究表明，学生自主学习能力的培养与提高和教师参与、干预的释放程度相关。在这里，主导是学生主动认知的基础，是学生自主学习的前提和保证。主导式自主学习模式是对多元互动式教学模式的延伸与补充，是提高教学效果的基本条件。主导与自主密不可分，相伴同行，彼此印证。网络环境下的英语生态化教学是一个极其复杂的动态过程。学生只有在教师的适度指导下，才能实现认识世界、结构与解构知识的主动性和实效性，才能成为具有可持续发展潜力的知识建构者。同时，在学习英语的过程中，学生的认知水平不同，对英语的需求不同，英语基础也参差不齐，当他们面对眼花缭乱的网络英语资源时，只有通过教师给予他们有计划、有目的地针对性指导，学生才能正确评价自我认知水平，明确自己的学习目标，制订合理的学习计划，选择适合的学习策略，掌握学习英语的进度，顺利完成学习任务。教师在发挥主导作用时要注意以下几点：一是要充分考虑到学生的个体性差异；二是要在真实的语言环境中指导学生英语实践活动，逐渐提高学生英语水平；三是利用网络环境有针对性地为学生提供丰富的英语学习资源，但是要注意把握适度、适量的原则，逐步引导学生自主学习更多的英语知识。

五、有效性原则

有效性原则就是坚持有效教学（Effective Teaching），坚持以好的教学成效作为一切教学活动的目标指向和评价标准。在构建英语生态化教育模式的过程中，必须以追求好的教学成效为出发点，创建生态课堂，实现有效教学。

自有教学活动以来，人们就一直追求教学的有效性。孔子倡导启发式教学和因材施教，认为学生要"温故而知新""学而时习之"。苏格拉底倡导"产婆术"，即教师通过讽刺（连续设问使学生陷入矛盾并承认无知）、助产（启发学生思考）、归纳和定义（帮助学生掌握明确的定义和概念）等步骤传授知识，这些都是对教学方法及其效果的关注。孔子非常注重培养弟子"告一隅而知三隅""闻一而知十"的能力，夸美纽斯创立班级教学制，都体现了对教学效率的追求，都是朴素的有效教学思想。作为概念化的教学理念，有效教学则源于 20 世纪上半叶西方的教学科学化运动，比较早的、系统的相关研究出现在 20 世纪六七十年代，我国则于 20 世纪 80 年代初期开始关注对有效教学的研究。当代中西方关于有效教学的研究主要聚焦于有效教学的概念、特征、分析范式、研究方法和评价标准。

有效教学的概念并不难理解，但定义很多，学界尚未形成统一的看法。陈晓端教授等通过对西方有效教学研究进行系统考察后发现，西方学者对有效教学的解释可以归纳为 3 种：①目标取向的定义。比如，有些学者认为，有效教学就是指学生在教师的指导下成功达成预定学习目标的教学。②技能取向的定义。比如，有学者认为，有效教学就是通过一系列可获得、可改进、可发展的教学技能来完成的教学。③成就取向的定义。比如，有学者认为，有效教学就是能够帮助学生提高学习成绩的教学。皮连生等认为，从科学取向的教学论来看，有效教学的理论必须明确回答 3 个问题：①带领学生去哪里？②怎样带领学生去那里？③怎样确信学生已经到达那里？这 3 个问题旨在确定教学目标、关注达到目标的过程和方法、评价追求目标的过程与方法是否有效以及目标是否达成。

简单一点理解，有效教学在目标上就是促进学生知识、能力、性格的健康发展，在过程上就是教师有效地教和学生有效地学，在结果上就是实现预期的教学目标和教学效益。构建英语生态化教育模式，正是要充分利用现代信息技术，提高英语教学成效，提升学生英语实际应用能力、自主学习能力和跨文化交际能力，同时改变社会上对英语教学"费时低效"的指责。因此，构建英语生态化教育模式从一开始就以有效教学为目标指向。

第四节　英语生态化教育模式的实施策略

一、更新英语教学观念

（一）变"控制性学习"为"开放性学习"

开放课堂学习模式实质上就是要求学习者自己调节学习过程，让学习者为自己的学习行为负责的学习。开放性学习实质上是课堂权利向学生的开放，由此带动学习思想观念的开放，学习时间、空间的开放，学习方式的开放，学习体会和感受的开放，学习决策过程的开放和学习环境的开放。开放性学习方式既有助于发展学生个性和提高学生学习自主性，还有助于提高学习者的学习兴趣，发挥学习者多方面的潜能，增加学习者与教师、同学、资源等之间的交互。

（二）变"接受性学习"为"探究性学习"

接受学习虽然有别于被动学习和机械学习，但它只着眼过去，是掌握现成知识的一种学习方式，缺乏探索和发现精神，不利于创新能力的培养。相反，研究性学习强调的却是探索学习和发现学习。探究是人类的天性，通过探究，个体建构自己对于自然及人工环境的理解，乃至对自身的理解。探究包括模拟驱动的探究性学习（将某个事件或人物作为榜样进行效仿）、兴趣驱动的探究性学习和问题驱动的探究性学习。相对于接受性学习，探究性学习具有开放性、自主性、过程性、实践性等特点，有利于学习者创新能力的发展。

二、建构生态化的课堂环境

（一）物理环境

1. 教室布置

教室是英语授课的主要场所，生态性的教室环境设置是保障英语生态教学课堂的前提条件。要保持教室内总体面积宽敞、温度适中、采光充足，整体格局合理、紧凑；墙上可以挂一些学生自己画的海报、写的书法作品等，窗台上摆放一些他们从家带来的花草植物，给学生提供一个"家"一般亲切、自然的课堂环境。当然，教室内的摆设也应根据活动的不同而灵活改变，带给学生一种新鲜感。

2. 座位安排

不同的座位编排方式体现了不同的教育思想，我国主要推行班级授课制，所以行列式座位编排也成为国内最主要的教室座位编排方式，这种方式使得教师成了英语教学课堂的中心。近几年，随着教学的改革，行列式的座位编排也受到了批判，并逐渐出现了圆桌型、马蹄型等生态型的座位安排，这样的座位安排既体现了学生的兴趣和心理偏好，也改变了传统座位安排上的弊端。

3. 班级规模

著名教育学家鲍伊尔（R. Boyle）教授研究发现：当一个班级的规模超过 30 人时，教师对学生个体关注极少，而把大多精力放在控制整个课堂上，学生也会在课上承受更大的群体压力并失去主体性。所以在英语生态化课堂教学中，应尽量采用小班授课形式，人数不超过 30 人，使得课堂上教师能关注到每个学生的发展，并集中培养学生学习英语的兴趣，鼓励每个学生都参与到课堂活动中来。

（二）精神环境

除了自由、舒适的教室环境，生态主体的自由自在、和谐健康的心理环境是英语生态化教育环境的另一方面。心理环境又称精神环境，是对心理事件发生实际影响的环境，因此它也是英语生态化教育环境建构的关键，它影响着学生的学习心理。英语生态课堂的任务就是创建自由、轻松、愉快、和谐的学习环境，其中教师发挥着关键作用。教师要倾听、理解、尊重、平等对待每个学生，让其在课堂上感觉到轻松、愉悦和无压力，这样其对英语学习的兴趣与热情也更强。

三、优化教学中的人际关系

（一）师生关系的优化

首先，注重师生情感互动的加强。在教学中的师生之间存在着不可避免的冲突，对于这些冲突的解决方法也只能通过对话的形式。师生之间平等和谐的对话需要教师本着"有教无类"的原则，用充满关爱的互动方式来营造和谐、愉悦的课堂环境，这样才有助于师生情感互动的加强，有助于引导学生的学习意向。如果一名学生感受不到教师的关爱，未必是这名教师不爱学生，而可能是师生之间的沟通深度的缺乏或互动的方式的不正确所致。生态化英语教学强调师生的主体性以及他们之间的相互关系。教师的主体性体现需要通过教学的手段，将课本的知识、相关的信息呈现给学生，以此来激发学生的主体性。而学生的主体性则体现在学生作为教学中的主体之一参与教学活动。教师和学生之间存在着双向互动的对话关系，这种对话的过程需要经过不断的调节，且这种调节是以理解为导向。从教师的角度看，将学生作为独立的个体去帮助、引导、关爱。从学生的角度看，学生可以将教师作为学习上的指导者，生活中的引导者，在老师的指导下，通过各种方式包括实际体验、小组合作等来实现学习任务和目标，并且在学习的过程中，不断地进行学习策略、情感态度的调整，形成积极的学习观，促进自身英语学习的提高。

其次，注重师生交往生态空间的扩展。在现实的学校教学中，一位英语老师需要担任两到三个班的英语教学工作，教师没有足够的时间和每个班级的学生有除了上课外更直接的交流，师生双方的交往无论是从时间的长度上还是空间上都有很大的局限。而生态主义认为，每一生态系统既完整又开放，只有不断与外界进行信息的交换，才能维持生态系统的和谐稳定。英语教学系统如果要进行良性的发展，就必须将教学的空间拓展，增加师生之间的交流时间，将师生交往的空间扩展到教室之外。

（二）生生关系的优化

首先，要关注学生群体内部的生命生长。生态化英语教学的优化措施中，学生群体的健康生长对学生个体之间的关系的良性发展起到了相当重要的核心作用。从学生个体看，学生和学生之间存在着差异性，虽然年龄相仿，教育背景相仿，但是学生的生活背景、爱好、兴趣都有着很大的差别。正是因为此种差别，每个学生都是独特的个体，需要教师实施有针对性的教学。同时，学生作为生长中的个体，心理处于不断变化中，且容易受到环境的影响。因此，教师应当关注学生群体的内部关系，并采取措施优化关系。

其次，充分发挥"群体效应"。学生群体中按组织形式可分为正式和非正式群体。任何群体都存在着凝聚力的特征。教师在从事英语教学的过程中，要积极发挥两类群体，尤其是群体中积极因素的作用，带动整个群体的发展，形成良好的学习风气。对于群体中的消极因素，也不能任其发展，要时刻关注，尽力消除。作为任课教师应该当对班级中的各个群体都有所了解，适时发挥群体的作用，促进群体内学生的互相促进，互相学习。

四、建立分级分类培养体系

分级分类培养指按照学生在学习水平、学习需求、学习风格等方面的差异性而分班级、分层次、分类别组织教学的一种人才培养方式，这种培养方式会带动课程、教材、教师、教学方法等课堂生态因子的差异化配置，从而形成一种不同于传统的按原初班级组织教学的新型培养体系。这种培养体系主要针对大学英语教学而言。一般来说，分在同一级别的学生具有英语水平、自学能力等方面的相似性，生态位基本相同。教育生态学认为，处于同一生态位的教育生态个体之间，由于所处的层次相同，面临的问题相近，在一些关键时刻，竞争尤为激烈，这种同一生态位下的竞争，有其积极意义，能起到鼓舞斗志、增强学习动机的作用。

大学英语分级分类教学较早出现在 20 世纪 90 年代，当时迫于师资严重短缺、学生人数急剧上升等因素，同时考虑到分级分类教学对提升教育教学质量的积极作用，一些高校开始积极探讨分级教学。随着现代信息技术的迅猛发展，分级教学面临的一些操作层面的困难都能迎刃而解。目前，分级教学主要是根据学生入学水平进行分级。对同一级别里的学生，还可以让他们根据自己的学习风格以及对不同教学风格的适应性，选择同级别内的不同班级学习，或根据喜欢的老师选择班级学习。选班的周期可以控制为每学期一次，也可以定为几周一次，甚至每周一次。从管理的便利性以及师生关系的良性发展来看，建议以每学期选课一次为佳。如果师生之间的适应性好，学生可以在第二学期甚至第三学期继续选择相同老师的课程；如果师生之间的适应性不佳，则可以在第二次选择中规避，这样有利于师生关系的良性发展和学生的健康成长。

不难看出，在分级分类教学中，不同级别、不同类别的班级教学目标不同，培养方案也不一样。具体地说，就是选择的教材、学习的进度、教学的手段、教学的方法、评估的内容都应该有所不同。这种差异化培养体现了个性化教学的理念，较好地满足了学生个性化发展的不同需求。

最后需要指出的是，任何事物都有两面性，分级分类教学也不例外，既有其优点，也有其缺点，但就大学英语教学来说，优点毫无疑问远远多于缺点。反对分级分类教学的主要观点是，分级分类教学会在一定程度上挫伤低起点学生的自尊心和自信心，也影响低起点班级的学生课堂参与度，而且似乎有违"有教无类"的教学原则。但是由于大学英语的覆盖面广，修读的学生人数多，学生的差异性大，实行分级分类培养具有可操作性，更有利于提高教学效率。将学生进行分级分类教学，并不违反"有教无类"的原则，因为将学生分级分类，并不是为了放弃后进生，而是为了提高教学效果，更好地培养他们。至于对低起点学生自尊心的影响，恰恰需要我们老师对学生进行正确的引导和解释，消除分级分类教学可能带来的负面效应。

五、实行多元化发展性的评价制度

科学的英语教学评价方式应具备科学化、系统化和民主化等特点，采取多元化、发展性的综合考核方式，侧重听说等运用知识能力的测试，尤其是注意通过建立情景的方式，来测试和提高学生运用语言的能力。第一，实行学业测评与水平考核相结合。这种测评体系既能考查学生的英语水平，又能调动学生的听课积极性。因为学业测评可考核学生对所学教材的掌握程度，水平考核可确保各级别都能考查听、说、读、写的能力，即接受能力（Receptive Competence）、产出能力（Productive Competence）、互动能力（Interactive Competence）。第二，配合多级别教学改革，采用多级别考试检测。各级别教学结束后各自可采用主、客观考题形式，合理分配题量；同时，把试题难易程度分配等级，如 60 分以内为 D 级水平，75 分以内为 C 级水平，85 分以内为 B 级水平，85 分以上为 A 级水平。这种评估可促进考试成绩的公平合理，有利于学生滚动调级，既照顾到了各级学生的实际情况，又能区分出学生的真实水平。第三，实施多功能、多方位测试策略。教师可以将学生的入学英语成绩、作业资料、单元测试、参加各种英语竞赛情况做详细备案，定期进行总结和评估，作为一种检测项目，以衡量学生的常规学业状况。这种多功能的测试可以使学生在达到指定标准后方可参加不同级别的听力测试，有利于宏观管理、个体参与，体现学生学习的自主性和考试的个性化。

六、发挥思维导图的激励作用

（一）思维导图的概念

思维导图，又被称为"脑图"或"心智图"，是著名记忆巨匠东尼·博赞（T. Buzan）提出的。它既是一种利用发散思维的可视化工具，又是一种有效记忆的工具，还是一把开启大脑智慧之门的钥匙。

思维导图是一种利用发散思维的可视化工具，而发散思维又是人脑最自然的思考方式。进入大脑的每一条信息包括文字、声音、图像、图形、色彩、气味、感觉、音符等都可以作为一个个的信息团表现出来，每一个信息团可以向周围放射出成千上万条分支，每一条分支上代表一个联想。每一条联想又会向其四周继续形成无数条分支，形成下一级结构，这样逐级发散下去，直到目标达成。思维导图正是基于这样的方法完成的。它只有一个中心词，使用者根据这一个词引发联想，运用放射性思维向外扩展，逐至一级、两级、三级……再使用不同颜色的笔和不同粗细的线条勾勒。思维导图将利用放射性思维思考的过程和结果呈现在纸上，图立马变得立体、丰满起来，各部分之间的关系也一目了然，这能够帮助使用者理清思路，保持高度注意力，从而提高记忆效率和记忆效果。

思维导图是一种有效的记忆工具，最初是为了改变刻板的做笔记的方式而创造的。东尼·博赞在创造的过程中受到了达·芬奇和爱因斯坦的启发，达·芬奇的笔记用图像、插图、表和符号等记录自己的思想，核心部分是一幅幅的草图，他将思维导图与思维完美结合起来。同样的，爱因斯坦也是以图像或者图表的形式记录自己的想法，十分注重想象力的作用。运用思维导图记笔记，可以用图像、色彩、线条等将一段段枯燥的文字转化成一幅幅多彩的图画，同时将思考的过程完整地呈现出来。通过这样的方式提高知识进入大脑的兴奋度，从而提高记忆的效率和效果。

思维导图是一把开启大脑智慧之门的钥匙。东尼·博赞说过："思维导图是发散思维的表达，因此也是人类思维的自然功能。它是一种非常有用的图形技术，是打开大脑潜能的万用钥匙"。① 在日常生活中，人们大部分使用左脑，右脑的功能往往被搁置起来。经研究发现，人类对脑的使用率只占了整个大脑机能的 4%~6%，即便是爱因斯坦这样的伟大的天才也仅仅应用了 18%。在记忆方面，绝不能忽视右脑的重要作用，要充分挖掘其潜能，充分调动左、右脑高效率运行。而思维导图能够充分协调左、右脑的功能，将左脑的抽象逻辑思维（包括词汇、阅读、数字、推理、分析等）以及右脑的形象思维（包括节奏、空间意识、形象、情绪情感等）调动起来，利用图形、线条、色彩等将一段段枯燥的文字变成一幅幅系统化的、条理清晰的、充满趣味的图片。

---

① ［英］东尼·博赞. 思维导图—放射性思维［M］. 李斯，译. 北京：作家出版社，1993.

（二）思维导图激励作用下的英语生态化教育模式优化设计

1. 课前：师生共同绘制思维导图，确定教学主题，明确教学目标

良好的英语教学离不开教师的有效干预和正确引导，在课前阶段，教师要发挥其主导作用，根据教学大纲的要求适时为学生提供本节课程的教学主题及所要达到的教学目标。如果教师对教学主题及目标仅是进行单纯的语言描述，就会使学生对抽象的概括理解生硬，甚至还会产生理解偏差。教师不妨利用可视化的思维导图工具，将主题与目标以直观的导图形式呈现给学生，防止学生产生网络学习的盲目性，同时也方便学生进行课前预习。为了挖掘与培养学生作为生态主体在网络环境下进行自主学习的能力，教师在此阶段可以仅提供给学生思维导图的主干形式，并合理分配预习任务，让学生积极参与到思维导图的细化过程当中，进一步完善相关子主题内容的绘制。学生在明确了教学主题与目标后，可以根据个人兴趣爱好进行选择性预习，如果学生在此时遇到了预习知识或细化导图等难题，他们也可以自主形成学习协作小组，通过合作方式来完成相关学习任务。

2. 课中：细化思维导图，鼓励协作学习，实现高效网络课堂教学

在网络课堂教学过程中，教师既要对学生做的课前预习给予肯定，更要鼓励学生实现小组协作，这样才能真正实现高效的网络化教学。教师可以辅助学生实现分组协作，同学之间也可根据课前预习的内容类别及个人兴趣爱好自行合作，在确定了小组概念之后，继续利用已有的思维导图进行知识细化。其间，同学之间可以通过协作来细化导图子主题，如可将面试再次分为初试与复试不同层次及场景等，根据兴趣爱好自行确定小组分支主题，并对已获取的网络信息及学习素材进行简单整理，小组内部基于学习主题分支进行有效信息筛选，细化包括情景设置、语言选用、要点分析、能力扩展等多项子主题在内的导图绘制，并借助 QQ 群等实现信息共享。同学间的互相补充、取长补短成为学习小组间交流和讨论的有效形式。此时，教师要给予基于主导图概念下的协调与指导，对子主题中的错误信息进行及时更正与建议，避免学生进入偏差误区，提高实训效率。

3. 课后：师生及时反思，完善修改个人思维导图

无论是哪类课型，师生均需要在课后对先前绘制的思维导图做进一步的思考与完善。教师完善个人思维导图，可以更好地指导学生开展下一期课堂教学，了解学生兴趣及需求，真正实现因材施教，最大限度发挥生态教学的优势。学生修改个人思维导图，及时进行课后复习，有利于知识的整理和汇总，将自己的学习心得添加在内，可进一步深化对课程教学目标的理解，提高自主学习能力。

第四章　网络环境下的英语教育

随着网络技术和计算机技术的发展并逐渐运用到课堂教学中，网络环境下的英语教育模式得以产生和发展。网络环境下的英语教育是对传统英语教育的改进，在其运用和操作过程中，不仅对学生，同时也对英语教师提出了新的要求。本章即从信息技术与英语课程整合出发，基于语料库、翻转课堂、交互式电子白板几个角度，对网络环境下的英语教育展开详细论述。

第一节　信息技术与英语课程整合

一、信息技术与课程整合的内涵与意义

（一）信息技术与课程整合的内涵

所谓信息技术与学科课程的整合，就是通过将信息技术有效地融合于各学科的教学过程来营造一种新型教学环境，实现一种既能发挥教师主导作用又能充分体现学生主体地位的以"自主、探究、合作"为特征的教与学方式，从而把学生的主动性、积极性、创造性较充分地发挥出来，使传统的以教师为中心的课堂教学模式发生根本性变革，从而使学生的创新精神与实践能力的培养真正落到实处。

由这一定义可见，它包含3个基本属性：创设新型教学环境、实施新的教与学方式、改革传统的教学模式。新型教学环境的建构是为了支持新的教与学方式，新的教与学方式是为了改革传统的教学模式，改革传统的教学模式则是为了最终达到创新精神与实践能力培养的目标，即创新人才培养的目标。可见，"整合"的实质与落脚点是改革传统的教学模式，即改变"以教师为中心"的教学模式，创建新型的、既能发挥教师主导作用又能充分体现学生主体地位的"主导–主体相结合"教学模式。

（二）信息技术与课程整合的意义

1. 有利于知识的获取与保持

多媒体计算机提供的外部刺激不是单一的刺激，而是多种感官的综合刺激。这对于知识的获取和保持都是非常重要的。实验心理学家赤瑞特拉（D. G. Treichler）做过两个著名的心理实验。一个是关于人类获取信息的来源，即人类获取信息主要通过哪些途径。他

通过大量的实验证实：人类获取的信息83%来自视觉，11%来自听觉，这两个加起来就有94%。还有3.5%来自嗅觉，1.5%来自触觉，1%来自味觉。多媒体技术既能看得见，又能听得见，还能用手操作。这样通过多种感官的刺激所获取的信息量，比单一地听老师讲课强得多。信息和知识是密切相关的，获取大量的信息就可以掌握更多的知识。他还做了另一个实验，是关于知识保持即记忆持久性的实验。结果是这样的：人们一般能记住自己阅读内容的10%，自己听到内容的20%，自己看到内容的30%，自己听到和看到内容的50%，在交流过程中自己所说内容的70%。这就是说，如果既能听到又能看到，再通过讨论、交流用自己的语言表达出来，知识的保持将大大优于传统教学的效果。这说明多媒体计算机应用于教学过程不仅非常有利于知识的获取，而且非常有利于知识的保持。

2. 有利于互动交流、合作学习

交流是教学的重要环节，师生互动、生生互动是教学成功的重要因素。在信息技术与课程整合教学环境下，教师成为交流的组织者和管理者，能够增加学生主动学习的空间，还能激发学生的学习兴趣，并为学生创造协作交流、进行合作学习的机会与条件。例如，教师利用网络技术可为学生的竞争、协作和角色扮演等合作学习方式提供技术支持；而学生在这一学习过程中能发挥各自的特长，在相互帮助、相互竞争、相互补充的学习氛围中通过分工合作实现共同进步。学生在这一过程中不仅学到了知识与技能，而且在过程与方法上获得进步，在情感态度与价值观方面得到相应的体验。

3. 有利于丰富教学内容

教材是教学内容的表现介质，几年前我国教材不外乎纸质平面教材（书本、挂图等）和音像教材（录音带、VCD等）两大形式。而今，基于计算机多媒体网络技术的一种全新立体式教材应运而生。立体式教材是一种基于现代教育技术理论和信息技术实践的新型、动态教材系统，集书本、磁带、录像、光盘、多媒体课件、网络学习平台等于一体，将图像、音频、视频等信息输入方式有效结合，多角度、多方位、多层次优化教学资源和教学过程的媒介。其主要特点在于：以多媒体、多模态、多介质方式来存储和呈现教学资源；以一体化、系统化策略来设计教学内容；以多元化、互动化方法来实现教学过程，最终形成教学能力，完成教学任务。网络教学打破教材内外的界限，实现资源共享，为学生提供了更加丰富、生动、直观的学习资源。

4. 有利于激发学生的学习兴趣和充分体现学生的学习主体作用

人机交互是计算机的显著特点，是任何其他媒体所没有的。多媒体计算机进一步把电视机所具有的视听合一功能与计算机的交互功能结合在一起，产生出一种新的图文并茂的、丰富多彩的人机交互方式，而且可以立即反馈。这样一种交互方式对于教学过程具有重要意义，它能有效地激发学生的学习兴趣，使学生产生强烈的学习欲望，从而形成学习动机。

此外，这种交互性还有利于发挥学生的主体作用。在传统的教学过程中一切都是由教师主宰：从教学内容、教学策略、教学方法到教学步骤，甚至学生做的练习都是教师事先安排好的，学生只能被动地参与这个过程。而在多媒体计算机这样的交互式学习环境中学生则可以按照自己的学习基础、学习兴趣来选择所要学习的内容和适合自己水平的练习；在优秀的多媒体课件中，连教学策略也可以选择，比如说，可以用个别化教学策略，也可以用协商讨论的策略。这就是说，学生在这样的交互式教学环境中有了主动参与的可能，而不是一切都听从教师摆布，学生只能被动接受。按照认知学习理论的观点，人的认识不是外部刺激直接给予的，而是外部刺激与人的内部心理过程相互作用的产物。为了有效地认知，外部刺激是需要的，但起决定作用的还是人的内部心理过程。在教学过程中学生才是学习的主体，必须发挥学生的主动性、积极性，才能获得有效的认知，多媒体计算机的交互性所提供多种的主动参与活动就为学生的主动性、积极性的发挥创造了良好条件，从而使学生能真正体现出学习主体作用。

二、信息技术与英语课程整合的背景与发展阶段

（一）整合背景

由于信息技术的飞速发展，多媒体和网络技术的日臻完善和普及，学校信息技术教育水平不断提高，软、硬件环境不断完善，加之深化教育改革，全面推进素质教育，培养具有创新精神和实践能力的高素质人才和劳动者的社会需要，教育信息化得到了各阶层的重视，我国的信息技术教育发展进入了快速发展时期。特别是近几年在新课程、新教法的基础教育改革中，先进的教学理念、以学生为中心的教学方式的提倡、各种形式的教师信息技术能力培训等因素的综合影响下，信息技术教育的发展应用跃上了一个质的台阶——信息技术与课程整合。广大教育工作者的观念从认为信息技术是计算机课程教育的认识飞跃到更高更深的层次，即信息技术必须融入教学中，必须和学科课程相整合。

迄今为止，我国基础教育信息化的发展十分迅速，教育信息化基础设施已初具规模，教师、学生的信息素养教育得到了广泛的重视，对于信息技术与课程整合的课题研究，各教学研究部门和有条件的学校都投入了较大的力量进行实践研究，并已取得很多可喜的成果。信息技术与课程整合是当前教学改革的新视点，将信息技术作为改革传统课堂的有效手段，将其和英语课程教学融合为一体，优化教学过程和学习过程，促进学生的全面发展、个性发展，构建数字化的学习环境，实现数字化的学习成为信息技术与英语课程整合努力的方向。但是这个过程不可能一蹴而就，需要广大教师和教育工作者逐渐积累成果，在这个积累的过程中，粉笔和黑板的作用逐渐淡化，多媒体和网络的应用逐渐普及；在这个积累的过程中，普遍采用的传递—接受的主流教学形式将与多元化教学形式共存；教师和学生的角色都要被重新定位，单纯性的教师讲学生听、教师问学生答的教学局面将被改变；在这个积累的过程中，学生学习的主体性地位将不断提升，学生主动学习、协作学习和发展个性的意识将不断提高。

（二）发展阶段

1. 以语言知识传授为中心的课程整合阶段

这个阶段主要包括信息技术作为演示工具、信息技术作为交流工具、信息技术作为个别辅导工具 3 个基本形式。在这一阶段，教师充分利用信息技术作为工具，使用现成的计算机辅助教学软件或多媒体素材库，选择其中合适的部分加以利用。

2. 以英语教学资源为中心的课程整合阶段

此阶段教师的教学理念、教学设计的指导思想、教师角色和学生角色等都将发生较大的变化。教学设计从以知识为中心转变为以资源为中心、以学为中心，整个教学对资源是

外部开放的，学生在学习某一学科知识时可以获得许多其他学科的知识，学生在占有丰富资源的基础上完成各种能力的培养，学生成为学习的主体，教师成为学生学习的指导者、帮助者、组织者。

3. 全方位的计算机技术与英语课程整合阶段

当信息技术在较大范围内得到推广和使用，并完成了以资源为中心的课程整合阶段内容时，必然会推动英语教学发生一次重大的变革，促进教学内容、教学目标、教学组织架构的改革，从而完成整个教学的信息化，将信息技术全方位融合到英语教学的每一个环节，达到信息技术和课程整合的更高目标。

三、信息技术与英语课程整合的教学设计

(一) 教学设计原则

1. 目标同一性原则

在信息技术整合于教学和学习的具体过程中，注意"整合"的课程基础目标与学生发展目标的协调统一。在英语课程中应用信息技术时，应首先保障英语课程教学目标的实现，在此基础上将学生信息素养培养等发展性目标有机融合进来，并与课程基础目标协调一致，实现基础性目标与发展性目标的内在统一。既不能割裂课程基础目标与发展性目标之间的内在联系，单独设计所谓的信息技术整合课或整合活动，孤立地培养学生的信息素养；也不能在学生未达到本学科基本目标时，就本末倒置地培养学生的信息素养或其他能力，并损害课程基本目标的实现。

2. 系统性原则

普遍联系是物质世界的总的特征，系统性是物质的根本属性。因此，信息技术与英语课程整合的研究必须遵循系统性的原则，并注意下列问题。

第一，要注意信息技术与英语课程整合的整体性。信息技术与英语课程整合后应该是一个有机的整体，具有自己的性质和功能。这些性质和功能，不是其他的各要素的性质和功能的简单相加，也不能把它的性质和功能还原为要素的性质和功能。在观察和分析问题时，一定要着眼于整体。把整体的功能和效益作为认识和解决问题的出发点和归宿，决不能只见树木不见林。

第二，要注意信息技术与英语课程整合的结构性。这种结构性是指整合后其系统内部诸要素的相互关系。研究时要要注意分析其系统内部诸要素的相互关系和相互作用的方式（秩序、结合方式、比例等）。这样，就有助于人们掌握信息技术与英语课程整合的横向结构，进一步判明诸要素各自特殊的运行机制及其相互联系的运行机制。

第三，要注意信息技术和英语课程整合的层次性原则。它是指整合后该系统的层次结构及层次之间的关系，研究时要分析系统各个层次之间的地位、等级的相互关系。例如，"中小学信息技术和英语课程整合可分：封闭式的、以知识为中心的课程整合阶段；开放式的、以资源为中心的课程整合阶段；全方位的课程整合阶段"。不同层次系统，有各自特殊运动规律和共同运动规律，分析研究信息技术和英语课程整合的层次，有助于人们掌握这一系统的纵向结构。

3. 有效性原则

教师要注意通过教学设计创造性地应用有关设备和资源，在开展教学和支持学生学习方面，探索适合不同技术配置的有效应用方式。例如，以教学视频为主的技术配置条件下，可以让学生在教学视频创设的英语情境中学习，可以展示学生难以接触到的生活场景，弥补学生生活范围有限的局限。在多媒体教室中，教师可利用优秀课件引导学生；在网络教室中，教师可组织学生进行自主探究活动等。总之，在校本实践中，要注意结合本校实际，充分发挥信息技术工具与其他较传统的教学工具、数字化教学资源和非数字化教学资源之间的互补性，综合运用，发展整体效益，实现教学最优化。

4. 全面性原则

一切现实的事物都是作为系统而存在，作为过程而存在。而系统和过程都充满着矛盾，是矛盾的统一体。因此，信息技术和英语课程整合一定要注意全面性原则。按照矛盾性和矛盾分析的方法，全面地观察问题和分析问题，并注意以下几个方面。

第一，全面分析信息技术和英语课程整合过程中的普遍矛盾和特殊矛盾。各地都要面对整合中一些共同的、普遍的矛盾，还要面对由各地的不同实际情况所产生的特殊矛盾。要善于异中求同，同中求异。

第二，要全面分析各地信息技术和英语课程整合发展的内因和外因。各地经济发展状况、学生的基本素质、人们对教育的重要性觉悟程度等等，都会对信息技术和英语课程整合的教育改革有很大影响。

5. 主体性原则

主体性是人全面发展的核心和根本特征。现代教育最重要的内涵应是注重人的主体性。网络环境下的英语课堂，强调创设情境，吸引学生进入教学情境，让学生去学、去用，为学生提供获得多种信息资源的手段，既丰富了知识，又开阔了眼界，同时创造条件让学生自主学习，充分发挥学生学习的主体性。

6. 实践性原则

实践是认识的基础，实践是检验真理的唯一标准，是发展真理的有效途径，这也是辩证唯物论的基本原理。根据这一原理，信息技术与英语新课程的整合必须贯彻实践性原则，并注意两个问题。一是要通过实践检验真理。在我国信息技术与英语课程的整合还是新生事物。尽管好多学者提出不少理论或倡议，但是，有的经过较短时间或较小规模的实验研究，有的纯粹是一种理论假设，可靠性和实用性都很有限。因此，对已有信息技术与英语课程整合的经验借鉴，应持谨慎态度。二是要通过实践发展理论。信息技术与英语课程的整合理论只具有相对性。它的理论会随时代的发展而发展。因此，我们一方面应当密切注意国内外最新实践成果，另一方面，也应深入实际，亲身进行一定的研究，以便把信息技术与英语课程整合的理论不断向前推进。

（二）教学设计策略

1. 运用正确的教育理论指导

现代学习理论为信息技术与课程整合奠定了坚实的理论基础。在教学和学习的层面上，每一种理论都具有其特定的正确性，但是，一旦推广到实践中却没有一种理论显现出普遍的合理性。换而言之，无论哪一个理论也不能涵盖其他理论而成为唯一的指导理论。否则，误入了二元分立的思维方式易导致为了克服一种片面性而又陷入另一种片面性。行为主义学习理论对需要机械地记忆知识或具有操练和训练教学目标的学习有其合理成分。认知主义学习理论的指导作用，主要体现在激发学生的学习兴趣、控制和维持学生的学习动机。建构主义学习理论提倡给学生提供建构理解所需要的环境和广阔的建构空间，让学生自主地、发现式地学习。建构主义较适合于不良结构领域的高级学习，而对于中小学生来说，由于他们正处在知识积累和思维发展阶段，他们的认知结构还比较简单，自主学习能力还没有得到很好的培养，这个年龄阶段的学生还缺乏自制力。因此，教师的指导、传授及人格魅力的影响，就有着不可替代性。因此，在信息技术与课程整合的应用中应该兼顾各种理论的合理成分，根据教学对象、教学内容及教学媒体等多种变量，灵活地运用理论并指导实践。

2. 注意按"需"整合

多媒体教学只是一种教学辅助手段，而不是目的。只有在最需要的时候进行整合，才会收到事半功倍的效果。例如，设计 *Asking the way* 这一单元问路的情景时，可利用计算机的闪烁运动功能，慢慢展现问路的提示图。整节课只有这一个环节运用多媒体手段，既成功突破了本节课的难点，又激发了学生的学习兴趣，提高了学生的学习积极性。因此，抓住关键，突出重点，利用多媒体信息技术充分挖掘教学内容的内涵，积极启发学生思维，把课文中"静止"的语言变成"活动"的形象，变单纯的说教为有来有往的互动教学模式，才能获得最佳的教学效果。此外，如果是教授以"激趣，整体感知"为目的的课程，可在新授之前运用多媒体手段，激发学生认识和学习的兴趣，从无意注意向有意注意过渡；如果是教授以"突破难点"为主的课程，则在新授过程中使用多媒体手段，用定格、重放等方法，帮助学生理解新知，掌握新知。

3. 情境激励策略

英语教学的成功与否在很大程度上取决于学生对英语学科的兴趣。因此，信息技术与英语新课程整合首先要解决学生想学、爱学的问题。情境激励策略，就是通过信息技术与课程整合，创设教学情境，开展课堂智力激励，要求学生面对问题情境积极设想解决问题的各种可能性。如再现问题情境，设置闯关游戏，模拟想象空间等，并通过增进师生的情感交流等有效手段，引发学习动机，使学生积极主动参与新知识的学习，极大地激发学生探索和发现的热情。

4. 加强软硬件资源建设

（1）继续加大硬件建设经费的投入，搞好信息技术基础设施建设（尤其要加快校园网的建设步伐）。同时，建设区域性的教育信息网络中心，并部署基于校园网络的教学支撑平台，推进网络教学，提高网络教学的绩效，培养创新人才，全面推进"校校通"工程。

（2）加强学校计算机的管理，扩大机房的自由开放时间，提高教师和学生课内、课外使用计算机的方便程度，促进信息技术在教学中的应用。

（3）加大购买教学软件的投资比例，并建立相应的选择与评价标准。

（4）加强对学科教师开发教学软件的规划和指导，使其体现各学科特点，同时发挥个别化和交互性方面的特长，重视对学生自主学习环境的创造。

（5）有目的、有计划、分步骤地建设学科教学资源库，例如，多媒体教学素材库、微教学单元库、教学资料的表现方式库、学科教学案例库以及学科网站等，并统筹规划，实行数据库管理的规范化，便于检索使用。

5. 坚持"学教并重"

目前流行的教学设计理论主要有"以教为主"的教学设计和"以学为主"的教学设计两大类，后者也称为建构主义学习环境下的教学设计。由于这两种教学设计理论均有其各自的优势与不足，所以最好是将二者结合起来，形成优势互补的"学教并重"教学设计理论。这种理论既重视发挥教师主导作用，又充分体现学生主体地位的新型教学模式的要求。在运用这种理论进行教学设计时，以计算机为核心的信息技术，包括多媒体和计算机网络技术在内，不单单是辅助教师教课的形象化教学工具，更重要的是作为促进学生自主学习的认知工具与协作交流工具。建构主义学习环境下的教学设计理论，能在这方面发挥重要的指导作用。

6. 个性化学习和协作学习的和谐统一

利用信息技术，我们可以采用多种不同的方法，实现相同的目标。同时，信息技术与英语课程的整合强调"具体问题具体分析"，英语教学目标固定后，可以整合不同的任务来实现，每一位学生也可以采用不同的方法、工具来完成同一个任务。这种个性化教学策略对于发挥学生的主动性、建构个性化知识结构和进行因人而异的学习是很有帮助的。但现实社会生活要求人们应具有协同工作的精神，即使在现代学习中，也要求多个学生能对同一问题发表不同的观点，并在综合评价的基础上，协作完成任务，而网络环境正为这种协作学习提供了很好的交流平台。

7. 紧紧围绕变革教学结构

信息技术与英语课程整合是要从根本上改变传统的教学结构与教育本质，创建"新型教学结构"，其内涵如下：在教师的指导下，把信息技术作为促进学生自主英语学习的认知工具与情感激励工具，发挥学生在学习过程中的主动性、积极性和创造性，以学生为中心，使学生成为知识建构过程中的学习问题的发现者和探究者，协作活动的参与者，学习问题的解决者，知识的意义建构者；同时，在课程整合中，教师是教学过程的组织者、有意义问题的设计者，情境观察的指导、信息海洋的导航者，学生学习的辅导者、促进者和咨询者；并且，在课程整合中，要使英语教学资源、英语教学要素和英语教学环节，经过整理、组合，相互融合，在整体优化的基础上产生聚集效应，从而促进传统英语教学方式的根本变革。这就要求教师在进行信息技术与英语课程整合的教学设计工作中，密切注意教学系统四大要素（教师、学生、教材、教学媒体）的地位与作用，使各个要素的地位与作用能够符合建构主义理论的要求，能较好地发挥学生自主学习的主动性，这样的整合才是有意义的。

第二节 基于语料库的英语教育

一、语料库与语料库语言学

（一）语料库的定义与类型

1. 什么是语料库

语料库（Corpus）亦称语库或素材，是收集并科学地组织起来的一套语言材料，这种材料是某种语言中自然出现的，可以是书面的，也可以是口头的。这些未经加工的材料是语言统计的基础，是分析和研究语言规律、编纂辞书、利用计算机加工自然语言以及语言教学的绝好的第一手资料。语料库语言学（Corpus Linguistics）是以语篇（Text）语料为基础对语言进行研究的一门学科，是计算语言学（Computational Linguistics）的一个分支。过去，语料库中的材料由人工收集和整理，但在计算机技术飞速发展的今天，语料库建设的效率和规模都大大提高了，为语料库的研究和广泛应用打下了坚实的基础。

语料库中的材料是按照一定的语言学原则，运用随机抽样的方法，收集自然出现的连续的语言运用文本或话语片段而建成的，通常具有以下特征。

（1）真实性。语料库中的样本取自真实的语言材料，而且它们来源于某一时期或正在使用中的各种体裁的语言材料。

（2）代表性。语料库中的语料和选取具有一定的代表性，即使入库的有限语言材料尽量能够体现无限的真实语言生活的特征。

（3）规模性。语料库必须具有一定的规模，如果样本的数量有限，语料库的代表性也就随之丧失。

（4）结构性。语料库在建设时具有一定的结构和明确的选材标准或原则，通过预设的分类指标，科学合理地确定各种类型的语料在语料库中的比例。

（5）可机读性。在信息技术时代，语料库中的语料必须是以电子文本形式存在、可以被计算机程序检索和处理的，从而便于进行语言分析和语言学研究。

2. 语料库的类型

（1）通用语料库与专用语料库。通用语料库（General Corpus）广泛采集某种语言的口语和书面语材料，取样时充分考虑该语言的主要社会变体、地域变体、行业变体及使用场合之间的平衡，文本取自一个或多个国家，尽可能最好地代表一种语言的全貌。通用语料库的规模一般较大，常常达到上亿词次或数亿词次，即为语言学习或翻译提供参考资料，也可用作与专用语料库进行比较的依据，因此也被称为参照语料库（Reference Corpus）。著名的英语通用语料库主要有英国国家语料库、英语文库以及更早的 LOB 和 BROWN 等第一代语料库。另外，由于通用语料库容量庞大，包含多种不同属性的文本，我们常常可以对通用语料库进行分解，得到一个个专门用途的语料库。比如，我们可以从英国国家语料库中抽取所有的新闻语言文本，构成一个新闻英语语料库。

与通用语料库相反，专用语料库（Specialized Corpus）只收集某种特定领域的文本，如报刊中的社论、地理教科书、某个特定学科的学术文章、讲座、日常谈话、学生作文等。专用语料库对文本的专业程度没有任何限制，但限制文本的选择范围。例如，文本的时间框架、谈话的交际情景、文本所涉及的话题等。专用语料库通常代表某个特定类型文本的特征，用来调查研究特定领域内语言的特点或编写专门领域的工具书。比较著名的专用语料库有体现非正式英式英语的剑桥与诺丁汉英语谈话语料库（Cambridge and Nottingham Corpus of Discourse in English，CANCODE）和密执安学术英语口语语料库（Michigan Corpus of Academic Spoken English）。

（2）平行/双语语料库和多语语料库。平行/双语语料库（Parallel/Bilingual Corpus）中的语料来自两种不同的语言，一种语言是另外一种语言的译文。因为实际应用的需要，平行语料库中的两种语言必须对齐，即一种语言的某个语言单位和另一种语言相应的语言单位的对齐。目前，语言对齐的标准单位仍然是句子，而且在平行语料库建设的初期，句子之间的对齐是手工完成的。这是因为自动识别句子的结尾并非易事，句号还可用来表示缩略语，而且出现在句子的任意位置。另外，句子也不是稳定的单位，原语中的一个句子可译为目标语中的两个或更多句子，反之亦然。词汇层面的对齐更加困难。因此，虽然已开发了多种用于句子间对齐的工具，两种语言的对齐仍是一个耗时的过程，大规模平行语料库的数量相对较少。多语语料库（Multilingual Corpus）中的语言使用样本取自多种语言，并将多种语言进行对齐处理。平行语料库是翻译者实践成果的宝库，对翻译研究和机器翻译具有重大意义。

（3）共时语料库与历时语料库。共时语料库（Synchronic Corpus），由同一时代的语言使用样本构成的语料库。共时语料库是相对历时语料库而言的。基于不同时代的语言所建成的多个共时语料库可以构成一个历时语料库。

历时语料库（Diachronic Corpus），收集不同时代的语言使用样本构建而成的语料库称为历时语料库。历时语料库是观察和研究语言变化时常用的语料库。对历时语料库进行分解可以得到多个共时语料库。赫尔辛基英语文本语料库（Helsinki Corpus of English Texts）是一个典型的英语历时语料库。

（4）生语料库与标注语料库。这种分法是根据语料库中的语料是否经过处理和标注而决定。

生语料库（Raw Corpus）是指没有经过任何加工处理的纯文本语料库。

标注语料库，顾名思义就是对语料进行了标注。当然标注也是分很多的层次。杨惠中列举了几种层次：①经过格式属性标注，如段落、字体、字号进行标注；②对识别信息进行标注，如作者、体裁、语域以及词性等标注；③特殊标注，如错误赋码等。经过标注了的语料库固然有其优越之处，如可以有针对性地对某项参数进行研究，但是"不经任何人工介入的生语料库同样具有独特的价值"。

（5）学习者语料库与教学语料库。学习者语料库（Learner Corpus）是由非本族语学习者语言使用样本构成的语料库。学习者语料库又可分为口语语料库和笔语语料库。国际上影响较大的学习者语料库有比利时学者西尔维安·格兰杰（S. Granger）等人于20世纪90年代初建立的英语学习者国际语料库（International Corpus of Learner English，ICLE）和鲁汶英语中介语国际数据库（Louvain International Database of Spoken English

Interlanguage，LINDSEI）等。国内较有影响的学习者语料库有中国学习者英语语料库（Chinese Learners' English Corpus，CLEC）、中国学生口笔语语料库（Spoken and Written Corpus of Chinese Learners，SWECCL 1.0&SWECCL 2.0）等。

　　教学语料库（Pedagogic Corpus）是由学习者接触到的语言样本组成的语料库，通常由教师或研究者视教学需要建立。库中的语料可以包括学习者使用的所有教科书、简易读物和音频材料等。例如，教学语料库可用于收集学习者在不同的语境下接触到的词汇或短语的例证，来强化他们的学习意识，也可用于与自然发生的语言样本组成的语料库进行比较，来确定学习者接触的语言是自然的、有用的。

　　（二）语料库的应用工具与建设

　　1. 语料库的应用工具

　　（1）语料预处理工具。对语料库本身进行语料预处理的软件工具是研究者必不可少的，如转写工具（Transcriber）、对齐工具（Aligner）、标注工具（Tagger）等。语料库通常由两种语料组成：生语料和标注语料，生语料即不经任何加工的现实中使用的口头和笔头语，这些语料在编入语料库之前经转写（口语语料）去格式，然后以纯文本形式按一定原则汇编。标注语料库是指对生语料或原始语料进行了词性、语法、语音、语义或语篇及至语用标注的语料库。相比生语料，标注语料的作用更大，它可以对语料库进行各项语言分析研究，如句子结构分析、语言搭配分析、语言错误分析等。

　　（2）语料检索工具。语料标注只是对语料资源进行预处理，对语料库的研究还要依托语料检索工具。目前，检索工具层出不穷，以满足各种基于语料库的语言研究目的。如在赫尔辛基中古英语语料库的基础上研制的 LEXA 词汇分析软件，对词汇分析很有实用价值；Concapp 是一款简单易用，能够检索英语和汉语的大文本、能够整理词表的索引工具；TACT 与 WordSmith 工具功能更为强大，有较为齐全的检索和统计分析功能，一次能处理几百页语料。TACT 还能够给英语文本赋码，十分方便。目前，大部分在线语料库或采用他人的检索工具，或配有自己开发的检索工具，用户在互联网上检索语料十分方便。

　　语料库检索工具的基本功能包括词表生成、语篇统计、排序、搭配词统计、词语形式统计、主题词提取、词丛（Word Cluster）统计、联想词统计和重组以及词图统计等。检索工具使用最为频繁的功能是 KWIC 索引，查找的关键词可以连同上下文以单行的形式同时展现在计算机屏幕上，为词汇学研究等提供了很大便利。

　　（3）语料分析工具。随着计算机技术的不断发展，语料库工具的功能越来越强大，大多数检索工具除一般的检索功能外，还是很好的语料分析工具，它们可以用于语言学及文学分析，包括搭配分析、主题分析，词典编纂中针对某一词汇的例句援引、语音分析、词素分析，以及词汇语义学和话语分析等。

　　主要语料分析工具如下：分类软件，能够在几段文章共同点的基础上罗列相关实例，为区分文章提供基础；语法与文体编辑软件，如 Grammatik Ⅲ，可以检查文本中存在的词汇、短语、句子甚至段落的毛病，并提出改进建议；词语搭配软件，能够帮助使用者确定词形搭配，包括复合词、固定短语和习惯表达法等；词形归类软件，可将某个词的各种曲折变化归结在同一词项下面，简化搭配分析；消歧软件，根据词语相互搭配的能力来消除歧义；词汇标记语法软件，将文本中的搭配查找出来并与所涉及的词义联系起来；短语查找软件，与复合词软件平行，能够选出互为条件的词语，评估哪些可以作为单独的词汇项；举例软件则能评估具体实例并指明含义。

2. 语料库的建设

（1）语料库的设计。设计语料库时应该考虑的第一个问题就是建立语料库的目的，然后据此确定语料库的类型、内容、结构和规模。一般情况下，为某个特定研究目的而建立的语料库的规模通常是限定的，而且相对较小，可能是共时语料库或历时语料库，包括某个领域的全部文本或部分样本。如果我们要建设的是共时语料库，就要首先确定采集语料的具体年代或年限，即文本创作或出版的时间。如果我们要建立的是历时语料库，就要考虑语料覆盖的时间段：系统的时间顺序或起始和结束的时间，以保证库中有足够的语料作为研究语言变化的依据。无论是建设共时还是历时语料库，理想的语料覆盖面都是无法回避的问题，语料的文类、书面文本作者或口语文本所涉及谈话者的地区、性别、年龄、社会语言背景和受教育程度等都是不可忽视的要素，对语料库的覆盖范围起决定作用。

确定了语料库的类型之后，我们要考虑的第二个问题是语料库的内容，主要包括 3 个方面：收入语料库中的口语和书面语文本的类型、口语和书面语的比例以及不同类型文本的比例。与语料库内容相关的另一个问题是语料库的结构。如果语料库中包括口语和书面语两种文本，就要确定它们之间的比例。但无论这个比例如何确定，都具有任意性，最多是一个有一定根据的判断，因为我们每天产出或接触到的口语和书面语间的比例是无法确定的。此外，不同类型文本的比例也是影响语料库结构的重要因素。确定语料库的规模和文本的大小是语料库设计的又一个重要环节。对于大多数语言研究来说，2 000～5 000 词的文本就可以满足需要。但对于一些语篇研究来说，则需要更大的、包括完整语篇特征的连贯文本。在对文本进行抽样时，可能会遇到两种不理想的情况：一是文本的篇幅小于确定的标准，二是抽样的时间段会造成语料的偏颇。在这种情况下，我们就要将几个谈话的文本组合起来，使其达到规定的标准。

（2）语料的存储。在存储语料时，我们无疑要做以下两个方面的工作：第一，编制语料库中所有文件的目录，将全部资料备份并与处理中的文本和电子文件分开存放。第二，尽可能地收集并列出关于文本作者和来源的信息。无论是口语还是书面语文本，我们都要记载其收集的时间和地点。如果是口语文本，我们还要记录谈话参与者之间的关系、话题、谈话是否有准备、正式程度如何以及在场人员的相关信息等。

（3）语料的采集。确定了语料库的内容、结构和规模之后，就要按照相应的主题领域和文本语类采集语料。获取语料的渠道主要有 3 个：一是网络下载，包括网络图书馆、数据库、可供下载的自由百科全书、网页、电子书、学术论文及其他公用资源。二是 CD-ROM 拷贝，包括各种刻写在光盘上的电子文本资源。三是印刷品，可以扫描后获得图像文件，再用相关识别软件识别和转换。无论是通过网络，还是手工录入或扫描识别的方法获取的语料都存在各种各样的问题，如字体的变化、纸张的颜色和质量、图表、缩略语、脚注、页头书名和页面布局都会干扰扫描的效果；从网上下载的文本中也会有不符合规范的符号和格式等。因此，文本的自动输入和人工整理是获取语料阶段的一个必不可少的步骤。

（4）语料的标注。语料库研究者对标注的定义虽然各不相同，但分歧并不大。霍斯顿（S. Hunston）认为，标注就是对语料库添加信息的过程。利奇（G. Leech）将语料库标注界定为"为电子口笔语语料库文本添加解释性信息和语言学信息的活动"。约翰·麦克内里 & 威尔逊（T. McEnery&A. Wilson）把标注语料库比作"语言信息的仓库"，指出通过有效的标注能够清楚明确地呈现隐含在原文本中的语言信息。

与语料库标注相关的术语大致可分为 3 类：一是主张标注（Annotation）与标记（Mark-up）交替使用，用来指所有为语料库附加信息的活动，包括结构标记、词性赋码、语法标注、话语分析等；二是主张把标注与标记区分开来，标注指为语料库附加解释性语言信息，如词性、句法、语义、语用等，而标记用来指对表达文本的正字法特征标记，如字体、样式、标题等；三是主张只使用标注这个术语及含义，但应区分标注与标记。李文中进一步拓展了标记与标注的含义，主张标记不仅限于文本结构正字法特征的表达，也可以是一切有关文本识别特征的记录，如文献信息、提取时间、来源、文类、类型等。而语料库标注也不仅仅限于词性标注、语法标注和话语标注，它还指其他所有基于某种理论模型或预设框架为语料库添加标签的活动，如错误赋码、语用特征赋码等。

（三）语料库语言学的发展历史与学科定位

1. 发展历史

最早的语料库可以追溯到 18 世纪，然而直到 20 世纪 50 年代后期在计算机技术的推动下语料库才逐渐发展起来。如果从语料库规模、语料库收集的特点以及动机等因素考虑，可以将国外英语语料库语言学的发展历史归纳为以下 4 个重要阶段：

（1）从 20 世纪 60 年代起的小型语料库，其规模通常是 100 万词次或者更少，如 BROWN 和 LOB 语料库。后来有了这些语料库的词性赋码版本，如 BROWNTAGGED 和 LOBTAGGED，以及语音标注版本，如 LLC，以上三者可称为早期的三大经典语料库。

（2）从 20 世纪 80 年代起的大型语料库，其规模是以往的数十万乃至数百万倍，如 730 万词次的 Cobuild 语料库很快发展成 1.67 亿词次的 BoE 语料库。

（3）从 20 世纪 90 年代末起的动态型语料库，其特点之一是对早期语料库实行后期的内容更新，如 20 世纪 60 年代的 BROWN 和 LOB 语料库更新为 20 世纪 90 年代的 FROWN 和 FLOB；特点之二是建立开放性的、滚动式发展的历时性语料库，如自 1998 年起延续 15 年一直在扩展的英国 Independent 和 Guardian 报刊语料库。

（4）从 2005 年起的电子网络语料库，其特点是在国际互联网上设置检索引擎，将互联网上的语言信息作为一个巨大的、动态的和开放的语料库，如 WEBCORP。语料库语言学发展的动因有三：一是科学研究的动机，即由好奇心引发的科学论证精神；二是语言使用的需要，如出版机构、语言教学的需求；三是人类特有的创新的本能。总结起来，语料库语言学的发展反映了人类对知识的渴望，对语言使用的需求和现代科学技术发展的推动力。

在国内，语料库语言学起步于 20 世纪 80 年代，如上海交通大学建立的国内首个百万词次的科技英语语料库 JDEST。进入 21 世纪以来，语料库语言学在国内逐步推广起来，近年来发展尤为迅猛，呈现出以下特点：

（1）注重建设外语学习者的中介语语料库。先后建成并有广泛影响的有中国学习者英语语料库（CLEC）以及中国学生英语口笔语语料库（SWCCL）等。

（2）注重建设汉语语料库以及汉语与外语匹配的双语或平行语料库，如国家现代汉语语料库以及英汉双语语料库等。

（3）注重建设外语教学语料库，例如，华南师范大学外国语言文化学院在 2000 年就研制出版了中学英语教育语料库。近年来还出现了基于某个语域或某个专业学科的英语教学而建设的各类教育或学术语料库，如基础英语教材语料库；商务英语语料库中医英语语料库等也在建设中。

语料库未来的发展方向必然是由后互联网时代的网络技术支持的更为即时的同步的、多模态的以及全球整合型的巨量语料资源库。

2. 学科定位

什么是语料库语言学（Corpus Linguistics）？首先引述西方几位语言学家对它的定义：①根据篇章材料对语言的研究称为语料库语言学；②基于现实生活中语言运用的实例进行的语言研究称为语料库语言学；③以语料为语言描述的起点或以语料为验证有关语言的假说的方法称为语料库语言学。

中国语言学家对语料库语言学的定义如下：语料库语言学是 20 世纪 80 年代才崭露头角的一门计算机语言学的新的分支学科。它研究机器可读的自然语言文本的采集、存储、检索、统计、语法标注、句法语义分析，以及具有上述功能的语料库在语言定量分析、词典编纂、作品风格分析、自然语言理解和机器翻译等领域中的应用。

上述几个定义尽管表述方式有所不同，但可以据此得出语料库语言学的两层主要含义：一是利用语料库对语言的某个方面进行研究，即语料库语言学主要是指一种新的研究手段。二是依据语料库所反映出来的语言事实对现行语言学理论进行批判，提出新的观点或理论。实际上，正是基于对这两层含义的把握和理解程度的不同，使得国内外相关研究者在对语料库语言学的学科定位的问题上产生了不同的看法。

一种观点是，语料库语言学不能称作独立的学科领域，它只是一种基于语料库的语言研究方法而已。托格尼-博内利（Tognini-Bonelli）指出，语料库语言学并不是一个真正意义上的科学研究领域，只不过是为语言研究提供了一种方法论基础，同时它又给语言学的研究提供了新的哲学思路，所以它介于理论与方法论之间。国内持相同观点的代表人物有丁信善等。丁信善认为，语料库语言学的研究范围主要包括以下两个方面：一是对自然语料进行标注；二是对已经标注的语料进行利用和研究。它所研究的并非是语言本身的某个方面，因此从方法论角度看，语料库语言学不仅可以用于研究语言系统的各个方面，而且可以应用于语言学之外的其他领域。

另一种观点是，语料库语言学是一门新兴而独立的语言学分支学科，其代表人物有杨惠中等。杨惠中在其主编的《语料库语言学导论》一书中明确指出，在语言学领域，现代语言学从 20 世纪初诞生起一直以研究语言体系为自己的学科方向。但是因为语言现象涉及人类活动的一切方面，于是出现了心理语言学、社会语言学、神经生理语言学、语言哲学、语用学等众多跨学科的研究领域，而"语料库语言学就是出现在语言学、计算机科学、认知语言学和应用语言学边缘上的一门新的交叉学科"。

我们认为，语料库语言学为语言研究提供了一种全新的研究思路，以大量真实的语言使用实例为研究对象，借助于统计学手段和方法得出客观、可靠的语言数据，从而寻找语言使用的规律，并对先前的语言理论进行验证或修改。这一研究迄今已取得了令人瞩目的研究成果，因此可以说已经成为现代语言学的一个重要分支。

二、语料库辅助英语教育的理论基础

（一）认知图式理论

自 20 世纪下半叶开始，有关图式的研究成为认知心理学的热门话题之一，其定义与理论层出不穷并且被广泛应用到教学实践中。图式一般被定义为学习者以往习得的知识（即背景知识）的构架（Structure），或者被认为是人们所常遇到的情景的原型知识（Stereotypical Knowledge）。图式在结构上被认为是按层次组织起来的，核心概念图式会涵盖许多子集。我们得以建立图式的基础是我们对外部世界历时地经历、体验和感受后（World Perception）所获得的各种各样的印象。这些印象不断形成和丰富我们关于外部世界的陈述性知识，当我们再次遇到相似的经历时，相关的图式会被唤起，有助于我们理解新的概念与事件。

图式建构对于培养流利的语言使用能力有着重要作用，如果我们希望引导学习者通过建构图式的方式来改进英语学习，提高英语的学习质量，培养流利的英语能力，我们就有必要从英语输入的量、质、方式等方面做出相应的改革。譬如，使学习者在自然环境下接触语料，优化输入，用基于语料的任务学习法驱使学习者在英语学习的过程中注意陈述性和程序性知识并举，引导学习者在理解、记忆英语时充分利用已有图式，引导学习者"从无到有"建构图式，"从有到优"或"从泛到详"重构图式。在这些做法中，对于已有一定英语水平的学习者而言，最为重要和可行的在于如下方面：①提供优化的输入；②改变输入的方式，强调陈述性和程序性知识并举；③引导学习者建构、重构外语知识图式。语料库因其特有的理念与工具，能在中高级水平的英语教学应用中为实现这些目标提供良好的基础。下面即对语料库促进语言图式建构进行分析。

首先，语料库语言学与从图式建构的角度看待语言发展的观点在理念上有相似之处。两者都持有经验主义语言观，即认为语言使用者是在不断地接触、体验到相同或相似的形式结构在不同语境中是如何被用来表达语义内涵与概念之后，才逐步形成抽象的语言知识，发展起语言能力的。

再者，建构语言图式的条件是在自然语境下的大量和重复性的接触语料，而语料库资源丰富，语料信息的提取更是方便快捷，可以满足这个条件。目前已有大量来自于真实语境的各种层次、语域、语体，服务于各种目的的语料库资源，尤其是英语语料库，其中既有大型本族语的语料库，又有各种母语背景的学习者语料库，还有掌握了语料库工具的教师正在源源不断地自行创建的个人教学语料库，加上日益发展成熟的、多功能的、使用界面友好的语料库检索软件，都能够在瞬间提供大批量的语例。

最重要的是，语料库所提供的大量在形式及语义上相近而又稍有差别的检索行，能够为认知图式的建构、确认、扩展和重构提供良好的语言环境和基础。盖伊·阿斯顿（Guy Aston）指出，新图式的习得过程其实是不断对已有图式的组构（Composition）和解构（Decomposition），这个建构过程有两种相辅相成的途径：一是"从具体到抽象"；二是"从抽象到具体"。前者指一批比较宽泛的、带有具体语境（Context-Specific）的认知图式会被归纳和提升为比较抽象的认知图式。后者则是指一批比较抽象的认知图式如果多次共现于反复出现的语境（Contextual Repetitions）中，也会引至更大规模的、比较具体的图式的合成。途径一是指使用者在相似而有些细微差别的语境下多次接触到某一语块后，将其整块记住，并在与其相匹配的具体情景中自动激活使用。途径二是指使用者有了某些语言规则知识后，在具体的语境中体会其用法或建构起更为广泛的、具体的图式。在这两个过程中，最关键的因素是要有大批在不同语境中反复凸现的东西。而语料库特有的语境共现功能正好能够在相对同质的大量语料中反复呈现不同语境里的同一种语言现象。

(二) 数据驱动学习理论

"数据驱动学习"这一概念由蒂姆·约翰斯（Tim Johns）于 1991 年提出。他认为，语言学习者从根本上说也是研究者，他的学习需要被对语言资料的获取而驱动，因此用"数据驱动学习"（Data-driven Learning，DDL）这一术语来描述这一方法。同传统英语教学相比，数据驱动学习英语具有以下主要特征。

首先，以学生的自主学习为主要过程。目前，在位于主流地位的英语教学模式中，教师依然是整个教学过程的主角，具有不容置疑的权威性；教师控制着教学安排、课堂组织、教学内容以及有关活动。学生被视为一块"白板"，由教师来蚀刻与绘制白板上的内容。这种教学极易延续久被批判的"满堂灌""填鸭式"等做法；它还极易磨灭部分学生的学习兴趣，挫伤学习积极性。数据驱动学习与这种教学模式则不同，强调学生的自主学习，完全以学生为中心，发挥其个性特点。它要求学生在学习过程中"自我管理""自我监察"和"自我评估"。锻炼自主学习能力，将对学生的其他因素产生积极影响，如学习目的、动力、方式、需求、情感等等，这些因素共同作用，最终达到促进学习的目的。数据驱动学习环境下，教师的作用也极为重要。他们是过程的"组织者、协商者和引导者"，帮助学生通过数据驱动学习方法加深对所学知识的印象，培养他们自主学习的能力。此外，不同于普通意义上的"自学"，自主学习要求学生加强相互间的合作，共同探索和发现语言规则和使用特征。

其次，以真实语言为主要语言输入。基于语料库的数据驱动学习以真实的语言为主要语言输入，它提供给学生的语言数据具有两大特征。一是其高质量输入，二是其大数量输入。它提供给学生的语言数据都来源于真实的交际活动，为一定的交际目的而用，具有具体的交际语境，语言材料属于自然语言，而非为了教学目的而自造。它提供给学习者海量的语言使用数据：无论是经常使用的词语索引、扩展语境，还是完整的文本，其供应量都极其巨大，尤其在大型语料库支撑的条件下，数据量之大，绝非任何传统教学方法可提供。Little 认为，由于能够激活学生有关真实世界、话语甚至语言系统的相关知识，进而建构深入学习的环境，真实语言能够促进语言习得。语料库的应用开辟了英语教学的新天地，以大量的语言事实揭示语言使用概率等一系列特征。基于语料库的数据驱动学习为学生营造真实语言环境，提高他们的语言直觉，锻炼他们处理语言变体（Variation）的能力，帮助他们掌握地道的语言。

(三) 教育改革新理念

1. 生存理念

生存理念是和当前的教育改革大背景联系在一起的。当前国际竞争空前激烈，人类的生存和发展面临着困境。在知识经济时代，一个国家要生存要发展就必须培养具有高度科学文化素养和人文素养的人，一个人要更好地生存和发展就必须成为一个合格的知识劳动者。所谓的知识劳动者"主要是指从事知识，信息收集、处理、加工和传递工作的劳动者"。所以，培养具有高度科学文化素养和人文素养的人的重要指标之一就是培养具有信息能力的人。信息能力（Information Literacy）是指"认识到何时需要信息及准确地寻找、评价并有效利用所需信息的能力"。这一定义指出信息能力的主要内容是"寻找""评价"和"有效利用"所需信息。因此生存理念在英语学科教育中的具体体现就是"学生用英语获取信息、处理信息、分析问题和解决问题的能力"。现代语料库是一座座储存在计算机里的信息宝库，它的特点就是具有大量真实语料和先进的检索手段。使用语料库就是要求学习者从这个知识宝库里提取对自己有用的信息，然后再对这些信息进行加工处理，因此语料库的方法本身就是一种信息获取，信息处理的能力的训练方法。

2. 学习方式新理念

现代教育提倡学生学习方式的转变，即提倡从被动接受的学习方式转变为主动发现的学习方式，提倡把学生学习的过程转变为发现问题、提出问题、分析问题、解决问题的过程。因此，发现学习、探究学习、研究学习成了中国推行的教育改革的重要特征。

现代学习方式的基本特征如下：①主动性。主动性是现代学习方式的首要特征。主动性主要体现在学生对所学知识有浓厚的兴趣，对自己的学习承担责任。这也是学生自主性的体现。②独立性。独立性是现代学习方式的核心特征。独立性主要是强调学生在学习中发挥独立的学习能力。让学生自己完成学习任务，解决问题，不过分的依赖老师的帮助。③体验性。体验是指由身体性活动与直接经验而产生的感情和意识。体验性是现代学习方式的突出特征。它强调学生自己身体性的参与并重视学生的所获得的直接经验。④问题性。问题是科学研究的出发点。现代学习方式强调学生通过问题来进行学习，以此作为学习的动力、起点和贯穿学习过程的主线。而且学习的过程也是学生发现问题、提出问题、分析问题和解决问题的过程。

基于语料库的学习活动通常先提出一个学生需要解决的问题，然后要求学生独立地搜集、分析、处理语料，从中归纳出自己对问题的观点和看法。学生围绕该问题对语料进行分析、归纳，最终解决问题，体现了现代学习方式的问题性；学生需要独立地解决这一问题，自己对自己的决策负责，反映出现代学习方式的主动性和独立性；学生必须亲身参与解决问题的全部过程，在对问题的探究中找到问题的答案，表现出现代学习方式的体验性。

三、语料库辅助英语教育的实施

（一）语料库与英语语法教学

1. 语料库在英语语法教学中的作用

（1）能够很大程度上减少课堂上教的语法知识与人们实际使用的语言之间的差距。

（2）能够发现被忽略的语言现象和规律。

（3）帮助我们更清楚地认识和理解各种语法变体的特点和用法。

（4）帮助发现英语语法学习者在使用语言时会出现的各种问题。

（5）能够帮助语法学习者在课后自我学习。

2. 语料库在英语语法教学中的应用

英语教师在语法教学中所用的例句往往不能给出足够的语境供参考；此外，辞典和语法书上的例句有时是过时的、不准确的，因此，利用这些方式得到的例句不能全面地反映英语语言的使用情况。语料库所提供的例句是以真实的语篇为基础的。这样得到的例句既真实又生动，具有时代感，说服力强。只要语料库达到相当的规模，可供选择的例句的数量是相当客观的。以前，在规定主义语法教学思潮的影响下，教师常常受语法规则的束缚，不厌其烦地告诉学生正确的英语句子"应该"是什么，并把这些规则作为金科玉律让学生去记诵，而不是让他们自己在实际的语料中，去发现英美人"实际上"是怎样说英语的。例如，有一条广为人知的"规则"：定语从句的先行词前有限定词 all、any、every、only、some 或序数词或形容词最高级的修饰时，其后的关系代词要用 that，而不能用 which。这一"规则"在考试中也成为热点项目。但是，我们从 COBUILD 语料库中查询的结果却告诉我们，英美本族人在其口头和书面语中却没有"遵守"这条规则。例如：①We discussed in detail beforehand everything which might cause conflict in the... ②... emerge before the Council holds its first meeting which is due to take place... ③... appreciate and welcome all activities which accord with the progressive.

另外，我们还可以利用"英国国家语料库"（British National Corpus）查询 that 和 which 在这种搭配中分别出现的频率。虽然 which 出现的频率没有 that 高，但这绝不能说明在先行词为不定代词或接受特定词修饰时只能用 that 而不能用 which，更不能作为考试命题的依据。

对语料库中的材料进行统计和分析，发现哪些表达方式是现在英美本族语人士所使用的，教师就把教学的重点放在这些项目上。这样做可以减少教学的盲目性，让学生学到自然的、地道的语言。还有，在教授语法中的词类——名词、代词，还有限定词等的时候，由于这些知识很抽象，学生理解起来很困难，尤其是不定代词及不定限定词的用法学生更是难以掌握。所以教师在教学时应该综合考虑各方面，尽量多使用语法词典，最好是英文版本的英语辞典，这样可以有很多既实用，又生动的语法例句来供学生理解和学习。

在科技发达的现代社会，计算机网络已经应用到日常的教学生活中。这对教师来说是一个很大的挑战，也是一个查找、积累资料的机会。互联网上除了有大量的资料背景外，还有相当数量的知识运用背景。教师如果能在备课中积极总结，在教学中适量运用，就可以取得和传统教学方法不一样的教学效果，最终证明当然是好的并且是切实可行的。这样看来，语料库在语法教学中会起到非常重要的作用，更为重要的是它深刻地改变了我们的语言教学思想，使原来仅仅停留在理论上或空想阶段的语言教学思想变为现实。

（二）语料库与英语词汇教学

1. 语料库在英语词汇教学中的应用

（1）语料库中英语词汇与语法的统一性。词汇与语法的共选机制是语料库研究的重要成果之一，共选反映了词汇与语法的统一性：一定的语法结构受词汇选择的制约；一定的词汇形式又受一定的结构选择制约。共选关系是由结构与意义的关系使然，语言交际受意义驱动；为表达给定意义，一旦结构选定，相应的词汇也随之选定。BNC 中以 find 为检索词得出以下数据（此处仅举 3 例）：①... idealism running through them. I find it difficult

to see just how… ②… sometimes some women should find it easier to get a husband in the…
③… public interest would find it profitable to raise wages even.

从以上的词语索引（BNC 数据）可以看出，在 find+it+adjective+to 不定式结构中，可选择的形容词范围是十分有限的，此结构中的形容词不外乎 difficult、easy、hard、profitable 等。一个词通常有众多义项，词义不同意味着所选结构不同。语言教学的正确决策是将结构及其相应的词汇制约同时交给学生。传统的词汇教学存在严重误导，即传统语言描述对语法和词汇的"分而治之"，这导致了低效的英语教学。语料库研究为词汇教学提供了大量的证据和真实数据，使词汇与语法的结合成为可能。

（2）基于语料库的词块词汇教学法。大量语料研究表明，英语中存在成串的语言结构。这种语言结构是一种介于传统的词汇与语法之间的语言词块，通常由多个词构成，并具有特定的话语功能。倘若学习者输入的仅仅是零散孤立的词项，那么其输出目的语势必是生造或是不地道的表达，导致大量中介语或学习者语言的生成。相反，如果二语学习者输入的是词块，那么在目的语输出时就会是词块的组合，而不是单纯的零散孤立的词项组合，从而缩短目的语输出时的思考时间。因此，在英语词汇学习过程中，词块教学对英语学习至关重要。普通英语里有大量的固定词组和半固定词组，实质上都属于词块的范畴。它们可以是词组级的、分句级的甚至是句子级的。可见，教学内容的重点不能是单个的词项或语法结构；词语搭配、比搭配更大的半固定词组、融词汇与结构一体的词块等必须予以高度的重视。使用语料库，其真实性语料能为英语词汇学习者提供地道的表达，有益于英语学习者流利性表达的输出，减少生造短语或生造句子的生成。

2. 基于语料库的英语词汇教学设计

（1）设计理念。根据建构主义理论，学习是学生自主建构知识体系的过程，基于语料库的词汇教学设计能引导学生在大量的真实语境中去自主探索语言规律，更易于培养综合语言运用能力。

（2）设计特点。基于语料库的词汇教学设计和传统的词汇教学设计相比具有巨大的优势，能带来一种全新的教学思路和方法。

（3）设计方法和步骤。课件准备和制作。首先从较权威的通用语料库中选取语料，如英国国家语料库（BNC）或美国当代英语语料库（COCA）等。这些语料库都具有在线检索关键词的功能，教师可根据教学需要，将重点词汇进行语料库索引，然后教师对出现的索引行进行筛选，找出适合学生水平的难度适中的索引行，建立"微型语料文本"，利用语料库语言分析软件 AntConc 对微型语料库进行索引，分析并归纳出目标词汇的用法，并设计好课堂活动。

课堂展示和词汇教学。在课堂上，教师可以通过使用 AntConc3.2.1 软件对目标词汇进行语料索引，将包含目标词汇的语境直接呈现给学生，主要采用"教师引导—学生发言—教师总结"的方法来完成重点词汇的教学。最后，教师通过检测来验证学生们对目标词汇的掌握情况。

（三）语料库与英语翻译教学

1. 语料库在英语翻译教学中的应用

双语平行语料库与翻译教学的关系最为紧密，它为翻译教学提供了丰富的教学资料和便捷的教学手段。

首先，利用语料库检索软件可以共现动态语境。学生可以在具体的语境中观察某个词或结构的搭配行为，了解该词或结构在不同语境中的语义特点。应用检索软件（如ParaConc），平行语料库可以对某一检索词或短语提供丰富多样的双语对译样例；可以对常用结构提供多种双语对译；可以提供丰富的可随机抽取的一本多译作为对照参考。

其次，利用平行语料库可以帮助学生学习翻译策略。平行语料库可用于比较和对比源语和目的语两种语言文本在词汇、句子、文体上等的差异，研究翻译中的对应和不对应现象。当源语中某些结构在目的语中不存在对应或等值的结构时，平行语料库所呈现的翻译实例能够以直观的方式展现译者所采取的翻译策略和方法。通过对比源语文本和目的语文本，可以分析两种语言的词语或结构之间形成对应或等值关系的具体语境，了解译者所采取的具体翻译策略和方法。尤其是平行语料库的应用可以帮助学生了解译者如何根据具体语境的需要进行灵活的、富有创造性的翻译，促进学生翻译策略和方法意识的形成和提高。

再次，平行语料库有助于学生形成自己的翻译观。语料库中的实例并非一定要学生模仿，但可以启发学生应当如何处理类似翻译问题。尤为重要的是，学生可以做出自己的判断和选择，在前人的基础上进行创新，从而形成自己的翻译观。

最后，平行语料库也可以帮助教师验证语感。教师可以借助于语料库所提供的大量译例验证和检测自己对翻译的一些认识和猜想正确与否。此外，在平行语料库的基础上可以建立翻译记忆系统（Translation Memory System），将译者之前所完成的翻译文本导入系统中，以便将来翻译时可以从中抽取相同语块，从而避免重复劳动，加快翻译速度，提高翻译的准确性和连贯性。有必要指出，在特定专业领域的翻译中，小型平行语料库对术语和文本规范的获取极为有用。在译者培训中，如果将这类语料库与单语专门语料库结合使用，则会取得不错的效果。

2. 基于语料库的英语翻译教学模式

与传统的翻译教学模式相比，基于语料库的翻译教学模式最突出的特点是翻译教学的客观性和描写性。运用语料库，尤其是双语平行语料库，可以将翻译规律和译者风格的分析建立在有关数据统计和大量翻译实例分析的基础上，从而避免传统翻译教学的主观性和规定性。在传统翻译教学过程中，教师往往通过传统的内省法来分析和解释翻译规律和翻译现象，然而这种方法因为主观性太强往往会得出片面结论。而在基于语料库的翻译教学过程中，教师可以凭借语料库的技术优势，在对翻译语料或双语语料进行定量分析的基础上，获取关于不同语言转换规律和译者风格等的客观认识。

此外，基于语料库的翻译教学模式的另一特点是语料的直观性。语料库在翻译教学中的应用可以非常直观的方式向学生自动呈现大量两种语言间对译的语料。学生可以通过对比源语文本与目的语文本的异同，真实地感受两种语言体系之间的差异，了解具体词语或语句结构在不同语境中的翻译策略和方法，从而帮助学生掌握不同语言转换规律和译者风格，形成翻译意识。

最后，学生的参与性也是基于语料库的翻译教学模式的重要特征之一。在翻译教学中应用语料库，可以组织学生对具体翻译语料进行观察和分析，吸引学生直接参与翻译教学，提高他们独立发现和解决翻译问题的能力。

（四）语料库与英语写作教学

1. 语料库在英语写作教学中的应用

从研究的目的上来说，语料库是一个庞大的语言素材的集合体，主要用于观察、分析和研究目标语的各种特征。在英语写作教学中，观点的构建、例证的选取不仅仅需要个人知识的积累，更需要借助于相关文章的研读，借鉴地道的用语、合适的句型，用来充实自己的内容和架构。语料库被看作是一个巨大的数据库，这就为英语写作教学提供了活力与灵感的来源。在教学中，根据教学的实际需要，教师可以预先从语料库或互联网上选取最新的相关的材料作为教材的辅助资料，在学生写作观点构建时就可介入并加以影响。与传统的写作范文讲评相比较，利用语料库的方式可做到内容的多样化、观点的多样化、体裁的多样化和相关性的高度聚合化。

其次，在写作过程中，学生经常会出现用语和结构的异常现象。通常情况下，在表达某个概念的过程中，学生由于缺乏合适的表达方式，存在着用中式英语写作的趋势，查阅字典无疑是一种解决的方式，但也存在着费时过多、目的模糊的弊端。以计算机检索为辅助手段的语料库的运用能够便捷地解决这一矛盾。通过平行双语语料库的对比，学生不仅能够在其中查询到相应概念的表述方法，更重要的是，在相对真实的语境之中来判断这种用法、这种结构是否符合自己文章的写作实际，从而避免了机械式的翻译和使用。在真实的条件下帮助学习者明确本族语者的语言使用情况和第二语言学习者的差异。

最后，语料库能够为学习者提供一种准确的错误评估体系。教师可以收集学生的电子版作文，把它们以文本形式贮存，通过批改标识出学生作文中出现的各种错误，判别其类型，总结学生作文中的错误频率、种类等方面的信息，这样不但可以掌握错误的类型分布，而且可以从错误的频率得知错误的程度，以便有针对性地教学。与传统的静态错误分析不同的是，语料库能够通过分析准确的语料抽样来判断学习者的在写作中出现的语言错误，如哪些是过度使用（Overuse），哪些是过少使用（Underuse），哪些是误用（Misuse）的地方，使学习者在学习中不断调整自己的语言，以便写出地道的作文。

2. 基于语料库的英语写作教学模式

学生是学习的主体，只有发挥学生的自主能动性才能达到学习的目的。但在当前中国写作课堂教学过程中，老师讲，学生听，学生被动地接受知识的灌输并不在少数。而语料库的建立则为大规模的实现以学生为中心的教学模式提供了可靠的实现环境。将语料库引入写作课堂教学后，学生自主地利用语料库检索软件在真实的语境中查询词汇、语法实例，自主做出认知判断，通过使用计算机检索软件来探讨目的语的规律。

在实现形式上，它通常有两种运用方法。一种是利用学生习作或相关材料形成未进行标注的生语料，采取师生共同分析语式，探索任务目标的规律。比如在范文分析的过程中，通过将学生习作归纳建库的方式，学生与教师可利用检索软件分析某篇习作的句长、用词特点、语言失误状况，对比其他学习者的写作成果，从中提炼经验、发现问题。这一方法不再是"教"语言特征，而是通过向学习者呈现语言事实，鼓励他们通过分析实际运用的语言实例，发现目的语的语言特点并总结其规律。这样学生通过不断观察，其语言意识得到明显提升，语言内化程度也就越高。

另一种方法是教师针对所要教学的某个内容，事先选取或编辑相应语料，展示并增加学生练习。通常情况下，学生的作文中存在着词汇或语法的语言失误现象。教师直接纠错，学生往往却只知道表象而无法得其实质，从而无法将相应知识内化。这种情况下，教师可以选取语料库中真实的例证，精辟简练地讲解，利用语料库创设的特定语言情景，通过师生或学生之间的交互协作，进行专题讨论，充分发挥学生自主学习的积极性和能动性。同时，教师可以从语料库中提前选好相关材料，利用检索行，让学生观察需填写的节点词两边的搭配，填出节点词等强化方式，加强指导性教学和探索式学习。

在这种教学模式中，教师只是起组织、引导的作用，为学生提供准确直接的学习素材，充分调动学生各种认知器官的参与，激发其英语学习的兴趣，优化学习心理，使学生在运用英语进行交际的实践中感受和体验丰富的语言内涵，充分体现学习者是认知主体这一人本主义的学习理论。

第三节　翻转课堂模式在英语教育中的应用

一、翻转课堂的起源与内涵

（一）翻转课堂的起源

早在 19 世纪初，西尔韦纳斯·塞耶（Sylvanus Thayer）将军曾在西点军校做过这样的一个实验：在上课前，让工程专业的学生使用准备好的资料对课堂讲授的核心内容提前进行学习；在上课时，不以教师的讲授为主，而是在学生学习准备基础上，结合批判思维训练，采用课堂活动的形式，开展小组解决问题的教学活动。但西尔韦纳斯·塞耶的这种方式没有引起社会和学者的过多关注，更不要说在现实中进行普遍推广了。现在看来，这主要是由技术手段和相关资源的缺乏造成的。2000 年，莫林·拉赫（Maureen J. Lage）和格伦·普拉特（Glenn J. Platt）在《经济学教育杂志》上发表的两篇文章和 Bake 发表的一篇相关主题的文章中，翻转课堂（"Inverted Classroom" 或 "Classroom Flip"）作为一个独立的概念被提出。

2004 年，萨尔曼·可汗（Salman Khan）的数学教学视频风靡一时，引起了人们高度重视，萨尔曼·可汗也因此在《时代周刊》评出的 2012 年影响世界的百人榜中位列第四。

直到 2007 年 YouTube 的出现，翻转课堂才找到一个很好的实现平台。同年，美国的两位高中化学老师乔恩·贝格曼（Jon Bergmann）和亚伦·萨姆斯（Aaron Sams）尝试使用录屏软件录制 PPT 的播放与讲解声音，并将视频上传到 YouTube 上。以此来为因请假而缺席的学生补习落下的功课。然后，他们让学生回家观看教学视频来完成基础知识的学习，回到课堂上完成作业。而他们则从旁为学生提供指导，帮助学生解决在完成作业时遇到的困难。受教的同学们都很喜欢亚伦和乔纳森的这种教学方式。

2011 年，萨尔曼·可汗曾在演讲中提到，有很多学生喜欢晚上在家观看可汗学院（Khan Academy）的数学教学视频，第二天白天在教室里完成课堂作业，当存在疑惑时，可以及时向在场的老师请求给予帮助。这种课堂模式与"白天教师在教室上课，晚上学生在家做作业"的教学过程正好相反，于是他们称之为"翻转课堂（Flipped Classroom）"。从此之后，翻转课堂成为 2011 年最为热门的教改话题，受到越来越多教育者的追捧。

2012 年 1 月 30 日，为了帮助其他任教教师更好地理解翻转课堂理念，在林地公园高中举办了翻转课堂"开放日"（Open House），让更多的一线教育工作者来观摩翻转课堂教学的实施过程，了解学生学习效果及学习状态。这种做法有利于翻转课堂在全世界范围内普遍推广。另外，大量优质教学资源的涌现，为翻转课堂教学模式的推广提供了资源上的支持，特别是"开放教育资源（ORE）运动"，如可汗学院微视频、麻省理工学院的开放课件、视频、耶鲁公开课、MOOC 网络资源、网易公开课等，这些资源对翻转课堂的推广起到了极大的推动作用。

（二）翻转课堂的内涵

美国迈阿密大学的莫林·拉赫和格伦·普拉特首次提出翻转课堂的理念，认为翻转课堂即在传统课堂里发生的事情先发生在课堂之外，反之亦然。翻转课堂的先驱者萨尔曼·可汗认为，翻转课堂即学生在家通过观看教学视频有一个自定进度的学习，课上，学生通过做作业、讨论、动手实践，完成基于问题的探究性学习，从而建立一个符合学生自身需求的个性化学习框架。

翻转课堂在教学结构、师生角色等维度上实现教与学的翻转。首先，翻转课堂翻转了教学结构，由传统的"课堂讲授+课后练习"颠倒为"课前自学+课堂研究"，即翻转课堂把学习知识主要在课堂、内化知识主要在课外翻转为学习知识主要在课外、内化知识主要在课堂的教学形式。其次，翻转课堂翻转了师生角色。一方面，教师由原来讲台上的"圣人"（Sage on the Stage）变成学生学习的伙伴（Guide on the Side）。但这并非意味着教师不再重要，相反，教师的地位不降反升，更加突显其重要性。教师是学生学习活动的设计者、促进者及学习环境的构建者。教学视频的选取或录制、课堂活动的设计和组织、学习环境的构建都由教师决定。教师设计学生课前自主学习的内容，教师按教学目标选取合适的教学视频或自行录制教学视频。教师设计、组织课堂活动，通过讨论、探究等形式释放课堂活力、延长课堂时间，帮助学生完成知识的建构。另一方面，对学生而言，隐身于课堂要比过去困难得多，学生需承担自己的学习责任，从被动接受学习到主动探索知识。翻转课堂中，时间不再是学习过程中的常量，而是一个因人而异的变量；知识掌握程度不再是学习过程中的变量，而是一个按照自己步骤学习而必然发生的常量。因此，翻转课堂中，"后进生"的概念失去意义，学生成为自主学习的管理者。

二、翻转课堂的主要模式与关键环节

（一）主要模式

1. 课前翻转

要实现课前的翻转，学生课前需学习微课和其他相关资料，对主要知识点有着基本理解，完成检测、总结学习收获并思考对于知识点的困惑，以待课堂上师生共同解决。教师在课堂则需要准备微课和学习指导单。

（1）教师准备。教师需借助信息技术，事先登录教育资源应用平台整体备课，同时资源应用平台上，有各学段、各学科的微课资源以及其他资料可以共享学习。认真设计制作清楚的学习指导单，收集相关微课素材，根据学情编制或者选择高质量的微课。

（2）学生准备。学生课前学习，突显出自主性。在学习指导单的帮助下自学视频和其他资料，完成简单的检测作业，总结自学后的收获，并思考对于知识点理解上的困惑或困难。

学生自主观看教学视频。学生在家观看教学视频的时间和节奏完全由自己来掌握，学生可选择某时段去观看教学视频，以提高学习效率。可对教学视频进行快进或者倒退，可暂停立刻记下自己的疑惑并进行思考，同时也可以将自己的收获记录下来，以便和同伴进行分享交流。

学生进行课前针对性检测。学生在观看教学视频之后，要完成教师提前布置好的课前针对性练习，以加强对所学内容的巩固。在做练习的过程中发现疑惑并加以思考，如果解决不了就立刻记下来以便下一步的互动交流。

利用社交媒体进行交流。课前翻转中存在同学间交流和师生间交流两种。学生在家可以通过聊天室、留言板等社交媒体与同学进行互动交流，分享各自的学习收获，探讨在观看视频过程及针对性课前练习过程中遇到的疑惑，互相解答。对于同学之间解决不了的问题可以在线反馈给教师，进行师生交流，教师对学生进行个别指导并帮助学生解决有困难的问题。

2. 课中翻转

根据课前学习情况，课堂上学生要夯实基础，解决疑难问题并动手实践操作，根据知识点掌握情况进行适当的拓展探究，培养综合素质，在课前基本掌握知识点的情况下将课堂变成研究知识点、拓展思维的过程。

（1）师生共同确定探究问题。课堂探究的问题需要师生共同确定。从教师的角度，教师需要根据教学内容的重点、难点提出一些问题；从学生的角度，学生根据自己在课前观看教学视频、进行课前针对性练习时发现的疑问及同学交流中未解决的困难提出一些问题。综合两方面来确定用于课堂探究的问题。

（2）学生独立解决问题。每个学生都有独立的要求，整个学习过程就是一个争取独立和日益独立的过程。在翻转课堂的活动设计中，教师应该注重培养学生的独立学习能力，让学生根据自己的兴趣自主选择相应的探究题目进行独立解决。只有当学生独立地去思考探究，去解决问题，才能有效地将知识内化，从而系统地构建出自己的知识体系。

（3）开展协作探究式活动。教师根据学生的不同特点进行异质分组，并分配给每个小组探究式题目，每组规模一般控制在 5 人左右，在每组中推选出一个组长，用于组织该小组的探究活动。小组中的每个成员都要积极地参与到探究活动中，随时提出自己的观点和想法。小组成员之间通过交流、协作共同完成学习目标。在此过程中教师需要随时捕捉各小组的探究动态并及时加以指导，并根据实际情况选择恰当的小组学习策略，如"头脑风暴"、小组讨论等。

（4）学生进行成果展示与交流。学生经过了独立解决问题、小组间开展协作探究式活动之后，要将个人及小组的成果在课堂上进行展示。采取的形式有演讲型、成果演示型、小型比赛等，并且各小组之间进行交流、评论并分享学习收获。

（5）进行教学评价与反馈。翻转课堂中的评价体制是多维度、多方式的，体现在以下几个方面：评价成员不再单纯是教师，还包括自身、同学及家长等；评价内容包括针对性练习的成绩、提出问题的情况、课堂独立解决问题的表现、在小组协作探究式活动中的表现、成果展示等多方面。教师根据这些反馈的评价结果制订下一步的教学计划和确定下节课的探究问题。课堂中的探究也是基于课堂数据，进行学情分析把握，同时教师进行二次备课的过程，让学生更好地在课堂上进行知识点的创造、分析并应用。

（二）关键环节

1. 微课程开发

翻转课堂有别于传统课堂，其课程体系与传统教材也有区别。课程传授的知识单位不再以课为单位，而是以微课为单位，一个微课解决一个问题。翻转课堂的课程分为传授知识为主的视频教程、知识巩固强化的针对性练习和用于课堂知识内化的学习活动等，微课程的优劣直接影响着翻转课堂的教学效果。结合校情、班级情况和学科特点开发出具有问题针对性的微课程对翻转课堂的实施十分关键，是影响翻转课堂成败的一个重要因素。

2. 课前深入学习

翻转课堂把传统的教师课堂知识讲授的环节放到了课前，并由学生自主学习完成，同时要求学生课前自学的效果不低于教师课堂上讲授的效果，而不是停留在简单的知识预习上面。微视频知识讲解和习题强化是学生完成课前学习的关键素材，是促使学生达到深入学习的关键。课前深入学习是对基础知识的全面把握，是知识学习的一个重要环节，是一切知识迁移应用的基础，更是翻转课堂取得良好教学的关键步骤。课前学习的好坏将直接影响翻转课堂的课堂学习活动的组织成效。

3. 课堂学习活动组织

课堂学习活动的组织主要用来帮助学生完成知识内化，使学生的认识得到进一步深化，是翻转课堂中最具突出价值的部分，也是翻转课堂能够提高教与学效率的关键所在。学生全身心、高效、全面地参与到课堂学习活动中，通过自主探究，或与同学、教师进行交流讨论来进一步弥补自己认识上的不足，进而查漏补缺、深化认知，完成知识的迁移与应用。离开了课堂学习活动的高效组织，翻转课堂将失去它的本质特征，无论课前学习如何深入，微课程的利用如何高效，也很难发挥翻转课堂教学模式的良好教学效果。

三、翻转课堂在英语教育中应用的必要性与可行性

（一）翻转课堂在英语教育中应用的必要性

1. 当前教学理念的转变

在现代技术飞速发展的今天，英语教育需要更好地与人才市场相连接。然而填鸭式地将知识生搬硬套灌输给学生的以课堂、教材和教师为中心的传统教学模式离英语教育的主旨越来越远，制约了英语教育的发展和与人才市场的衔接。翻转课堂的出现对传统教学模式发起了一场破坏性的革命，主张让学生不在课堂内而是在课前通过观看视频教学资源自主学习课程内容，在课堂上不是学习课本知识而是在教师的组织与引导下完成英语语言应用，达到了学以致用、理论与教学实际相结合的教学要求，尤其适合英语教学的应用。

2. 学校信息化程度提高

当今，信息技术高速发展，采用传统教学模式进行英语教学，既浪费信息资源又与现代科学技术脱节。而实施翻转课堂教学模式需要借助现代化的信息技术工具和手段。目前，数字化校园网已在众多学校推广，教师可以借助电子设备如手机、平板电脑、笔记本将制作好的英语视频资料、课程内容上传至网络平台，同时，学生的学习突破了时间和空间的制约和束缚，也能随时随地地浏览下载。在线学习技术的成熟发展为翻转课堂教学提供平台，是其成功实施的必要的前提条件。

（二）翻转课堂在英语教育中应用的可行性

1. 符合英语学科特点

英语教学的目标是强调培养学生听说综合应用能力，仅靠课堂有限的教学时间，很难培养这些综合能力。传统教学模式下，学生对英语运用有时间和环境的限制，课下又缺少教师的监督和指导，很难进行课外的交流，更谈不上语言的运用。实施翻转课堂后，课堂时间被完全合理化应用，教师可以协调组织学生进行各种互动交流活动和英语的语言表达运用，比如情景对话、角色扮演、小组讨论、英语演讲等活动，培养学生听说能力，符合英语学习特点和发展需求。

2. 有利于增强学生的学习能力

（1）翻转课堂能够提高学生的自主学习能力。在传统英语教学过程中，课堂上教师用大量的时间进行语言点的讲解阐释，而把语言知识的内化应用过程留给学生课下完成。翻转课堂模式下，可以将英语知识的传递过程放在课前，学生在课前借助于教师制作的教学视频和开放的学习资源自主完成知识的建构。在课前自主学习中，学生能根据自身情况，按照自己的学习习惯来安排学习的进度。学生观看视频的节奏快慢全由自己掌握，他们不需要再从头听到尾，而是可以跳过自己已掌握的内容，重复播放难懂或还没有掌握的部分，直到完全理解掌握为止。在观看过程中也可以停下来仔细思考、记笔记、查阅工具书，甚至还可以向同伴寻求帮助。课堂的内容得到永久存档，每个学生可以根据自己的实际需要，有针对性地查漏补缺或者复习巩固。在这样的学习模式下，自主学习能力发挥到了最大限度。

（2）翻转课堂有利于培养学生的合作学习能力。翻转课堂全面提升了课堂的互动，有利于培养学生合作能力。一方面，在翻转课堂教学中，教师有更多的时间与学生互动。教师可以更加紧密地观察学生，回答学生的问题，参与小组学习，进行个别辅导。另一方面，通过同伴互助和小组合作学习，生生互动更加频繁。教师不再是知识的唯一传播者，学生可以在课下视频学习中相互交流、共同探索学习中遇到的疑点和难点，发展起他们自己的协作学习小组，参与课堂的合作和竞争，彼此帮助，相互学习。

3. 有利于减轻学生的学习负担

英语作为一门外语，不同于汉语学习，学生在课外依然有良好的语言学习环境。学生的英语学习离不开语用的语境和交际应用，而他们在课后很难找到相适应的语言环境，语言学习大多事倍功半。传统的课堂模式通常会在课后给学生留下大量的作业作为课堂学习的巩固手段。学生在独立完成课后作业的过程中，往往由于课上问题解决不彻底并缺少教师和同伴的帮助，容易产生挫败感，逐渐丧失英语学习的热情和动机。而且传统教学中常用题海战术和机械重复的课后作业，这样的作业形式脱离于语境，会成为学生的课业负担；又缺乏及时的指导，增加学生的心理负担；长此以往必然还会磨灭他们的英语学习兴趣。而翻转课堂将语言的巩固放到课堂上，设置在相应的语用情景之下，和同伴、教师一起来完成，大大减轻了学生课后的负担。

四、翻转课堂在英语教育中的具体实施

（一）基于翻转课堂模式的小学英语教学

1. 小学英语教学中翻转课堂应用的作用

小学英语教学中对翻转课堂的应用作用比较显著。翻转课堂的实施有效促进了英语教学课堂的师生互动，有效营造了课堂的活跃氛围，使得师生间的关系紧密联系。在翻转课堂的实施下，教师成了学习的引导者，而学生则成为主动学习的探究者，任课老师的讲课时间减少，组织学生的时间增加，学生自己进行探究学习，真正达到了将课堂交给学生的目的。翻转课堂应用下老师对学生的活动加以观察，从而掌握学生的学习动态，这样也有利于老师能够针对性地采取措施使学生的学习效率得以有效提升。

另外，翻转课堂的应用有利于学生英语学习能力的提升，使所有学生的兴趣都能够得到激发，便于采用不同的教学方法实现因材施教，结合学生自身的学习特征来安排学习的任务。对基础性不是太好的学生可安排一些比较简单化的任务，而成绩相对较好的可安排相对较复杂的学习任务。在老师的指导下高效地完成教学任务，这对学生自主学习能力的培养也有着积极的作用，能让学生对学习问题有深入探究。

2. 小学英语教学中翻转课堂应用的策略

第一，小学英语教学中教师应重视完整意义的语篇对学生的兴趣培养和语言应用等的作用。故事性的翻转课堂就能有效激发学生的学习兴趣，让学生融入教学中。在课前活动当中要能够游戏化学习。翻转课堂采用先学后教这一教学新范式，在微视频的提供下实现传统教学的知识传递。教师通过制作十分钟左右的微视频，结合学生的个性特征，以闯关的形式来吸引学生的注意力，将学生的学习兴趣有效激发。以故事性内容作为起点，并和学生的生活经历相结合，使得学生能形成通过英语来表达的良好习惯。例如，"有趣的字母"讲述一只贪吃的鸵鸟吃各种食物的故事。在讲此课时，老师可以用食物作为切入点，设计游戏视频。在第一关上可设置问题："What's your favorite food? Can you name three kinds of food?"在这一关老师可给出答案让学生顺利过关，然后让学生结合相应句型进行操练。而在第二关的时候可设置比较有趣的故事，教师要鼓励学生跟着微视频的故事，模仿其中的英语语句造句，要能有感情地进行阅读，主要是锻炼学生的英语语音的发音准确性。这样的方式能有效吸引学生的注意力，使其主动参与到英语教学中。

第二，翻转课堂的活动实施过程中，要有效加强师生之间的交流互动，使得学生将英语知识进行内化吸收并搭建新的知识支架。翻转课堂应用最大的作用是激发学生已知的知识图式，并使学生形成新的知识架构。在应用翻转课堂教学策略的过程中就需要先确定教学的问题，然后进行分组。以小组为单位进行课前预习，确定在课堂上交流的问题并在课堂上展示预习收获。保证每个学生在小组中均有发言的机会，共同探究问题，合作学习。

第三，教学中采用对话练习以及视频等形式对学习的成果进行汇报。对于在汇报中的

一些不足之处要能够积极完善，对新的问题加以探讨交流。最后进行评价，这是在翻转课堂应用中不可或缺的一个环节。评价能督促学生对探究问题中的不足之处进行改善。评价过程中要注意准确把握将评价的内容，明确评价的目的。

（二）基于翻转课堂模式的高职英语教学

1. 翻转课堂在高职英语教学中的应用

（1）英语教学课前活动。在翻转课堂教学模式的实际应用中，以高职英语课本中 *Our Changing Lifestyle：Trends and Fads*（《我们不断变化的生活方式：潮流和时尚》）一文为例，并在翻转课堂的授课模式中将其分为课前活动与课堂活动两方面。在课前活动中，翻转课堂的应用主要在于教师应充分发挥其主导作用，引导学生对该英语课文进行预习和了解，并应针对课堂中要学习的内容制作课前活动的教学视频，在视频中对英语文章中的furniture、appeared、advertisement、teenagers 等重点词语进行发音、词义方面的指导，以供学生在课前的预习，并布置学生自主学习的学习任务，要求学生能够了解英语课文的读音、内容、并跟随视频对文章进行朗读，熟悉并背诵阅读中英语单词，从而锻炼学生在英语方面的听、说、读、写等能力，使学生在课前活动中就对本篇课文有基础层次的了解。

（2）英语教学课堂沟通。在英语翻转课堂活动的沟通方面：一是学生与学生之间，分层次、分小组对领会的内容进行交流与学习，并对课前的视频教学进行总结，培养学生的合作学习能力；二是学生与教师之间，针对高职英语教学的课前活动中产生的问题进行沟通交流，并对学生疑惑的部分进行讲解与交流。学生与学生之间的沟通更容易相互弥补不足，产生思维的碰撞，促使学生自主对阅读进行深层次的挖掘，了解课文中的主要内容，并掌握 furniture、appeared、advertisement、teenagers 等重点词语。在沟通之后，让学生推举组长阐述学到的内容并提出在学习过程中所遇到的问题。进而教师和学生之间展开沟通。带着问题的沟通可以充分调动学生在学习方面的主观能动性、思维的活跃性和课堂的热烈氛围。与此同时，教师还可以检查学生课前预习的完成度，进而及时掌握学生个体在学习上的差异性。

2. 翻转课堂在高职英语教学应用中需要改进之处

（1）提高课前视频吸引力。一方面，学生在教学视频上可停留的注意力大概为 10~15 分钟，因此，应对课前视频的时长进行缩减，教师在视频中应仅对课堂中的基础知识进行教授，保留重要的课程内容，将其放置于实际的授课中进行讲解。该种方式不仅减少了视频的时长，提高学生对视频教学内容学习的质量，而且还将提高学生在实际课堂中对教学内容的关注度。另一方面，应优化视频内容，降低传统教学方式在视频教学中的使用，提高教学视频的趣味性，在教学内容中呈现新鲜的、具有挑战性的教学内容，并增加各种各样的教学方法，调动学生的视觉、听觉等感官刺激，激发学生对英语学习的积极性，提高学生对英语的学习热情，进而促进学生对教学中的内容进行全神贯注的领会，增加学生对课文内容的理解与掌握的程度，以完善翻转课堂教学模式中英语教学的缺点。

（2）加强对学生预习情况的控制。在对课前预习任务的布置方面，较多教师在翻转课堂的初期实施中均未意识到应对学生进行课前任务的布置，依旧采取在实际课堂讲授完成后布置课后作业的考核方式。该种考核方式也应在视频课程的讲授中进行利用。学生对视频课程的学习后也相应完成与课程内容相关的作业。这一以作业任务驱动的方式可提升学生对视频课程的学习质量，并对学生的视频课程学习程度进行考核，促进学生对视频教学内容的理解与掌握。在课前预习的监督方面，学校可利用互联网技术建立高职英语的在线学习系统，由此教师可通过视频学习的网络记录对学生的课前预习情况进行掌控，并依据学生之间的差异性建立不同程度的教学作业；还可以在网络上建立起在线答疑的模块，对学生在英语课文中的问题进行答疑解惑。

（3）提升课堂活动中学生的参与程度。一方面，在教学活动中将学生进行适当的分组，将成绩较好并具有良好英语学习积极性的学生与成绩稍落后、英语学习主动性较差的学生放置在同一讨论学习分组中，由积极性高的学生带动整个小组的讨论气氛，提高学生在教学活动中的参与程度。另一方面，加强教学活动中教师的引导职能，不仅应在教学的课程讲授中对学生进行积极引导，在教学活动的过程中也应对学生在氛围、情绪方面进行引导，进而提升学生对英语课程的兴趣，促进其英语成绩与英语水平的提高。

（三）基于翻转课堂模式的大学英语教学

1. 课前准备为先导

课前准备作为大学英语翻转课堂教学的重要环节，依托教学微音视频的制作帮助学生完成课前的语言"输入"任务，并通过必要的课前作业加以检查、巩固，从而为课堂各项互动交流和探讨活动高效有序地进行提供前提和保障。一方面，教师需要对教学内容进行整体分析，根据每一节课的教学目标、教学重点和难点，结合本班学生的需要和特点，借助优质、开放的教育资源，搜索相关的教学素材，详细规划，精心制作适合自己学生的教学音频、视频。教学音频、视频不仅仅局限在教授知识方面，更要增加造句、翻译、对话、概括中心思想等多样练习，突出动画、游戏、电影欣赏、新闻访谈、文化背景介绍等多媒体内容在英语语言能力提高方面的重要作用，以期为学生构建问题情境，设置语言学习任务，提高学生学习兴趣，引导学生独立探索，更好地掌握语言知识，完成课前的语言"输入"任务。借助教学互动平台，教师还要回答学生提出的问题，对普遍问题加以整合。需要强调的是，建立开发大学英语翻转教学资源系统是广泛、高效推广翻转课堂的必行之路。这样的资源库应是一个个知识点所形成的小课件的集合，是众多教师智慧的结晶、经验的积累，是不断丰富更新的开放动态的系统。它能为广大大学英语教师的教学提供开阔的资源平台、宝贵的经验。教师可以针对不同学生的英语水平和兴趣需要，把资源库中所需的素材加以调整，并在教学中进行个性化的操作。另一方面，学生依托校园网络、电子阅览室、移动电子设备，根据自己的实际情况，按照自己的步调进行自主学习，完成课前准备的要求，并且记录自己碰到的问题和困惑；通过练习检验自己的学习成果，自主自觉地建构知识。在此过程中，学生可以通过班级 QQ 群、微信等教学管理平台与其他同学分享自己的学习体会，针对疑难问题寻求同学和老师的帮助。

2. 课内答疑、讨论为核心

大学英语翻转课堂的课上阶段以"导学"为核心，学生成为课堂的主角，教师主要起到引导和调控的作用。答疑、解惑、探讨是课堂主要组织形式，以锻炼学生语言"输出"能力为主要目标。教师可以先对照教学音频、视频进行小测试，对学生的自主学习效果加以考察，并针对及预先提出的普遍问题和小测试中出现的普遍错误，进一步强调教学重点、难点。之后，学生按照预先分配的学习小组，进行分组讨论。学生带着自学过程中发现的问题和困惑走入大学英语课堂，学习基础较为薄弱的学生可能对难点词汇、句型以及文章的篇章架构进行思考和钻研。基础较好的学生可能对文化互译、背景知识产生极大兴趣。因此，他们在课堂上从不同的角度就知识内容或教学难点互帮互助或者咨询教师。对于难点、热点、开放性问题，教师应鼓励学生辩论。随后，可以让学生以presentation 的形式展示自己的学习成果，如电影观后感、收集的一些相关资料、对人物的认识、对文化差异的理解等。最后，教师进行要点梳理、难点解答、总结归纳及评价。可见，翻转课堂课内教学主要是通过课堂时间内教师的指导与同学的互动进一步使知识内化，并通过多种形式使语言"输出"。提问、展示、纠误的过程正是教师确定教学重点从而在视频设计、课堂答疑时加强针对性训练的过程。对于学生而言，这样的课堂教学更具挑战性，也更有益于深化理解，增强情感交流，提升学习成效。

3. 课后查漏补缺为补充

基于翻转理念的大学英语教学不是以下课为终结，课后查漏补缺也是教师和学生共同总结、反思、反馈的阶段，对于整个教学效果起着加强巩固的作用。按照传统的做法，教师可以通过布置作业帮助学生复习知识，为旧知识向新知识过渡打好基础。也可以通过网络交流平台，解答学生的提问，尤其对学习有一定困难的学生进行额外辅导。课堂展示的同学的发言稿或演示稿也会在课后根据教师的意见、其他同学的补充加以修改和完善，上传至班级公共邮箱，促进全班同学分享知识、巩固知识。可见，课后的活动是有限的课堂教学活动的有力补充，更为后续的教学活动打下坚实的基础。

第四节　交互式电子白板在英语教育中的应用

一、交互式电子白板的功能

交互式电子白板（Interactive Whiteboard），又称为电子互动白板或交互电子白板、感应白板，相当于一个书写屏（或带书写功能的显示器）。它融合了计算机技术、微电子技术与电子通信技术，成为计算机的一种输入、输出设备，成为人（用户）与计算机进行交互的智能平台。交互电子白板在操作软件的支持下，对投射到电子白板上的任何画面，通过特定的感应笔或触摸方式可以完成一些指定的人机交互动作，便于教学内容的呈现与展示。因其具有信息存储电子化、资源处理非线性、媒体交互灵活等特征，因而逐渐被应用到教育教学中，为师生交互搭建了智能化信息平台。交互式电子白板教学系统一般由电子感应白板和操作软件构成，不同品牌的电子白板各自有不同的定位技术原理，如电磁感应、红外、超声波、光信息处理技术等，每种技术都有不同的特点和优势。同时不同品牌的电子白板各自有不同的操作软件；例如，普罗米修斯电子白板的操作软件为ActivInspire、鸿合电子白板的操作软件为 Hitevision、SMART 电子白板的操作软件为 Smart NoteBook。通常电子白板教学系统还配备多种扩展组件，如电子教鞭、电子应答器、手写板等。

在配套操作软件的支持下，交互式电子白板具有独特的教学功能特性：

（1）批注功能：通过书写工具，可以在电子白板上随意批注、圈画等，以提示和强调关键要点，便于教学材料的展示呈现。这在文本解读、数据解析、图片展示等教学环节中能起到传统媒体不可替代的作用。

（2）资源库功能：通过资源浏览器，可以对数字化素材进行有效管理，在开展教学活动过程中，既可以随机调用，也可以随机存储，通过这样的途径创设即时教学情境，改变了以往多媒体教学材料呈现单纯线性的方式。

（3）反馈功能：借助电子应答器等扩展设备，学生可进行单选题、多选题、判断题等答题操作，系统自动统计出各选项的应答率，并以柱形图、表格、饼图等多种形式直观呈现，教师可以清晰地掌握学生的学习情况，通过这种实时记录、即时反馈的方式，便于教师及时发现问题、诊断问题，以调整教学策略。同时，学生通过信息反馈，也及时了解到自己的学习水平与学习目标之间的差异，为自己学习方法和策略的调整提供了依据。

（4）存储功能：可以保存在电子白板上的任何操作过程、操作痕迹等，以形成课堂教学的生成性资源，同时这些生成性资源可反复调用与回放，便于教师开展教学反思。

（5）页面"漫游"功能：可以无限页的展示教学内容，以呈现系统性的知识结构。

二、交互式电子白板的运用规则

（一）注重运用目的的科学性

在教学中选用交互式电子白板必须针对教材的特点和学生年龄特征，有的放矢。有些教师在运用电子白板技术进行教学时，过分夸大其功用，从生字词到提问，从每一节课文对应的画面到练习解答，全由电子白板技术显现。教师几乎不用课本，学生几乎不接触教材，一切都跟着电子白板技术转，这显然是违背教学规律的。在教学过程中，教师首先要明确教学目标，不能迷失方向，为用白板而用白板，为教学丰富多彩而用白板，全然不考虑教学的目的。事实上，有效的教学目标不是课堂是不是活跃了，也不是教师是不是努力使用电子白板了，而是能不能促进学生的进步和发展。为学而教，为学生而教才是使用交互式电子白板的出发点。

（二）注意运用过程的协调性

使用交互式电子白板的课堂应该是处在动态和谐与平衡之中的流畅过程，势必要考虑到交互式电子白板与其他教学要素之间的协调性。因此，我们所创设的教学情境应该是以教学目标为依据，以交互式电子白板为支持，教学各要素与电子白板等相互协调、贯通一气的生动场景。教学目标上，要突出育人目的，而不能过分抬高交互式电子白板的作用，防止喧宾夺主，哗众取宠；在教学内容上，不同的教学内容要采用交互式电子白板不同的功能，创设不同的交互情境。在教学过程中，教师尤其要注重以生为本，协调好生生、师生、人机之间的关系。在进行教学设计时，要始终摆正教师的主导和学生的主体位置。只有当学生思维缺乏凭借，学习内容过于抽象时，才应该审时度势地运用电子白板技术进行支持，从而使问题迎刃而解。即使在呈现电子白板技术时，教师也不能袖手旁观，教师旁敲侧击式的点拨、引领、评述仍很重要。

（三）追求运用效果的发展性

白板不仅是教师展示教学内容的工具，更应该是学生认知的工具，应以促进学生的发展为中心。具体实践中，要把握交互式电子白板的最佳作用点和最佳作用时机。白板教学的重点不在于演示，而在于互动。它所创设的交互式教学情景，要有利于学生在情景中进行问题探究、信息交流和自主学习。在学生的发展过程中，有两个发展是最重要的。一个是学会学习，这是发展的基础和加油站，不会学习的人是不能得到持续发展的。另一个就是思维的发展。人在认识事物时会想象这些事物的内外部规律，这种认识要靠思维过程来进行，它是在脑中对事物进行分析、综合、比较、抽象、概括的过程。

交互式电子白板要为教师和学生架设起一个多方参与的交流平台，在课堂教学中教师根据需要可以随时在原有的课件中添加新的页面，针对学生在课堂中出现的困惑进行补充讲解；学生可以将个人的想法或小组讨论的结果及时地传递到白板上，各种想法都得到充分的尊重。借助交互式电子白板可以让学生得到更多的表达与交流的机会，学生的参与面也更广。这也正体现了交互、参与的新课程理念。

三、交互式电子白板在英语教育中的优势

（一）教学资源展示的多样性

电子白板技术能够方便地引入多种类型的数字化信息资源，如视频、图像、音频等，并且能够对这些多媒体信息进行有效的组织、整合和控制。它能够灵活地将数字化资源呈示在学生面前，解决了传统的多媒体投影教学中使用幻灯片和课件等教学材料的结构比较固定的问题。在传统的黑板教学中，在黑板上仅能呈现手写文字和手绘图形。当采用交互式电子白板教学后，老师既可以像传统的教学一样自由书写，又能够编辑、展示图片、视频等多媒体材料，大大提高了学生的学习兴趣。

（二）教学展示过程的可控性

交互式电子白板的应用，使得教学过程中教师对计算机的操作访问更加方便，教师不必拘束于计算机前，而是对电子白板进行操作，就能对计算机中多媒体教学素材的展示进行有效的控制。因此在课堂教学中，交互式电子白板的应用能够充分发挥教师的身体语言，同时避免了教师在黑板与计算机之间往返走动分散学生的注意力。

（三）教学信息的即时存储

交互式电子白板能够即时存储教学过程中板书内容。在教学过程中呈现在电子白板屏幕上的文字、图形、图像都能够保存到存储设备中，以备他用。存储下来的教学内容有利于学生的学习、复习以及老师之间的交流。

互动性是交互式电子白板受到广大消费者青睐的主要原因。交互式电子白板能够使用户直接在电子白板屏幕上自由灵活地操作计算机，调用计算机中的教学资源，然后通过投影机将计算机屏幕上的内容反映到屏幕上。也就是说，交互式电子白板能够直接通过电子白板屏幕实现对计算机程序系统和文件的操作控制，包括对 PowerPoint、Word、Excel 等

文档及各种格式的图片进行修改、批注以及保存。

四、交互式电子白板与英语教育的有效结合

(一) 激发学生英语学习兴趣

在传统的英语课堂教学中，基本就是教师教读并讲解单词，而学生只是机械地听讲、记笔记，这对于英语学习是极为不利的。这严重禁锢了学生的思维，限制了课堂教学空间，使得整个课堂了无生机。而交互式电子白板的运用，则有效地改变了这一现状。它能通过音乐、图片、影像等来渲染课堂气氛，充分给予了学生丰富的想象及联想空间，并有效地刺激了学生的多种感官，进而充分激发了学生的学习兴趣，让学生更加自主、积极地参与课堂教学活动，使课堂更具活力。例如，教学"Can you come to my party?"这一内容时，教师就可以先通过电子白板播放一段热闹的 party 视频，然后问学生是否喜欢这样的party，并进一步引申：如果你要举办一个生日 party，如何邀请别人参加？如果别人邀请你参加 party，你去或是不去，该如何用英语进行表达？这样能有效地激发学生的学习兴趣，使之兴味十足地进行之后的学习。在这样的情况下，学习效率的提高自然水到渠成。

(二) 教学资源利用更加便捷

有效地利用教学资源是熟练应用交互式电子白板的重要环节。交互式电子白板内置多种资源库，并且每一种资源库都可以建立各自的树型目录结构，按学科和班级等进一步分类，方便查找和调用。交互式电子白板也为英语学科准备了大量的学科素材。教师可以根据自己的教学设计和目标，应用资源库中的素材形成自己的教案，还可以建立自己的用户名，保存自己的图片。在使用的时候，从图库中简单地一拖就可以显示在交互式电子白板上。交互式电子白板使教师应用资源库中的资源生成数字化教案的过程变得非常方便。比如，在英语学科的资源库里，就有关于 26 个英文字母的卡通图片和书写字母的四线格等。在学习认读字母时，映入学生眼帘的不再是单调而乏味的字母，而是各种可爱的卡通人物，这样不仅抓住了学生的注意力，还激发了学生学习字母的兴趣，从而使学生自发地投入到字母的认读中去。再比如，在执教牛津小学英语"Buying Fruit"这课时，教师课前就将各种水果图片放入交互式电子白板的图片库中。上课时，让学生从资源库中找出自己认识的水果，并加以介绍，学生很有成就感；而教师及时为学生提供单词的拼写，这样单词与图片同时呈现在屏幕上，再让学生到交互式电子白板前将单词与图片配对，学生都跃跃欲试。

(三) 增强师生间的课堂互动

传统英语课堂教学中最缺乏的就是师生间的互动。课堂教学是师生双边互动的过程，如果忽略了师生间的互动，那么课堂教学效率自然无从说起。在英语课堂教学中，教师可以充分借助交互式电子白板来加强师生间的互动，以此来提高课堂教学效率。交互式电子白板有书写、拉幕等功能，这些功能在加强师生间的互动上起着极为重要的作用。如在教学"Going Shopping"这一内容时，教师就可以让学生用英语轮流在交互式电子白板中写下自己想要购买的物品，并用英语写出完整的句子。之后师生共同检查学生写出的单词或

者句子，及时进行修改。这样，既有利于教师掌握学生的学习情况，也有利于学生加强知识的学习与巩固，最终有效地提高课堂教学效率。

（四）提高语言操练的实效性

交互式电子白板可以为教师提供一个可以反复使用的资源库。另外，运用交互式电子白板进行教学时，教师可以设计一些学生自己喜欢的卡通游戏、卡通动画等，将这些具有生活气息的内容穿插进去，这样做不仅有利于学生获得更多的拓展知识，也有利于学生视野的拓宽。比如在组织学生操练外研社（三年级起点）三年级下册 Module 1 Unit 2 "My favorite color is yellow" 句型时，教师可以事先从网上搜寻出几个不同形状的图案，然后用电子白板上的涂色功能为其上色，再将其设置成动态的格式，这能够充分体现出电子白板的资源功能。一方面，在师生互动的基础上，学生能够快速地复习以前学习过表示颜色的单词；另一方面，在生生互动的操练环节中，学生可以在愉快的氛围中达到练习巩固的目的，也让教学有了更多的灵活性，提高了语言操练的实效性。

（五）在探究中铸就学习过程

俗话说"兴趣是最好的老师"，英语教学也不例外。探究中充满了生成，生成又赋予了探究新的内涵。试验证明，英语教师如果可以利用交互式电子白板激发学生的探究欲，教学效果将会事半功倍。一般来说学生的注意力很容易被音频、视频、图片、游戏等多媒体素材所吸引。教学中，教师可以利用交互式电子白板的海量素材，激发学生的学习兴趣，锻炼学生发现问题、分析问题、解决问题的能力。这种模式的学习正是基于浸入式教学法的观点和目标，促进学生英语思维的萌芽，既可以培养学生主动学习的习惯，还避免让学生觉得英语学习是负担而产生负面情绪。

探究不单局限于学生，对于教师同样适用。教师在运用交互式电子白板时要"移情"，体会学生的学习情绪和学习心理，以促进学生动脑动口、积极参与为着眼点，合理利用网络的各种功能。现代教学重视学生学习的过程，要求学生充分利用多种感觉器官，主动获取知识，知识的发生、形成和发展需要学生自己去探索、去思考。通过多媒体教学引导学生思考、讨论、回答问题，从而使学生思维达到与教师思维同步发展的共鸣作用，甚至超越教师提供的思维空间，而不是限制学生的思维，让教师牵着鼻子走。一方面要考虑到学生作为普通学习者的求知需要，同时也要考虑到学生作为一个有个性的个体的特殊情感需求和其他需求，创造不同的环境满足学生的需求，给予学生分享和自主选择的权利。

学生不是考试机器，也不是接收器，他们每一个都有着自己的思想，自主、合作、探究的学习方式才更能够调动他们的学习积极性，培养他们的创新能力。随着受教育时间的不断增长，学生的自我意识和创造欲望也在增强，而且逐渐具备一定的语言积累和文字表达能力。作为英语教师，要让学生在英语学习中体会到语言的无穷魅力，从而激发学生的学习兴趣，增强学生学习的动机；让学生在享受英语学习的过程中更好地掌握语言知识，更加自如地使用语言。教师在学生的学习过程中不再只是知识的传授者，而是语言环境的创造者，学生学习过程中的指导者，甚至是学生学习中的合作者；最终让学生能够自主学习，达到教学目的。

　　英语是一门实践性很强的语言，在课堂教学中，教师灵活运用交互式电子白板技术，竭力为学生提供真实或逼真的言语交际情景，使整个教学过程变成近乎实际的交际活动，让学生在自由活动中，学会灵活应变，学会创造，掌握独立学习的技巧，在现实或虚拟现实的情景交流中提高学生实际语言运用能力。在英语的学习中，相比于单纯语言的掌握，对交际能力的要求更高，交际能力的获得也显得更为困难。在基于语言知识的基础上，交际能力还要求学生能够识别各地的口语习惯和判断出难免的口误，这些都对学生的语境知识的熟练应用要求颇高。交互式电子白板则给这种教学目标的实现提供了便利。交际能力相对要比语言能力更难获得，因为交际能力不仅要求学生掌握足够的语言知识，以便能够听懂或说出无数语句，识别语法错误和含糊不清的话语，而且要求学生有足够的语境知识。英语教学的目的是让学生自觉地成为语言的使用者。所以，教师在课堂教学设计时要注意教学活动不能仅仅局限于语言点的掌握，还应该确认学生是否能够正确应用该语言点。因此，要实现教学的最终目的，教学就该重视交际教学法的应用。交互式电子白板课堂中，教师有条件设置情境，创造更为真实的环境，培养学生胆大心细的学习习惯，让学生不怕犯错、积极表达。

五、基于交互式电子白板的英语教学设计——以中学英语教学为例

（一）基于交互式电子白板的中学英语教学设计内涵

　　由于现如今中日常英语教学使用的都是教育部门指定的教材，教学活动也是依据新课标开展的，所以目前在基础的教育活动当中，教师依然要根据教材本身和新课改标准来设计教学。中学英语课堂存在较为固定的师生关系，学生的班主任都对他们的学生有充分的认识，包括学生的基本特征、学习风格还有个体差异。所以，教材和新课程标准还是基于交互式电子白板的英语教学设计的根据。其目的是为了促进学生的学习和进步，改善教学方式，教师运用教学系统方法在安装有交互式电子白板的教学环境中对中学英语课堂教学进行整体规划。

　　现在，在中学阶段的教学中，写作教学的模式依然比较简单，基本上就是学生写，教师纠正，给出范例，学生再对自己的文章进行修改。虽然此种方式有其存在的作用，但效果不是那么明显，同时对于英语写作能力相对较弱的学生而言，这种方法还会导致他们产生对厌学的情绪，因为在他们总是可以看见被教师用红色的笔批注的结果。与此同时，词汇作为中学阶段英语教学的重点，又与写作有着不可分割的关系。这次教学设计目的如下：

　　发现学生英语写作时经常会碰到的难点并找出解决这些问题的办法；找到有效的方法提高中学生的英语表达能力；让学生们了解单词在文章中的意义并知道如何运用单词；通过游戏训练让学生们找到更快、更准、更深的单词记忆方法；通过本课的学习及课堂白板上的互动，增强学生的协作能力和思考能力；改变学生被动接受知识的惯性思维，使其能主动、积极地去探寻知识，继而了解知识、巩固知识。

（二）基于交互式电子白板的中学英语教学设计特点

　　交互式电子白板支持教师进行交互式教学设计，教师可以利用交互式电子白板的幕布

遮盖功能、擦除再现功能等来呈现与教学相关的内容，使教师能够根据课上学生反应等来进行不同情境下的教学活动，让学生积极地参与到活动中，并能很好地完成学习任务，让学习者在互动中去体验认真学习的乐趣。板书的记录和回放功能使交互式白板教学的内容不再稍纵即逝，学生能随时随地预习、复习学习的内容，还可以预览和加强其他练习，从而实现学生课堂内部的和课堂之外的学习，鼓励学习者重复学习继而更好地消化并吸收本节课的教学内容，完成学习目标。其主要具有的特点包括以下 2 个方面。

1. 强调对教学资源的设计

交互式白板内置有非常丰富的教学资源库。教师能对丰富的教学资源进行整合，直接从网络资源库调用，也能自己设计符合自己所需的教学资源，无论在任何地方、任何时候都能够提前做好课件，预存在教师自己的网盘中，用以备用。教师还能把学生在课堂上的创新及教师写的板书记录下来，整理成文档后发于学生，让学生自己浏览。由于学生自我投入到教育资源的研学过程中，其能更好地吸收教学资源的内容，教师也可以将学生在课堂的创新作为今后教学的素材。

2. 强调对交互活动的设计

交互式电子白板硬件和软件功能可以实现各种课堂互动。白板环境中，交互式活动的设计有人机交互设计、人人交互设计。人机交互设计就是教师或学生通过白板对计算机进行的一系列的操作，教师对此活动的过程要进行设计。就像在教"What's the matter"时，教师打乱打乱课文中对话部分的句子顺序，用感应笔拖拉打乱顺序的句子可以直接对其重新排序。在这个过程中，分析、探索及解决问题这些步骤都很明显得呈现给学生，让学生更加轻松地理解和掌握。学生都参与此过程中，不同学生的不一样的解答都可以清楚地呈现于屏幕上，让所有师生一块去思考、讨论并学习，之后教师再依据学生操作过程中出现的理解偏差及时讲解。像这样的课堂教学设计能在很大程度上激发学生的学习兴趣，使绝大部分学生都有机会参与到教学活动中来。

（三）基于交互式电子白板的中学英语阅读教学设计步骤

1. 教学内容分析

知识汲取者是刚进入中学阶段学习的学生，依据人类的认知发展，感性认识到理性认识开始在学生的这一阶段有所提升。本单元的中心话题是"The Canada"，所谈论的话题涉及加拿大的介绍、对加拿大的描述等；旨在通过教学，让学生了解加拿大文化，并学会文章里新的词汇，练习快速阅读文章和解析文章的能力。

2. 教学目标

用交互式电子白板技术和"任务型"的方式来进行英语教育，培养学生英语快速阅读能力，重点放在如何阅读方面，让学生学会在最短的时间内快速掌握文章内容，并能正确回答相应的问题，并让学生能以探讨、自主学习的方式来提高文章的理解能力。这次教学的主要目标如下：锻炼学生的快速阅读能力；课后学生之间能就本阅读课的内容进行延伸并探讨。

3. 学习者特征分析

高中阶段学生的年纪绝大部分处于 15 至 18 岁这个范围，智力的迅速发展，自我意识增强，情绪、情感趋向成熟，意志发展迅速，言行趋于成熟等。

4. 教学重难点分析

高效引导学生快速阅读，理解文意，之后能正确回答与文章有关的问题。

5. 教学资源与工具

交互式电子白板系统、投影机、书写黑板、教师演示用的各类教学道具。

6. 教学活动过程

（1）打开交互式电子白板中的时钟计时器，对课程的讲解时间做提醒，并对学生的做题时间进行倒计时。

（2）课堂导入，打开教学幻灯片，使用交互式电子白板的视频播放器功能，播放 1 分钟 *Introduction to Canada* 的视频，让学生大致了解本节课的阅读主题。

（3）使用交互式电子白板的填充功能和图形绘画功能叫学生画出加拿大国旗。

（4）让学生快速阅读文章 *The Canada*——"*The True North*"。

（5）提问：播放幻灯片，用屏幕的遮罩功能分别遮住问题的答案，让不同的学生回答问题，在学生回答完毕后去掉或拉开屏幕向学生展示答案，并让学生互相讨论自己的答案正确与否。

（6）打开幻灯片，找 4 位学生用交互式电子白板的荧光笔标出加拿大的首都，在学生完成任务后，用交互式电子白板的放大镜功能对加拿大的首都进行放大。

（7）打开幻灯片，用交互式电子白板中绘画工具集的自定义多边形中的自定义折线，叫学生勾画出文中主人公的旅行路线。

（8）课后小知识：打开交互式电子白板的资源工具栏，在地理资源中找出与本课相关的题图，让学生找出加拿大的位置，并于下节课把答案告诉教师。

第五章　多元文化与英语教育

　　多元文化是人类社会在发展进程中，随着社会结构的不断复杂化，人际交往的日益频繁化，信息流通范围的扩大化而生的产物，这是由不同国家、不同民族所处的不同地理位置、地理环境所造成的，是由世界各民族的不同文化长期积淀、发展而形成的，也是事物发展多样性的必然结果。文化多元化浪潮的涌现，使得国家间的政治、经济、文化交往空前广泛、日益密切，而语言作为信息交流的载体，也发挥着重要作用。英语作为"世界通用语"，作用更为巨大，它不仅是一种语言技能、交往工具，更是社会思想的载体，文化传播的手段。因此，现代英语教育应当在多元文化的大背景下积极开展文化教育。

第一节　多元文化概述

一、多元文化的含义

　　20世纪五六十年代，多元文化主要指的是两种文化现象：一是指殖民地和后殖民地社会的文化。二是指不同的民族文化，即具有不同社会和文化来源的民族虽然共存，但民族之间以及各民族群体之间的文化特性有着较大的差异。随着人们对文化认识的深入，多元文化的释义有了较大的变化。例如，有研究者认为，不仅殖民地国家存在着统治文化与被统治文化的区分，世界上发达地区和国家也同样存在这种状况；价值体系、思想观念等方面的差异不仅在民族间存在，在同一社会地域之间、阶层之间、年龄之间、性别之间、宗教之间也存在着。

　　由此可见，我们可以认为多元文化是相对于传统的单一文化而言的。以往的文化发展定势是在一定的社会、地域、群体或阶层中存在并发展某种单一文化；多元文化则是指在一个社会、地域、群体或阶层等特定的系统中，同时存在且各自具有独立文化特征的多种文化。多元文化在空间上具有多样性，在时间上具有共时性。

　　实际上，由于文化本身的概念界定就是一件极其复杂的事情，相应地，对多元文化的理解也就见仁见智、众说纷纭。文化本身有广义与狭义之分。多元文化中的"文化"的含义也就不仅仅是指狭义上的文化概念，而是涵盖了广义的人类文明现象；具体来说，既涵盖了人类的一般生活方式，包括了人类的文化知识内容和教育水准，也涵盖了一定社会、地域、群体中的人的全部生活方式。由此，多元文化也可以从广义和狭义，或者说是宏观和微观两个方面来理解。从宏观上来说，多元文化是指包括人的多种哲学价值观、信仰、法律观念、艺术风格、风俗及行为习惯等的综合体。从微观上来说，多元文化也可以指狭义的文化含义，即专指从人的生活中提炼、升华、积淀出的理性化的高度智慧的东西。

此外，多元文化也可以从地域方面来理解，即它不仅指全球范围内不同民族文化的共存共荣，而且也意味着单一民族国家中的传统文化对其他民族文化的宽容以及必要的吸收。总之，多元文化的含义是多层次的，且不局限于"文化"，它囊括了各民族政治、经济、社会、文化等平等权的多重内涵。

二、多元文化的特征

（一）历史性

多元文化是人类社会发展过程中产生的必然现象，它以动态的方式呈现了历史的发展。文化的存在都是一个特定的时代反应，若期望得到持续发展的动力，想要被代代传承，就需要时刻结合时代的发展与进步，转变知识结构、理想观念、行为以及价值体系。文化的生命力既在于保存、继承、传播前人的生产活动，同时也在于积累社会中的优秀成果，迎合时代发展，赋予文化新的特点与内涵。纵观历史发展过程，文化始终是持续发展与创新的，文化的发展始终是一个共存、沟通的过程。多元文化的并存一直都是一种积极的力量，推进人类文明进步。

（二）多样性

多样性是多元文化最核心、最突出的特征。文化的多样性主张兼容并举，多种文化可以共存，而且在交流的过程中不断融合，持续发展，形成一种"和而不同"的文化理念，本着一种各取所长的文化需求，保证另类文化的特色。反之，任何文化之间都需要沟通，文化的多元性特性和发展格局是相当复杂的，例如，传统文化和外国文化共存。改革开放之后，很多西方文化开始涌入我国，和我国的传统文化形成对比。各种文化同潮共涌，如农业和工业文化、现代和后现代文化。多元文化之间的关系是互补的、互相学习的、公平竞争的，多元文化的多样性能够促进我国文化持续进步。

（三）共存性

共存性也就是多元文化之间的全面融合与共存，这是未来世界文化发展的方向。伴随着科技的进步，便捷的交通和通信加快了人们观念的交流与传播。不同文化之间的沟通，本质而言是各种文化发展与竞争的过程，因而，异质文化之间交流的主要形式就是碰撞和矛盾，偶尔这种矛盾还会比较激烈。针对同质文化的融合而言，异质文化之间的矛盾能够给文化的发展提供更持久的驱动力。同质文化之间的融合仅仅是丰富了文化的类型，不会使其产生质的发展，而异质文化的矛盾一方面能够拓展文化的类型，另一方面还能够引发不同民族价值观、思维方式、习俗、传统等方面的变迁和发展，使得矛盾各方的文化朝着更高层次、全新的阶段发展。简而言之，异质文化矛盾引发的交锋与争鸣，可以激发文化的活力，同时创新价值观与思维方式，完善文化的各个方面。所以，多元文化进步的源泉和动力，便是它们之间的碰撞与整合。

（四）信息化

自工业革命以来，人类文化中占主导地位的一直是工业文化，工业文化的核心是机器系统。20世纪40年代以来，以电子计算机、电视和人造地球卫星为核心的信息技术对接成一个统一的传播系统，迅速改变了世界。这一系统的基本特点是信息一体化，它可以跨越时空的限制，及时、准确、综合性地传递、加工、存储、创造信息，从而把人类联结为一个信息整体。文化性质从工业文化走向信息文化，人们的活动中心由依赖机器转向依赖信息。信息既成为多元文化的载体，它们自身也是多元文化的构成部分。

三、多元文化教育

（一）多元文化教育的内涵

我们今天所处的是一个经济全球化和信息网络化时代，不同文化、宗教之间的交往和交流越来越频繁，人们需要在各方面展开交流与合作。"如果你要在这个世界中应付自如，就必须具备同背景、世界观和行为方式与自己完全不同的人交流的能力"，这种能力有赖于多元文化教育的给予。

一般而言，文化是指世界各个不同民族或种族，在与自然界斗争的过程中形成的独特的思想观念和行为方式。当今世界上有各种各样的文化，如人们经常提到的东西方文化的不同，东方文化强调集体观念，西方文化则更加注重个人主义。每种文化都具有悠久的历史，其形成与本民族所处的环境密切相关。一般认为，文化没有高低贵贱之分，世界上每种文化都有独特的价值。由于文化和民族、国家等概念密不可分，对文化的尊重体现了对种族或者该种族的人的尊重。当今世界是一个各种各样的文化共同发展、和谐共生的时代。

多元文化教育是指生长在某一文化环境中的人学习其他种族或国家的文化观念和行为方式的过程。"多元"与"一元"相对的，指的是学习的文化种类多样，多元文化教育的目的是使受教育者获得与本民族不同的文化知识，体会不同文化的价值，吸取不同文化的营养，形成多元文化的观念。在与相异文化观念的人的交往过程中，能够立足彼此的文化价值定位思考问题，关注不同文化个体的个性需求，实现人与人之间的充分尊重和和谐共处。美国著名的民族教育家詹姆斯·A·班克斯（James A·Banks）认为，多元文化教育就是使多种群体的每个学生获得在学业上成功的平等机会，提高不同性别、不同民族和不同文化群体的学生以及一些特殊学生的教育素质。

和多元文化教育基本相同的概念有跨文化教育、异文化教育等。所谓跨文化教育，是指不同国家或地区，在社会以及文化发展过程中经过交流或融合，形成共同的心理、观念、语言、行为习惯等意识形态的总和。无论是跨文化教育还是多元文化教育，施教过程强调文化的差异性，其实质是文化平等与社会民主的教育，是文化上充分个性化的教育，是指在平等看待不同文化的基础上，相互吸取促进各文化间相互尊重、相互理解、相互交流的教育。

（二）多元文化教育的兴起与发展

1. 多元文化教育的运动阶段

早在美国民权法案（1964 年）之前，就有周期性的教育运动以保护少数民族的权利，减少社会的偏见和歧视。一些教育人士倡导多元文化教育，其目的有两个：一是期望以此增加人们对当地移民的容忍与接受。二是把多元文化教育看作是国际和平运动的重要方式，通过对他国、他民族文化的学习，可以增进国家间的理解与交流，从而减少冲突，增加对话，使国际和平的观念深入人心。虽然在 1920—1950 年之间的多元文化教育运动未能使多元文化教育在学校教育中取得一席之地，但其观念、实践所造成的影响具有开创意义，实际上为未来多元文化教育的发展做了铺垫。

多元文化教育正式产生于 20 世纪 60 年代美国的"公民权利运动"（The Civil Rights Movement），这一运动的一个主要目标在于消除公众在公共场所、住房、就业和教育等方面存在的偏见。其结果对种族群体的教育产生了很大的影响。首先是黑人，然后是其他各族群要求通过学校和其他教育机构的课程重建以反映各少数民族的文化、历史、经验等。这个阶段关于多元文化教育的研究主要是对各民族社团的历史文化进行科学的和人文主义的研究，即民族研究阶段。这一阶段的成果，主要表现在产生了一系列关于少数民族教育的计划，编写了关于少数民族文化、历史内容的补充教材，增设了一系列复杂课程。但这一阶段的研究计划是在没有重视必要的教育学和课程设计的基本原则下仓促地设计出来的，主要目的是弥补和改正现存教学计划和课程中忽视少数民族历史和文化的欠缺和错误。

2. 多元文化教育的理念阶段

20 世纪 60 年代以后，由于大量移民的出现，多元文化教育这一新的教育波及英国、加拿大、澳大利亚、欧洲大陆诸国。与此同时，亚、非、拉诸民族国家在争取殖民解放的斗争中，也形成了多元文化教育的理念。这一时期，倡导多元文化教育的人士做了大量的工作。教育学、心理学、民族学、人种学、历史学和社会学的各种各样有关民族问题的书籍、电影、直观教具、课程大纲和学习指南迅速大量出现。同时，多元文化教育的合法性得到确认。多元文化教育的目的大大地扩展了，从事实信息的了解转向理论上的提高认识。关于多元文化教育，出现了 3 个基本的思想倾向：不同的民族应有不同的教学；所有教育的决策必须具有民族多元文化的见识；对所有学生的教学内容应包括民族的知识。

虽然 20 世纪六七十年代多元文化教育有了很大的发展，但是多元文化教育并未能在学校教育中制度化。此后的十几年中，多元文化教育运动转入低谷。20 世纪 80 年代以后，各国从政策、立法等方面对多元文化教育做了具体的规定，并向教育机会均等过渡，多元文化教育逐渐走向制度化。

3. 多元文化教育的制度化阶段

20 世纪 80 年代后，多元文化教育从理念阶段逐步上升到了制度阶段，更多的人想通过稳定的多元文化教育制度来促使和保障每个来自不同社会阶层、种族、文化和性别团体的学生能够享有公平的学习机会，帮助所有学生获得生活于未来跨文化社会中所需的民主价值观、信念、知识、技能和态度。多元文化教育制度化的主要方式就是对学校的制度化改革，因为有效的多元文化教育最有可能发生在一个接受、鼓励并尊重文化多样性的学校环境中。改革的内容主要涉及以下几个方面：教师和教育行政主管对所有的学生都持有相当程度的期望，应以正面的态度和积极关怀的方式予以回应；正式课程中反映两性和不同族群文化团体的经验、文化和见解；教师的教学方法能配合学生的学习方式、文化和学习动机；教师和教育行政主管尊重学生的母语和方言；学校所使用的教材呈现多种文化、族群和种族团体对事件、情势与概念的见解；学校所采用的教学评量和测验方法能够谨慎处理文化的议题；学校文化和潜课程能够反映文化和民族的多样性；学校的辅导员对来自不同种族、族群和语言团体的学生具有高度的期望，并协助他们了解、设定积极的职业目标。

（三）多元文化教育的理念与目标

关于多元文化教育的理念，联合国教科文组织在 1992 年国际教育大会的第 78 号建议书《教育对文化发展的贡献》报告中已明确提出了多元文化教育的理念，即"多元文化教育包括了为全体学习者所设计的计划、课程或活动，而这些计划、课程或活动，在教育环境中能促进尊重文化的多样性及增强理解可以确认的不同团体的文化。这种教育能够促进整合和学业成功，增进国际理解，并使同各种排斥现象做斗争成为可能，其目的应是从理解自己人民的文化发展到鉴赏邻国人民的文化，并最终鉴赏世界性文化。"在进行多元文化教育的过程中，学校教育担负起了重任。"学校必须面向社会、经济和文化环境，成为一个富有成果的对话场所，并将视野扩大到世界上的各种文化，不论是区域性文化、国家文化和地方文化。"为了达成多元文化教育的目的，设计跨文化教育的课程是必需的。"选择一种或若干种语言母语、民族语言或外语作为单独的科目或作为学习其他科目的媒介。"①

目前，有越来越多的多民族国家关注多元文化教育，虽然他们在提出及实施多元文化教育的时间、背景上不尽相同，但他们要达到的目标却基本相似。综合各家观点，多元文化教育目标大致有如下几点：

（1）多元文化教育的一个重要目标是培养学生的跨文化适应、交际能力，使学生学会从新的文化视角来审视自己民族的文化，进行重新思考，从而获得不同于旧思维的新的文化理解。由于世界文化的不断变迁，因此，调和文化冲突，增进各种文化之间的相互理解就变得至关重要。多元文化教育的这一目标除了使每一个民族都能了解其他民族独特的文化，还希冀透过对其他民族文化的理解，来增强对本民族文化的理解。

（2）提供给学生一场丰富的文化盛宴，在这多样的文化中，使学生有比较、选择的权利和机会。在这个过程中，使学生获得适应本族文化、主流文化以及世界范围所必需的知识、技能和态度。不仅使学生提高适应主流文化社会的能力，而且能更好地传承本民族优秀传统文化。

（3）消除对异族文化的偏见乃至歧视，并逐渐培养起对其他文化包容与理解的心态。这一目标意在减轻对与自己民族文化不同的其他民族文化的怀疑、否定态度或行为，摈弃由于性别、民族不同而产生的迷信和偏见，强调人类文化的相近性。

---

① 联合国教科文组织. 全球教育发展的历史轨迹：国际教育大会 60 年建议书［M］. 赵中建，译. 北京：教育科学出版社，1999.

（4）通过多元文化教育，改变学校或其他教育环境，使来自不同人种、民族、社会集团的学生都能享有教育平等的机会，所有学生都享有平等发展、平等受教育的权利，使他们的教育素质得到提高。

综合以上对多元文化教育理念与目标的理解，可以说文化差异是多元文化存在的客观事实，要完全彻底地消除文化差异是不可能并且毫无意义的，我们只有尊重、理解不同民族之间的文化差异，才能促进文化交流与发展的持续进行。并且，文化和谐的本质应是对本文化和异文化产生认同。因此，在这多元的全球化时代，为达到多元文化的和谐发展，需要我们对多元性的文化产生认同。反映在教育上，则需要培养学生的跨文化认同的能力。

第二节　文化导入英语教育的必要性与原则

一、文化导入英语教育的必要性

（一）语言教学与文化教学关系密切

语言与文化的联系可谓水乳交融，不可分割，那么在英语教学中要如何认识语言教学和文化教学的关系？是将语言教学和文化教学截然分开、分别培养，还是将外语教学干脆变成文化教学，或是将文化教学撇在一边不顾，像传统的语法翻译法那样进行单纯的英语语言教学？凡此种种疑问，更促使我们从理论与实践相结合的角度进一步探讨语言教学与文化教学的关系。

1. 语言教学的本体性

英语教学是语言教学，具有各种语言教学的一般性质。其内容是语言知识的传授，方法是语言教学法，教授者是懂得该语言的教师，学习者以运用该语言为目的，所以语言教学具有本体性，这是不可动摇的首要地位，它是外语教学的起点与目的。

2. 文化教学的辅助性

英语教学是跨文化的外语教学，教学目标是让学习者运用英语与目的语群体在相应的社会文化环境中进行交流。文化教学能够辅助语言教学之根本目的，帮助学习者理解英美国家的价值观念和风俗习惯，因为单单掌握一个新的符号系统而脱离原来赖以生存的文化内容是无法相互交流的。

基于语言教学的本体性和文化教学的辅助性，在英语教学中两者应该是同步进行的，在英语语言教学的同时进行第二文化的教学，语言学得和习得机制是协调一致、同时共进的。离开了语言教学，文化教学就成了无本之源，培养的学生纵有再多的文化知识也无法表达；而离开了文化教学，语言教学也难免"营养不良"。英语教师要在思想意识和实际教学中将两者贯穿起来，多探讨在文化语境中如何进行语言教学，指导学习者在学习语言知识的同时也理解该语言所包含的文化，消除不同文化间相遇是产生的障碍，实现交流的目的。

（二）当前英语文化教学存在诸多问题

1. 英语教师文化教育意识薄弱

不可否认，随着现代教师教育理论以及英语教学理论的日益发展，英语教师无论是业务水平还是专业素养都得到了不同程度的提升。但由于历史的原因和以往教学思想、教学内容、教学方法和条件的局限性，现任教师中的大多数虽然毕业于英语专业，但文化功底普遍比较薄弱，在教学中往往只重视语言形式而忽视语言形式的社会意义，较少讲授中外文化知识，也很少关注学生跨文化意识的培养。

通过对英语教学目的、"新课标"、文化因素等问题的问卷调查，很明显，大部分教师都把焦点聚在考试之上，虽然80%以上的教师认可"新课标"提出的"培养学生综合语言运用能力"的教学总目标，也了解文化意识是五大课程目标之一，同时也承认文化教学对学生学习的必要性，但在实际教学中对文化因素表示非常关注的教师还占不到一成，甚至有过半数的教师表示根本不关注文化因素。究其原因，应该是受传统英语教育观念的影响，一直以来关注语言结构形式而轻视文化因素的教学，不少英语教师想当然地认为英语教学的目的就是要教学生语音、词汇、语法等语言结构方面的知识，培养学生听、说、读、写等语言技能，甚至把这些看成是英语教学的全部。加之近年来中、高考指挥棒的作用不断升级，教师也只能是人在江湖身不由己，平时对英语教学中的文化教学关注甚少，即使偶尔涉及一点文化因素的内容，也往往是为了帮助学生在考试中多得几分，而不是真正为了提高学生的文化素养。在这样的教育观念指导下培养出来的学生，往往缺乏跨文化交际意识，更谈不上所谓的跨文化交际能力。

另外，对母语文化的作用认识不够，竟然有44.4%的教师认为母语文化对英语学习无影响，这和对学生的调查结果出入比较大，主要是学生较教师更倾向于肯定母语文化在的英语学习的促进作用。分析其中原因，绝不是学生比教师更懂得语言与文化二者之相互促进之关系，而很可能是由于教师主要从考试的角度来考虑，"考什么就教什么"，考试的侧重点即是教学的侧重点；学生对母语文化作用的肯定可能是从自身学习兴趣的角度出发，听教师教授一些传统文化知识，当然要比单纯地听枯燥的语言、词汇要享受得多。

《教育规划纲要》明确指出"我国教育还不完全适应国家经济社会发展和人民群众接受良好教育的要求""教育观念相对落后"，并一再强调要"把促进学生健康成长作为学校一切工作的出发点和落脚点"。然而，在实际的教学中，大部分中学教师都把中、高考看成是教学的最终归宿，因为学生成绩的高低不仅决定了学生要进何种档次的学校，同时也直接影响到教师的年度考核、职称评聘、先进荣誉等一系列问题，可以说是一损俱损，一荣俱荣，万万大意不得。还能有谁顾得上提高学生的文化素质、促进学生健康成长？还是提高学生考试成绩来得更实惠些。可偏偏考试中对这方面的考查所占比重与对语言知识的考查比起来，可以说是毫无可比性。考试在某种意义上可以说是导致教师文化教育意识薄弱的原因之一。

2. 学生英语语言运用能力薄弱

随着中西方社会交流的日益广泛，越来越多的学生通过网络、电视等多种渠道对国外的一些日常生活、文化习俗等方面的知识都有所了解。加之目前中学使用的英语教材中，我们也经常可以发现有关对西方社会文化介绍的内容，学生对西方社会文化有了越来越多的了解。平时也可以发现，西方一些传统节日如"圣诞节""情人节"和"愚人节"等在青少年中十分流行。以上这些方面都对学生的文化学习有十分积极的作用，对中国与世界各国的友好交往和发展也十分有利。不过这相对于英语教学的培养目标来说还是远远不够的。学生文化知识过于零散，缺乏系统性和针对性，导致学生的文化理解力较差，语言使用的准确与得体方面欠缺。通过调查得知，目前学生的语言运用能力普遍较低，虽然学生对最基本的问候语、致谢以及隐私等方面掌握得还算良好，但是当涉及价值观、思维方式等文化深层次的东西时，学生的了解掌握情况明显不够理想。

3. 英语教材中缺乏必要的文化内容

教材是教学中不可或缺的组成部分，而中国教育对文化教学这部分内容的忽视也必然与教材有密切的关系。目前英语教学中，使用的教材大多都是说明性的、科技性的，而讲述的内容都是骨架式的知识，很少会涉及与语言形式相关的文化意义层面的内容，如国家伦理、思维方式以及民族心理等，这必然会导致学生对这些非语言形式的因素了解不够。在有限的教材中，突出和追求的是知识书面语言能力的提高，而忽视了文化因素在英语教学中的作用。例如，高校教学中选用的《新视野大学英语》中只有 5 个单元提及了文化知识，这必然造成教材中很少会涉及英语文化的行为准则，也必然导致交际效果不佳。

（三）社会发展的必然选择

随着社会的发展进步，世界各地的联系日趋紧密，每个民族都逐步被纳入进了"地球村"之中。作为一门国际性的语言，英语学习已经成为人们获取信息的一种重要手段。作为一个崛起中的大国，中国经济的高速发展也需要社会培养出大量的高水平外语人才，以方便与外界进行沟通和交流。如若不能了解中西方的文化差异，必定会带来意想不到的麻烦。在国内，有一种方便面品牌叫"白象"，如果该产品想要打入西方市场，首先就需要将品牌名称翻译成英语，如果直译成"White Elephant"，那么该产品的销量势必会受到很大的影响。究其原因，"White Elephant"在英语中意为"累赘"之意。试想，如果厂商事先不了解词汇背后的文化内涵，那么这次商业行为注定会以失败而告终。

与此同时，伴随着中国的改革开放，人们很容易从报纸杂志以及网络媒体等多种渠道了解西方光怪陆离的世界。在这个过程中，许多年轻人对于西方文化以及文化背后所承载的价值观会产生盲目地崇拜。现如今，社会流行着一种怪风气：西方传来的洋节日在中国流行起来，但是作为本土的节日却日渐失去意义。事实上，这种现象应该引起人们的高度警惕。在日渐倡导民族文化的同时，我们对于西方文化衍生出来的舶来品的态度应该是取其精华，去其糟粕。

社会的发展进步以及当下社会风气的影响，使得英语教学中引入文化教学显得尤为重要。长久以来，中国的英语教育以培养学生的语言知识为主，强调语音、语法、词汇等内容的学习，对英语中的文化教学不甚重视，这直接导致了学生在交际中极易产生语用失误。更有甚者，许多人学了十几年的英语，笔头功夫了得，四、六级都能够顺利通过。但是一旦碰到需要与外国人交流的场合，却不能够自如表达。由此看来，尽管小学英语处于英语教学的启蒙阶段，但是对学生文化意识的培养绝对不能够忽视。对于教师而言，文化教学的任务更是任重而道远，在枯燥乏味的语言知识学习中融入丰富多彩的文化因素，不仅是为了让学生更好地掌握这门语言，同时也是为学生推开了一扇了解世界的窗户。让他们在感受中西方文化差异的基础上，理性的认识文化之间的碰撞，了解中国的传统文化，从而避免对西方文化的盲目追求。

（四）培养学生跨文化交际意识的需要

跨文化交际意识指的是外语学习者对母语或目的语话语社团的意向、思维模式、观念、价值取向、动机等文化要素做到心中知晓，并在语言学习和语言运用上理解相互间的异同，有意识地依照交际背景运用话语规则。语言与文化之间存在着水乳交融的关系。英语教学中的文化教学是无法回避的，同时也是学好一门语言所必需的。健康的跨文化交际意识的培养则是文化教学中的重中之重，因为公民良好健康的文化素养与一个民族的兴衰密不可分，民族需要文化去凝聚，文化是一个民族的灵魂和精神寄托。如果一个民族拥有一代不爱自己文化的人，这代人也不积极地汲取其他民族的优秀文化，那么他们不仅自身的语言学习受到障碍，也不利于全球语境下民族之间的交流，这个民族的凝聚力就会大大减弱，最终不利于民族自身的发展。因此，培养学生健康的跨文化交际意识是英语教学的目标与任务。

（五）有利于英语教学的改革和发展

很长一段时间以来，中国的英语教学只注重语言知识和语法形式，对文化知识对交际的影响没有给予足够的重视。而随着教学的不断发展，新课程教学改革在全国各地展开，新的《英语课程标准》已经明确把培养文化意识作为英语教学的目标之一。随着新课程教学改革的深入开展，英语教学从各个方面都发生了巨大变化，包括教学目标、教学理念、教学方法和评价方法。人们开始逐渐意识到学习外语不仅是掌握语言的过程，同时也是接触和认识另一种文化的过程。

虽然在之前的英语教学中没有将文化教学列入教学目标，但是文化因素始终隐含在英语学习的过程中。不管是优秀的语言学习者还是初学者，其英语交际能力都会因文化因素而受到限制。人的语言不同、背景不同，其思维方式、价值观念和人格就会具有不同的风格和特点。所以说，外语学习不仅会拓展学习者的思维方式，还会影响学习者的价值观念和人格结构。在学习英语的过程中加入文化教学有助于我们从不同的角度来观察和认识世界。因此，在英语教学过程中，教师要有意识地向学生传授所学语言国家的文化知识，有意识地培养学生对两种文化差异的敏感性，使学生逐步具备文化比较能力，以便能够得体地进行语言交际，进而提高他们的文化素养。

此外，文化教学不仅有利于加强学生的英语语言基本功的训练，还对培养学生的学习积极性十分有利。因为原来的英语教学注重的是单一的词汇、语法教学，当教学转变为语言教学和文化教学并重后，教学内容和形式也由单一转为多样，由枯燥转为生动有趣。这样既能提高学生的学习兴趣和学习的主动性，也能激发教师的工作热情和备课的积极性。

二、文化导入英语教育的原则

（一）文化平等原则

世界上各个民族历史文化传统不同，生活环境、发展程度不同，但各种文化都是平等的，各种不同的文化并无好坏之分。各民族文化都是经过一代又一代传承、积淀形成的历史渊源。文化平等意识是双向文化导入的基础。跨文化交际是两种不同文化间的交流，是本土文化和目标语文化间的交流，其实质是在相互平等、相互尊重基础上充分理解对方而不改变自己的平等交际。德裔美国文化人类学家弗朗茨·博厄斯（Franz Boas）的文化相对论认为，每一种文化都是其社会生活发展的产物，是用来满足该文化群体的生活和精神需要的，因此不能用好坏标准来判断。中英文化都有自己的民族特点，因此我们对待中西方文化既不能自卑又不能盲从，在教学中要客观地以无歧视、无偏见的态度来对待异族文化。只有相互尊重、相互学习，才能达到共同繁荣。所以相互尊重原则是双向文化导入的基础。

在跨文化交际中，必须克服以本民族的文化标准来衡量或判断对方的言行的想法和行为，避免用本民族标准来判断好坏对错。只有在相互尊重的基础上，才能以平和的心态去审视、吸收另一民族文化的精华。因此，在英语教学中，必须让学生树立文化平等意识，只论异同，不论褒贬，以中立的态度理解和学习西方文化，同时，又要学会用英语去讲述中华民族的灿烂文化。

（二）实用性原则

所谓实用性是指文化教学应结合语言实际，文化教学内容重点应在现代"共时"文化上；同时在教学中尽可能地将文化背景知识具体化、形象化。在教学中，只有当所学的语言内容和文化内容在日常交际中有密切联系时，学生才不会认为语言和文化的关系过于抽象、空洞，才会真正认识到文化因素对于语言习得的重要性。特别是在对学生进行跨文化意识与交流能力的培养时，文化内容更应密切联系学生的日常生活，与其所学的语言内容密切相关，与其在日常生活交流中所涉及的主要方面密切相关，从而激发学生学习英语语言和文化的兴趣，产生较好的良性循环效应。例如：对家人、朋友的称呼，道谢和答谢，社交活动（同学的生日聚会，走亲戚等），重要的传统节日、西方节日等；这些与学生身边的日常生活和学习密切相关的内容让学生有亲近感，往往是学生迫切要求了解和掌握的。由于学生可以很快地在日常生活中运用这些文化知识，尝到学以致用的甜头，他们就会产生进一步学习英语、学好英语的兴趣。

（三）多层面合作原则

加德纳（Gardner）认为人的智能机制可以分为 8 种，即个人智能，包括内省智能、社交智能和音乐智能；学习智能，包括逻辑智能和语言智能；表达智能，包括身体语言智能和视觉空间智能，以及自然发展智能或者自然主义智能。智能机制在各个方面的表现形式则因人而异，教师应该根据学生具体的智能表现发掘学生的优势智能，并帮助学生能够协调运用这些智能，做到扬长避短，有效配合和优化使用这些智能，从而提升学习者认真负责的学习态度。依据建构主义理论，产生学习的首要条件取决于学习者在学习过程中的个体参与程度，充分优化学生的智能涉及的师生之间以及生生之间的合作学习，由此可见合作学习原则的必要性。在进行英语文化教学的过程中，学习者个人与其他群体的多元化合作是确保教学顺利完成的一个必要条件。

（四）量次性和梯度性原则

胡文仲教授曾指出："无论文化教学或文化研究都有一个层次问题。文化与语言密不可分，文化无所不在，因此，不能认为只在高年级才能谈文化，另一方面，也绝不是不讲阶段性，学生刚一接触外语就立即灌输许多文化知识。总的来说，文化随着语言水平的提高愈显得重要，文化教学的比重也随之加大。"所以，文化教学应注意不同层次的文化在英语教学不同阶段的导入。根据不同层次、不同课型的教学要求，注意循序渐进、由浅入深、由表及里，让学生逐渐理解文化内容的本质。特别是在英语学习的起始阶段，应使学生对英语国家文化及中西文化的异同有粗略的了解，教学中涉及的英语国家文化知识，应与学生身边的日常生活密切相关，并激发学生学习英语的兴趣。在英语学习的较高阶段，要通过让学生大量接触外国文化，开阔视野，提高他们对中西文化异同的敏感度和鉴别力，进而提高跨文化的交际能力和意识。

（五）个人化原则

文化教学要尊重学生的个体多样性，注意因材施教。这是因为学习者的文化体验和价值观、世界观和思维等个人因素在文化学习中起着重要的作用，它们既是语言学习的基础，也是文化教学的出发点。文化教学要将语言学习和文化学习内化为学生个人的经历。教师只有将教学内容、过程和学生的个人经历结合在一起，尊重他们对文化的个人感受，同时进行正确的引导，才能调动他们的文化学习兴趣，使学生感到有趣、有味、有奇、有惑。文化教学要为学生了解、对比各种文化创造机会，从而促进他们对自身的态度、行为、价值观和人生观进行思考。具体来说，教师就是要选择激发学生学习兴趣的文化主题，提出一些刺激学习者反思自己个人体验和文化参考框架的问题，设计一些讨论性和探索性的活动，让学生们有自我发挥的机会和天地，使学生之间可以相互交流经验和看法。这里所说的活动根据学习者的年龄特征和教学需要可以是简单的关于日常生活的问题，也可以是对世界观、价值观等深层文化的理解和思考。这样，学生不仅学习了语言知识，更重要的是掌握这些语言知识的具体运用规律，能够运用英语达到交际的目的，进而提高他们的综合素质。

（六）互动性原则

文化教学的互动性原则体现在以下 3 个方面。

1. 语言与文化的互动性

一方面，文化的产生和发展推动语言的发展与更新，新的文化现象必然有新的语言来承载。另一方面，语言的嬗变又反映出文化的变革，即使是极微妙的字眼背后也有浩大的文化变革。可以说，语言与文化的互动史也是语言与文化的发展史，而且这种互动性不仅贯穿于某一民族的文化和语言，也贯穿于不同语言和不同文化中。文化教学中，对本土化的语言表述和对异域文化的语言表述都存在互动性，而正是语言与文化的互动性推动学生对文化知识及其文化表达意义的建构。

2. 中西文化的互动性

中西方文化之间是平等对话、互动共存的关系。无论从历史发展的角度，还是从当今世界全球化的角度看，中国文化与西方文化之间都有互动发展的关系。在西方文化的发展过程中可以瞥见中国文化元素的身影，而中国文化发展史上也有西方文化的沉淀，两种文化的互动渊源可以追溯到公元 2 世纪两汉时期丝绸之路在陆路和海上的开辟。在英语文化教学中可以尽量发掘这两种文化的共核性和共时性，从而实现学生中西文化知识的平衡架构。

3. 教与学的互动性

英语教学改革改变了固有的"权威—依存"的师生关系模式。在文化教学中，教师并非文化信息的传递者，而是文化意义建构的促进者；学生也并非文化信息的接受者，而是文化意义建构的主体。教师与学生通过互动交流在文化理念的更新、文化能力的发展和文化评价体制的形成等方面进行共建合作，实现教学对话，教学相长。

（七）吸收原则

历史经验告诉我们，全盘目标文化与全盘本位文化都是不可取的，一国文化在适应世界文化多元化的同时还要保持自己的独立性和民族性才能更好地生存。去粗取精是必然结果。在中西方文化发展的过程中，由于受到当时社会的政治、经济及科技的制约，必然有一部分内容具有时代局限性，有些内容甚至是有悖科学发展的。在英语教学中，注意摈弃过时的、不健康的文化信息，重视正面的、积极的文化信息的对比，吸收英语文化的精髓为我所用。

"求同"在文化教学中容易把握及实施，学生也较容易理解。"存异"却是我们在教学中应该着重讲授的方面。对待异于我们本民族文化之处，我们首先要认知、理解，分清楚哪些是可接受的，哪些是不可接受的，对待其中的一些闪光点，我们甚至是欣赏的。"龙"在中国文化中，是一种象征吉祥的神物，而西方人却认为这是邪恶的象征，是凶残暴虐的怪物。如果我们缺乏对两种文化差异的认知，必然会导致学生在交际过程中的错误。

（八）传授与体验相融合原则

传授式教学模式和体验式教学模式这组彼此相对的概念是古迪孔斯特（Gudykunst）和海默（Hammer）在进行跨文化培训时提出的。传授式利用讲座、讨论等途径传授知识技能，提高学习者的认知和理解能力，学习和掌握语言和文化知识，分析和理解文化差异；其不足之处在于学习者在很大程度上处于一种被动接受的状态，学习者在态度和行为层面的进步与发展难以实现。体验探索式则以学习者为中心，创造真实或模拟的跨文化交际情景，让学生去感受、体验，使学生在认知、情感和行为各个层面都受到刺激，弥补了传授式教学法的不足。两种方法各有所长。教师要注重传授和探索有机结合，使课堂教学活动多样化，既要有注重语言和文化知识的讲座和讲解，又要有触动情感、培养行为能力的角色扮演、模拟活动和参观访问等。语言和文化知识的学习要充分考虑学习者的认知接受能力和遵循语言文化的学习规律，学生起初的体验探索应该是直观、具体的，与其实际生活关系密切的实用问题，然后再逐渐转向间接、抽象的思维理念阶段，多层次、多渠道地进行教学，以习得语言的整体性为终极目的。

第三节　基于文化差异的英语教育

一、中英文化差异

(一) 不同的文化价值观

中国从古至今，崇尚的是儒家思想，传统的儒家文化"修身、齐家、治国、平天下"使得中国人形成了内敛的性格特点，并且遇事首先想到要以和为贵，当然也是现在和谐社会的出发点。传统文化中，除了有儒家的核心内容外，还包括其他的文化内容，如道家文化、佛教文化等。在儒家创始人孔子的思想里，对古往今来社会影响深远的一方面是"礼"。所谓的"礼"就是教化的政治和井然的社会秩序，这也影响我们现在的教育方法。道家是以老子、庄子为代表的中国春秋时期诸子百家中最重要的思想学派之一。汉代的司马谈曾评价："道家使人精神专一，动合无形，瞻足无物，其为术也，因阴阳大顺，踩儒墨之善，撮名法之要，与时迁移，应物变化，立俗施事，无所不宜，指约而易操，事少功多。"懂得变化并且能够随机应变方是道家所长。佛教，是在两汉之际传入中国的。佛教受到中国历史条件的影响，慢慢地开始在中国发展壮大起来，并且成为中国传统文化上层的一部分。佛教以人生为苦，把追求人生解脱作为最高追求，为了实现寻求解脱的理想，提出了从善的理论学说和道德伦理的准则，最终形成了有关道德理论的宗教思想体系。

英国，曾经是世界上最强大的国家，也具有很悠久的历史。其在强盛时期不断侵略，攫取了很多殖民地，并且英国的文化和语言的发展对于世界文化语言变化都具有极大的影响，包括曾是英国殖民地的美国。英国文化，对于世界的发展都具有巨大的作用。在英国，每个人都享有宗教信仰的自由，因此，英国也形成了不同宗教并存发展的局面。

(二) 不同的语言思维方式

1. 整体思维与分析思维

中国传统易学把一切自然现象和人事吉凶统统纳于由阴阳两爻所组成的八卦系统和六十四卦系统，提出"易有太极，是生两仪，两仪生四象，四象生八卦"的整体观。这种"天人合一"的思想把人和自然看成是一个有机整体，为中国人整体思维模式的形成奠定了理论基础。后来先秦思想家荀况把宇宙看作由客观规律支配的统一体，认为"天"是列星、日、月、四时、风、雨、万物等互相协调、互相作用，不断生成的功能系统。西汉董仲舒以阴阳五行为骨干，将宇宙和社会融为一体，正是这种思维模式的进一步发展。当代我们所说的"抓主流看本质""从总体上看问题""从全局出发""宏观调控"等都蕴含着整体的思维模式。表现在语言上，汉语注重的不是空间构架的严整，而是时间顺序。句子呈线性的流动、转折，追求流动的韵律、节奏，不滞于形，以意统形，自上而下是一个形散意合的系统。也就是说，"汉语属于'意合'语言，结构散而不乱，也无时态变化。汉语篇章的衔接与连贯主要靠内部语义和内聚功能来完成，无须显性衔接"。

与中国传统哲学不同，西方人讲"神凡两分""主客二分"，主张把物质与精神、社会与自然、本质与现象对立起来。从笛卡尔个体元素决定整体的"观念原子论"到罗素的"逻辑原子论"，均强调构成整个世界的各元素之间彼此毫无联系；到 15 世纪下半叶欧洲自然科学主张把自然界的各种事物或过程分解为各个部分，把具体问题从总体中分离出来，把极复杂的问题划分为比较简单的形式和部分，然后一个部分一个部分地研究。这种"一切之两分"的切割式的认识方式无疑是分析思维的产物。表现在语言上，英语句中的词语和分句之间用语言形式手段连接，以外露的、丰满的语言形态表达意义和逻辑关系。也就是说，"英语属于'形合'语言，句子结构严谨，各句之间多借助连接词、关系词等有机结合，使各句之间丝丝相扣，浑然一体"。

2. 形象思维与抽象思维

所谓形象思维主要是用直观形象和表象解决问题的思维。形象思维的基本单位是具体的生活图画。它是用表象来进行分析、综合、抽象、概括的过程。当人利用已有的表象解决问题时，或借助于表象进行联想、想象，通过抽象概括构成一幅新形象时，这种思维过程就是形象思维。所以，利用表象进行思维活动、解决问题的方法，就是形象思维法。形象思维之中的逻辑性联系可以不很明显，不需准确定义、不需要严格的推理，只要有相关性，就可建立联想，通常象征的意味较为浓重，思维的结果也以整体性感悟为归宿，不必条分缕析追求精确。形象思维不重视语言的逻辑分析性，注重语言所指称的抽象意义或本体意义，不善于运用抽象语言，却擅长于形象语言，用形象的方法来表达抽象的事物。如中国唐代诗人李煜的《虞美人》中的"问君能有几多愁，恰似一江春水向东流"，以东流水表达思念的愁，同时把事物的相关属性联系起来进行比较。汉字又是典型的象形文字，是人类语言早期的产物，绝大多数汉字都是形与意结合的表意文字，其特点是由其形可以知其义，如哭、打、跑、坐等。

抽象思维是思维的高级形式，它借助于动作、表象、语言实现，是认知活动的高级阶段，又称为抽象逻辑思维或是逻辑思维。抽象思维法就是利用概念，借助言语符号进行思维的方法。其主要特点是通过分析、综合、抽象、概括等基本方法协调运用，从而揭露事物的本质和规律性联系。从具体到抽象，从感性到理性认识必须运用抽象思维方法。抽象逻辑思维的基本单位就是概念，通过概念人们进行判断和推理。概念、判断、推理是抽象思维的三个基本形式。抽象逻辑思维是人类特有的思维形式，也是人类进行科学研究的基本方法。说英语的民族偏好抽象思维，英语音素文字代表声音，形不写意而写音，属线性一维文字，理解起来较为抽象。

3. 主体思维与客体思维

受"主客体统一"传统哲学思想的影响，中国人的思维往往强调以人为本，注重主体意识，认为只有人才能做出有意识的动作和行为，道家的"万物与我为一"，儒家的"万物皆备与我"在经验直观的基础上直接返回到自身。因此，汉语往往围绕主题展开句子，而执行动作主体是人，所以动作往往以人为中心进行。在表达时，往往从自我出发来叙述客观事物，汉语多用人称主语，句式多倾向于主动句式。

英语思维模式起源于西方的机械综合论宇宙观。这类宇宙观在思维中的表现之一是以主客体对立为出发点。他们将人与自然分隔开来，认为思维是独立于自然之外的客观事物，讲究"人物分立"。注重客观事物和现象对人的作用和影响，所以，英语行文中多用非人称句和被动句，主语往往可以是物、抽象名词等，以凸显其客观和公正性。英语倾向于多用非人称主语，句式多倾向于被动、主动句式并重。

二、文化差异下的英语教学策略

(一) 全面提高教师素质

1. 提升教师的英语文化素养

改善英语的文化教学现状，教师首先必须要有丰富的英语文化背景知识，因为教师自身的英语文化素养关系着教师英语文化教学内容的丰富性。我们常说，教师要给学生一杯水，自己需要有一桶水。英语教师提高英语文化素养的方法和途径多种多样。英语教师可以通过阅读英美文学、英美概况等书籍来学习英语文化，也可以通过网络来学习英语文化。当然，英语教师还可以通过在职培训、继续教育途径来提高教师英语文化水平。需要指出的是，对教师的在职培训时要加大培训人员的数量，还要严格评估教师的培训效果。

2. 提升教师的教学观念

教师的教学观念对英语文化教学的落实影响最为显著。如果教师认为英语教学的目的是传授英语词汇、语音和语法等语言知识和提高学生的语言技能，那么，该教师可能就不进行英语文化教学了。另外，如果教师拥有学生全面发展的教学观念，那样，在英语教学过程中，教师不仅会传授英语语言知识和提高学生的语言技能，而且还会向学生传授英语文化，培养学生的文化意识。教师培训是转变教师观念的有效捷径。教师培训可以较快地转变教师的教学观念，使教师从只重视英语语言知识的教学转变为英语语言教学与英语文化教学并重。另外，教师组成英语教学反思小组，通过采用小组合作的形式来转变自己的教学观念，这种方法能够集思广益，较容易发现教师身上存有的落后的教学观念，从而快速地提升教师的英语文化教学认识。

3. 提升教师的理论水平

理论是实践的先导。英语教师对英语文化教学理论的掌握程度在一定程度上决定着教师英语文化教学的水平。教师要认真学习英语教育专家关于英语文化教学的最新理论成果。这些理论涉及英语文化教学的各个方面，如英语文化教学的重要性和必要性、英语文化教学的方法等等。在对英语教师进行英语文化教学理论培训时，要针对英语教师的个人特点，讲求实效，帮助英语教师学以致用。同时，英语教师的英语文化教学培训要将专家讲座和优秀教师的讲座结合起来，使接受培训的英语教师既能接受到先进的教学理念和教学理论，又能观摩到同行的实践操作。这样，教师不仅能够加深对英语文化教学理念和理论的理解，而且能够感知具体的教学实践，目睹英语文化教学的具体操作，最终提升教师的英语文化教学能力。

(二) 创造浓郁的校园文化氛围

1. 利用多种媒介导入英语文化

以初中生为例，他们对图文并茂的英文内容总是兴趣盎然。根据这一特点，教师可在学校的宣传栏和黑板报争得一席"英语学习园地"，充分利用这些板报进行英语文化宣传，力求让"每一面墙壁都说英语，每一块黑板都显文化"。园地的内容可以是利于学生记忆的习惯用语和英语名言，也可以是英语诗歌，也可编写一些游戏、谜语等。在学生的午休时间，英语广播也是营造英语氛围的重要工具，英语国家的流行乐曲、体育赛事都深受学生的喜爱。随着网络的普及和发展，教师还可利用因特网建立英文网站，可通过它发表学生的优秀作文、网络日记，或设置英文交友等栏目。这些都不失为让学生更好地了解西方文化的有效途径。

2. 开辟第二课堂，积极营造跨文化交际语境

目前英语教学存在的突出问题就是缺乏跨文化交际语境。教师可通过第二课堂的多种形式，积极地设计一些真实的或假设的语言环境，来加深学生对跨文化交际的理解。例如，教师可以组织学生进行专题讲座，介绍英美国家的政治经济、宗教信仰；组织学生看原版英文电影、开专题晚会来了解不同国家的历史文化；利用多媒体、幻灯片来展示不同国家的风土人情、风俗习惯、自然风光等。这样既丰富了学生的文化生活，又使学生在轻松愉快的语言氛围中获取了不同文化的背景知识，从而达到培养和提高学生的语言应用能力和跨文化交际的能力。

3. 开创跨文化交际渠道，使学生直接体味英语文化

在可能的情况下，学校可尽可能地开创跨文化交际渠道，创办不同国家之间的校际交往，让外国师生与中国学生共同生活一段日子，或参与某些共同的活动，诸如节庆、旅游、游戏、文体活动、派对等，在彼此熟悉、互相增进友谊的基础上，通过某些日常生活的细节，逐步加深学生对英语国家文化习俗的感性理解，从而进一步推动学生准确运用英语进行交际的学习。

（三）消除母语负迁移，发挥母语正迁移作用

学习一种语言就是学习这种文化。从本质上说，英语教学是通过东西方两种文化的交流和融合，在学生早已形成的汉语言文化背景中移入英语语言文化，最终使学生拥有双语能力，并能够了解两种文化不同的思考方式的过程。在学生的汉语文化背景已经形成的情况下，汉语的文化迁移在英语学习中会不可避免地发生。那么如何在英语教学中营造一种"文化语言氛围"，既注重强调技能培养，又加强语言的客观文化背景、交际环境以及思维方式的差异的学习，使学生在实际语言交际中避免不得体现象或尴尬局面，已经成为英语教学改革面临的一个重要课题。

在学习过程中，学生已有知识对新知识学习发生影响的现象被称作迁移，促进新知识学习的迁移称为正迁移，阻碍新知识学习的迁移被称为负迁移。行为主义心理学认为，学习者母语习惯负迁移是外语学习中犯错误或遇到障碍的原因。本书中讨论的文化迁移是指由文化差异而引起的文化干扰，其表现如下：在跨文化交际中，或外语学习时，人们不由自主地用自己的文化准则和价值观念指导自己的言行和思想，并以此为准则去评判他人的言行和思想。文化迁移主要表现为语言使用不得体。这种不得体会使人们在交际过程中交流不顺、产生误解、甚至引起冲突与仇恨，因此要重视这种迁移，逐步提高语言学习者的文化素养，认真学习英语国家的文化知识，提高语言学习者的文化敏感性，逐渐消除文化迁移对英语学习与使用的影响。英语文化教学应努力设法预测学习过程中可能会出现的文化迁移，通过对英汉两种语言进行分析比较，减少汉语文化的负迁移，正确地利用母语正迁移的作用，促进汉语文化的正迁移，从而提高学生的英语语言交际能力。在消除母语的

负迁移，发挥母语正迁移作用方面可以采取如下措施：

（1）重视英汉语言文化与英语教学的关系。所学语言的文化与所学语言密切相关，熟悉与语言密切相关的文化知识有助于保证使用这门语言的整体性。教师应高度重视英汉文化因素在英语文化教学过程中的重要性，提高学生对英、汉文化差异的敏感性和适应性，树立文化意识，在传授语言知识的同时同步传授文化知识，根据学生的现有水平、接受能力和理解能力，确定文化学习的内容。同时，教师作为教学过程中主要的组织者和指导者，切忌在文化功能的传授中面面俱到。

（2）英语教学要培养学生的文化意识。文化蕴藏于语音、语法、词汇、对话、篇章乃至认知模式的各个层面上。在英语教学中，学生应循序渐进，而不偶然、盲目、无目的地接触西方文化，为此，教师应根据各阶段教学过程的特点，通过进行英汉文化的系统对比，使学生有意识、有目的地了解英语的思维和认知模式。

（四）重视文化旁白

文化旁白是一种简单、便捷的文化教学方法，也是传授社会文化知识的主要方法之一。所谓文化旁白，是指在进行语言教学时教师就所读的材料或所听的内容中有关的文化背景知识，见缝插针地做一些简单的介绍和讨论。一般来讲，教材中的课文都有特定的文化背景资料，有的是时代背景，有的是作者介绍，有的是内容背景。如果学生对某些背景知识不了解，或者缺乏相关的背景知识，就会影响他们对所学文章的正确理解，从而也就不能准确地推理和判断阅读理解中遇到的问题。例如，在讲授 Earthquake（地震）的相关内容时，教师可以利用视频展示世界上有史以来有影响力的大地震的情况，还可以介绍地震的有关情况以及预防地震的方法，以使学生对地震有较形象、具体的认识。

文化差异往往是学生学习英语过程中的最大障碍。使用文化旁白法，能够有效地清除部分语言认知的障碍，帮助学生正确理解英语。教师既可以充当讲解员，又可以运用图片、实物教具或多媒体课件等手段进行讲解，无论通过哪一种手段，其目的都是帮助学生更好地理解所读或所听的内容，同时丰富学生的感性认识，促进理解。文化旁白具有机动灵活、用途广泛的优点，因而使用时间最长，但同时具有任由教师掌握、随机性大的缺点，而且对教师的要求很高，需要教师具有较强的驾驭语言与文化的能力和一定的教学技能与艺术。

（五）培养学生学习英语文化的内在动机

外语学习不仅是另一种知识体系的学习，更重要的是对另一种文化体系的适应。拜拉姆（Byram）等指出："语言学习者不可能一下子摆脱自己固有的文化而轻而易举地获得另一种文化。"因此，学生的学习动机、态度等情感因素对学习的成败有着特殊的影响。动机是"直接推动有机体活动以满足某种需要的内部状态，是行为的直接原因和内部动力"。激发正确的学习动机是学生学习英语成功的关键。同样，学习另一种文化关键也在于学习者对它的需要。有学者认为动机是构成跨文化交际能力的因素之一。自改革开放以来，中国市场吸引了越来越多的国际投资，更多的中国人到国外深造。这种情形无疑对英语学习产生积极的影响。这些都是学习英语的外在诱因，对学生或许能产生一定的正面影响。但对学习产生最大影响的应该是学生的主观意向、愿望、需求、兴趣、好奇心等，是学习英语的内在动因。在教学过程中，教师应尽量激发学生学习英语文化的好奇心和兴趣，比如结合课文内容，以讲故事的形式告诉学生圣诞节的来源、庆祝方式等，讲授比尔·盖茨的成功经历，让学生乐于上英语课、乐于了解英美文化。这样，一旦学生产生有益的英语学习动机、拥有学习主动性，就有助于教师在课堂教学中推广文化教学，从而提高学生的文化意识。

（六）采取角色扮演教学法

角色扮演教学法可以利用微型戏剧的表演模式。微型戏剧一般只包括 3~5 幕，每一幕都有 1 个或 2 个反映文化冲突的典型事例。让学生通过观察体验剧幕情景，亲历文化休克、困惑和尴尬的情景，寻找造成交际障碍和文化冲突的原因。

在设计角色扮演的脚本时要注意，脚本应该清楚简洁，既要有趣味性，又要有戏剧的张力，而且结局最好是开放式的，语言尽量采用日常生活工作或社交场景中使用的语言。角色扮演活动中真正的表演时间一般只有 5~7 分钟，而准备的时间通常很长，有时可以达到 1 小时。角色扮演的主题可以是与来自其他文化的人第一次见面、进行国际谈判、在某一个不熟悉的文化场景中拒绝别人等。

1. 角色扮演的实施过程

（1）介绍。一是介绍角色扮演的目的从而让学生练习使用某一策略，鼓励他们尝试新的活动；二是向学生介绍角色扮演发生的情景。

（2）教师给参与的学生提供背景知识，让他们有足够的时间做准备工作。参与的学生既可以是老师指定，也可以是学生自荐。

（3）分配任务。教师让参与的学生开始准备，教师可以适当指导；让观看的学生协助布置表演场地。

（4）表演过程中教师要做笔记，记录下表演者说的要点，以便之后开展讨论。

（5）表演结束后，请观看的学生们思考，在相似的情景中，有没有其他的解决问题的方法。

（6）请学生们回答一系列的问题，让学生们找出角色扮演中出现的问题，并试着给出其他策略。

2. 角色扮演的优势

角色扮演的戏剧活动在文化教学中有很多优势，概括起来有以下几个方面。

（1）使参与的学生在人际交往的场景中清楚地了解相关技能，以及有效的和无效的行为所产生的影响。

（2）教师可以适当地控制表演小组的有效和无效行为。

（3）让学生有机会在真实的场景中尝试使用和巩固新技能。

（4）让所有有意愿的学生有机会感受另一个角色，充分调动学生的学习兴趣。

（七）合理利用不同的思维模式

1. 发散思维

发散思维又被称作多项思维，是创新思维的一种类型，也是创新思维的核心内容。发散思维就是通过想象和联想来发现事物的新领域、新方法、新观点。教师要在英语教学中运用发散性思维，可以通过设计一些适宜发散思维的多媒体课件，设计一问多答、举一反三等的问题。例如，在学习了"pay attention to"这个词组之后，教师可以让学生进行发散性的思考：还有什么别的词组可以代替这个词组？有些学生会举出"focus on"，有些学生会举出"aim at"等，然后老师可以进一步提问这些词句的具体区别。又如，在学习了salary 这个词之后，教师可以让学生比较 Income、salary、wage、pay 等词的词义区别，鼓励大家发散性地去思考问题，教师还可以让学生尝试着用学过的词语去解释新学的生词，加深学生对新知识的理解。通过发散性思维在英语教学中的运用，可以使学生克服静止孤立思考问题的习惯，克服思维定式的消极影响，从而提高学生运用英语的能力。

2. 形象思维

在《思维方式与社会发展》中提到，艺术思维是直观类思维方式的一种，是与形象思维有直接关联性的特殊思维方式。在艺术思维活动中，思维的对象并不是抽象的概念和命题，而是具体、直观、形象化了的东西。因此，在英语学习中，艺术类专业学生会趋向喜欢形象的东西，如更多地关注老师的体态和姿势，希望老师能借助音调、节奏、手势语、体态语等生动的形象语言来授课，或是喜欢有插图的教科书。

对此，艺术类学生的英语老师应努力使教学过程形象化。形象化的英语教学首先应遵循模仿原则。语言是人们在长时间的实践中形成的认同符号，孩子学语言是个模仿的过程。他们每天模仿父母、周围的人等一切可以模仿的东西，并且模仿得越来越像。然后，他们渐渐停止了模仿，并且逐渐形成融合自己个性特征的语言方式。模仿是学习英语的基础，创新源于模仿。作为英语学习者，必须模仿已有的东西。只有通过模仿，真正掌握了英语的灵魂、精髓之后，才能形成自己的语言风格。

艺术类学生对语言的模仿就是对具体直观的形象的模仿，这种直观的形象反过来也就要具有艺术性。这要求教师能通过优美的板书、得体的教态、幽默的语言和机智的课堂表现，向学生展示其人格魅力和艺术修养，借此对他们进行潜移默化的感染。在教学过程当中，教师可利用简笔画、英文歌曲、英语绕口令和短剧表演等表现形式来增添教学的艺术性，使学生获得足够的审美体验。教师还要注意对课堂教学的调控，使其富于变化，有高潮、过渡，交替自然，难易适中，能调动多种感官活动。一堂好的英语课就像一首美妙的乐曲，应该跌宕起伏、动静结合，既有酣畅淋漓的热烈感受，也有恬静安详的轻松氛围。

（八）充分发挥测试对英语文化教学的正反拨作用

从某种程度上说升学考试仍实质性地影响着学校教育。无论是社会对学校的评价，还是学校对教师的评价，教师对学生的评价，都是以升学率、考试成绩作为标准，只要学生成绩好，学校升学率上去了，学生便是"人才"，教师的身价也随之倍增，学校的排名也随之上升。这种"一好遮百丑"的现象在目前教育中极为普遍。面对这种现实，教师除了想方设法提高学生成绩外，别无选择。目前中国对英语教学的评价仍然主要是通过测试的形式进行的，并且一直以来对英语测试都是以语言学理论为指导思想。20 世纪 60 年代的结构主义语言学理论重视对语言结构形式的分析，测试是以语言知识为主，根本没有文化知识的一席之地。20 世纪 80 年代的认知法强调语言交际功能，文化因素受到人们的关注。而"新课标"则把文化意识列为课程目标之一，强调语言运用的得体性，关注对文化因素的教学。但是在实际的测试中仍然主要是考查学生的语法、词汇以及听、读、写等技能，文化知识并没有被列为一个单独的考查项目。任何教学都离不开考试，考试是应该有的，但要为教学服务，而且应该测试学生的综合语言运用能力。可是目前，无论是对于教师还是学生来说，英语教学的短期直接目标就是通过考试，考什么就教什么，考什么就学什么。诚然，这种测试方法是不科学的，也是不合理的。

因此，教师要树立素质教育的考试观，本着提高学生综合语言运用能力的目的，在平时的学业测试中增加对学生文化知识及其综合语言运用能力考查的内容，引导学生注重对"文化"的学习。比如，可以尝试着在试卷中增添"文化板块"以考查学生的文化知识掌握情况。另外，改进原有题型，大量减少客观题，加大主观题的比例。客观题主要考察受试者的认知能力，通常侧重听和读的技能；而主观性试题注重考察语言的综合运用能力，偏重说和写的技能，这两者能力高低正是对语言灵活运用的最好体现。人们学习语言的最终目的是运用语言进行交际。因此，语言测试应把能力测试放在首位。虽然这样一来会增大阅卷难度，难以确保评分的客观性，可是与大量的客观题所造成的负面效应相比，这样以考察语言实际运用能力的测试所付出的代价是值得的。

第六章 英语自主学习教育模式探析

在经济全球化背景下，英语作为国际通用语，越来越受到社会各界的关注，与之相对应的英语教育也愈发引起人们的重视。如何在英语教育中尊重学生的主体地位，激发学生的自主学习兴趣，挖掘学生的英语学习潜力，是当前英语教育面临的重要课题。自主学习主要是指在教师引导下，学生根据自身的学习特点、兴趣爱好，充分发挥自己的主观能动性，制定合理的学习计划，选取适当的学习目标，并构建科学的知识体系，且在学习过程中不断进行自我反省和调控，对学习效果进行反思与评价。因此，在英语教育中合理运用自主学习法，可以激发学生的学习兴趣，增强学生的学习信心，引导学生自觉探究英语学习的有效途径，进而提高英语学习的效率。

第一节 自主学习的含义、特征及影响因素

一、自主学习的含义

（一）相关概念辨析

1. 自主与自导

CRAPEL 语音视频图书馆和剑桥大学的第一批自主语言学习中心（Self‐access language Learning Centers）建立的理念是，为学习者提供丰富的第二语言学习资源，提供自主学习的机会。提供咨询服务和强调语言材料的真实性也是自主语言学习中心的重要组成部分。关于 CRAPEL 语音视频图书馆，莱利（Riley）和佐普菲斯（Zoppis）这样论述："如果我们最初的目标之一是确定所有潜在的学习者能够每周尽量长的时间来使用这个语音视频图书馆，我们也希望这个图书馆能成为一个实践我们所坚信的教学原则和策略的场所。最重要的是，为高水平学习者提供自主学习原理。我们认为，达到一定英语水平的学习者能够通过定期地半自主式地使用适当准备的教学资源，或完全自主地使用原始的真实的材料来提高他们的听力水平、口语表达能力或写作水平。"

在 CRAPFL，自导学习（self-access）被认为是一种帮助自我定向学习的方式。但是，最近几年，自主学习中心迅速成为自我定向或自主学习（self‐directed or autonomous learning）的中心。许多教育机构没有强有力的教学法理论基础，却建立了自主学习中心。人们想当然地以为，自导学习能自动地导致自主。某种程度上，远程学习材料的提供者认

为，自主是这些学习方式的结果。然而，过去 30 年对自导学习推广的一个重要经验是，自我指导（self-instruction）和自主发展（development of autonomy）之间没有必然的联系，在某些条件下，自我指导学习方式（self-instructional modes of learning）甚至可能抑制自主学习。因为自主学习中心大量使用各种教育技术，自导学习也成为基于技术支持的学习的同义词。在计算机辅助语言教学中，自主已成为一个重要的研究课题。然而正如自导学习面临的情况一样，自主学习的研究者强调，大量利用技术资源的学习者不一定会变得更自主，学习者能否变得更自主有赖于这些技术的性质和使用方式。

2. 自主与个性化

整个 20 世纪 70 年代至 20 世纪 80 年代，自主的概念与个性化的概念密切相关。两者的相关性在许多研究者的论著中得到充分的证明。例如，布鲁克斯（Brookes）和科鲁迪（Crundy）认为，自主和个性化都与"以学习者为中心"这一概念有关，即以学习者为中心的必然结果就是更加强调个性化学习，强调学习者自主是教育的最终目标。个性化和自主都注重满足学习者个人的需求。因此 CRAPEL 实行的自我定向学习在某种意义上讲就是个性化学习，在这过程中，学习者决定自己的需求，并依此行事。

个性化的另一种形式是程序化学习，在这种教学模式中，学习者通过教师准备好的材料按自己的学习进度和方式学习。从一开始，CRAPEL 研究者就煞费苦心地区分自我定向学习和程序个性化学习。其根据是，后者将学习中最重要的决策权给了教师而不是学习者。莱利也认为程序化学习剥夺了学习者在自主发展中很重要的选择自由："至少从历史的角度来说，个性化（个性化学习和个性化教学）与程序化学习是有联系的。个性化的理论基础是行为主义心理学。在实践过程中，学习者个人几乎没有选择的自由，而是由教师设法使他的教学法和教学材料适合学习者，如同医生开处方一样。也就是说，大多数相关决策已经由教师为学习者做出，而不是学习者自己做决定。事实上，这属于个性化教学，其目的在于学习者能最大限度地发挥教师的作用并获取最有效的结果，但学习者获取什么却是由教师来决定的。"

自主曾经被看成是学习者独自、孤立的学习，这在很大程度上与早期人们把自主与个性化联系在一起是分不开的。但近年来，自主学习的研究者强调，自主发展意味着合作和互相依赖。

（二）自主学习的基本内涵

对于自主学习的定义，众多学者给出了不同的阐释。最早开始外语自主学习研究的霍莱克（Holec）认为自主是指"对自己学习负责的一种能力"。这是一种"潜在的、在特定环境中可以实施的能力，而不是个体在此环境中的实际行为"。

利特伍德（J. E. Littlewood）认为自主学习主要是"学习者独立做出选择的愿望和能力"。所谓愿望是指学习者要对自己的学习负责的动机和信心；所谓能力是指既具备为自己的学习做出选择的知识，又具备执行自己选择的技能，而"学习者独立行动的愿望取决于他们的动机和信心的程度；学习者独立学习的能力取决于他们知识和技能的程度"。他从应用语言学的角度将自主学习划分为原自主学习和反应性自主学习两类。前者指学习者对确立的学习目标、方向所做的调控；后者指学习者为实现自己的学习目标对所采用的一系列自主学习策略进行调控。

班森（Benson）提出自主学习是一种独立学习的行为和技能，是一种对自己学习内容的控制。他认为，语言学习的自主性有以下 3 个方面：①自主学习是一种独立学习的行为和技能；②自主学习是一种指导自己学习的内在的心理动能；③自主学习是一种对自己学习内容的控制。班森还探讨了学习自主性的 4 个不同层次：个人、社会、心理和政治。个人层次上的自主性强调重视个人学习风格，强调个人选择高于集体选择；社会层次上的自主性则是在与他人合作和相互交流中进行的，是在个人的反思和实践中进行的；心理层次上的自主性突出学习者心理因素的重要性，与此同时，班森还强调学习者应具有良好的心理素质，为其学习负责；政治层次上的自主性则指自主性的形式是为某个政治目标或需要服务的。

国内学者也对自主学习发表了自己的观点。董奇、周勇认为，学生学习的自我监控，是指学生为了保证学习的成功、提高学习的效果、达到学习的目标，而在进行学习活动的全过程中，将自己正在进行的学习活动作为意识的对象，不断地对其进行积极、自觉的计划、监察、检查、评价、反馈、控制和调节过程。这个过程主要可分为三大方面：一是对自己学习活动的事先计划和安排；二是对自己实际学习活动的监察、评价和反馈；三是在上面的基础上对自己的学习活动进行调节、修正和控制。

庞维国主张从横向和纵向两个角度来定义自主学习。从横向角度是指从学习的各个方面或维度来综合界定自主学习。如果学生本人对学习的各个方面都能自觉地做出选择和控制，其学习就是充分自主的。具体来说，如果学生的学习动机是自我驱动的，学习内容是自己选择的，学习策略是自主调节的，学习时间是自我计划和管理的，学生能够主动营造有利于学习的物质和社会性条件，能够对学习结果做出自我判断和评价，那么他的学习就是充分自主的。反之，如果学生在学习的上述方面完全依赖于他人指导或控制，其学习就是不自主的。从纵向角度界定自主学习是指从学习的整个过程来阐释自主学习的实质。即，如果学生在学习活动之前自己能够确定学习目标、制定学习计划、做好具体的学习准备，在学习活动中能够对学习进展、学习方法做出自我监控、自我反馈和自我调节，在学习活动后能够对学习结果进行自我检查、自我总结、自我评价和自我补救，那么他的学习就是自主的。如果学生在整个学习过程中完全依赖教师或他人的指导和控制，其学习就是不自主的。

尽管中西方专家学者从各自研究的角度赋予自主学习以不同的名称和定义，但他们在探讨自主学习的过程中达成了一定的共识：自主学习的开展必须为学习者提供锻炼独立性程度的环境和机会；自主学习能力的培养必须通过学习者的不断自我反思和社会合作方式的学习才能得以不断发展。

二、自主学习的特征

（一）自主性

自主学习之所以提出，是因为他主学习的"他主"特征给学习活动造成了极大的障碍。也可以说，自主学习就是针对他主学习的他主特征而提出的。因此，自主性成为自主学习最基本的特征，其他特征都是从此衍生出来的。如果没有自主性，即使所谓的"自主学习"有其他特征，也不能称之为自主学习。这种自主性表现在学习前的自我设计，学习中的自我监控、自我管理和自我调节，以及学习任务完成后的自我评价、自我总结等；或者说表现在学习动机的自我激发，学习方法的自主选择，学习时间的自主计划和自主管理，学习结果的自我评判，学习环境的自主选择等。总之，自主学习的整个过程、所有活动都是学习者自主的。

（二）指导性

教师是学生学习的组织者、引导者，他不仅能够调控自己的教学活动，而且能够对学生的学习活动进行调控。由于学生身心发展的特殊性和个别差异性，学生是否能够在接受教师的指导下进行学习活动的自我调控，是否能自主学习，这取决于教师能否给学生提供自主学习的基础和方向；学生是否愿意自主学习，则取决于教师能否调动起他们自主学习的主动性和积极性；学生怎样自主学习，则要求教师根据学生认知结构的不同和学习水平的差异进行相应的指导。

教师在学生自主学习过程中，通过一定的方式和渠道促进学生对知识的梳理，随时排除各种干扰，提高学习效率。教师在教学活动中的作用在于帮助学生梳理其想要学习什么，帮助学生安排适宜的学习活动，提供贴切的材料，帮助学生发现所学知识的个人意义，维持某种滋养学习过程的心理气氛。教师的指导更注重支持而非批判，更注意理解而非控制，更注重真诚而非扮演角色。学生自主学习时，教师应巡视他们的学习情况，及时了解学生自主学习的进程、已经掌握的内容以及存在的困惑，并有针对性地进行点拨、指导或者督促，还应根据掌握到的学习信息及时调整自己的教学思想、教学方案及教学进程，从中不断地吸取新知识，以便科学地引导学生发现问题、分析问题并最终解决问题，从而提高自主学习的有效值。

（三）有效性

自主学习从某种意义上说就是采取各种措施使自己的学习过程达到最优化，包括设置恰当的学习目标，选择学习方法，对学习要素进行最佳配置、最佳组合，调节自己的动机和情绪，从而使学习过程最经济、最有效。当然，由于学生的自我调节能力和水平是有高下之分的，因此受自我调节影响的学习结果也是不一样的。一般来说，学生学习的有效性受自我调节水平高低的影响。

（四）开放性

在自主性学习中，学习的目标和过程都是动态开放性的，它在学习知识的基础上，更着眼于学习的能力与态度的提高；就主体学习的过程与结果来说，不仅要考虑结果，而且应更注重过程。自主性学习中，教师把选择的权利还给了学生，学生可以根据自己的学习情况和自身爱好，选择不同层次的学习目标、学习任务和完成任务的方法，给学生得以施展个性的空间。

通过学生实践和自我体验获得自主的意识和能力，打破了传统的封闭式课堂教学模式。在实践教学过程中提供问题的背景资料是多角度的，可以是超越大纲和书本，关注与实践紧密结合的知识问题。教学要求也要有相当的弹性，要根据学生身心发展的特殊性和个别差异性，提出相应的要求。而且整个过程是动态的，从教学目标、教学实施环节、教学环境到教学调控以及教学反馈评价都体现开放性。自主学习改变了传统教学理念，一定程度上使教与学的关系发生了根本性变化，把学生的"要我学"转为"我要学"；教师也不仅只作为"知识传授者"，还要作为"研究者""组织者""促进者"，尊重个体差异性，引导个性发展，突破课堂教学整堂灌和"整齐划一"的要求，使教学活动更为体现学生的主体作用，从而真正树立起"以学为本，因学论教"的教育思想。而且，教师与学生也要转变为"人—人"对话，树立民主和谐的师生关系。

（五）相对性

自主学习不是绝对的。就现实的情况来看，绝对自主或绝对不自主的学习都较少，学生的学习多数是介于这两极之间。也就是说，他们的学习在有些方面可能是自主的，而在另一些方面可能是不自主的。这是因为，就在校学生来讲，他们在学习的许多方面，如学习时间、学习内容等，都不可能完全由自己来决定，他们也不可能完全摆脱对教师的依赖。因此我们不能把他们的学习简单地分成是自主的或是不自主的，而是应该从实际出发，分清其学习在哪些方面是自主的，在哪些方面是不自主的，或者说学习的自主程度有多大。做到这一点才可以针对学生学习的不同方面进行自主性的教育和培养。

（六）循环性和反馈性

一般认为，自主学习是一个循环的活动过程。齐默曼（Zimmerman）将这个过程描述为，学习者首先对当前的学习任务设置目标，然后是运用学习策略去实现目标，并对目标达成的过程进行监察。当发现学习情况与预期目标不符时，学习者会对学习策略和动机等进行检查和反思，并对学习过程进行调整，直至目标实现。齐默曼提出了学生自主学习的循环模式（图6-1）。

图6-1 学生自主学习和循环模式

该模式包括了4个相互联系的环节。其中，自我评价与监控是指学生根据先前表现和结果的观察与记录，判断学习的自我效能；目标设置与策略计划是指学生分析学习任务，设置具体的学习目标及规划，或者为完善达到目标所选择的策略；策略执行与监控是指学生试图在结构化的情境中使用某种策略，或者在执行过程中监控其精确性；策略结果的监控是指学生把注意力集中于学习结果和策略过程二者之间的关系上，以确定某种策略的有效性。这4个环节相互联系，相互影响，构成一个完整的自主学习过程。这个过程在学习中循环往复，形成自主学习的整体。

（七）探究性

在自主学习中，学生的探究往往基于好奇心。好奇心是人的天性，既能够产生主体的学习需求，同时又是一种学习动力。学生的探究不仅表现在学习主体对事物、事件的直接认识上，而且也表现在对"文本知识"（间接经验）的学习上。文本知识是前人或他人对客观事物的认识，并非学生自己的直接感官认识。因此，对"文本知识"的学习，实际上也是一种探究性的学习活动。在这个过程中，学生通过在适应性学习环境中的探究和交互来建构自己的知识体系，从而进行有效的学习，而不是主要通过教师的单独讲授或练习进行学习。学生在学习过程中，围绕核心问题在适应性学习环境中展开探究活动，通过丰富的课程资源获取可以帮助他们解释和评价科学性问题的信息，根据信息形成自己的理解，并对科学性问题做出回答。学生在探究和交往时，不仅要掌握所学的知识，更重要的是要掌握学习的方法，也就是要进行元认知技能的训练，同时也强调知识的运用能力以及与他人合作的能力。

三、自主学习的影响因素

（一）学习态度

态度是影响个人对特定对象做出行为选择的、有组织的、内部准备状态或反应的倾向性。态度可以是积极的，也可以是消极的；可以接纳，也可以回避；可以是喜爱的，也可以是厌恶的；可以是认真的，也可以是草率的。自主学习还可以称作自我定向学习。这一名称强调的是一种学习态度，即学生要对自己的学习负责。学习态度是指学生对自己在学习中应承担责任的认识，以及对自己学习能力的评价。学生如果没有正确的学习态度，自主学习就很难开展下去。研究表明，只有学生自愿为自己的学习负责时，其学习效率才会提高。但事实上，并非所有的学生都愿意为自己的英语学习负责任，比如当成绩不理想时，他们往往过多地把责任推向教师、学校，甚至整个考试制度，而不能查找自身的原因。

（二）学习环境

学习者自主学习还会受到学习环境的制约，学习者自由选择的程度取决于自主学习的资源与环境。齐默曼（Zimmerman）等人把影响自主学习的环境分为两类，即社会环境和物质环境。他们认为，在社会环境中，可供模仿的榜样以及同伴、教师、家庭成员的影响和帮助对自主学习具有重要影响；在物质环境中，信息资源以及学习场所对自主学习也有重要影响。因此，当面临复杂困难的任务时，自主学习者可以与他的同伴、教师交流与探讨，以寻求"适宜"的帮助，这种帮助不是过度地依赖他人，而是合作学习，更多的是启发与提示，使合作的双方均能受益。除了社会性支持外，社会、学校和教师、家长还应对学生的自主学习提供必要的物质支持。自主学习的学生为了完成学习任务往往会主动地寻求课本以外的信息。因此，要使学生能够获得阅览室、图书馆、其他信息来源如网络等的资源，教师在课上、课下都应为学生留出一定的时间供学生自主支配，以便学生有可能根据自己的学习目标和计划，实施英语自主学习。

也就是说，家庭和学校是影响学习者自主学习的两大因素。家庭和学校能否为学生提供适宜的学习环境值得受到重视，因为这一大一小两个环境中的学习气氛直接对学习者的自主学习产生不可忽视的影响。这就要求学校、家庭以及教师、家长给学习者提供充分的可供选择的学习资源，创设有利于其自主学习的环境。从学校的角度来说，学生学习的场所不局限于教室，图书馆、阅览室、网络、宿舍等都可以成为其学习的场所，这就要求学校要为学生提供尽可能多的学习场所并配套相应的设施，不断完善信息资源库，使学生可以选择适宜的学习场所，借阅到所需要的图书资料。国外的一些大学还建立了专门的自主学习中心，为学生提供咨询服务，使师生、学生之间的相互交流有了相对稳定的场所，满足学生自主学习的需要。

（三）学习策略

学习策略的定义最早出现在鲁宾（Rubin）和 Stern 分别在 1975 年发表的文章中。鲁宾将学习策略定义为"学习者用来获取知识的具体技巧和手段"。而 Stern 则认为学习策略是"用于指导更具体的技巧选择的更高层次的方法"。奥斯福德（Oxford）认为学习策略是指学习者为了促进新知识、新信息的内化、储存、修正和记忆而有意识或无意识采取的各种计划、行为、步骤、方法和过程。虽然关于学习策略至今没有统一的定义，但研究者们至少已达成以下共识：学习策略既包括学习者的外部行为，也包括学习者内在的心理活动；学习策略是灵活的、不断变化的并能通过学习实践获得的。

不管国内外研究者们对学习策略进行怎样的定义，学习策略都是影响学生自主学习的一个重要因素。文秋芳曾经指出，任何运用得当的学习策略都有可能使学习者获得学习上的成功。麦金太尔（MacIntyre）和诺埃尔（Noel）认为，学习策略有助于对学习过程的理解和掌握，可以减少习得者学习中的困惑和焦虑，保持他们的学习热情和动力，或者改善学习态度，提高学习动力。国内外研究结果表明，学习策略的有效运用不仅有助于学习者增强学习责任感，提高学习自主能力、独立能力和自我指导能力，也有益于学习者的终身学习。因此，深入了解学习策略，加强课堂教学中的学习策略培训，将对于提高学习者的自主学习能力具有特别重要的意义，也必将对学习者的终身学习产生积极的影响。

（四）目标设置

自主学习本质上是一种自我调节的学习，亦即个体主动选择、调节、控制自己的学习的过程。要对学习进行自我调节，就必须有用于引导行为的参照点。道理很简单，如果个体不能够比较自己的当前行为状态和预想状态的话，就不可能对自己的行为进行调节。目标在个体的学习过程中就充当着参照点的作用，个体正是在既定学习目标的引导下，不断调控着自己的学习过程和学习策略。因此，目标被看成是自主学习的核心构成成分。

研究表明，个体为什么、如何、形成什么样的目标定向，对其自主学习的不同过程都会产生影响。例如，如果个体旨在学习和掌握学习材料，他就会把注意定向在对学习过程的监控上，密切注意学习的进展情况，关注某些有效的学习策略（如深加工策略），以便于使学习朝既定的目标前进。如果他们把目标定向在考试分数或在等级上超越别人，那么他们的监视和控制过程在性质上就有可能不同，因为他们还要监控别人的学习情况和等级，试图调节自己的动机和认知来超越别人。采用趋向于掌握目标的学生与采用其他目标的学生相比，表现出更多的深度认知加工，更多地使用自主学习策略。

研究还表明，学生所设置目标的特征也会影响其自主学习动机。与设置远期目标的学生相比，设置近期目标的学生的自我效能和自我调控技能更强，因为近期目标的实现能够使学生更快地看到自己某些能力的增长，对他们的意志控制要求也更低。与设置笼统的目标（如"尽力去做"）相比，具体的学习目标对学生的自主学习具有更大的推动作用，因为这样的目标能够更明确地告诉学生该做什么、如何做，更容易使他对照目标来监控自己的学习进程。与设置太高或太低的目标相比，设置有一定难度而又可以实现的目标对学生的自主学习更具有推动作用。设置的目标太高，学生往往会对自己的能力产生怀疑，实施目标时也很难看到自己的进步，这样就会降低自我效能感，遇到学习困难时就会失去信心，应付乃至放弃学习；设置的目标太低，由于很容易实现，学生也看不到自己的进步和能力的突出方面，因而也不会增强自己的学习效能感。因此，为了促进学生的自主学习，教师应该注意为学生设置或者提倡学生自我设置具体的、近期的、能够完成而又有挑战性的学习目标。

此外，目标由个体自己选择或设置，还是由他人指定或分配，也对他们的自主学习具有一定的影响。目标会通过影响个体对学习任务的承诺进而影响行为表现，而增强目标承诺的一种方法是参与目标选择过程。研究表明，那些被用言语鼓励并为自己确定学习目标的学生，感觉到自信心、能力和对目标实现的承诺都在增强。当个体选择而不是被指定、分配学习目标时，他们更加会接受、承诺并相信自己有能力完成这些目标。

（五）教学模式

教学模式是在一定的教学思想或教学理论指导下建立起来的较为稳定的教学活动结构和活动程序。一般认为，完整的课堂教学模式包含如下因素：①指导思想，即建立教学模式的思想认识、现实意义；②理论基础，即教学模式确立的教育学、心理学理论或思想；③功能目标，是指对教学模式指导下的教学活动能在学习者身上产生什么样的结果的预期；④实现条件，指促使教学模式产生作用并达到预期的功能目标的各种条件；⑤操作程序，即对教学的逻辑步骤、各步骤完成任务的具体规定或说明；⑥效果评价，即教学效果的评价指标和方法。由于指导思想、理论基础不同，教学模式有多种不同的表现形式。例如，著名的教学模式研究专家乔伊斯把教学模式分为社会型教学模式、信息加工型教学模式、个别化教学模式、行为系统型教学模式。中国的高文教授把现代教学模式分为基于知识组织与表征的教学模式、基于问题解决的教学模式、基于情景认知与意义建构的教学模式、基于活动的发展性教学模式等。

不同的教学模式对学生自主学习所产生的影响不同。一般认为，以教师为中心的讲授式教学不利于学生的自主学习。这是因为，在这种教学模式中，教师是知识的传授者，学生是知识的接受者，学生的"学"是围绕着教师的"教"进行的。它往往使学生处于被动、服从的学习地位，没有学习的自主权，学习的自觉性和主动积极性得不到发挥。

那么，什么样的教学模式有利于学生的自主学习呢？无论是人本主义心理学家还是建构主义心理学家都认为，有利于学生自主学习的教学应该以学生为中心，教师要由知识的传递者、灌输者转变为学生学习的组织者、指导者、帮助者和促进者。在整个教学环境中，教师应该利用情境、协作、会话等学习环境要素充分发挥学生的学习主动性、积极性。教学中一般要包括创设问题情境、学生自主学习、小组讨论、结果评价等环节。例如，齐莫曼指出，在培养学生自主学习能力的过程中，教师的作用不同于在传统班级中所起的作用。传统班级中，教师强调学科内容目标，控制着学生学习的过程，调节着整个班级学习的步调。而在以培养学生自主学习能力为目标的班级中，教师会让学生监控自己的学习，要求学生以个人或小组的方式分析自己的学习材料，帮助他们以自我监控的学习结果为基础设置目标、选择策略，让学生自己负起学习的责任。教师教给学生自主学习的策略，鼓励学生自学。

（六）教育技术

自主学习强调以学生的学习为中心，而这种教学结构注重学生是信息加工的主体，是知识意义的主动建构者；教师是课堂教学的组织者、指导者，是学生建构意义的促进者；教学媒体是促进学生自主学习的认知工具；教材不再是唯一的学习内容，学生通过其他途径（如图书馆、网络）也能获取大量语言学习材料。近年来，网络技术、多媒体技术在英语教学中的应用日益广泛，教学内容日趋网络化，计算机辅助教学的地位越来越重要，课堂上的师生交流更多地为人机对话所取代，学生可以超出课堂教学的限制，而根据自己的实际情况和需要，有针对性地选择学习内容和材料，自主安排学习时间和地点，自行安排学习计划，随时提出学习中的问题并能够得到及时帮助和解答。可以说，现代教育技术的发展，为教师自主教学和学生的自主学习提供了更多的机会。

多媒体和网络技术的运用不仅仅使以学生为中心的教学结构有了实现的物质条件，而且计算机和网络的普及使学生获取英语学习资源的途径更为广阔。教师可以在互联网上找到各种各样的分类英语资料，以作为课堂学习的补充。网络化学习环境下，可获取的信息资源丰富，数量巨大，获取方式更方便快捷，这为自主学习提供了有利条件。在教学中，教师除了要帮助学生掌握有关计算机技术的基础知识与技能以外，还要使学生充分利用计算机技术营造的功能强大的学习环境，进行全方位的学习。

第二节　英语自主学习能力的培养

一、引导教师进行合理的角色定位

教育部门是教学工作的总指挥，决定着英语的教育模式，而不同的教育模式必然会影响到一线教育工作者自身的定位。中国相继出现过两种教育模式，即应试教育和素质教育。在这两种不同的教育模式下，英语教师的角色定位是截然不同的，而英语教师不同的角色定位必然会对其教学理念、教学方法和教学策略产生不同的影响，这种影响又会直接作用于学生的英语学习过程。因此，教育部门必须发挥其应有的指导作用，从宏观层面上积极推进教育模式的转变，即从当前的应试教育向素质教育转变，使学生从被动的学习向自主学习转变，以引导英语教师对其在英语教学中扮演的角色进行重新审视和合理定位。

为了适应自主学习的英语课堂教学环境，教育部门有责任引导英语教师改变其传统观念，使之客观地认识自身角色。因为英语自主学习课堂教学模式需要教师把英语教学更多地视为一个学生主动进行言语实践活动的过程，在教学中，教师应帮助学生发展以下能力：确定学习目标、选定学习内容和进度、选择学习方法和技巧、监控学习过程和评估学习效果。因此，在英语自主学习课堂教学模式中，教师的角色是促进者、协调者、组织者、评价者、资源库。学生是"负责自我语言学习管理"的学习主体，是自己学习目标的设置者，是语言实践个体活动、双人活动、小组活动、师生活动的参与者，是不同学习方法的体验者，是学习结果、学习策略和方法、学习进步等方面的自我评估者，是语言知识的主动建构者。学生不再是外部刺激的被动接受者和被灌输的对象。

总之，在当前的社会环境下，传统的填鸭式教学方式或者说应试教育模式已经严重阻碍了学生英语自主学习能力的培养，与这种教育模式所对应的教师角色自然也不能适应需要自主学习能力的英语学习者，因此，为了有效提高学生英语自主学习能力的培养，教育主管部门必须站在战略层面对英语教育模式进行规划和调整，从而带动英语教师在英语教学中对自身所扮演的角色进行科学合理的定位。

二、开发自身潜能，形成自主习惯

（一）自主阅读

自主阅读是自主学习的基础。古语有云："读书破万卷，下笔如有神。"充分阅读对于知识的理解、感悟和获取都是分外重要的。现代心理学则认为，阅读是一种调动各种感觉和思维的复杂心理活动，在阅读中个体的思维、想象、记忆都得到了发挥，个体的动机、情趣、兴趣等心理因素都直接调节着阅读过程。总之，阅读是一门读中感知，读中感悟的综合课程。对于学生而言，随着识记单词数量的增多，阅读成为其获得知识的主要途径。兴趣是最好的老师，学生自主阅读需要自身兴趣的引领，家长和教师的帮助也不可或缺。自主阅读能使阅读的工具性和人文性得到统一，培养学生语言知识技能的同时提升其素质。在英语课堂教学中，学生自主选择内容进行阅读，在教师的引导下深层理解、回味领悟。如此，自主阅读的过程保证了学生的主体地位和教师的主导地位，有利于师生共同进步。在轻松愉悦的阅读环境中，容易培养学生的自主阅读兴趣，进而发展成自主阅读的习惯，促使其掌握较为广博的知识，为自主学习提供知识基础和可能性。

（二）自主思考

自主思考是自主学习能力形成的前提。如今社会，教师需要给予学生行为上的尊重和思想上的解放。特别是学校中的学生，他们知识储备有限，思维受到既有知识的限制，教师在教学过程中要促使他们运用发散性思维，有自己独到的见解和想法。同时，教师也要对他们进行科学有效的指导，当教师充分发挥了促进者的作用，才能使学生对语言知识有更深刻、更全面的理解，最终使学习变被动为主动。孔子云："学而不思则罔，思而不学则殆。"在自主思考的基础上，学生会对万千的事物产生急切的探索欲，这就使自主学习有了充分的必要性。

（三）自我效能感

自我效能感是自主学习能力提升的催化剂。当学生得到认可时，会产生充分的成就感，这就是自我实现完成的表现。在得到家长的赞赏和教师的表扬时，学生的积极性会被完全调动起来，自主地去从事被肯定的行为。在日常生活中，如果学生经常体验成功、有正面积极的榜样、容易受到激励，就会产生较高的自我效能感。自我肯定意识被唤醒，会坚持不懈地完成目标，这样就使自我效能感得到良性循环。课堂是学生学习活动的主要场所，因此课堂发言对其自我效能感有着重要影响。班杜拉认为，情绪和生理状态也会影响自我效能感的形成。在课堂中，学生亲身的感受、替代性经验和教师的言语劝说都会唤醒其情绪。在开放、自由、和谐的课堂环境中被唤起的是积极向上的情绪，有利于提升自我效能感；相反，压抑、苛刻的课堂环境必将降低学生的自我效能感。因此，教师在施教过程中要充满关爱，在对学生课堂发言评价时候，要引导学生正确客观归因。除此之外，家长也要从小培养孩子活泼开朗的性格和乐观自信的生活态度，这些都有利于培养学生的自尊、自信。

三、锻炼学生的创造性学习能力

创造性学习是在"创造性思维"和"发现法学习"等的研究基础上发展而来的，创造性学习与传统的维持性学习（Maintenance Learning）相对。"创造性学习"是学生对当前输入的知识信息进行加工、处理、重组，并能够对其进行改变、更新的学习。它更适用于开放的学习环境和宽广的知识范围。

首先，创造性学习强调学生在学习过程中的主体性地位，学生具有能动地安排自己学习、掌控自我学习的能力，有独特、系统且高效的学习方法。富有创造性的学习习惯的养成表现了学生能动的自身组织和管理的能力。一个人学习的习惯是否具有创造性，往往与他的知识结构和智力水平有着较为直接的关系。创造性的学习习惯可以保证高效的、具有创造性的学习方法的持续使用，从而形成自己稳定的、个性鲜明且具有创造性的学习风格和学习方式。因此，要使学生自主学习能力可持续发展，就要主张学生养成进行创造性学习的习惯，在学习过程中要学会自我创设富有创造性的学习环境，激发学习的兴趣和动机。

其次，创造性学习倡导学生在学习中学会学习，学会并使用各种学习策略对知识进行积极的探索性学习，对学习结果主动进行反思，这是训练学生进行创造性思维的根本。在英语自主学习中，学生最首要学习的是学会学习、学会自我管理和自我控制，因为形成一种独立学习的方法是比获得知识更为重要的事。这就需要学生能够熟练掌握和灵活使用各种学习策略，也就是说，学生必须懂得自己要学什么、为什么要学、用什么方法学、在何时何地学习效果最好、学习的结果和预期要达到的目标是什么等等，并在学习和语言实践中不断对自己的学习进行反思、评价、总结，形成新的知识结构。

另外，创造性学习要求学习者善于运用良好的英语语言思维习惯，主动找寻独特视角和独特方法来发现问题和解决问题，并勤于总结，以此建立创造性的知识结构和创造性的个性特征，从而逐步具备创新性能力。要培养学生的创新性思维能力，教师在教学中应注意对学生进行多种思维训练，以增强他们的创造性思维能力的发展。在教授学生学习英语基础知识、语法规则时，教师可以引导他们使用定势思维方式充分发挥其记忆能力在语言的语法规则等的学习中的作用，重复的次数越多，学习越有效，会使学生掌握这些语言知识，并熟练运用于语言实践中。

四、培养学生的知识运用能力

(一) 重新定位教学目标

教学目标在教学中具有导向功能，是呈现教学内容和实施教学过程的前提。教学目标的合理设置往往比教学内容的组织和教学过程的实施显得更为重要。为了培养学生的知识运用能力，教师应该重新定位英语教学的目标，突破以掌握系统的英语知识或培养学生的英语逻辑思维能力为导向的目标，而应该以现实生活和现代社会的需要为出发点和立足点、以英语知识的实践能力培养价值为切入点确立英语教学目标，并提倡学生综合实践能力的培养以促进学生综合运用各门学科知识解决问题。为了唤醒学生运用知识解决实际问题的意识，教师在制定英语教学目标的过程中，要充分考虑语言知识与学生实际生活的关联、这些知识在实际生活中运用的范围和条件以及提供和选择什么样的活动能够有助于学生顺利有效地实现知识的运用。在教学中强调英语教学目标以学生知识运用能力的培养为基本导向，并不是忽视学生系统掌握知识的能力的培养，而是在教学中需要实现知识的学习与实际运用的有机统一。此外，英语教学目标的设置应该基于英语自身的性质和内容、学生的知识系统而呈现出自身的特色，应该充分考虑语言知识在学生知识运用能力发展中所具有的独特价值。

(二) 转变教学内容的呈现方式

英语教学目标的重新定位需要教师转变教学内容的呈现方式。教师的工作并非只是传授信息，甚至也不是传授知识，而是以陈述问题的方式介绍这些知识，把它们置于某种条件中，并把各种问题置于其未来情景中，从而使学生能在其答案和更广泛的问题之间建立一种联系。由此可知，教师在教学的过程中必须以实际问题情境为依托呈现教学内容，为学生知识学习和知识运用提供问题情境支撑。问题情境必须来源于生活并且与学生的日常生活息息相关，具有真实性；必须满足学生已有的发展水平和学习内容的需要，具备一定的复杂性；必须包含知识运用的实际条件；必须有助于营造良好的学习合作氛围，调动学生交往与互动的积极性；必须具有某种程度的不确定性，引导学生进行思考与探索。如教师在教学的过程中以口头语言为载体呈现某个故事、以文字符号为载体呈现一则案例等，故事或者案例中的事件必须具有真实性，从而激发学生探讨解决问题方法的积极性；故事或者案例中问题的难度必须难度适中，符合学生的"最近发展"，从而激发学生学习的兴趣。

(三) 加强教学实践活动的开展

教学实践活动的开展有助于学生深化对所学知识的理解，并将知识运用于实践活动中。教师应该根据英语教学内容的性质、结构等特点有意识地组织学生进行实践活动，如面对实践性较强的内容时，教师应该先向学生讲解课程内容的主要目的、重要作用、实践步骤等技能性和实用性的知识，然后组织学生在相应的语言环境中进行体验，并根据不同学生在实际交际中遇到的不同困难进行有针对性的指导，从而推动学生学习兴趣的激发、交际能力的提高以及获得对后续学习的持续动力。面对实践性不强的教学内容时，教师应该积极组织学生进行小组讨论，交流自己的某些不解和困惑，从而获得有利于自己理解知识的方法和缺失的知识点。此外，教师还应该鼓励学生参与社会实践活动，让学生充分感受知识的作用，获得丰富的直接经验，不仅有助于学生更加容易地理解与社会实践活动相关的抽象知识，还有利于学生将学习所得的知识运用到实践活动过程中，从而促进学生知识运用能力的培养。

五、充分利用英语自主学习资源

霍莱克指出，给学生提供一个他们能自主支配自己学习的机构是自主学习要具备的两个前提条件之一。① 学校建立英语自主学习中心，能够为学生营造良好的英语学习氛围，为学生自主学习创造条件，同时有效改善学校学生多、教师少，有限的课堂操练和教科书上的语言输入满足不了学生的自主学习需要的不足。

要想充分发挥英语自主学习中心的作用，学校还要从英语授课教师中精选出英语学习中心的负责教师，并从学生中选拔一些英语基础好、学习能力强、热爱英语的学生，组建专门的英语自主学习负责机构。这些教师和学生能够了解学生的英语学习特点和他们感兴趣的话题及相关领域。他们精选的学习内容、组织的活动会更贴近学生的生活，能充分调动学生参与的积极性。自主中心负责人员应以讲座等形式教会学生使用中心的各种设备和资源，引导学生充分利用自主学习环境，使自主学习中心的资源物尽所用，充分发挥出中心的价值。自主学习中心机构的负责人应定期安排中心的学习内容和活动日程，比如定期举办英语学习讲座、英语演讲比赛、英语晚会、研讨会、英语角、学习讲座、文化沙龙等来满足不同背景的学生的不同需求，增强他们的学习兴趣，同时拓宽课外英语学习的内容，锻炼自己的言语技能。管理人员要有意识地将自主学习中心的学习内容与课堂教学内容有机结合，为学生提供适当的帮助。英语学习中心还要准备一些英语读物，如《21世纪英文报》《空中英语教室》《英语沙龙》及英语读物简译本和原版英语书籍等，供不同层次学生阅读。自主学习中心要为学生提供计算机等现代外语学习设施，定期播放学生喜欢的外国电影和感兴趣的电视节目等，尽可能让学生在目的语的文化氛围中熟悉目的语文化，提高交际能力。

六、构建英语课程自主学习的保障体系

建构主义教学理念下的英语教学过程是学生利用知识储备和已有经验在建构环境中通过主动建构，确保自主学习能力持续发展的过程。基于这样一个认知和实践基础，传统英语教学策略正在经历由行为主义理念到建构主义理念的转变，教师和学生都需要在新形势下做出积极调整，适应强调自主学习的教学模式，因此，有必要构建英语自主学习保障体系。

---

① 周英. 高职高专英语教学模式思考［J］. 太原城市职业技术学院学报，2006（1）：87.

（一）加强自主学习的过程监控与效果评估

建构主义学习理论中的主动建构是英语自主学习模式的本源，而积极主动的自主学习模式也确实是英语教学改革中推广的学习模式。然而自主学习并非独自学习，脱离了教师、合作者、教学材料等建构环境的构成因素而独立存在的绝对"自主"学习模式，是无法实现语言能力的持续发展的。在自主学习过程中，教师不应该，也不会放弃在学生的自主学习过程中作为组织者的地位。自主学习作为英语教学的有机构成部分，也属于教师进行教学监控与评估的范围。教学监控与评估一直是教学过程的重要环节，可以帮助教师了解教学整体状况，接收来自学生的数据反馈，对教学工作进行针对性的调整，也可以帮助学生对学习进程进行阶段性的总结，弄清症结所在，明确学习方向。

若从监控的实施主体来看，对自主学习进行的教学监控可分为学生自我监控和教师监控两大类。在建构主义教学理念中，学习者在自主学习过程中具有中心地位，对于自身的自主学习状态拥有最直观、最主动的了解，可以进行主动、适时的策略调整。但是学生在自主学习过程中往往还不具备完善的自主学习策略，无法及时做出最为正确的学习策略选择。在这种情况下，教师作为各个教学环节的组织者可以提供最为直接、有效的帮助，实行对学生自主学习过程的教师监控。学生自我监控和教师监控成为自主学习过程中两种互为补充的监控类型，对了解学生自主学习的进程提供直观的记录与及时的支持。此外，互联网和局域网等网络技术手段也为两种监控方式提供了技术支持，提高了监控效率，为自主学习策略的调整提供了数据支持。

测试与评估是教学过程最常见的监测手段之一，为教师提供了能改进教学安排，提升教学水平的反馈信息，是了解学生不足，改进方法，持续进步的信息支持。传统英语教学与其他很多课程没有区别，主要采用了终结性评估的方式。语言课程的自主学习过程具有动态性、多变量的特点，仅凭终结性评估方式不足以全面反映自主学习能力的变化。因此，对自主学习过程的评估应该将重心放在对于自主学习动态过程的关注，采用形成性评估的方式反思、监测学生自主学习的效果和进展情况，促进他们自主学习能力的形成。

（二）培养自主学习策略与态度

学生在自主学习的过程中，会主动建构意义，把握各门课程知识体系客观规律，与此同时需要建构的还有自主学习的根本目标——持续发展的自主学习能力。对自主学习能力的建构产生直接影响的是学生的自主学习策略与态度。积极的学习态度和高效、完善的自主学习策略可以有效提高自主学习的效能，进而从根本上提升自主学习能力。

自主学习态度和策略的作用不可小视，在自主学习各个环节中培养学习者良好的策略与态度也有不小的难度。首先，学习者在自主学习的过程中容易出现学习态度和学习目标及学习动机不匹配的情况。在考试、出国、就业等客观需求的刺激下许多学生都有非常明确的学习目标和学习动机，但在自主学习的过程中由于没有有效的学习模式和学习规划或者受其他客观条件的限制，有些学生可能会有较低的自主学习的自我效能感，无法树立起积极地自主学习态度。在这种情况下，教师应充分了解学生的个性化学习目标与学习动机，加强与学生的交流，与学生合作制定其个人规划，协助学生提升自主学习的自我效能感，继而梳理积极的自主学习态度。其次，自主学习策略的构成因素复杂，自主学习策略的综合培养也有不小的难度。自主学习策略可以界定为自主学习过程中学习者要使学习能力持续发展所需的一种固化在头脑中的信息利用机制。对于英语自主学习而言，这种策略就是自主学习过程中对学习者学习效果的内在保障因素。学生学会了在学习中充分运用学习策略，就具备了可持续发展学习能力的可能。

七、创设自主学习的教育环境

师生关系是影响学生自主学习的一个重要外部因素。师生关系的好坏会直接影响学生自主学习效率的高低以及学生是否会主动寻求教师帮助。和谐的师生关系是建立在互相信任、互相尊重、互相理解、互相配合的基础之上的。但在现实中，学生学习语言的欲望有时会受到"师道尊严"的压制，这妨碍了他们学习的主动性和创造性。因此，在这一方面，英语教师必须重新审视"严师出高徒"的古训，树立与学生平等、相互尊重的理念，走到学生中间去，给学生一种亲近感，并要善于捕捉学生的闪光点，让他们在尊重中得到信心，在肯定中获得激励。

另外，学习的氛围、学习的工具等也属于自主学习的环境。首先，教师在英语教学中要注意给学生营造英语学习的氛围，如通过情景交际、情景对话、英语话剧等活动，来为学生创造出更浓厚的英语学习的语境和情境。虽然是"创造"出来的，不能等同于真实的英语语言环境，但至少可以激发学生的学习兴趣和进行英语交流的动机，使学生体验到说英语、用英语的乐趣所在，以此提高学生运用英语的能力。其次，在英语教学过程中，教师也要善于利用多媒体等现代化的教学手段，使教学手段多元化、多样化。现代教学手段和传统教学手段相结合，使学生对课堂教学不再感到枯燥，反而会感受到轻松和有趣，这样学生的注意力容易集中到教师的课堂教学中来，从而学习效率会更好。最后，教师在英语课堂教学中，要为学生营造轻松活跃的课堂氛围，尽量调动每一个学生参与课堂活动的积极性。教师上课的激情会传染给学生，学生也会受到教师的活力的感染而更加积极地、活跃地配合老师。

此外，学生和家人的关系、与同学的关系也是自主学习环境的一部分。首先，学生的家人应该努力为学生创造家里的适宜学习的舒适环境，这种环境包括学生的父母之间的关系以及父母与孩子之间的关系，父母若经常在孩子在家的时候吵架，这势必会严重影响家庭氛围以及孩子的学习；若父母常年在外或者对孩子态度冷漠不管不问，也同样会影响孩子的学习。因此在这方面，父母不应该"拖后腿"，而应一切以孩子的学习和健康成长为主，努力为孩子创设最舒适的家庭学习环境。其次，学生也要和自己的同学、同伴搞好人际关系。在这一方面，除了学生自己的努力外，教师也要有意识地促进学生与学生之间的交流，如在英语课堂教学中，可以多设置一些讨论、交流的学习活动，让学生有机会和同学交流，并且是用英语交流。这样，通过英语架起多边互动的桥梁来增进师生之间、生生之间的相互了解和友谊，使师生关系、生生关系融洽、和谐、平等。这样会在很多方面对学生英语自主学习能力的培养产生积极作用。

第三节　常见的英语自主学习教学模式

一、协作型教学模式

（一）协作学习的概念与基本要素

1. 何为协作学习

协作学习（Collaborative Learning）最早兴起于20世纪70年代，并在随后的十几年时间内得到教育界的关注。在英语中，协作（Collaborative）指的是一种状态，而协作学习除了指以固定人数的小组为基本单位进行合作性活动、以完成某一指定任务为目标的学习形式外，还强调组内成员间必须具备特异性特征，彼此之间存在"正互赖性"，即任务的完成依赖每名成员的贡献，协作过程中强调彼此之间的互动，同时必须通过互动进行共同的知识建构，帮助学习者增强对知识的理解，提高其参与的积极性，提升深度思维能力，并培养学习者的团队意识和合作精神，以及沟通或表达能力等等。

2. 协作学习基本要素

（1）协作小组。协作小组是协作学习模式的基本组成部分，小组划分方式的不同，将直接影响到协作学习的效果。

（2）成员。成员是指遵循一定的原则和策略分配到各学习小组中的学习者。对于成员的分配要统筹兼顾到学习者的诸多因素，譬如学习者的认知结构、认知风格、学习成绩、认知方式等。一般采用互补式会更有助于协作学习效果的提高。比如将学习成绩好的学生和成绩差的学生在分组时进行组内搭配。采用这种分组方式不但可以提高差生的学习成绩，而且优生在辅导差生的过程中也会实现对知识的融会贯通。

（3）辅导教师。在协作学习过程中辅导教师起着督导的作用。正是有辅导教师对协作小组的组织和控制才使得协作学习的效率和效果得到了充分保证。在这种学习模式下，对辅导老师的教育思想、教育观念提出了更高的要求。也就是说要由传统的以"教"为中心的教育理念向以"学"为中心转变，同时还要实现二者的最优结合。

（4）协作学习环境。协作学习要在一定的环境下进行，主要包括组织环境、空间环境、硬件环境和资源环境。组织环境是成员的组织结构，包括小组划分、成员角色的分配等。空间环境是指协作学习的物理场所，如班级课堂、网络环境等。硬件环境指协作学习所需要的硬件条件。资源环境是指协作学习所利用的计算机、网络等资源。

（二）协作学习的方式

1. 设计

设计是注重学习者整个学习过程的一种学习模式，它重在培养学习者的综合能力水平。首先，由教师负责给出设计的主题；然后，学习者在完成主题任务的过程中，应当充分运用自己所学的知识和交流能力，与小组成员之间相互帮助与合作，共同完成任务；最后，在整个协作学习的教与学过程中，通过与教师和合作者之间的相互沟通与学习，从中产新的思维方式，新的学习方法，从而促进学习者整体能力的发展。

2. 伙伴

协作者为了达到共同进步和完成任务的目的，彼此之间需要从对方那得到帮助并学习对方好的学习方法，因此伙伴之间要就彼此的问题多交流以及提出自己的想法。当然，协作学习伙伴可以是人，也可以是计算机。

3. 辩论

辩论分为组内和组间两种，以辩论的方式进行协作，可以使协作者之间达到充分交流的目的，还可以培养学习者的批判性思维和质疑的态度。开展辩论需要教师先确定主题。围绕这个主题，小组成员可以先确定自己的观点和态度，然后通过网络和参考文献等方式查找相关资料和数据来支持自己的观点。教师可以充当裁判的角色，当然也可以由其中的某一小组成员担任，裁判根据情况确定正反方，双方围绕确定的主题进行辩解和讨论。在此过程中，双方各自阐述自己的观点，并对对方的观点进行辩驳和质疑。在讨论和辩论的过程中，学习者主动地建构了自己的知识结构，使自己的观点更清晰。

4. 合作

多个协作者共同完成某个学习任务，在任务完成过程中，协作者之间互相配合、相互帮助、相互促进，或者根据学习任务的性质进行分工协作。不同协作者对任务的理解及其视点不完全一样，各种观点之间可以互相补充，从而圆满完成学习任务。

5. 竞争

竞争是指两个或更多的协作者参与学习过程，并有辅导教师参加。辅导教师根据学习目标与学习内容，对学习任务进行分解，由不同的学习者"单独"完成，看谁完成得最快、最好。辅导教师对学习者的任务完成情况进行评论，其他学习者也可以发表意见。各自任务完成后，就意味着总任务的完成。竞争性模式有利于激发学生的学习积极性与主动性，但易造成因竞争而导致协作难以进行的结果。因此，让学习者明确各自任务完成对保证总目标实现的意义非常重大，即学习者是在竞争与协作中完成学习任务的。竞争可在小组内进行，也可以在小组间进行。

6. 问题解决

该种模式需要首先确定问题。问题的种类多种多样，其来源也不相同。在问题解决过程中可以采取多种方式，如竞争、合作、辩论等。问题解决过程中，协作者需要借助虚拟图书馆或互联网查阅资料，为问题解决提供材料与依据。问题解决的最终成果可以是报告、展示或论文，也可以通过汇报的形式。问题解决是协作学习的一种综合性学习模式，它对于培养学生的各种高级认知活动和问题解决与处理能力具有明显的作用。

7. 角色扮演

该种模式是让不同学生分别扮演指导者和学习者的角色，由学习者解答问题，指导者对学习者的解答进行判别和分析。如果学习者在解答问题过程中遇到困难，则由指导者帮助学习者解决。在学习过程中，他们所扮演的角色可以互相转换。通过角色扮演，学习者对问题的理解将会有新的体会。角色扮演的成功将会增加学习者的成就感和责任感，并可以激发学习者掌握知识的兴趣与积极性。

二、PBL 教学模式

(一) PBL 教学模式的概念

PBL 是 (Problem-based Learning) 的简称，被译为基于问题的学习或问题本位学习。对于 PBL 的内涵，很多人有不同的看法，唐纳德 R. 伍兹 (Donald R. Woods) 认为，PBL 就是一种以问题驱动学习的学习环境，在学生学习知识之前，先给他们一个问题，提出问题是为了让学生发现在解决某个问题之前必须学习一些新知识。梅奥 (Mayo) 等人认为，基于问题的学习是先创设一个有意义的现实情境，并为他们解决这个情境中的问题提供相应的资源，及时给予适当的引导和恰当的指导，使他们在解决问题的过程中获得知识、提高解决问题的能力。在霍华德·巴罗斯 & 门·凯尔森 (Howard Barrows&Mn Kelson) 看来，PBL 既是一种课程，也是一个过程：说它是一种课程，是指它由经过精心设计的问题组成，而这些问题的解决不但使学习者获得了知识，而且形成了解决问题的能力、自主学习策略以及团队合作意识；说它是一个过程，是指它在过程中所采用的方法是解决问题或应对生活和事业所遇挑战的系统方法。

PBL 教学模式有以下几个特征：

(1) 以学生为中心，教师参与并起辅助作用，这一点也符合新课程标准对我国英语教育的要求。

(2) 以现实世界中的问题为起点，有利于学生理解，更能引起学生的兴趣，使学生更快地进入角色。

(3) 学生以小组合作的形式参与教学，不仅在小组里各抒己见，还可以参考他人意见引起自己思考，最终得到更好的结果。

(二) PBL 教学模式的流程

1. 创设情境，呈示问题

教师在了解课程和教学标准的基础上，灵活采用多种方式为学生选择适当的问题，例如查阅课程资料、报纸杂志或者与同事讨论等。在为学生选择问题时，教师需要兼顾学生的性格特征和学习需求等因素，思考呈现问题的最佳方式，以吸引学生进行自主学习。此外，教师还需要注意问题情境的趣味性，激发学生的兴趣，使学生在生动有趣的问题情境中与他人进行交流、探索，分享学习体验。

2. 划分学习小组

小组的划分主要有两个依据：一是学生的认知水平，二是学生的兴趣爱好。具体而言，教师通常先将多个可供选择的问题发放给学生，然后学生根据自己对问题的兴趣爱好自由地结成小组。需要注意的是，分组有同质分组和异质分组之分。所谓同质分组，是指把学习风格、认知水平相同或相近的学生编成一个小组，而异质分组则是指把学习风格、认知水平相差比较大的学生编成一个小组。在 PBL 教学模式中，教师应当尽可能地让学生自愿组合，为学生学习创设较为自由、舒适的合作氛围。

3. 分析问题

这一环节目的是让学生对问题情境有一个清楚地理解，也就是学生清楚地看到自己已掌握的知识对问题的解决作用，并进一步了解需要继续学习的知识。教师在将初始问题呈现给小组后，学生首先会激活头脑中与此问题相关的已有知识，并根据已有知识思考，以便对这个问题的"理论"进行建构和解释。当其中一个学生调动起自己的已有知识的时候，这些知识可能会激活另一位学生的已有知识。这样，知识将会被逐渐激活，而一旦集体的知识被激活了，学生就会开始详细运用他们已经掌握的知识，并尝试在已有知识与问题中所描述的现象之间建立起桥梁。于是，合作便由此开始。在学生对问题获得了一个较为全面的认识之后，他们便能科学、合理地对各种信息资料进行分类，给组员分配任务。

4. 收集并共享资源

在 PBL 教学模式的分组中，学生一般都是 3 个或 5 个人组成一个小组，来共同讨论解决当前的问题，并讨论还需要收集哪些资料、学习哪些知识。当所有的资料都收集好以后，小组就会分散然后进行组与组之间交换组员，组成新的小组。这样他们就可以在新的小组内共享信息。

5. 选择并陈述问题解决方案

学生经过讨论选择出最佳的解决办法后，就要向大家说明为什么他们认为这是最佳解决方案。对此，他们可能会用到概念地图、图表、演示文稿、音像多媒体或者万维网主页等多种形式，向大家展示他们对问题的思考和为什么选择这一最佳解决办法。当然，具体选择什么方式，学生可以根据自己的需要和自己在问题情境中的角色来确定。

6. 反思

活动任务完成以后，学生要总结他们在解决问题的过程中，哪些地方做得好、哪些地方做得不够好，并讨论以后在解决该类问题的过程中怎样做得更好。同时，他们还要讨论在解决问题的过程中遗留下来的问题。

（三）PBL 教学模式的应用优势

以问题为核心，以学生小组为单位进行自主学习、合作学习的 PBL 教学模式，在教学方法上，主张根据不同的教学内容和教学目标，对多种教学方法进行优化组合；在教学过程上，主张因材施教，以发展学生的个性；在课程衔接上，强调单元与单元之间的相互渗透与综合；在教与学方面，要求教师角色与学生角色进行根本性的转变，教师由"真理"的传授者转变为课前的设计者、课程实施中的指导者、课后的反馈者和反思者；即教师要从传统教学的中心和知识的源头，转变为学生获得知识的策划者、指导者和助手。教师的主要工作体现在课前充分设计问题；课堂以学生为中心，指导学生积极、有效的学习；课后对学生课堂表现进行分析、总结，并针对课堂上出现的问题进行反思、探讨，然后重新设置下一单元的课前问题。学生由原来被动的知识接受者转变为独立、自主的学习者。[①]

以小组相互协作进行学习的 PBL 教学模式也特别适用于水平各不相同的学生班级。不同水平的学生容易从不同的视角看待问题，提出不同的解决问题的方法。共同参与讨论也是一个取长补短的过程，它要求合作者学会倾听他人的想法与意见，以研究解决问题的对策。学习者相互协作、共同协商解决问题的讨论过程，是用英语外显先前知识的思维过

---

① 支永碧. PBL 在中国外语教育中的应用：意义、困境与出路 ［J］. 外语与外语教学，2009 (7)：33-37.

程，是锻炼学习者英语听、说能力的绝好机会，是彻底解决课堂辩论中的"冷场""答非所问"和"自顾自讲"英语现象的可行之举。

而且，PBL 教学模式要求学习者和实施者对学习过程和教学过程进行及时反思、总结与评估。学生通过不断地反思、总结，能让新知识与学过的知识相互联系起来，并能逐步提炼出概括性的知识，也能理解如何把以前学过的知识应用到新的学习任务中去，以形成创新意识。为了提高课堂教学质量，更好地完成教学任务，教师必须对自己的教学实践活动进行反思，既要洞察和了解学生的学习动态和学习成效，又要对每次课堂教学活动进行适时记录、反思，以便课后不断完善下一次课前的情景问题。教师课前情景问题的设置一方面要做到能够吸引并维持学生的学习兴趣，促使他们积极地寻找解决问题的方法，另一方面，要让学生在多途径地、自主性地收集解决问题资料的过程中体会到收集、辨别、整理资料的过程也是获得新知识的思辨过程。当学生一次一次地致力于寻找解决问题的不同方法时，他们就会养成良好的自主学习习惯，并最终成为自主学习的实践者。学生在这种英语学习氛围的长期潜移默化下，其综合文化素养也能得到提高。

三、角色扮演教学模式

（一）角色扮演的定义

关于角色扮演的定义，不同的学者有不同的观点。阿伦森（Aronson）和卡尔·斯密斯（Carlsmith）认为角色扮演是学生在一定的情景中扮演一定的人物的活动。斯顿（Ston）和布鲁德尔（Buludeer）认为，在角色扮演的活动中，给学生分配一个特定的虚拟角色，他们即兴创作并表演出与其角色性格相符的行为。这似乎仅仅注重即兴扮演，而不注重由模仿到自由扮演的过程。理查德（Richard）认为角色扮演教学模式是一种类似于戏剧表演的课堂活动，在活动中，学生分别扮演某一具体情景中的不同角色，表演在那一情景中发生的特定活动。保罗·彭妮（Paul Penny）把角色扮演看作各种各样的活动的组合，在一系列活动中，学生可以想象自己置身于某种课外情景，扮演某个非自己的角色，使用与新语境相吻合的语言。

国内许多学者对角色扮演也有自己的理解。王怀贞认为角色扮演是一种教学活动，学生在模拟的情景活动中扮演不同人物角色，并把情景下要发生的事情用语言和动作传达出来。高凡认为角色扮演是一种模拟真实语言情景的外语课堂活动。

我们认为，角色扮演是一种模拟真实故事情景的教学活动，学生在活动中扮演人物角色，根据角色要求和学生自己对角色的理解把它表现出来。而英语角色扮演教学是一种将角色扮演理论运用于教学实践的活动。它是一种根据英语语言教学的目的和要求，在教学中让学生模拟教学素材中的故事情景，用英语把角色所要求的内容和文化表达出来。在这种教学活动中，学生必须根据语境和不同角色的身份用英语表达，并扮演该角色的行为。

（二）角色扮演教学模式的步骤

由于角色扮演涉及学生的课堂活动，因而需要对其进行一定的安排设计。对于如何在课堂上展开角色扮演活动，已有一些学者对此提出了自己的见解。在角色扮演的实施步骤方面论述比较权威的是由范妮·谢夫特（Fannier Shafter）和乔治·谢夫特（George

Shaftel）提出的。他们的论述出现在布鲁斯·乔伊斯（Bruce Joyce）的著作《教学模式》中，他们认为角色扮演教学包括以下 9 个步骤：①小组预备活动；②挑选扮演者；③布置场景；④组织观众；⑤表演；⑥讨论和评价表演；⑦重新表演；⑧讨论和评价表演；⑨总结。除了这种理论化的角色扮演操作程序外，国外大多数学者都是在自己的研究中，按照自己的实际操作叙述角色扮演的过程。

国内也有学者对角色扮演的实施环节做出相关论述，但是总体上与国外的学者的研究相似。蔡敏认为角色扮演式教学应该遵循如下步骤：①进入问题情境。学生清楚、理解问题情境，并且产生兴趣是整个表演过程取得成功的保障。②挑选学生"演员"。他认为虽然角色扮演是学生全员参与的学习活动，但是最初由谁来承担任务角色，一定要慎重决定。这是因为第一次的表演会直接影响到"观众"的情绪，也会影响到下面的分析和讨论。③准备表演框架。确定表演人选后，学生形成的"演员"小组进行磋商，筹划表演内容。④训练学生"观众"。在角色扮演的教学组织中，让暂时不参加表演的学生也进入状态，因而教师可以布置一些观察性的问题。⑤表演问题情节。学生按照事先设定的计划，承担起个人的角色，进行合作表演。⑥讨论表演内容。表演结束后的热烈讨论与积极评价，能够把学生的情绪推向新的高潮。

（三）英语教学中开展角色扮演的意义

1. 有利于激发学生学习兴趣，提高学生学习积极性

美国心理学家布鲁纳（J. S. Bruner）说："学习最好的刺激乃是对学习材料产生兴趣。"兴趣是学习最好的老师，它能使学生端正积极的学习态度，以快乐的心情去学习和探究。随着英语学习难度的逐渐增加，不少学生对英语学习产生了焦虑、畏惧的情绪。为此，英语教师在教学过程中，应采用灵活多样的教学方式，有效激发学生学习英语的兴趣。英语角色扮演教学法突破了传统教学模式的局限，不断给学生供新的刺激，让学生对学习英语的兴趣日益增长，这能够促使他们自觉地学习英语。学生为成功扮演角色就必须充分发挥其主观能动性，能针对老师布置的资料内容主动查阅资料，发散思维，经过反复排练，增强学生的记忆力和理解力。总的来说，这种模拟真实情景或者在真实情景下的角色扮演教学活动不但能消除学生学习中的消极因素，而且能够增强学生学习英语的兴趣。

2. 改变传统的教学模式，体现学生的主体地位

英语学习是一种应用性很强的语言学习，在传统的英语课堂教学中教师往往是课堂的主宰，不断向学生灌输语言知识，而学生的主动性地位被抹杀，听、说、读、写能力，尤其是说的能力无法很好地在课堂上得到培养。英语角色扮演教学活动是一种模拟真实语言情景的教学实践活动。在这种活动中，学生扮演某个特定的语言情景中的人物角色，并把在这一情景下所要求表现的内容用英语语言和动作表达出来。这实际上是对现实生活的重现，它能为学生提供足够的自主学习时间和空间，让他们主动地、积极地参与到英语学习中去，使学生在角色表演中取得成就感，轻松愉快地提高英语交际能力和综合素质，进而实现学生对英语的整体把握。所以角色扮演不仅有助于学生掌握英语的语言知识，提高言语技能和英语交际能力，而且有助于增强学生的主人翁意识。

3. 培养学生的社会角色意识和英语语言交际能力

角色理论认为，每个人在社会中都扮演一定的角色，这个角色与他教育背景、文化背

景、社会背景和个人的人际交往等因素有着直接而密切的关系。一个人只有对自己及身边其他人的社会角色有一个准确、完整的认识，才能很好地融入社会，对社会做出积极的贡献。相反，如果不清楚自己的角色定位，就不能了解别人的思想、情感和价值观念，很有可能在社会生活中失败。这些观点对当前英语教育有着深刻的启发：开展有效的角色扮演活动，不仅能培养和提高学生应用英语的能力，而且使学生身临其境地体验、理解和区分不同的社会角色，感受他们之间的统一与冲突，培养学生的主人翁意识，从而为他们将来在社会中扮演好自己的角色，履行个人的社会职责打下良好的基础。

4. 有利于探索符合学生身心特点的英语课堂教学方法

传统英语课堂教学过于注重知识传输，教学方法枯燥，不能有效激发学生学习英语的兴趣。对于活力十足，喜欢接触新事物、喜欢与人交往的当代学生来说无疑是痛苦和无奈的。所以教师要勇于探究符合学生特点的课堂教学方法，运用角色扮演等教学模式充分调动学生参加英语课堂教学活动的积极性，有效激发学生的学习兴趣。学生往往自告奋勇、积极参加，希望自己的扮演得到教师和同学们的认可，从而中获得成就感和满足感。教师可以以学生积极参与角色扮演的热情为机会，并将其迁移到英语课堂教学中，激发他们学习英语的兴趣。因此在英语课堂实施角色扮演教学，不仅能够克服单纯的英语语言知识灌输，而且有利于培养学生英语实际运用能力。

5. 有利于培养学生的创新精神和实践能力

根据传统的英语教学方法，教师以课本内容为支撑传授语言知识，教师主导课堂，学生被动接受知识。在这样的模式下学生很难发挥自己的主观能动性，更不要说实践能力了。相反，角色扮演教学法不拘泥于课本知识，给学生提供了较多自由发挥的空间，有时甚至把课堂完全交给学生，教师只起引导的作用。这样学生就能依据一定的课本知识发挥其积极的创造性和创新精神；同时根据教师所布置的任务，学生还需要准备一系列的辅助材料来确保扮演活动的顺利进行，在这个过程中又锻炼了学生的实践能力。

四、学案导学教学模式

（一）学案导学教学模式的含义与理论基础

学案导学模式是 20 世纪 90 年代后期发展起来的一种新型教学模式，是指以学案为载体，以导学为方法，以教师为主导，以学生为主体，师生合作共同完成教学任务的一种教学模式。它以学生为中心，以学生发展为根本，"以学定教，先学后讲"。通过自学、讨论、讲授、练习等多种形式和方法"引导"学生自学求真，把教学的重心从知识的传授转向能力的培养、智力的开发上。通过教师的"导"、学生的"学"，提高学生的学习能力、思维能力、研究能力和创造能力。"学案导学"教学模式是"启发式"教学模式的继承和发展，一是培养学生自主学习的能力：使学生想学、愿学、能学、会学，真正成为学习的主人，享有终身学习的兴趣与能力；二是培养学生的创造思维和创造能力：鼓励学生质疑、提出问题，引导学生进行求异思维，培养学生分析问题和解决问题的能力；三是促进学生全面发展：重视对学生学习方法的引导，让学生通过各种语言、活动的合作互动形式，综合培养学生的听、说、读、写知识综合运用能力，它主要包括导学案的设计以及课堂教学的导学等。

学案导学教学模式根据学生的心理特征、学习需求、思维规律和认知特点，采取科学、合理的方法，"从做中学""知行合一"，充分调动学生的学习主动性和自觉性，学生在整个教学过程中积极参与教学活动。学案导学教学模式的理论基础主要有以下两点。

1. 认知—发现学习理论

布鲁纳认为，学习是一个认知过程，是学习者主动参与形成认知结构的过程，即学习者不是知识的一个被动接受者，而是接受知识和改造知识的学习者，对知识的选择是积极、主动的。教师要研究学习者的学习行为和学习的内在动机，重视教材的知识结构，关注学习过程；采用一定手段有意让学习者独立思考，自己去探索、研究，去发现问题和解决问题；帮助学生通过习得（Acquisition）、转化（Transformation）、评价（Evaluation）去掌握新知识，使学生更有兴趣、更有自信地主动学习、有效学习。

2. 智力内化理论

维果茨基认为，"学生的个体活动是教学过程的基础"，而"教师的教学就在于指导、调节学生的这些活动"；学生智力的发展过程就是学生从外部形成的活动"内化"为内部形成活动的过程。因此，加强活动性教学，从提高学生的学习能力入手，发挥学生的创造力，提高学生的实践能力和创新精神是中学英语教学发展的新方向。倡导质疑问难，鼓励学生自我探究，开展研究性学习，以培养学生分析问题和解决问题的能力为目的的学案导学教学模式正是维果茨基的智力内化理论的具体运用。

（二）学案导学教学模式的实施过程

1. 课前预习环节

在学习新内容之前将导学案发放给每位学生，指导学生利用导学案预习即将学习的新内容，完成导学案中有关的基础性测验题，并将预习过程中发现的疑难问题标记出来。教师也可以通过导学案来检验学生的预习情况，明确学生在自主学习过程中遇到的难点，教师通过有目的、有计划地解决这些重点、难点来提高课堂效率。

2. 课堂实施环节

（1）检查反馈，尝试解决。学生通过对课本内容和导学案的预习已经对所学内容有所了解，教师需要做的就是通过一些基础性知识的提问来检验学生的自学情况，了解学生的自学是否顺利，通过自学能够解决学案中提出的问题。在这个过程中教师对个别有特殊困难的学生可以给予必要的指导，但要把握好度，以有利于学生自主解决问题为最终目的。

（2）组内探究、成果展示。在第一个环节进行完之后，教师组织学生以小组为单位对自学过程中发现的问题和遇到的难点进行讨论、交流，在谈论结束，小组统一意见之后，由小组长负责将讨论的结果向教师和其他小组展示。其他小组的同学可以就讨论的结果进行辩论、研讨，进一步深化讨论结果。如有必要，教师可以对讨论的结果进行适当的补充和总结。

（3）精讲释疑、适当点拨。对于每个小组提出的疑问，教师不要急于解答，而是由已经解决此疑问的学生将自己对该疑问的理解向全体同学说明，教师可以对不完善的地方进行适当补充，但最终还是要学生自己进行归纳和总结，教师只是进行引导。对于全体同学都有的疑问，教师可以组织学生积极辩论，鼓励大家踊跃发言，积极发表自己的看法和见解，让问题得到最终的解决。最后由教师进行总结，补充和完善学生的学习成果。

（4）典例分析、巩固新知。为更好地巩固学生所学知识，教师还要精心编制一些典型例题对所学内容进行随堂检测，这也有利于教师检测其教学效果。在学生通过自主学习、交流理解了单词、语法之后，教师就要将编制的典型例题交由学生进行练习，由练习的学生讲解自己的解题思路，由大家来判断该同学的解题思路是否正确。通过交流和讨论促进全体学生更好地掌握和理解所学知识。

（5）总结反思、探究规律。在做完例题后，教师要引导学生去发现该问题所用到的知识点、题型结构等，提炼解题方法，总结解题规律，提高探究能力，巩固学习成果。

（6）目标检测、分层练习。目标检测是检测学习目标达成度的一种手段。通过目标检测，学生可对自己的学习效果进行自我评价。通过目标检测题的练习，学生巩固了所学知识，又培养了良好的学习习惯，还体验到了成功的乐趣。对目标检测题的批改，教师可以采取灵活的方式，既可以全面批改、抽组批改，也可由学生组内互批、组间互批等，其最主要的宗旨是为了加强对本节课教学效果的反思。

（7）课堂总结。最后，教师负责组织学生对自己的学习进行总结、评价，自己是否完成了导学案提出的学习目标，自己在学习中遇到了什么困难，这些困难又是通过什么途径解决的，通过本节课的学习自己取得了哪些进步等。通过自评、互评等方式促进学生自己知识体系的形成，感受自己的成长与进步。

3. 课后深化环节

课后教师还要指导学生对导学案进行必要的整理、归纳，建立纠错本，将所有的错题都整理在纠错本上，以便及时复习总结。对于导学案和纠错本，教师也要定期查阅，对于发现的问题及时解决，提高导学案的实效性。

（三）学案导学教学模式对英语教学的推动作用

1. 学案导学教学模式是英语新课程改革所需

《全日制义务教育英语课程标准》明确指出，英语课程要注重优化学习过程，通过体验、实践、参与、探究和合作等方式，引导学生形成有效的学习策略，发展自主学习能力。学案导学教学模式通过"导学"方式，在课前留下深入思考、动手实践的时间，让学生有效"自学"，这正好与新课程中教与学的要求相吻合。通过英语课程学生掌握基本的英语语言知识，发展基本的英语听、说、读、写技能。学生在自主学习的过程中，培养英语学习的兴趣，进一步促进思维能力的发展，为终身发展奠定基础。

2. 学案导学教学模式促使英语教学中的教与学有机结合

学生通过"导学案"可以较好地了解和熟悉学习目标、教学的重难点等，让预习具有针对性，对学生有效的课前预习起到了很好地指导作用；教师通过检查学生的"导学案"，可以更好地了解学生的学习状况、准确地掌握学生在预习中存在的疑难困惑，以便及时地调整教学策略。学生在交流讨论过程中可以更多地展示自我，真正地参与学习，调动英语学习的积极性。学案导学教学模式引导学生通过独立思考、合作探究，主动获取知识，掌握学习技能，能学、会学，促成了教与学的有机结合，可以有效地提高课堂教学的效率。

第七章　任务型教学法与英语教育

任务型教学法虽然兴起的时间比较晚，但在短短的几十年里却引起了国外大批专家学者的关注。尤其是进入 20 世纪 90 年代以后，研究任务型教学法的论文与著作不断出现。21 世纪以来，任务型教学法在中国的英语教学界也开始引起广泛关注，教育部更是明确提出了"倡导任务型的教学途径，培养学生综合语言运用能力"的口号。本章即从任务型教学法的基本知识入手，对任务型教学法在英语教育中的应用展开剖析，并进行反思总结。

第一节　任务型教学法的特点、价值及实施步骤

一、任务型教学法的特点

20 世纪 80 年代，任务型教学法开始逐渐发展，并广泛应用于语言教学当中。任务型教学法指以具体的任务为学习动力或动机，以完成任务的过程为学习过程，以展示任务成果的方式来体现教学效果的教学方式。① 任务型教学理论认为：掌握语言大多是在活动中使用语言的结果，而不是单纯训练语言技能和学习语言知识的结果。在教学活动中，教师应当围绕特定的交际和语言项目，设计出具体的、可操作的任务，学生通过表达、沟通、交涉、解释、询问等各种语言活动形式来完成任务，以达到学习和掌握语言的目的。

关于任务型教学，布朗（H. D. Brown）认为："任务型学习将任务置于教学法焦点的中心，它视学习过程为一系列直接与课程目标相联系并服务于课程目标的任务，其目的超越了为语言而练习语言。"任务型教学的基本特征是以"任务"为核心的单位计划、组织教学，它采用任务大纲，以任务为单位组织教学单元，以任务的完成为教学目标。在任务型教学中，一个教学单元往往由一个任务构成，全部教学活动以任务为中心而展开进行，通过综合运用多种技能来完成任务。任务型教学的目的旨在培养学生在语言使用活动中准确和有效地进行交际的能力。

总而言之，任务型教学法主要有如下特点。

---

① 鲁子问，康淑敏. 英语教学方法与策略 ［M］. 上海：华东师范大学出版社，2008.

（一）核心内容是任务

在任务型教学过程中，核心内容就是任务。详细来看，任务就是通过教学来设定的，然后学生通过来完成任务达到提高语言运用能力的作用。在教学过程中，我们可以看出，教学任务设计的好坏在一定程度上关系着教学质量的好坏，与教学过程中成败有着密不可分的关系。科学合理的任务能够保证教学过程的顺利开展，相反，不合理的任务则会对教学过程的开展起到巨大的阻碍作用。因此，我们可以认为，交际任务的设计是任务型教学法的一个关键。概括来讲，任务就是一系列的工作计划，它从简单的练习类型到诸如问题解决和做出决定的复杂活动，最终以促进语言学习者的语言能力为目的。凯德琳（Candlin）认为，任务之间是不同的、可排序的，是学习者在社会环境中，为探究和追求所要达到的目标而运用所学知识进行交际的过程。斯凯罕则认为任务就是一种活动，意义是最重要的。他在总结了前人观点的基础上，提出了任务的 5 个特征。① 虽然不同学者给任务的定义不同，但是大多数的定义都涉及了情景、目的、活动、意义、结果等方面。在语言教学中，我们总结上述语言学家的定义，把任务简单概括为，在语言学习的过程中，语言学习者为了能够在一定程度上提高自身的语言学习能力而主动进行的课堂交际活动，这种课堂交际活动具有明确的目标和方向，能够为解决实际问题提供重要的借鉴作用，进而通过对实际问题的解决来评估任务是否完成。

由于人们对任务的概念有不同层面的理解，所以对任务的类型划分也是多种多样、各不相同的任务类型，大致可以从以下几个方面来划分：

（1）真实任务和学习型任务。纽南（Nunan）把任务分成真实任务和学习型任务。真实任务是指接近或类似现实生活中各种事情的任务，也就是说学生离开课堂后在学习、生活、工作中可能遇到的各种事情，如预订飞机票、写信、查电话号码、收听天气预报等等。主张采用真实任务的理由是语言学习的最终目的，是使学生能够用所学的语言完成现实生活中事情，所以课堂语言学习活动应该是这些事情的练习过程。与真实任务相对的是学习型任务，即课堂以外一般不会发生的事情，如学生两人一组找出两幅图画当中的不同之处，学生根据教师的指令画几何图形等等。学习型任务是为了实现某种学习目的而专门设计的任务。在完成学习型任务的过程中，学习者也需要接受、处理和传递信息，也要表达意见和观点。

（2）简单任务与复杂任务。简单任务一般只有一两个步骤，其特征如下：学习者获得的信息相对比较单一，要做的事情比较简单，需要使用的语言知识和语言技能相对比较单一，能在较短的时间内完成；复杂任务的特点如下：一般有多个步骤，需要小组来完成，有时需要分工协作，需要获得多种信息，而且需要对信息经行分析、处理，需要分步骤、分阶段完成若干件事情，可能涉及多种语言知识和技能，一般需要 20～30 分钟的时间，有的任务需要的时间更长。

（二）师生角色的变化

第二语言习得研究表明，学习者的语言发展道路无法、也不能由教学所决定。所以，

---

① 廖晓青. 任务型教学的理论基础和课堂实践 [J]. 中小学外语教学，2001（11）：45.

在教学中，教师不能简单地决定哪些是学生应学习的内容，而应充分关注学习者个人在语言学习中所发挥的作用。教师不再是知识的传授者，而应该是学习环境的创设者，学生学习的促进者、支持者。正如威利斯（Willis）所说："学习是一个自主的过程，学习者的创造性思维和积极的认知参与是学习过程最有效、最活跃的因素。"这是一种全新的学习观和教学观，任务型教学法就充分体现了这种全新的学习观和教学观，不仅使教学范式发生了转变，也从根本上改变了课堂上的师生角色。

1. 学生角色的变化

在任务型教学的课堂上，学生不再只是被动地接受知识，而是主动地探索知识，成为课堂活动的积极参与者。他们可以自由表达学习和情感需求，可以与小组或同伴积极协商，以更好地完成学习任务，同时要为自己的学习承担责任。

2. 教师角色的变化

教师的作用不再是单纯地传授语言知识，而应是教学中的解释者、参与者、促进者。教师应以学生为中心精心设计课堂，语言素材的选择和任务的确定都要考虑学习者的兴趣、需求和认知水平。对于前任务、任务环、语言焦点等各教学环节应该去如何组织，可能遇到哪些问题，任务如何切入，突出什么，确定哪些语言点为提高语言知觉活动的内容等问题都要经过认真思考。

（三）强调学习的过程性

在任务型教学方式中不是由教师直接给出结论，而是在完成任务的过程中由学习者自己去获取，这也使得任务型教学方式具有过程性的特点。

学习者在准备完成任务的过程中要进行相关材料的搜集和分析，还要与学习同伴进行交流和探讨，在展示完成任务的结果时还要进行排练和预演，在完成所有这些活动的过程中，所有由学习者所做的也都是学习和练习，因为任务型教学方式提倡"做中学"的教学理念，而"做"（也就是完成任务）必然要经历一个过程。

任务型教学方式的教学过程在培养学习者交际能力时更为重要，教材只是提供了一个静态的、培养交际能力的、操练的基础和导向，重要的是在课堂教学进程中如何落实。自然在落实教材教学内容的过程中，选择有效的教学方式极为重要，而任务型语言教学方式正为学习者交际能力的培养提供了操作的空间。

基于建构主义利用、开发学习者已有经验的教学理论，任务型教学方式注重的不是理论的探究，而是实践操作的过程、运用的过程。学习者学习目的语主要不是为了研究目的语，也不是为了掌握工具，而是为了交流（而非对交流工具的掌握，对交流工具的掌握是达到交流目的的副产品。尽管目标是掌握这个"副产品"，但是这一目标是可以是间接达成的），在交流的过程中掌握目的语是任务型教学方式重要的教学理念。

（四）评价方式与内容的革新

1. 可以考查学生的综合能力

任务型教学法的评价方式可以全面考查学生高层次的思维能力、创造能力等多方面的能力。在实行任务型教学中，学生通过完成各种任务，展现出的不仅是他们的记忆能力，还包括高层次的思维能力，如分析能力、综合能力、评价能力等。此外，任务的完成还需要他们进行质疑、归纳、评判等。同时，因为完成任务通常会涉及学习策略、合作学习等，因此任务完成的过程（即评价的过程）可以同时培养和反映出学生的学习动机、态度、合作精神、自我计划等学习策略方面的情况。

2. 为学生提供参与评价的机会

任务型教学法可以使全体学生参与评价活动。在任务型教学中，学生不再是被动的受评者，而是积极的参评者，教师也并不是唯一的"裁判"。学生之间可进行同伴评价，这主要因为全体学生都很清楚任务的标准和应该表现出来的能力。通过学生互相之间的评价，一方面可以使学生了解其他学生的学习状况、实际水平，另一方面也可以反思自己在学习中的表现。

3. 将学习与评价紧密结合

任务型教学法的评价方式可以把学习过程与评价过程紧密结合在一起。在实行任务型教学时，教师可以通过每天上课时学生完成各种各样的任务来评价学生对所学知识的掌握，这种评价可以是即时的，与课堂教学同步的。[①]

二、任务型教学法的价值

（一）提高课堂教学活动的参与度

任务型教学法提倡"在做中学，在用中学"，其与传统的填鸭式的语言教学方法不同，并非让学习者按照一定的规律来学习语言，而是通过一系列的任务来完成交际，要求学习者必须使用目的语。任务型教学法一般采用互动的形式比较多，如小组讨论，集体讨论等。在任务型教学法中是以学生为中心，教师来设计任务，提供给学生所需的材料，提供一定的说明，督促学生完成任务。在完成任务的过程中，学生全都参与进来，进行磋商交流，课堂参与度大大提高。

（二）增加语言的输入和输出

克拉申的输入假设认为，语言的使用能力不是教出来的，而是随时间推移，接触到理解性输入后自然形成的。因此，在语言习得的过程中，提供足够的可理解的输入是非常必要的。同时，斯温（Swin）进一步提出，实现语言习得，语言输入是必要条件，但并不是充分条件；要使学习者达到较高的外语水平，除了依靠可理解输入，更需要运用可理解输出。只有这样，才能帮助学生提高使用语言的流利程度，才能使学生意识到自己在语言使用时存在的问题。可见，大量的语言输入与输出是语言习得所需要的理想状态，而任务型语言教学所追求的目标就是为学生提供关注语言形式的机会。

在课堂上实行任务型教学，通常以小组活动或结对练习为主。由于课堂活动时间有限，采用这种交流活动可有效增加语言的输入。相应地，语言的输出也会增加。此外，学生可能会在课后各自搜集不同的资料，搜集完成之后将这些资料跟同伴分享。这就使学生接触语言的机会大大增加，不仅有助于培养学习者的自主批判性思维能力，还可以提高学习者的交际策略与学习策略能力，同时各种学习任务还可以使他们的学习资料得到充实、丰富。

---

① 龚亚夫，罗少茜. 任务型语言教学［M］. 北京：人民教育出版社，2003.

（三）提高学生的语言运用能力

以任务为本的教学通过采用多种类型的任务，给学生创造了综合运用其所学的语言的机会。为了完成一定的交际任务，学生在运用语言时，主要关注语言所表达的意义，把运用语言和完成任务视为最终目标，这就大大降低了学生的心理压力，使他们在交流中学会交际。同时，为了保证学生运用恰当准确的语言，并采用正确的语法形式，教师会在学生完成任务的过程中适时地给予指导，这更加促进了他们语言运用能力的提高。

三、任务型教学法的实施步骤

（一）任务前阶段

1. 任务的准备

任务的准备主要涉及两个方面的内容：

（1）作为任务参与主体的学习者所需获取、处理或表达的信息内容。

（2）作为任务参与主体的学习者获取、处理或表达这些内容所需的语言知识、技能或能力。

在任务准备阶段，还应特别注意两个问题，即语言输入的真实性和任务的难度。任务的真实性指在任务教学中所采用的语言教学材料所具有的自然的口头语言和书面语言品质的程度。在课堂教学的环境下，教师的教学材料既要有语言交际中使用的语言真实性，同时还应具有课程标准指导下的仿制自然交际真实性的特点，这两大特点共同构成了英语课堂环境的语言输入。任务型教学法中任务的难度主要由 3 个方面决定，即要学习的内容、活动的类型、学习者的自身因素。

2. 任务的呈现

任务的呈现是指教师在学习新语言之前向学生展示需要学生利用新的语言知识来完成的任务，也就是对于任务的介绍。此时，教师应当结合学生的生活或学习经验创设有主题的情境，以此激发学生的好奇心和学习动机。在这一阶段，教师要做的是为学生提供与话题有关的环境以及思维方向，并在所要学习的新知识与学生已有的旧知识结构之间建立某种联系，调动起学生的求知欲，使学生有想说的强烈欲望，满怀兴奋和期待地开始新知识的学习。在这一环节中，教师需要遵循先输入、后输出的原则，也就是说，在激活了学生完成任务所必需的语言知识和语言技能后再导入任务，这样不仅可以促进学生学习的顺利进行，还可以为下一阶段教学的开展奠定基础。

（二）任务环阶段

1. 任务

给学习者充分的语言表达机会，强调语言的流畅性。由于是在小组相对小的范围内，因此能鼓励学生在交谈中自然地使用语言，畅所欲言。

2. 计划

计划是为即将开始的汇报做准备。由于刚刚结束的任务限定在小组范围内，学习者可能只关注流畅，忽视准确。得知要在全班面前展示任务的完成过程及结果，他们自然会把注意力转移到表达的准确性上来，从关注流畅性自然过渡到关注准确性，且这种对形式的关注是出于表达的需要、交际的需要，因而是有意义的。

3. 汇报

目的在于促使学生使用正式、严谨的语言，也使他们接触了更多的口头和书面语。教师请若干同伴或小组向全班简要汇报，要大家对结论进行比较，以便使听汇报也具有针对性、目的性，也可只让一两个小组完整汇报，其他人进行评论，补充观点或者做笔记。

（三）任务后阶段

1. 分析

帮助学生探索语言，培养对句法、词组搭配、词汇等方面的意识，帮助学生将他们已观察到的语言特征系统化，把这些语言形式突出，引起学生注意。当他们再次遇到时，能够识别出来。经过任务环阶段，学习者已整体接触了语言，完成任务中的听说读写使他们对语言进行了积极的认知加工，感受到了语言所承载的意义。教师对学生任务结果的分析评价可起到很好的反拨作用，同时也便于教师掌握学生的任务完成情况，发现他们在语言运用中出现的问题，以利于在任务后阶段有的放矢地进行一些强调语言形式的活动。

2. 练习

适量的教师控制型练习是必要的，齐声朗读能够练习语音语调，记忆练习或许能帮助他们熟悉语言中存在的大量固定词组。更为重要的是，这些练习使整个教学程序更易于为学习者接受，在程序的最后会起到一种总结作用。

第二节　任务型教学法在英语教育中的具体应用

一、任务型教学法与英语写作教学

（一）英语写作教学应用任务型教学法的意义

"做中学"作为任务型教学法的精髓，其运用首先能够提高的就是学生对语言学习应用性的重视。在英语写作的学习中，由于传统观念以及传统教学模式的束缚，学生在进行英语写作时更多地将写作当作成绩的一部分，忽略了写作的真正意义及学习写作的目的。英语写作是学习英语的"听、说、读、写"的重要组成部分。运用任务型教学法，在教学过程中给学生树立起"做中学"的理念，加强他们在学习中的交流与沟通，从而达到教学任务。另外，在英语的写作中仅仅利用所掌握的词汇，常常所表达的意思与文章的要求大相径庭，不能很好地表达学生个人对作文题目的理解与看法，这也是目前很多学生英语写作中的瓶颈。在英语写作的教学中运用任务型教学法，能够使学生认识到自身在学习中发挥的重要作用，尊重学生个性与个人想法的实现，从而发挥其学习的主观能动性，提升其对英语写作学习的热情，长此下去，不仅对学生的英语写作能力，对学生的英语能力也会产生长远的积极影响。

（二）任务型教学法在英语写作教学中的具体实施

1. 任务前写作阶段

在这个阶段，教师的主要任务是向学生介绍写作主题，激活学生已有的相关背景知识，并最终激发学生们的写作动机。教师可以通过向学生展示图片，描述自己的亲身经历等方法来先导入写作主题。随后，教师应引导学生们就主题相关内容各抒己见，激活学生们已有的知识，让学生们进一步了解主题。比如，通过问题的形式，请同学们说出你想到的与主题相关的所有的单词及词汇；或者是通过描述的形式，请同学们将你们亲身经历的或所见所闻的与主题相关的事情讲给大家听。接下来，教师应该向学生阐述本次的写作任务并给学生一定的时间来大致构思自己的作文，提示学生主要从作文的中心思想、时态、人称，设计几个段落及每个段落的大意等方面来构思。

2. 任务中写作阶段

经上阶段的大致构思之后，学生们都已有了一些自己的观点，此时学生们将以 4 人一组的形式就作文主题展开小组讨论。小组内每个成员都将被要求用英语向组员介绍自己的观点，听完之后小组内相互提出建议，进一步完善自己的观点。此时教师应四处走动，巡视、鼓励并帮助学生用英语来进行交际，但不应过多关注学生们的语言使用准确度，毕竟此阶段的重点是学生们使用语言的流畅度。接着，教师告知学生们一会儿将要把他们的讨论过程和结果向全班同学汇报。鉴于要向全班同学汇报，组员们就会自然而然地从关注语言使用的流畅度过渡到使用语言的准确度。此时组长便会组织小组开始整合组员的观点，并分配任务让每个组员各负责一部分，最后一起起草、修改准备汇报的内容。此刻，教师应主动察看学生们的合作成果，提出建议并给予语言表达方面的指导，帮助学生们修改有问题的语句。在下面的小组汇报中，教师应要求学生们记录各个小组的主要汇报内容，并在结束后邀请学生们对小组们的汇报做出评价，然后由学生们选出表现最好的两个小组供学生们来共同学习。当然教师在学生们的评价结束后应当对学生们的评价做进一步的总结，然后把学生们的汇报音频录音给学生们留个备份，让他们相互探讨学习，共同进步。最后，教师要求学生们整理自己的作文并上交自己的成果。

3. 任务后写作阶段

学生们上交自己的作文后，教师应以不同的方式向学生展示他们的成果。首先，教师可以把学生们的成果呈到同班其他人的手里，供他们观赏。在观赏之后他们必须对文章进行修改。在此过程中教师应主动给予学生帮助，以便于他们做出正确的修改。学生们的修改可能也会有些小错误的，为此教师需再次将所有的作文收集起来自己仔细查阅并从多个方面给出友好的评价来肯定学生们的成果，当然这个评价必须是客观的。比如有些学生的文章虽然组织得一般，但他的书写确实很漂亮；也有些同学虽然写的字数少，但他的语言很优美；还有些学生的单词拼写错误较多，但他的文章衔接性好。其次，教师再次把作文发到学生们手里的同时，给大家呈现关于此文章的范文，并对此范文进行分析，指出范文中所使用的较好的字、词、句以及微妙的写作技巧。分析完范文之后，要求学生齐声朗读范文，更重要的是要求学生在课后结合范文重新组织自己文章。文章写好后，教师将给出相关英语书面表达的评分细则，让学生给自己的作文打个分数并将文章与结果记录在自己准备好的写作成长记录袋中，让自己见证与体验自己的写作历程，感受成功的喜悦。

二、任务型教学法与英语阅读教学

（一）任务型教学法在英语阅读教学中的应用优势

1. 有利于调动学生的阅读热情

在传统英语阅读教学中，教师通常都是将阅读文本中出现的新单词、新短语、新句型等知识点一一讲解完毕就宣告阅读文本的讲解结束。这种"只见树木不见森林"的教学方式使学生的阅读学习热情受到严重的打击。而任务型教学法在英语阅读教学中的实践运用却极容易调动学生的阅读热情。这是因为在任务型教学的辅助下，文本的阅读过程转化成一个个任务的解决过程，学生是完成任务的主体，而教师仅在学生切实需要帮助时给予其必要的引导与鼓励，主体地位的尊重与保护使得学生完成任务、进行阅读的积极性得以充分调动起来。

2. 有利于深化学生的阅读感知

在传统英语阅读教学中，学生对于阅读文本的认知与理解都来源于教师对文本的具体感悟，很显然，此种"拾人牙慧"的阅读教学方式并不能使学生凭借自己的努力领会文本其中所蕴含的深刻内涵。但是，任务型教学法在初中英语阅读教学中的实践运用却可以有效改变这一不利现状。首先，学生在完成任务的过程中，要深入分析文本的结构，理清文本的脉络，还要站在作者的角度设身处地地思考，而这些都将推动学生实现对文本的深刻感知。其次，学生或通过独立阅读，或通过小组合作，对文本的主要内容及情感主旨进行分析与探讨，这一深入解析文本的探究性学习活动将使得学生更加轻松且深刻地把握作者透过文本表象真正想要表达的内容。很显然，这有利于深化学生的阅读感知与感悟。

3. 有利于提高学生的阅读能力

有效的阅读理解离不开阅读技能的正确使用。在任务型教学法的过程中，学习者为了完成既定的任务，如回答问题、完成图表、列出线索等，必然要综合运用各种阅读技能来对阅读材料进行理解、加工，如找主题句、提取有用信息、判断信息正误、按一定规则将信息排序等。这就为学习者提供了大量使用各种阅读技能的机会，进而促进他们阅读技能的提升。

任务型教学法可以帮助学习者提高以下几种阅读技能：

（1）略读。略读是一种选择性阅读，其目的是在短时间内了解文章的大意或中心思想，因而并不要求学生逐词逐句地阅读，而是可以有意识地略过一些词语、句子，甚至段落。略读时应对关键词、关联词、大标题、小标题、黑体字、斜体字、画线部分以及首段、末段等信息给予格外关注。

（2）跳读。跳读是为了根据问题寻找答案，准确定位详细而又明确的信息，因此没有必要逐字逐句、从头到尾通读下去。跳读有利于培养学生的比较与筛选的能力，也有助提高学生解决问题、处理信息的能力。

（3）扫读。扫读时没有必要仔细阅读整篇文章，只需从上至下迅速搜索所需内容即可。这种寻找文章中特定信息或特定词组的方法，能有效提高阅读的速度和效率。在扫读的过程中，学生可以忽略那些与题目无关的信息，积极寻找那些与题目要求相关的信息。

（二）任务型教学法在英语阅读教学中的具体实施

1. 读前分配任务

重视阅读教学的内容，勾起学生的英语兴趣。教师在英语阅读教学过程中去寻找与开发新型阅读任务，让学生愿意进行英语阅读。比如在英语教学中，利用学生愿意接触的漫画文化作为英语阅读的素材，利用我国的文化历史作为英语阅读素材，这样既能够勾起学生的阅读兴趣，又能够带动学生的英语阅读能力的进步。在课堂前的自习时间，教师可分配学生进行英语单词与断句的阅读来进行预习活动，也可规定部分与课上的考核活动相匹配的任务，等等。学生学习压力大，对于理解困难的英语，本来就感觉非常苦恼，如果英语阅读任务枯燥无味，会使他们更加抗拒英语阅读。因此，教师在备课过程中要注意用不同的阅读任务来勾起学生的英语阅读兴趣，进行英语阅读教学。

2. 读中进行调控

在英语课堂上，教师绝对不能采用对学生灌输英语知识的方式进行教学。学生对新知识的求知欲旺盛，好奇心强，如果得到优秀的教学指导，他们会有更强烈的探究兴趣。而如果教学内容枯燥无味，会严重影响学生对英语知识的接受率，从而影响教师进行英语教学的合理性。中国英语教材编排优秀，以仁爱版的初中英语教材为例，该教材是符合初中生理解能力的课程，由加拿大英语专家和北京仁爱教育研究所的专家编写，专门针对初中学生设计，充满科学性的英语教学理念，并且还配有初中生乐于接受的英语对话模式。教师应该利用这一点，积极备课，将仁爱版英语教材的趣味性完全发挥出来，带动学生进行英语学习。教师要鼓励学生发表自己的看法，培养学生的英语阅读思维能力。在初中英语阅读教学中，教师的讲解只是一方面，学生才是教学的主体，因此要重视他们知识的吸收度。在教师的教学过程中，要注意与课前预习活动的联系，让学生回答课前的问题，也可以带动学生进行即兴对话，带动学生深入阅读教学。在课堂上，可先由教师对课文进行适当的讲解与翻译，让学生能够理解课文，并进行小组的学习与讨论，让学生发表自己的看法与见解。教师要通过英语阅读教学对学生进行思想上的影响，既培养学生的英语个性思考，又培养学生的整体英语阅读意识，从而使他们在生活中善于思考问题，这才是初中英语阅读教学最根本的目的。

3. 读后加强巩固和强化

在英语阅读教学的过程中考核评价是十分重要的步骤，它能影响学生对英语阅读学习的积极性。传统的英语教学考核不能体现出任务型的教学理念，导致学生对各种英语知识的掌握不全面。因此在学生考核中，可以对试题进行难易度不同的任务型调配；对阅读小组的考核要体现出团体性，让学生在提升英语阅读能力的同时，加强团队合作思想，全面保证英语阅读教学考核评价的合理性与公平性。

三、任务型教学法与英语词汇教学

（一）任务型教学法在英语词汇教学中的有效性

词汇学习在语言的学习和交际中起着至关重要的作用，是外语学习的基础。传统的词汇学习只能使学生事倍功半地做音义形的简单结合，这种类似于满堂灌的死记硬背的模式方法，不仅让学生的词汇学习脱离具体语境，也使得学生孤立的记忆与具体的运用出现脱节现象，反而不利于学生对于语言词汇的学习。在英语词汇学习的过程中，任务型教学法有利于学习者学习兴趣的激发，并且将语言的知识和技巧巧妙地与真实生活相结合，有助于学生对语言的学习记忆，同时培养和提升了学习者在语言运用上的综合能力和技巧。任务型教学法还可以提高学习者参与学习任务的积极性，让每个人都融入学习任务中来，充分打开他们的想象空间，启发他们的创造性思维，让学生在学习时不仅仅是重复别人的原话，而是作为主体创造性地学习。

（二）任务型教学法在英语词汇教学中的具体实施

1. 任务前准备阶段

任务型教学法是通过任务设计来完成教学。任务前的准备阶段非常重要。首先，教师要充分明确和掌握本次词汇教学的核心词汇，根据教学的目的将词汇进行分类，分别为核心词汇、基础词汇和扩充词汇，其中核心词汇是教学的重点。其次，围绕词汇来设计实际的交际场景和任务，让学生尽量能在实际的交流和沟通中应用到核心单词以及词组，提高对词汇的理解。

2. 确定教学内容和程序

教师要明确教学中设计的任务是什么。任何一个任务都要赋予实质性的教学内容和目的，并在课堂上呈现出具体的教学行为和活动。教师可以做一个简单的演示来展示这个任务怎么做，让学生掌握大概的程序和方法；具体规定学习任务的环节，个人、双人和小组的形式均可以，明确任务完成的细节。以词汇的配对练习教学方法为例，这个任务的阶段教师可以将学生分成 3~4 个人的小组，要求学生快速地阅读课文，了解课文的大致意思，随后利用语境推测生词的含义，进行配对练习，即要求学生在文章中识别出词汇，并将它们和词汇的反义词、同义词、定义等进行匹配，从而巩固对词汇的理解。

3. 任务的完成和实现

在一定的任务准备基础上，学生对解决任务的办法以及用到的材料"词汇"进行了一定的了解，接下来就是实现和完成任务的过程。这个过程有着很大的灵活性，教师可以灵活地组织并设计课堂的形式，如小组合作、词汇接龙、角色扮演等不同的学习方法，并为学生构建良好的词汇学习环境，让学生反复应用和锻炼。教师也应该积极地参与其中，并监督学生词汇应用的过程，让学生通过口述或者笔录的方式来展示词汇应用的效果。这个过程是任务的实现和完成阶段。我们仍以词汇配对练习为例，教师要鼓励学生表达自己的看法，并努力说服别的学生来认可自己的观点，通过完成任务来获得成就感，从而保持高昂的学习状态。在配对练习完成后，教师还可以让学生反复听课文朗读，让学生加深对词汇的理解。当听到词汇所在例句时，学生能够温习刚才的词汇配对过程。

4. 检验任务完成情况

这个过程主要有两个方面的内容，一个是基本词汇量的掌握情况，考查学生对基础知识的掌握；另一个是检查实际任务的解决效果，考查学生是否完成了特定的语言交际任务。例如，设置了特定词汇的交际场景锻炼，那么一方面要考查学生是否掌握了词汇的意义，另一方面考查学生是否能够在正确地应用场景中使用词汇。检验任务的完成也不能单一地考查词汇的掌握情况，同样也要重视学生词汇学习的过程，是否在解决交际任务和场景的过程中真正掌握了单词的意义和用法。最后，教师对任务的完成情况做详细的梳理。

四、任务型教学法与英语听力教学

（一）英语听力教学应用任务型教学法的必要性与可行性

在学校英语教学中，学生英语水平参差不齐，给教学顺利开展带来困难。英语教师在开展英语听力教学时难以进行统一，加之对学生学习能力了解不够全面，只能进行单方面传授，缺少足够交流互动。学生难以加深理解，英语听力水平得不到提升。长此以往，学生极易产生厌烦情绪，影响教学效果。任务型教学注重"以人为本"，在课堂教学中运用因材施教原则对学生进行指导，从学生自身出发进行教学设计，将英语听力教学与交际应用相结合，形成"在用中学"的学习方式，提高学生英语应用能力，有利于促进学生整体学习水平提高，缩小班级学习差距。

兴趣是提高学习能力、促进语言水平提升的动力。经研究发现，情感因素对语言学习有一定影响作用。学习中较大焦虑感会降低学习效果，而平稳的情绪有利于第二语言习得能力的提升。传统的"听录音—做练习—对答案"式的英语听力教学，听力内容若过于复杂则难以完成，导致学生产生畏难情绪，加深焦虑，降低英语听力教学效果；若教学设置过于简单也会使学生无法学到有价值内容，浪费时间，同样不利于学习能力提升。通过任务型教学法，在教学中将教学内容设置成一个个难度适中的任务，让学生独立解决并完成任务，有助于加深学习印象，了解自身不足，从而提升英语听力学习能力。任务设置可细化为听前任务、听中任务和听后任务，促进学生自主学习能力提升，激发学生学习兴趣和学习潜力。

（二）任务型教学法在英语听力教学中的具体实施

1. 训练准备任务

训练准备任务旨在诱发学习者的主观能动性，激活学习者的听力知识储备，帮助他们初步掌握所训练材料的背景知识。其目的在于，在向不学习者介绍训练材料之后，促使他们思考预测可能出现的语言点，为其正确理解即将输入的信息打下基础。如果学习者对相关背景知识较为缺乏，教师可进行适当补充介绍以降低难度，也可以以分组讨论的形式进行心理交流。这样学习者对于所听材料的兴趣就会增加。

2. 训练实施任务

本阶段是学习者进行听力训练的一个重要的阶段。在这一阶段，教师可以采取泛听与精听相结合、循序渐进的方式。在放第一遍音像材料时，学习者对材料内容发生的时间、地点、人物等基本要素会有一个大致的了解，此阶段为泛听模式。当再次播放音像材料时，教师可根据材料的内容提出更为细致的问题，此目的是去粗取精、去伪存真，找准信息源，避开干扰信息，此阶段属于精听模式。如有必要，可进行复听，学习者要注意信息核对，以杜绝信息疏漏。在这一过程中，教师的细节任务引导可有效消除学习者的盲目性，增强学习者的聚焦力，激发能动性，主动高效参与听力训练，使听力训练活动更加丰富有趣。

3. 训练完成任务

这一步骤是听力教学的深化阶段。结束收听并不意味着整个听力获得的结束。在这一阶段，教师还应对学生所完成的听的任务进行验收，以便对学生听的情况进行评估。所谓验收并不仅仅是对答案，更重要的是对学生的错误答案进行分析，即分析学生存在的问题有哪些，造成学生听力困难的原因是什么，对于这些问题如何改进等。分析了学生的错误答案，教师就可以更多地了解学生的学习情况，并据此有针对性地设计一些任务加以弥补，以避免学生再犯类似的错误。例如，如果学生很难分辨 thirteen 和 thirty 等数字，教师就可以据此设置一些数字听辨练习的任务。

利特伍德指出，在听力教学中，没有必要将要求学生在听时做出正确的反应以及顺利完成听力任务作为听力活动的目的，也没有必要将完成听后的分析任务作为活动的终点。而应将听力活动作为起点与其他活动融合在一起，这样可以收到更好的效果。也就是说，听后阶段应扩大范围，即教师要在可理解输入的基础上，培养学生在听力过程中分析、提出有关的文体知识的能力，并布置相关的输出性任务，使学生能够将听到的语言知识通过实践活动转化为语言的实际运用能力，这样不仅可以加速输入语言的内化过程，还可以使听力活动转变为一种语言输出活动。输出任务的设计要从学生的实际情况出发，为学生安排多样的输出任务，创造语言交际的机会。依据不同的对象和内容，教师可设计以下几种任务活动：

（1）教师可以设计复述活动，即要求学生对听力材料中的语言信息进行加工处理，然后用自己的语言或听力材料中的语言进行复述。

（2）教师可以设计对话与角色扮演活动，即根据听力材料中的真实情景设计对话，然后让学生分角色进行表演。

（3）教师可以根据听力材料的内容对学生进行分组，然后让他们讨论和发表个人意见，以锻炼学生的语言表达能力。

第三节　任务型教学对中国英语教育的启示

一、从注重语言本身转向注重语言习得

教学内容从语言的讲授为主转变为以学生交际能力的培养为中心。任务一般围绕教学内容和生活情景两方面设计，围绕教材设计的任务要紧扣教材内容，把问题设计在学生"最近发展区"上，即"跳一跳可以摘到桃子"的地方，以提高学生认识兴趣和探究的欲望。围绕生活情景设计的任务，可以是真实的或模拟的生活情景。把教材内容活化为实际生活，把语言教学活化为语言交际，使学生能运用英语来解决现实生活问题，即"做事"。任务的设计应自始至终引导学生通过完成具体的任务来学习语言，让学生为了特定的学习目的去实施特定的语言活动，通过完成特定的交际任务来获得、积累相应的语言的学习经验，品尝成功的喜悦，从而大大提高学生学习语言的兴趣和积极性。教师应从现实社会生活与语言实际应用有联系的活动中组织、挑选和创设接近实际的、真实的任务，并

设计完成任务的活动形式和语境。任务的创造一定要有实际意义、有目的和明确的结果，并要具有信息差（Information Gap）、观点差（Opinion Gap）、推理差（Reasoning Gap）和交际技能差（Communicative Gap）等特性。任务活动应来自学生的生活经历、正面临或将要面临的社会问题，以引起他们的共鸣和兴趣，使他们乐于参与活动。

二、强调学生的实践参与

"参与"一词出现的频率越来越高，很大程度上得益于管理理论中一种新观念的支持和推动。20世纪70年代雇员参与企业的管理与决策的新气象被移植到课堂中来。任务型方法为学生设计了各式各样的参与任务，其目的就是为他们提供广泛接触和使用外语的机会，为他们的语言建构和话语生成提供必要的条件。由于在传统的3P教学中，教师特别偏向于使用母语解释语法的复杂性，学生很难获得真实的语言使用体验。只有通过目标语的大量呈现，任务型课程内容对语言学习才有价值，才能成为可理解性输入；学生才能把这些输入变成吸入，把它们内化到自己的语言体系中。假如某一单元的综合性任务是"办英语墙报"，这就涉及小组讨论和课外活动。每个学生都需要参与讨论确定墙报的名称、栏目、主题等内容，需要了解英文报刊设计情况，需要从网上收集大量的相关信息，需要采访写作等等。所有的这些讨论和活动都涉及对书面语和口头语的大量接触和使用。如果学生能够接触足够的语言输入，就可以从中选择和抽取相关的信息来执行这个任务。当然，他们也可以用母语向专家请教办报事宜。这不仅使后继的目标语输入更加容易理解，还可以确保学生有真实的东西交流。这就创设了更大的交际需求，同时也强化了学习者的参与意识。

三、充分尊重学生的主体地位

（一）任务设计中学生的主体性

在任务教学设计时应该考虑学生学习的主体性。这一教学设计原则有助于激发学生的学习热情，利于其主观能动性的发挥。学生主体性原则实现了学生在教学中的主体地位，学生的主观能动性可以有效刺激学生的语言创造力。知识的学习受到很多因素的影响，这些因素有来自外界的，有来自自身的。只有来自自身的因素才会对学习产生质的影响，学生自己对所学的知识感兴趣是知识学习的决定性因素，决定着语言学习的效果。任务型教学法的教学设计遵循学生主体性原则，提高了学生学习的积极性，而积极的学习态度是知识学习的关键。任务的设计是教学顺利开展以及保证教学效果的开端，因此需要教师结合具体学习实际进行考虑。

（二）教学过程中学生的主体性

在任务型教学的过程中需要对学生的主体性进行关注，这就是说教师应该从学生的角度进行教学，做到"想学习者之所想，及学习者之所及"。英语学习的目的是为了进行交际，因此教师教学应该考虑语言学习的目的，从学生的角度进行思考。例如，教学中如果教授生硬的语言知识，不仅不能增加学生的语用能力，还会使学生产生对英语学习的厌烦感和抵触感。针对学生不同的年龄特点和学习背景，对学生的认知能力进行考虑，和学习中的主体性进行关注，是任务型教学法教学质量提高的保证条件之一。

（三）任务完成中学生的主体性

任务的完成需要学生积极地参与，因此在任务完成中也需要对学生的主体性进行考虑。任务的完成需要学生充分发挥自己的主体地位，对多种任务完成的因素进行考虑，如同学间的交际、师生间的交流等。任务成功与否在很大程度上受到学生语言能力的影响，而学生语言运用能力的提高是任务教学的首要目的。因此，任务的完成可以积极促进学生语言学习目标的达成，而学生完成任务时的主体性又对任务的完成起着积极的影响作用。

四、发挥任务的主线作用

《英语课程标准》提出："教师应依据课程的总体目标并结合教学内容，创造性地设计贴近学生生活实际的教学活动。"这与任务型学习所强调的"通过完成任务来学习语言"是基本一致的。这就要求我们必须改变传统的 3P 教学方法，必须以任务为主线来组织活动，安排学习内容，通过任务来驱动语言学习。要做到这一点，就必须处理好任务活动与语言活动的关系，务必使语言活动能为任务服务。教师必须认真分析学生的学习需要，确定他们到底需要用语言来做什么事情。在此基础上，教师再来考虑学生完成任务需要学习哪些语言知识。当然，语言知识可以预设，即在完成任务之后让学生直接参与教材或教师为他们提供的语言练习活动，也可以根据学生完成任务的实际情况来安排语言活动。前者是固定不变的，而后者却是变化的、动态的、开放的、因人而异的。一般来说，真正意义上的任务型学习应该属于后者，但就目前我国教学现状和师资队伍的水平来看，把前者作为一种过渡也未尝不可。

任务是课堂教学的主线。在任务型教学的过程中，必须始终坚持这一思路，把更多的时间和精力放在任务上，而不是放在语言活动上。如果在前任务阶段教师把时间和精力都用在教授新的词汇和语言结构上，直到确保他们不会出现问题时才放手让他们去执行任务，那么这种任务型方法与传统的 3P 教学就没有什么两样，这与其说是改革，不如说是倒退。当然，在语言聚焦阶段，让学生有足够的时间参与语言分析和语言练习活动是十分必要的，但也不能喧宾夺主。因为任务型学习的魅力所在，就是让学生能有更多的机会用语言做事，通过做事过程中对语言的大量接触和使用而习得语言知识。不可否认，对语言的关注是必要的，但我们不能为关注而关注，一定要把握分寸，分清主次，突出任务型学习的特点与特色，那就是以任务为主线。

五、利用发展性教学策略进行任务教学

（一）发展性教学的内涵

在任务教学实施中，使用发展性教学能够有效地促进教学过程的开展和完成。20 世纪二三十年代苏联的一些学者开创了发展性教学，并进行了一些研究。苏联学者维果茨基（L. Vygotsky）认为："只有当教学走在发展前面的时候，这才是好的教学。"现在广为人

知的"最近发展区"概念就是由维果茨基（L. Vygotsky）提出的。他指出，教学能促进发展的原因是教学能够将那些正在或将要成熟的能力的形成推向前进。学者达维多夫（Davydov）在维果茨基（L. Vygotsky）研究的基础上，通过多年理论研究与实践，尝试建立起旨在"发展学生理论思维与创造性个性的现代发展性教学模式"。

20世纪50年代以来，中国学者也从不同研究角度对发展性教学提出了种种看法。在任务型教学实践中应用发展性教学策略，主要是由发展性教学策略的特点所决定的。发展性教学主张以全体学生的全面发展为本，希望能激发学生的学习潜力，尊重学生的个体差异性，力求使学生在和谐地发展中增加自己的自信心。发展性教学的这些特点能够弥补任务型教学的不足，进一步优化任务型教学。但需要指出的一点是，对发展性教学策略的具体运用要结合具体的文化背景和教学条件。

（二）发展性教学策略在任务型教学中的实施

1. 自我调节策略

在任何的学习策略中，自我调节策略都占有重要的地位，这种策略能够激发学生的注意力，使学生保持一种积极进取的学习态度。同时自我调节实现了学生由"知学"向"好学""乐学"的转变。在任务型教学中，教师需要指导学生进行任务，使学生有能力根据不同的学习内容和自身学习特点选择相应的任务解决方案，同时学生还能有足够的自制力和自信心完成任务。在任务的完成阶段，自我调节策略也能发挥重要的作用。教师和学生可以根据任务中的表现进行反思，从而找出任务中的不足，进而找到相应的解决方案。通过教师和学生相互之间的帮助和鼓励，师生之间的交流也会更加顺畅，在课堂上的契合度会相应提高。

2. 成功刺激策略

在学习过程中，每个学生都渴望成功，因此在发展性教学策略中可以适当使用成功刺激策略，使学生增加对学习的兴趣，提高自己学习上的自信心，同时还能优化学生的学习意识，树立正确的学习观和价值观。由于学生体验到了成功的喜悦，因此会形成一种更加积极的学习心态，同时这种健康的情感态度也有助于学生人格的正确发展。在传统的教学模式中，由于课业的压力很多学生都是在压抑和压力的情况下进行学习，这种学习气氛对学生的个性发展十分不利。由于学生要长时间忍受学习所带来的失败，其学习上的挫败感就会上升，最终还会影响学生的学习兴趣。

在任务型教学中，教师需要让处在不同学习水平和学习阶段的学生都能感受到学习的兴趣和成功的喜悦，要使学生乐于从学习中获得成就感。这也需要教师在任务的设计和任务的完成阶段对学生的个性有多重考虑，授课过程中对学生的进步多进行鼓励，树立学生学习的自信心。当学生顺利完成任务时，学生会感受到学习的进步和成功的喜悦，因此其学习上的积极性和参与度也会得到提高。

六、借助现代信息技术手段

与传统的教学方法相比，任务型教学确实能为学生的外语学习提供更多的接触语言和使用语言的机会。但是任务型教学如果不与现代技术结合，把技术作为学习的手段，通过技术把情景引入课堂，通过技术实现与真实世界的联系与沟通，任务型教学也只能算是对传统教学的改良，而不能说是真正意义上的学习革命。

在中国任务型教学中，技术被看作是传递信息的媒介：教师通过技术向学生提供信息，学习者则通过与媒体的接触来了解这些信息，并做出相应的反应，之后技术再提供正确的反馈。这种把学习仅作为信息习得的隐喻，不是真正意义上的学习，属于技术在外语教学中的原始应用，甚至可以说是不恰当的应用，因为它没有能让学习者参与和体验意义的建构和话语的生成过程。我们不应该简单地认为，技术就是用来向学生传授知识的，而应该把技术看作是知识建构和表征的工具，学习者可以通过技术或向技术学习。技术可以为我们提供真实的情景，搭建对话平台和合作交流空间，使意义协商成为可能；技术可以为我们提供不同语言体验的机会和条件，这是建构语言所不可或缺的；技术可以加深学生对带到任务中的知识和可能带走的知识之间的理解，帮助我们组织个人知识，反思我们的学习和认知。因此，我们可以把技术看成有利于提升英语学习的多元工具：意义组织的工具、动态建模的工具、信息理解的工具、知识建构的工具和对话合作的工具。而所有的这一切又离不开教师在外语学习观念上的转变以及对任务型学习与技术的理解，因为最终要靠他们来设计和实施基于技术的任务型教学。

七、遵循恰当的任务设计原则

（一）明确设置目标

在任务型语言教学中，教师应该确保每一节课都有明确的目标，然后重点发展目标方面的能力，而对于其中的语言用法，教师也应有明确的计划。在英语教学实践中，有些教师虽然在课堂教学中组织了各种各样的任务活动，却看不出每一项任务到底要达到什么目的，而教师对于学生实际做了什么似乎也不感兴趣。这就表明教师没有真正明确课堂教学的能力目标，只是为了讲授完某个语法项目而设计教学活动。实际上，教师应以培养学生学会做什么为目的，即完成任务为目标。

明确的教学目标是教师教学的方向，同时也是学生学习的指南，这一点在任务型教学中尤其重要，需要引起教师的注意。

（二）体现趣味性

任何教学的实施都需要遵循趣味性原则，这一原则在任务型教学过程中尤其重要。任务型教学法的优点之一是能够通过生动有趣的课堂活动调动学生学习的积极性和动机性，使学生能够积极主动地参与课堂学习。因此，在任务型教学过程中遵循趣味性原则十分有必要。在语言学习的过程中，如果机械、反复地对语言任务进行教学，会使学生失去对任务的兴趣，甚至会产生对语言学习的抵抗心理。而任务型教学要求教学形式多样化、趣味化，这种教学氛围的形成受到很多因素的影响，如学生的参与、师生的交流和互动、任务中的人际交往、师生情感的交流、学生对任务解决后成就感的建立等。

（三）兼具挑战性

任务型教学法要求学生对任务进行解决，因此在设计教学任务时以及教学过程中，教师需要对任务的难度进行把握。这要求教师需要遵循挑战性原则。过于简单的任务，不能使学生产生问题解决后的成就感，同时很容易使学生丧失学习的兴趣，在心理上产生一种骄傲的心理，甚至产生一种高傲自负的学习态度；过于困难的任务又会使学生丧失学习的积极性，打击学生的自信心，使学生产生畏难情绪。因此，学习任务的难度需要根据学生的实际情况，在学生正常英语水平的前提下适当增加任务的难度，从而使任务具有一定的挑战性。

具有挑战性的任务能够增加学生学习的积极性，刺激学生主观能动性的发挥，从而以一种主动昂扬的状态完成任务。具有挑战性任务的完成能够培养学生的自信心，使学生产生一种学习上的满足感、自豪感。在这种任务型教学的过程中，学生学习的兴趣和积极性会得到不断提高和发展。

八、重视语言的准确性、流畅性、复杂性

任务型教学模式以任务贯穿始终，强调语言形式，但是也不忽视语言的意义。所以，英语教师要考虑和重视语言教学的 3 个目标：准确性、流畅性以及复杂性。

语言准确性是衡量语言表达的一个重要指标。任务型教学模式中，英语知识教学的渗透方式分为归纳法和演绎法，这也正是解决语言的准确性的有效方式。如果一节课以教授单词和句型等语言知识为主，那么就使用归纳法；如果以阅读为主，那么就用演绎法，在语篇中理解知识。这两种处理方式都有助于达到语言准确性的目标。语言流畅性是衡量语言表达能力的另一个重要指标。它要求学习者在表达时尽量避免犹豫和停顿。语言流畅性也在一定程度上决定了对方与学习者交流的欲望强烈程度。任务型教学模式中，学生在完成任务的驱动下，在这个过程中，他们的注意力从语言形式转移到了语言的意义和组织，日积月累，学生不知不觉地形成了语言表达的流畅性。要更好地培养语言的流畅性，教师应该合理地设计任务对于学生的难易度。相对于准确性和流畅性而言，复杂性是对语言表达能力的比较高的要求。它关注学习者语言表达的信心，句子的长度和复杂度。在任务型教学模式中，要把语言教学和任务的完成很好地结合起来，巧妙地设计任务，尽可能地让学生使用当堂学习的语言知识去完成任务。当然，教师还要注重学生思维能力的开拓和发展。这样，学生才有可能说出和写出相对复杂的语言。在实际的交流中，很多学生为了避免错误，尽量减少使用复杂句，而使用简单句，这时，教师要鼓励学生使用复杂的句子，告诉他们犯错也是正常现象，增强他们使用复杂句子进行交际的信心。

九、强化问题分析和规划设计

大量证据表明，在英语学习的开始，学生很难进行有意义的交谈，特别是在全班步调一致的教学中，但这种有意义的交谈对学习效率的发展是必要的。任务型方法的优势之一是它有助于合作型的小组活动。假如学习者在这种互动中使用目标语表达真实的意义，教师需要知道影响交际顺利进行的问题所在，这就要求教师对每一次任务进行必要的分析。比如，在学生进行小组活动时，对他们的互动进行录音分析，了解他们偶尔使用母语的原因是什么，学生在完成这类任务时最需要学习什么。教师可以有针对性地设计一些语言活动来强化这些必要的互动语言。这样一来，学生在今后执行类似任务时，就可以避免再次出现这种现象。这种方法根据实际情况来确定学生的真实需要，不像传统的教师讲授那

样，由教材或教师来规定学生的学习内容，让学生适应教材和教师。它还加强学习者对这种活动目的以及语言发展策略的认识。

任务型教学设计始于综合性任务，然后确定学生完成任务所需的输入，包括语言输入和信息输入。这些输入可以在任务环中使用。换句话说，教师应根据任务的要求而不是结构或功能表来规划设计。教师应该把学生在完成任务过程中所使用的语言和获益的体验录制下来，好好保存积累。这些录制资料可以成为学生的语料库，学生在解决相应任务时可随时调用，教师在选择或拓展输入时也需要这些信息为他们提供指引。在这一过程中，语言素材作为课程资源不断循环使用，新信息通过熟悉的语言介绍，新语言通过熟悉的内容导入。存储技术在支撑材料使用方面的优势之一，就是能满足各个不同小组学生的学习需求，为他们提供所需的任务素材。教师应该为任务做好预先准备，精心设计，以便能对在任务环中出现的困难和问题做出及时的反应。

第八章　情境因素影响下的英语教育

凡是有意识地通过情境的创设进行的教学都可称为情境教学，现代心理学和脑科学的研究为情境教学提供了主要的理论依据。情境教学对于语言教学来说具有特别重要的意义和价值，语言教学离不开情境的创设。情境因素影响下的英语教育，能够引起学生积极、健康的情感体验，直接提高学生对学习的积极性，使学习活动成为学生主动进行的、快乐的事情。本章即从情境与情境教学的基础知识讲起，分别对英语情境教学的设计与实施、英语情境教学中的合作学习进行分析。

第一节　情境与情境教学

一、情境

（一）情境的定义

情境，即情景、境地。《辞海》中关于情境是这样定义的："情境是指一个人在进行某种行动时所处的社会环境，是人们社会行为产生的具体条件"。[①] 该解释重在描述个人的行为与周围环境的相互关系。关于情境的定义，并不是现代才有的，它来源于中国古代的一个美学概念——意境说，其杰出代表是一千多年前刘勰的《文心雕龙》，以及近代学者王国维的《人间词话》。意境说认为外界环境对人的内心活动会产生一种指引和调节的作用。作为中国情境教育产生的土壤，意境说是我国的情境教育之所以富有中国特色和乡土气息的重要原因。

在不同的视域下，情境表现为不同的特点，既可以是观念的，也可以是客观的；既可以表现为基于学校与课堂的功能性，又可以表现为社会与自然的生活性。可见，情境并不是一个单一的概念，而是包含着深刻丰富的含义和内容，因此，基于情境的教学模式具有很高的可开发价值。

---

① 辞海编辑委员会. 辞海 [M]. 上海：上海辞书出版社，1999.

（二）情境的类型

1. 欣赏情境与参与情境

欣赏情境就是指情境的角色扮演者并不是活动的主体，或者说角色的活动仅仅是观察与欣赏。参与情境就是角色的扮演者同时也是活动的主体。

2. 真实情境与描述情境

真实情境的活动背景是未经过教师处理的自然或社会背景，描述情境中的活动背景是教师创设的背景。在真实情境中学生往往可以获得更多的感性认识和情感体验，但在真实情境中活动经常会付出很大的代价，比如说长时间的旅途、较多钱财的花费等。

3. 实验情境与模型情境

实验情境的作用对象是能够给学生以真实反馈的真实对象，模型情境的作用对象并非真实的物理对象，这些对象可能是通过多媒体手段创设的模型，也可能是一些需要学生自己通过思考演算来解决的题目或问题等。

二、情境教学

（一）情境教学的概念

情境是影响个体行为变化（产生行为和改变行为）的各种刺激（包括物理的和心理的）所构成的特殊环境。教学可以理解为教师和学生以课堂为主渠道的交往过程，情境教学就可以看成是教师和学生以情境作为主要交往中介的课堂教学。情境教学就是要根据教学的需要，调整情节与环境两者的地位，并对其进行改造，使之服务于教学，以提高教学的成效。其中的情节和环境都有可能处于主要地位或附属地位，也可处在同等重要的地位，环境可以是真实的物理环境也可以不是真的物理环境，视教学的具体情况而定。

人类的知识和互动不能和这个世界分割开来。情境和人们从事交互活动是真正重要的。我们不能只看到情境，或者环境，也不能只看到个人，这样做就破坏了两者之间重要的平衡。

情境学习是建构认知理论中的一种知识习得理论，首先由布朗（Brown）、柯林斯（Collins）及杜吉德（Duguid）提出而引起学者们的注意，其后则由丽芙（Lave）及温格（Wenger）将其发扬光大。丽芙和温格认为所谓的学习，基本上是处于某种情境的学习，它是活动、情境和文化相倚靠的结果。社会互动是其重要的元素。基于这种观点，学习被认为应该采用可以反映真实世界的实物和活动。如果知识的传递是抽离实境的，那么学习者学到的不过是一种新的观念，而不是内化的真实经验。建构主义学者强调：真实的学习环境是决定学习的关键。他们认为知识的形成/建构，主要是因为环境的影响以及学习者跟环境互动的结果。虽说完全复制真实的世界是不可能的，但是近似的情境复制是可能的，而且是增进学习的必要条件。麦克莱伦（McLellan）列出了组成情境学习的主要元素：学徒学习、合作学习、内省学习、指导学习、多元学习、技巧演练、实景呈现和科技。我们实施的课题就是遵循情境学习的观念，希望透过游戏、歌曲、戏剧、声效、动画、模拟实景、超链接等的模式，来建构一个近似真实世界的学习环境。此外，近来盛行的问题导向学习、任务导向学习也都是情境学习理论下的具体教法。这两种教学法基本上都是希望学习者通过跟环境与人的互动，包括探究线索、找寻资料、咨询相关人士、演绎归纳等，达到主动学习、内化经验的目的。这些理论都成为学校研究的理论依据。

（二）情境教学的特点

1. 形真

形真主要要求形象具有真切感，神韵相似，以鲜明的形象强化学生感知教学内容的亲切感。就如同中国画的白描写意，简要的几笔，就勾勒出形象，并不要求重彩，却同样是真切、栩栩如生的。情境教学也是同样的道理，以"神似"显示"形真"。"形真"不是实体的机械复制，或照相式的再造，而是以简化的形体、暗示的手法获得与实体在结构上对应的形象，从而给学生以真切之感。

2. 情切

情切，即情真意切，让情感参与认知活动，充分调动学习者的主动性。情境教学是以生动形象的场景激起学生的学习情绪为手段，连同教师的语言、情感、教学内容以及课堂气氛成为一个广阔的心理场，作用于学生的心理，从而促使他们主动积极地投入整个学习活动，达到学生整体和谐发展的目的。情境教学正是抓住促进学生发展的动因——情感，展开一系列教学活动的。在情境教学中，情感不仅仅是一种手段，更应成为教学本身的任务，成为教学追求的目标。

3. 意远

意远，即意境广远，形成想象契机，有效地发展想象力。情境教学取"情境"而不取"情景"，其原因就在于"情境"具有一定的深度与广度。情境教学讲究"情绪"和"意象"。情境总是作为一个整体，展现在学生的眼前，造成"直接的印象"，激起学生的情绪，又成为一种"需要的推动"，成为学生想象的契机。教师可以凭借学生的想象活动，把教材内容与所展示的、所想象的生活情境联系起来，从而为学生拓宽广远的意境，把学生带到教学内容所描绘的情境之中。一方面，情境教学所展现的广远意境能够激起学生的想象；另一方面，学生的想象丰富了教学情境，真正达到相得益彰。

4. 理寓其中

情境教学的"理寓其中"，就是从教学内容出发，由教学内容决定情境教学的形式。在教学过程中，教师要创设一个或一组围绕教学内容展现的具体情境。情境教学"理蕴"的特点，决定了学生获得的理念是伴随着形象与情感的，是有血有肉的。这不仅是感性的、对事物现象的认识，而且是对事物本质及其相互关系的认识。

情境教学正是具有了以上所述的"形真""情切""意远"且"理寓其中"的特点，使它为学生学习知识，并通过学习促进诸方面发展，提供了一条有效的途径。

（三）情境教学的典型教学模式

1. 抛锚式教学

抛锚式教学就是要"使学生在一个完整的、真实的问题背景中，产生学习需要，并通过镶嵌式教学以及学习共同体中成员间的互动、交流，凭借自己的亲身体验从识别目标到提出并达到目标的过程"。这种方法下的教学把"锚"——一个有趣的、真实的情境视为一种宏观背景，学习者可以从多个侧面来了解、审视情境中的每个问题。教师要通过使用"锚"来帮助学生发现新的学习的必要，确立起学习目标；然后，学习者在教师的逐步引导下学会运用自己的理解方式、经验背景去体验、思考和解决问题。抛锚式教学的关键在于怎样抛出这个"锚"，"锚"抛得好，学生的学习积极性就高，主观能动性就强，学习的效果也最佳，这个"锚"要抛到点子上。教师要尽可能设计好教学中的"锚"，使学生紧紧围绕这个"锚"进行探究学习。常见的抛锚式教学方法如下。

（1）搭建脚手架。抛锚式教学并不是把现成的知识教给学生，而是在学生学习知识的过程中向他们提供援助和搭建脚手架。例如，当学生在解决某一问题时，不知道如何进行时态变换，此时，教师要及时地参与教学：鼓励学生运用他们的直觉接近问题，然后向他们提供获得进步所必需的援助。这经常包括在课本和其他的信息源中发现相关的材料，或鼓励学生相互学习，以达到尽快解决问题的目的。在解决了一个挑战、发现对新技能的需要并懂得何时应这样做以后，教师和学生常常共同提出超出背景的工作范围。

（2）镶嵌式教学。镶嵌式教学产生于学生学习过程中的需要。随着学习情境的展开，学生为解决问题必须获得一些辅助信息，不熟悉这些信息就无法进一步探索。这时，教师就可以从学习的需要出发，组织有关信息的镶嵌式教学，以排除学习中的障碍。鼓励学生在解决问题中遇到需要理解镶嵌式教学时段所提供的概念和程序时，能回到相关的教学时段。

（3）学生自己生成项目。抛锚式教学以专门设计的"锚"作为支撑物以组织教学。抛锚式教学鼓励学生自己生成学习项目，主张先围绕作为支撑物的"锚"组织教学，然后过渡到围绕学生自己生成的真实项目组织教学。

2. 认知学徒制

所谓认知学徒制，是指将传统学徒制方法中的核心技术与学校教育相结合，以培养学生的认知技能，即专家实践所需的思维、问题求解和处理复杂任务的能力。在这种模式中，学习者通过参与专家实践共同体的活动和社会交互，进行某一领域的学习。

作为情境学习的重要模式之一，认知学徒制是现代教育及其理论、目标与技术环境所生发出的一种新型教学模式。它从改造学校教育中的主要问题出发，与学徒制方法进行整合。其核心假设是，通过这种模式能够培养学习者问题求解等方面的高阶思维技能、策略。这种技能、策略把技能与知识结合起来，是完成有意义的真实任务的关键。基于情境认知的认知学徒模式有以下显著特征：

（1）认知学徒制关注的不是概念和事实知识的获得，而是重视专家在获取知识或将知识运用于解决复杂现实生活任务、问题时所涉及的推理过程与认知、元认知策略。

（2）将原本隐蔽的内在认知过程显性化。这一过程是专家完成问题求解和现实任务的关键，亦即表现思维过程，使之可视化（包括教师和学生的思维过程）。通过这种方法，学生可以在老师和其他学生的帮助下进行观察、重复演练和实践。

（3）将学校课程中的抽象任务、内容置于对学生有意义的情境之中。主张学习必须从实际工作环境的社会情境中产生。这种学习发生在自然情境的社会互动中，学习者充分了解学习的目的与应用，理解工作的相关性，并参与专家行为。

（4）在变化的、多样化的情境中，鼓励学生反思并清晰表达不同任务之间的共同原理，从而使学生能独立地将所学知识和技能，迁移并应用到新的问题情境中。

（5）允许学习者在完成复杂的任务过程中，参与不同的认知活动，通过讨论、角色互换及小组问题求解等方法将复杂的认知过程外显化，以促进自我修正和自我监控等元认知技能的发展。

3. 学习共同体

导源于维果茨基的社会取向的建构主义理论，从心理学和社会学两个视角出发，揭示了知识的社会本质：知识是内含在团队或共同体中的。"学习共同体""学习者共同体"的教学隐喻相应被提出。"学习共同体"作为一种能提供理想的学习环境的学习方式，已受到广泛关注，这种学习环境为学习者在与同伴的合作中从事问题解决提供了有利机会。学习者有着多种能力，教师可以通过在学生们的"最近发展区"上与他们进行互动，以此来拓展他们的能力。

在教学中组建学习共同体，进行建构性学习，必须创设一种合作的氛围。在这一氛围中围绕一个真实的任务，产生一系列的问题，再通过解决一个个问题来完成这一任务，整个过程涉及以下方面：提出问题（教师和学生）、争议、收集与分析资料、尝试解决、得出结论、做出模型表征他们的理解。在基于真实任务的学习中，要激发并组织由学生们产生的一系列问题，教师首先要选择好一个驱动性问题作为教学的开始。对一个好的驱动性问题的要求如下：第一，要精心组织，措辞谨慎、恰当。既要考虑到学生的准备状态（皮亚杰），又要略高于其现有水平（维果茨基）。第二，问题的包容性要广。问题对学生来说是意义丰富的，涉及多方面重要的科学内容（概念、原理、实验方法等）。第三，问题要足够大，大到这一问题跟学生自发产生的一系列问题都相关。第四，问题要与现实生活、生产、科技有密切联系。这种建立在真实任务基础上的学习模式，实际上拓展了学生的学习时间和空间，丰富和加强了教与学的意义，同时也提供了"学习共同体"的情境。在这种学习中，学生必须将多种知识技能融合，归纳知识、提出思路、大胆创新、不断尝试，这对学生的社会交往技能、调查研究能力的形成，以及良好道德的培养起了很好的促进作用。

（四）英语情境教学

1. 英语情境教学的目标

（1）培养学生良好的学习态度和情感。如果没有正确的学习态度，学生的学习就是盲目的、被动的。教师应加强学生学习英语的目的性教育，使学生产生学习的激情，产生长远的学习需要，强烈的学习欲望，持久的学习动机。学生对英语学习的态度、情感和动机既是影响英语学习的非智力因素，同时也是英语教学中应培养的重要方面。

（2）培养学生的语言思维能力。英语教师应在教学中打破思维定式，鼓励求异思维，甚至是逆向思维，这样才能激发学生独立思考、积极探索。在英语教学过程中，应结合语言学习的特点，通过激发学生发散、收敛、线型、立体和网络等思维方法来培养其思维的广阔性、深刻性、灵活性、批判性、敏捷性和创造性。通过呈现新的语言知识点，训练与培养学生的形象思维能力；通过对语言知识点的音、形、义的操练，培养学生的抽象思维能力；通过运用新语言知识进行模拟交际，培养学生的创造思维能力。教师要从服务于学生的角度，努力创造适合学生学习及发展思维的气氛，使学生产生"移情"，达到"共鸣"，形成健康的思维心理。

（3）培养学生综合运用语言的能力。英语是一门实践性很强的学科，教学中不能把英语仅仅作为一种语言工具去看待。教师应有意识地培养学生借助英语获取信息和表达思想的能力，这种能力以必要的社会文化背景知识为前提。在教学过程中要注重语言的意义，重视培养学生运用语言知识和技能解决问题的能力，侧重培养学生的阅读能力，同时也兼顾听说能力的培养，使听、说、读、写等综合能力获得全面发展。学生在语言实践中获得英语知识甚至是交际知识，并在交际活动中把英语知识和交际知识活化为语言交际技能，进而形成以交际能力为核心的英语语言应用素质，这是英语教学中的重要目标。

（4）培养学生的创新素质。学生的创新素质包括创新意识、创新思维、创新个性、创新能力等方面。以培养学生综合素质为目的的英语情境教学模式有如下要求：第一，英语教学活动要以学生为中心。教学是一种师生共同参与的发展心智的活动，在全部活动中学生应该处于中心地位，一切都是为学生能够生动、活泼、主动地参与教学活动创造条件。第二，让学生经历学习过程比获得结论更为重要。英语教学的目的不单是为了让学生记住一定的词汇、句型、语法等语言的基本知识，更重要的是让学生经历获得英语基本知识和运用所获知识的过程。

2. 英语情境教学的意义

首先，情境教学能够陶冶人的情感，净化人的心灵。在教育心理学上讲陶冶，意即给人的思想意识以有益或良好的影响。关于情境教学的陶冶功能，早在春秋时期的孔子就把它总结为"无言以教""里仁为美"。南朝学者颜之推进一步指明了它在培养、教育青少年方面的重要意义："人在少年，精神未定，所与款押，熏清陶染，言笑举动，无心于学，潜易暗化，自然拟之。"这也就是古人所说的"陶情冶性"。情境教学的陶冶功能就像一个过滤器，使人的情感得到净化和升华。它剔除情感中的消极因素，保留积极成分。这种净化后的情感体验具有更有效的调节性、动力性、感染性、强化性、定向性、适应性、信号性等方面的辅助认知功能。

其次，情境教学可以为学生提供良好的暗示或启迪，有利于锻炼学生的创造性思维，培养学生的适应能力。众所周知，人的社会化过程即形成"一切社会关系的总和"。这一从自然人转化为社会人的过程，实际上是环境——社会、家庭、学校、种族、地理等因素共同作用的结果。这些影响作用有的被我们感知到，但更多的则是不知不觉地影响着我们。因此，保加利亚暗示学家洛扎诺夫（Lozanov）指出："我们是被我们生活的环境教学和教育的，也是为了它才受教学和教育的。"人要受环境的教学和教育，原因就在于人有可暗示性。这是心理学和暗示学研究所共同证明了的。比耐（Bene）的实验证明在儿童身上天然存在着接受暗示的能力，接受暗示是人的一种本能。因而在他的《可暗示性》一书中，"可暗示性"就成了"可教育性"的同义语。其实，这些结论在社会学的背景上也是成立的：既然"人是一切社会关系的总和"，因而必然要受到一切社会关系的影响，"人创造环境，同样环境也创造人"。

情境教学，是在对社会和生活进一步提炼和加工的基础影响学生的。诸如榜样作用、生动形象的语言描绘、课内游戏、角色扮演、诗歌朗诵、绘画、体操、音乐欣赏、旅游观光等等，都是寓教学内容于具体形象的情境之中，其中也就必然存在着潜移默化的暗示作用。换言之，情境教学中的特定情境，提供了调动人的原有认知结构的某些线索，经过思维的内部整合作用，人就会顿悟或产生新的认知结构。情境所提供的线索起到一种唤醒或启迪智慧的作用。比如正处于某种问题情境中的人，会因为某句提醒或碰到某些事物而受到启发，从而顺利地解决问题。

第二节　英语情境教学的设计与实施

一、英语情境教学的设计

(一) 教学设计的内涵及其重要性

虽然人们对教学的研究已经有数千年的历史，但对教学设计理论的研究却只有 50 多年的历史。半个多世纪的快速发展使教学设计的内涵不断丰富。从教学设计实践的视角看，教学设计的内涵包括以下 3 点。

1. 教学设计是一项技术

对于教师而言，教学设计是一项能大力提高教学有效性的技术，具有非常显著的实践操作性。美国著名教学设计学者梅瑞尔（David Merrill）指出："教学是一门科学，而教学设计是建立在教学科学这一坚实基础上的技术，因而教学也可以被认为是科学型的技术。教学的目的是使学生获得知识技能，教学设计的目的是创设和开发促进学生掌握这些知识技能的学习经验和学习环境。"作为一项设计技术，教学设计显然是以提高教学的有效性为目的的。如何基于学习经验和学习环境，设计出高效率的教学活动，是教学设计技术的重点。教学设计作为一项技术，是建立在已知原理、方法和技术基础之上的，要掌握这一技术，显然需要掌握这些已知原理、方法和技术。

2. 教学设计是一个过程

教学作为一种活动，本身就是一个过程。教学设计作为一种教学准备活动，也自然是由一系列可分解的活动组成的过程。教学设计一直被界定为用系统的方法来分析教学问题、研究解决问题的方法和途径、评价教学结果、修改和确定教学规划的过程。加涅（Robert M. Gagne）指出："教学是以促进学习的方式影响学习者的一系列事件，而教学设计是一个系统化规划教学系统的过程。"中国著名教育心理学家皮连生也认为："教学设计是运用现代学习与教学心理学、传播学、教学媒体论等相关的理论与技术，来分析教学中的问题和需要、设计解决方法、试行解决方法、评价试行结果，并在评价基础上改进设计的一个系统过程。它不是力求发现客观存在的尚不为人知的教学规律，而是运用已知的教学规律去创造性地解决教学中的问题。"

教学设计作为一个过程，我们自然应该把握其过程性。其过程性的特征说明，教学设计不是一个封闭的体系，而是一个在过程中不断开放的体系，只要学习的过程没有结束，教学设计的过程就没有结束。

3. 教学设计是一种理念

"教学设计"的英文表达为"Instructional Design"，为什么用"instruction"？著名教学

设计学者加涅有明确说明："为什么我们用"教学（Instruction）"这个词而不用"教授（Teaching）"这个词呢？原因是，我们希望描述对人们的学习有直接影响的所有事件，而不是只描述由教师个人发起的那些事件。"这说明教学设计不是传统意义上的教学研究的分支，而是以学习理论为基础的现代教学研究的产物。学习理论正是教学设计的理论基础之一，教学设计也就是一种以学习为基本对象的理念。教学设计作为一种理念，不仅强调教对于教学的作用，更强调学对于教学的作用，甚至是关键的作用。无论是哪种教学设计的模式，学习者分析都是其关键的组成部分。在这个意义上，教学设计是一种以学习者为中心的预设教学活动的理念。只有我们把握了这一理念，才能真正理解和实践教学设计。

教学设计的过程实际上是教师为即将进行的教学活动制定蓝图的过程。可以说，教学设计是教学活动能够得以顺利实施的基本保证。通过教学设计，教师可以预先实现对教学活动的基本过程的整体把握，良好的教学设计同时也为教学活动的有效实施提供科学合理的行动纲领，有利于调动教师和学生双方在教学活动中的积极性、主动性，有利于引导教学活动取得良好的教学效果。

（二）英语情境教学设计的影响因素

1. 师生

在情境教学设计过程中，教师和学生都是活的要素，具有能动性，对英语教学情境设计的适切性起着关键的作用。

就教师方面而言，教师的情境创设意识及自身的专业素质对情境教学设计起很大作用。不同的文化背景或知识结构影响下的教师对于同一事物的评价和认识也各不相同，这导致主体对教学情境认知的广度与深度不同，同样搜集教学情境的信息也会受到影响，因此，对同一课堂的情境教学设计也各不相同。

就学生方面而言，学生是有主体性的、发展中的和完整的人。学生的主体性也就是学生自身具有能动性；学生自身的身心发展经历着顺序性和阶段性、稳定性和可变性、不均衡性和个性差别性等特点，针对学生所具有的这些特征，在情境实施过程中对其情境的理解与认识势必会产生差异性。建构主义理论也认为学习者常以自己的经验方式来构建对事物的理解。根据自身的生活经验及知识水平，不同的人对同一事物的看法或是认识也会不同。如学生的家庭情况不同，提供的生长环境和文化熏陶也就必然存在着差异，因此学生的兴趣爱好和智能潜质也各不相同，进而学生对于教师所创设的教学情境也就有着不同的反应。因此，在英语教学中，教师应根据每个学生的潜质差异，提供多元化的教学情境，来适应学生差异性。

2. 教学目标

情境设计是现代课堂教学的重要形式，能否取得预期效果，这取决于很多方面的因素。其中教学目标就是重要影响因素之一，它的获得程度直接影响着情境教学设计的效果。所谓课堂教学中的教学目标，主要是指课程单元目标和课时目标。也就是指在完成一节课或一单元之后，希望受教育者达到的要求或产生的变换结果。这一目的在整个情境教学设计的过程中起着决定性作用，对整个教学活动进行引导、调控、激励与评价。课堂教学目标是情境教学设计活动的基本依据，并且推动整个教学活动的进程，而情境设计只是作为一种教学手段，而不是教学的目的。因此，教师不能将情境教学异化为场景式的教学，为情境而创设情境。情境教学设计的有效性应取决于依据教学目标，在学生特定年龄阶段和特定认知水平的基础上，引发学生认知失衡，唤起冲突与问题意识，在追求知识与情境两者的完美结合，使知识的获取与情境的熏陶凝在一起。

3. 教学内容

情境教学设计要体现学科的特点，紧扣教学内容，做到难易适中，突显学习重点，达到复习旧知并教授新知的目的。情境教学设计只有以教学内容为依据才能不偏离主题，达到教学内容与教学情境的真正和谐。教学内容及其特点在课程单元乃至整个学科中的地位和作用，与前后知识的联系等是影响课堂教学目标设立的内在因素，它直接决定着课堂教学目标的水平层次。因此，只有以教学内容为依据，英语情境教学设计才能为教学目标的实现而服务。

4. 教学的物质环境

英语情境教学的设计受到现有教学环境及条件的影响和制约。它不仅需要一定的教学设施作为基础，而且还需要现代硬件设备的支持。随着现代科学技术的发展，学校的教学设施普遍都得到极大改善，计算机、投影仪等都成为学校的常规教学设施。配备这些设施的英语课堂成为新型的、具有现代化气息的课堂。因此，教学环境和条件的改变必然导致情境教学设计理念及模式的改变。在英语情境教学设计的过程中，要达到教学媒体与教学内容和目的的整体和谐才能真正发挥实效。

（三）英语情境教学设计的原则

1. 立足教学目标和内容

在英语教学中实现情境教学，始终要以为教学内容和教学目标服务为目的，所以情境设计的内容要基于教材和课堂教学的内容。在不同的教学内容和教学环节，教师要根据目标选择不同的情境内容、情境类型和情境策略，这样有针对性地采取情境教学，才能使课堂的教学效果更有效率。具体要求如下：

（1）在课前，要认真分析教材内容，准确把握教材的重点、难点，要积极寻求教材与学生认知结构之间的信息源。

（2）教师必须花大量的时间和精力对设计情境的类型、主题、有效性等诸多因素做充分考虑，使所设问题情境能满足学生的兴趣需要，还要顾及学生的能力和水平差异，同时所提供的情境应吸引全体学生参与，讲究各情境之间的衔接性和梯度，保证学生的思维连贯性和延续性。

2. 突出情境

建构主义认为，学习总是与一定的社会文化背景，即"情境"相联系的，只有在丰富、生动的实际情境下进行学习，才便于学生进行"同化"和"顺化"，从而达到对新知识的意义建构。语言的本质属性是它的交际性，交际总是在一定的情境中进行的，因此语言教学较其他教学更突出情境化教学的重要性。但是，传统英语课堂的讲授中，由于教师不能提供实际情境所具有的丰富性和生动性，只从语言知识体系的角度出发，把言语分成独立的单位，以此为教学的重点和难点，来一点点地教授给学生。这样学生学到的只是被分解的语言片段，难以形成使用完整的语言进行交际的能力，所学的语言结构难以纳入长时间记忆，从而成为自己认知结构的一部分。

学习是一个互动的过程，语言的学习更是如此，其表现形式就是自我与他人连续不断的交流。情境学习为学生学习外语提供了充分的互动机会，随时可以获得老师和同学的协助。情境学习是通过建立学生与学生之间积极的、多边的互动来发挥其效能的。因此，在进行英语教学设计时，应结合学生的热情、活泼和乐群的性格特点以及英语教学的交互性特征，以构建学生间积极交互作用结构为主线，将情境学习的基本要素纳入情境活动中，贯通于整个情境教学结构和过程之中。整个设计的重点应放在情境策略的应用与开发上，并对情境教学程序和情境教学活动做出周密的安排，以课堂情境性交往来达成教学的双重目标，即认知目标和情意目标。

英语情境教学设计强调情境化原则，主张创设与主题有关的尽可能真实的教学情境。情境的真实性可以整合多种知识、技能，有助于学生用"真实"的方式应用所学的知识，这样便于他们意识到所学的知识、技能是与自己的实际生活相关的，是有意义的。这对维持其学习动机是非常有用的。所谓情境化原则是指根据课堂教学的相关主题，结合学生具体形象的思维特征和其已有的知识、经验，充分利用直观手段，创设与学生体验过的情境有相似之处且能引起疑难的具体生动的交际场景，激起学生用语言表达自己情感的欲望，从而引导他们从整体上理解和运用语言。情境化原则要求教师的教法要有亲和力和感染力，使学生产生愉快的学习情绪，能将学生引入一个十分有趣的探索情境之中，使英语教学形象化、趣味化、人文化。同时利用实物、图画、多媒体手段为学生创造一种丰富、逼真的交际情境，使学生积极、自觉地投入到英语交际活动中，体现语境的美和语言的真实交际功能。

3. 注重探究性

现代英语教学倡导学生学习方式的转变，由过去只注重接受式学习转变为发现式学习和接受式学习相结合的学习方式。所谓探究式学习，就是在教学过程中创设一种类似科学研究的情境或途径，让学生在教师引导下，从学习、生活及社会生活中去选择和确定研究专题，用类似科学研究的方式，主动地去探索、发现和体验。同时，学会对信息进行收集、分析和判断，去获取知识、应用知识、解决问题，从而增强思考力和创造力，培养创新精神和实践能力。在发现式学习中，学习内容是以问题形式间接呈现出来的，学生是知识的发现者。英语情境教学设计应该贯彻这一精神，即鼓励学生自主发现问题，解决问题，重视探究的过程，学生个体应当作为一个发现者、研究者、探索者去参与课堂教学活动。学生通过阅读思考、自我质疑、自查自练、自我归纳等方式进行自我发现和自主学习，可以提高其学习兴趣，增加学习的乐趣。英语情境教学本身就蕴含着许多未知的领域需要学生去探索和开发，在此过程中，学生按照自己的兴趣和爱好以及自己的学习需要探索适合自己的学习方法，获得自己需要的知识。

4. 兼顾科学性与艺术性

科学性原则是教学设计活动的本质要求，是达成教学最优化的前提条件和重要保证。英语情境教学的设计首先要符合教育学、心理学、语言学等有关原理和要求，其次还要运用情境学习的基本原理和运行机制，来设计好情境学习的活动，最后要运用系统化的原理与方法，来整合课堂教学系统的各个部分和过程，以达成最佳的教学效益。

教学设计在追求科学性的同时，不能扼杀了教师的创造性。教师在工作上既必须具备科学家的精密严格，又必须具备艺术家的创作才情。唯其如此，教师才有可能将其从专业训练中获得的客观系统的知识和技能，转化在实际的工作中，针对求助者的不同需求，做出主观而切实的判断。伟大的教师在工作时是将科学和艺术合二为一的。

5. 强调体验性

体验是指由身体性活动与直接经验而产生的感情和意识。因为有了体验，知识的学习不再是仅仅属于认知、理性范畴，它已扩展到情感、生理和人格等领域，使学习过程不仅是知识增长的过程，同时也是身心和人格健全与发展的过程。英语情境教学设计的体验性，强调学生身体性参与，即学生的学习不仅要用自己的脑子思考，而且要用自己的眼睛看，用自己的耳朵听，用自己的嘴说话，即用自己的身体去亲自经历，用自己的心灵去亲自感悟。

6. 关注教学活动在生活中的可延续性

既然英语教学情境贴近生活，来源于实际生活，那么学生所学习的语言知识和文化、礼仪等，也可以在课后，到课堂以外的地方操练、运用，一来巩固新授，二则促进学生运用语言交际的能力提升。而这，可以通过日常的课后练习或作业布置来引导学生尝试开展，并通过各类家校联系平台取得家长的配合后有序推进，实现学以致用的教学效果。

7. 注重最优化

最优化原则是教学设计的根本目的和要求。用系统论观点来分析，课堂教学是教师、学生、教学目标、教学内容、教学媒体和方法等诸多因素构成的动态系统。课堂教学系统的优化，既有赖于各教学要素的优化，还有赖于各要素间的结合方式的优化。最优化原则要求教师进行教学设计时要充分了解英语教学的任务、目标、内容及学生在知、情、意以及交往技能等方面的准备情况和现有的教学条件、资源和设施等教学要素，系统地加以考察和综合（优化），以求最少的投入获得最大化的产出。

（四）英语情境教学设计的流程

1. 教学分析阶段

教学分析又被称为学习需要分析，其作用就是鉴定教学问题，并在此基础上形成总的教学目标，为分析学习内容、编写教学目标、制定教学策略、选择和运用教学媒体以及进行教学评价等各项教学设计的工作提供真实的依据。教学分析的基本步骤：一是要进行学习结果分析，以确定期望学习者达到的学习状态。英语情境教学的学习结果可以从语言知识、语言技能、情感态度、学习策略、文化意识以及技能6方面加以分析，从而确定学生最终的语言能力水平和情境技能水平。二是要对学习者进行分析，以确定学生能力素质的现状，其当前的能力水平即是教学起点，对学生的分析主要是从其初始能力即学生在英语学习方面的知识能力的准备状况，以及影响英语学习的心理因素（包括学生的言语、记忆、思维和注意特点）两方面着手论述，以充分了解英语情境学习活动主体的现状，从而确定英语情境课的教学起点。三是找出学习者目前水平与所期望达到水平之间的差距，以确定学习需要，这一"差距"便是当前的教育教学问题。相应地，英语情境教学的目标就得以确定。

2. 教学决策阶段

该阶段的任务是根据上一阶段分析的结果为达到相应的教学目标而确定具体的教学方

案，包括教学活动的顺序、方法、策略、形式和媒体等因素。其中教学策略的选择和设计是核心任务。

情境学习是英语教学的最佳策略之一。在选定情境学习教学策略之后，仍需对当今情境学习的策略种类加以分析比较，从而选出和设计出适合英语教学的情境学习策略。确定了教学目标，选定了教学策略，就可以开始进行具体教学活动的设计工作。在语言的意义性操练阶段和交际性操练阶段比较适合运用情境活动。确定了情境活动运用的时机，就可以着手设计情境活动。情境活动的设计是成功进行情境教学的关键因素，它涉及情境任务、情境学习方式、情境的创设等等，其设计过程较为复杂。在此基础上，就可以着手构建英语情境教学的基本活动框架。该环节可以以加涅的 9 种教学事件（即引起注意，告诉学生学习目标，刺激对先前学习的回忆，呈现刺激材料，提供学习指导，诱发学生行为，提供反馈，评定行为，促进记忆和迁移）为基本框架来合理设计英语情境教学的具体步骤，从而对整个情境教学活动进行统筹的考虑和安排，然后进一步设计和编写出英语情境课的教案。

3. 教学设计结果的评价阶段

该评价阶段的任务是在实施教案、组织课堂教学活动的基础上，通过评价来检验所制定的最佳教学措施的效果，并把评价中得到的信息及时反馈到设计中来，便于改进下一次情境课设计。英语情境教学主要采用形成性评价、标准参照性评价、学生自评和小组评价等手段及时了解学生的学习情况，获得反馈信息。

二、英语情境教学的实施

（一）当前英语情境教学实施中存在的问题

1. 教师缺乏正确的情境教学观念

在进行英语情境教学时，教师要根据英语课程标准的要求，从教学目标、教学内容和学生认知水平的角度出发，利用多种资源来创设贴近学生实际的语言情境（包括图画、动作、语言、多媒体、音乐等），为学生提供大量的语言实践机会，让学生通过合作、交流和探究，逐步感知、理解和运用英语语言，并在学习语言的过程中有效激发学生的学习兴趣和思维，引导学生对知识进行主动建构，最终实现既定的教学目标。它与传统的英语教学相比更加注重学生的主体地位和学生综合语言运用能力的发展，以在学生学习过程中设置符合学生发展水平的具体情境展开教学。由此可见，对英语情境教学的深入理解和正确把握是有效实施情境教学并促进学生英语学习的关键。然而，从目前的英语教学来看，大部分英语教师缺乏正确的情境教学观念，主要表现如下：教师对情境教学的了解不够深入；教师情境教学的创设意识比较缺乏。总体来说，英语教师缺乏正确情境教学观念的主要原因有两个：其一，教师缺乏来自学校和上级教育部门提供的有关英语情境教学理论知识和教学技能学习的机会。随着新一轮课改的不断深入，有关英语教学改革的呼声越来越高，情境教学越来越被广大教师所了解和运用，但这种了解多是停留在其表面和自我摸索阶段，对情境教学的本质、功能、原则、理论基础及如何实施等还缺乏专业的培训。其二，教师素质参差不齐，这就导致英语教师的教学观念、教学方法、教学行为都有不同程度的差异。因此，具体到情境教学上，教师的情境教学观念和行为也会产生偏差。

2. 情境创设存在误区

（1）形式单一，缺乏新意。情境创设的目的在于通过创设丰富的情境，营造快乐的教学氛围，使学生们乐于参与到英语课堂中，并能主动说英语和运用英语。然而，不少教师把情境创设理解为给学生图片欣赏或者影视鉴赏，几乎所有的课型都让学生观看一些图片和欣赏一段视频，这样不仅浪费课堂的宝贵时间，而且使得学生产生视觉疲劳，进而对英语学习失去兴趣。

（2）真实性不足，过度渲染。在实际的教学过程中，有些教师会出现情境创设不准确，甚至有些情境创设失真，有的时候在运用情境教学的过程中，将情境过度渲染，造成对学生的英语学习干扰。如一位教师在教授 A Super Kid 中，这一课教学五官单词：eyes、ears、face、mouth、nose。于是这位教师就运用 Hello Kitty 猫的卡通形象来作为故事主人公，在教学单词 mouth 时，还给 Kitty 画上了一只大嘴巴。然而众所周知，Hello Kitty 是日本设计师清水优子于 1976 年设计的卡通猫形象，它是一只没有嘴巴不能说话的卡通猫。显然这位教师设计情境将 Kitty 猫设计成有嘴巴的，与实际情境不符，如此设计虚构的情境会使学生产生不必要的误解，学生们会以为原来 Kitty 猫是有嘴巴的。因此教师在平时的情境教学中，尤其是对小学生进行情境教学的过程中一定把握住情境的真实性，要突出重点，坚决摒弃一些不真实的情境。

（3）过于庞杂，缺乏趣味性。教学中情境的创设在于激活学生已有知识背景，为学生将要学习的新知识进行衔接铺垫，它能帮助学生顺利进入新课的学习环节。因此教师创设的情境一定要依据课程标准和教学目标，紧扣教学重点和难点。然而有部分教师创设的情境多而杂，偏离教学内容，缺乏趣味性。如一位英语教师在教授 A Holiday in Shanghai 这篇课文时，将一大堆上海各景点照片呈现在学生面前，学生们看得眼花缭乱、目不暇接。其实这篇课文的教学目标是上海的两个重要景点：外滩和豫园，教师着重介绍这两个著名景点即可。

3. 教学任务繁重，实施效果受限

在当前的英语教学中，教师与学生都认为情境教学的趣味性很高，也增强了学生学习英语的兴趣，但是在实践的过程中，学生的参与度并不高，并不能使情境教学的优势充分发挥，而且对学生学习能力与英语基础知识的提高并没有十分明显的效果。在实施的过程中，部分教师也认为情境的实施会影响教学进度，有时不得不放弃使用一些好的，但比较费时的教学情境。大多数英语教师表示情境教学的实施效果并不是特别明显，虽然学生对情境教学比较感兴趣，但大多是觉得比较有趣，但实际时间并不会持续太久，并不能及时地内化和吸收所学的知识，这都表明情境教学的实施效果并不是十分理想。情境教学还需要进一步优化，才能发挥最大的效果。并且教师表示每个班级每周只有几个课时的英语学习时间，而且内容比较多，加上学校以及家长对学生成绩的关注，导致自己的教学任务比较繁重，在教学中既要关注学生对英语知识的掌握程度，还要保持一定的教学进度，在预期的时间内完成教学任务，从而导致情境教学的实施效果不理想。

4. 师生地位和行为不当

在英语课堂上，教师应当正确把握师生的地位和行为，课堂上的教学活动都应服务于学生这一主体，情境的设置也要始终把学生这一主体放在首位，引导学生积极动脑、动耳、动口、动眼、动手，让学生的主体作用得到充分发挥。然而在有些情境教学中，教师虽然创设了情境，学生却并没有真正地参与到情境学习中，不能主动进行探究性学习，主动地发现问题，寻找解决问题的办法。具体表现在学生在课堂上气氛不够活跃，教师仍然在教学活动和学习活动中占取主体地位，无法抛弃传统的英语教学方法，有的教师为了节约课堂时间，直接向学生呈现了知识的现成答案或者告诉学生如何去解决问题，没有起到很好的引导作用。

（二）英语情境教学的改进策略

1. 提高学生主体参与度

（1）加强师生情感沟通。英语学习是一种语言学习，是一个互相交流的过程。教学中，教师要积极引导学生主体参与教学活动，就离不开大量的言语交流，而语言的交流离不开情感交流。因此，教师要充分利用语言教学这一有利条件，通过情感因素的培养，尽可能排除学生学习英语的各种心理障碍，鼓励学生大胆尝试。当学生将信息反馈给教师时，教师可不忙做简单的判断，而是调动学生参与评价，这样，尊重学生发表的看法，关爱学生，信任学生，给学生提供安全感，师生能够共同参与到评价中来。在良好、宽松、和谐的语言学习氛围中，学生没有精神压力和负担。这有利于形成良好、和谐的师生关系，同时促进学生自我评价能力的提高，增强学生的自信，使学生带着愉快的心情学习，大大调动学生学习的积极性和主动性。我们认为，教师的一言一行会影响学生英语学习的兴趣和潜力的发挥，所以上课时注意以流利的口语、美观的板书、高尚的师德和情操，良好的人格魅力，及时肯定和鼓励学生的进步，对后进学生耐心帮助和关爱等，这些都会在潜移默化之中激发学生对英语学习兴趣和创造潜能。

（2）激发学生自主求知的潜质。英语教学要以学习者为中心，以学生自主探索为特征，使学生产生内在的求知欲，提出他们所关心的问题，确保对话教学和阅读教学都始终贯穿着对学生自我能力的关注，使课堂教学活起来，让学生动起来，自觉参与、全程参与课堂教学。英语课堂教学的时间有限，教师往往为了赶教学进度而仓促放录音，使录音磁带"走过场"似的一带而过。然而，教师不能忽视录音磁带的作用，它能使学生在听读过程中接受纯正的英语，纠正自己的发音偏差，在轻松的环境中不知不觉地掌握了语言。这对不同层次的学生都有启发。因此，教师在课堂上要放课文录音，并要提出要求，如要求学生读准并读熟单词和句子等。这样既能充分利用教学资源，又能使学生接受不同方式的语言学习，可谓"一举多得"。

当然，学习自主并不意味着教师完全袖手旁观，而要在学生学习的过程中做好引路人。作为教师要注意充分信任每一位学生，要放权给他们，每一位学生都有很大的潜能可以挖掘，对学生的信任实际上就是对他们真正的尊重。

2. 推动教师情境教学观念的转变

（1）学校组织教师学习。

组织小组交流。学校在每周内确定一个时间段，将所有的英语教师集中起来，每位英语教师轮换当主持并全程使用英语，这就为英语教师提供了一个良好的听、说的情境，是英语教师将英语运用于生活、工作中的好机会。学校还可以规定每位英语教师都要用英语参与表演节目，可以是英语演讲、英语板书展示、唱英文歌曲等各种形式。这种交流活动能够丰富教师思维。另外，在组织的小组交流中也可以进行教研活动，讲述教师在英语教学上的一些收获或疑惑，然后一起讨论；也可分享在英语教学上成功的经验，这样不但帮助教师解决了自身英语教学上的困难，而且在交流会上可以学习他人英语教学的先进经验，从行动和理论上使教师的观念得到转变。

组织听课。教学是由很多细节组成的混合体，因此教学过程要在细节上下功夫，然而教师不可能记得自己在课堂上所有的细节表现，这时就需要学校对教师进行分配，组织听课。在英语教学中有许多小的细节，如名词的单复数、人的性别、动词的单复数形式等，教师很容易在着急混乱中用错，其他英语教师听课，并将这些细小的点指出来，则可以使英语教师教学更加规范。在英语情境教学的授课中，这些小的应该注意的点更多，一方面需要英语教师在教学中避免，另一方面也需要其他英语教师指导和建议，进而较快提高英语教师的情境教学水平。

（2）教师自身提升。

改变思维模式，以学生为中心。教师在长期的教学中积累了大量的教学经验，在分析问题、解决问题上都有自己独特见解。随着教龄的增加，教师对自身的满意度和自信逐渐提升，在教授知识的时候往往会出现先入为主的现象，这样是极为不好的。英语教师在对学生进行情境教学时应多从学生的现有水平出发，为学生的发展做好辅助铺垫作用。

自觉学习，提高自己的理论觉悟。认真不断地学习是教师提升自我的重要途径。在进行情境教学时，英语教师要认真学习校内外优秀教师的成果，积极听取其他教师的意见和建议，同时在业余时间通过网络等信息化手段进行学习，提高自己理论知识储备，促进自身情境教学观念的转变。

3. 拓宽情境教学实施空间

（1）合理安排课时时间。与传统的教学法相比，情境教学相对耗时耗力，教师虽然对新的教学方法感兴趣，但也会表示心有余而力不足，为了更好地实施情境教学，学校要合理地安排英语课时时间，毕竟英语不同于母语，没有更多实际的学习与练习的环境。学校可以根据自身以及学生的实际情况适当增加英语课时时间，可以增加一些英语表演课或英语活动课等。有了宽松的课时时间，教师可以改变以往传统的讲授法，把情境教学带入课堂，释放学生的天性，让学生抛弃学习的压力，有更多可以表现自我的空间与时间。英语学习的最终目的是在实际生活中灵活应用英语，而情境教学的实施为英语的有效应用注入了活力。著名教育学家李吉林老师认为情境教学的操作要"以'情'为纽带，以'儿童活动'为途径。学生往往是通过自身的活动去认识世界，体验生活，体验本领的"。可见情境教学比较关注学生的活动以及与周围世界的联系。所以，英语课时时间的增加，使教师有了宽松的时间去走近学生，去了解学生对英语学习的需求，也增加了学生对英语语言进行操练的时间，增加了学生体验生活的时间。总之，宽松的英语课时时间会给情境教学的实施带来活力，为学生自主学习英语带来空间。

（2）转变评价方式。

首先，对学生进行综合素质的评价。社会的发展需要综合素质的人才，对学生进行综合素质的评价，使学生不再受成绩的束缚，在课堂上可以释放天性，激发创造力，在愉悦中感受学习知识的快乐。少了成绩作为枷锁，教师在课堂上可以转变传统的教学方法，可以把更多的注意力放在学生综合能力的发展上，这也为情境教学的实施提供了契机。教师为了提高学生的综合素质，在课堂上不再只注重单纯知识的传授，而更注重学生对知识的运用，那么教师就要丰富课堂内容，而情境教学的实施可以使英语知识通过不同的形式呈现给学生，这样不仅增添了学生的兴趣，激发了学生的活力，也使学生得到多方面的发展。对学生进行综合素质的评价，不仅提高了教师的创造力，也解放了学生的活力，还为情境教学的实施拓宽了空间。

其次，对教师进行多元评价。评价主体的多元化，对教师的评价不再单一，使得教师可以多渠道获得他人对自己的评价，听取不同的建议与指导，也使教师可以获得多方面的教学资源。另外，教师也成了评价自身教学活动的主体。教师对自我进行客观的评价，就需要不断地对自己的教学活动进行反思，深入分析教学活动中自身的不足，从而不断对教学活动进行完善，进一步提高教学效果，在不断完善的教学实践中逐步提高教学质量。教师多元评价的实行，促使教师从多方面来进行自我完善，不再把全部的心思都放在了学生成绩的提高上。教师有了提升自我的时间与空间，会对教学的各个方面进行调整。为了学生的综合发展，也为了自身的不断提升，教师在学习了先进的教学理论及方法时，在平时的教学中，就会不断地把理论付诸实践，在实践中不断地完善。情境教学作为新课程改革提倡的教学方法之一，在一定程度上迎合了目前英语教学发展的需要，而对教师进行多元的评价，使教师也有了更多前进的动力。教师为了更好教学，也为了自身不断的成长，对于情境教学的了解与认识也在逐渐上升，这在一定程度上拓宽了情境教学的实施空间。

4. 注重教材的生活化

教材中提供的语言材料，是生活交际话语经过加工的记录。它们承载着语音、语法、语义、语用和情感方面的信息。教学就是要把这些内容通过教师言语、行为或录音、录像活化成有声有色的话语，让学生全面感知所载信息。教师要对课文本身的情境进行挖掘、发挥，提出一些延伸性的问题，让学生能围绕教学内容，联系实际进行逼真的思想、感情和信息交流，从而更加充分地发挥语言的教学、教育功能。英语课程要力求合理利用、积极开发课程资源，给学生提供贴近学生实际、贴近生活、贴近时代的课程资源。英语教材的教学内容贴近生活，富有较强的时代信息。教师要充分利用英语教材的这一优点，在教学的过程中活化教材，即将教材活化为生活情境，教学时按教材内容，并给学生的生活实际设计语境，利用偶发事件活化教材内容为生活内容，鼓励学生积极参与，让学生能联系自己英语学习的实际情况去思考、回答，并努力效仿，付诸行动。通过这样的教学，让学生言为心声，感到情趣盎然，可以让他们在完成某一活动的同时，顺理成章地完成某项教学任务。

在英语教学时，教师还要注意运用已学英语知识，特别是刚学习的新的语言材料，使新旧语言知识相互整合，并按教材内容，结合学生的生活实际设计语境、情境进行练习。教师还应触景生情，把课本中的话变为学生想说的话，联系学生实际或通过想象创设的情境，完整地进行语篇的思想交流。例如在教 Computers 课文时，提出在家庭生活中运用计算机后会产生什么变化的问题。学生则通过想象用英语来表述出人们使用计算机以后，生活变得简捷方便的情境。这种生活化的教学，学生乐于积极参与其中。

第三节　英语情境教学中的合作学习

一、合作学习的内涵与特点

合作学习是以学习小组为基本组织形式，系统利用教学动态因素之间的互动来促进学习，以团体成绩作为评价标准，共同达成教学目标的一种活动。它是以现代社会心理学、认知心理学、社会学、现代教育技术等为理论基础，以开发和利用课堂中人的关系为基点，以目标设计为先导，以全员互动合作为基本动力，以班级授课为前导结构，以小组活动为基本教学形式，以团体成绩为评价标准，以标准参照评价为基本手段，以全面提高学生的学业成绩和改善班级的内部社会心理气氛，形成学生良好的心理品质和社会技能为根本目标，以短时、高效、低耗、愉快为基本品质的一系列教学活动的统一。[①]

从以上论述不难看出，合作学习是相对于"个体学习"的一种学习组织形式，是学生为达到一个共同的学习目标在小组中共同学习的活动。它具有以下显著特点。

1. 以学习小组活动为主体

从合作学习的组织形式来看，它打破了传统教学中教师始终面向班级全体授课的形式。全班的学生被分成若干个小组（这种组与传统意义上的一排或一列为一组有本质的不同），在整个学习过程中，都以小组活动作为主体。通过学生在组内的充分交流与合作，自主探究，最终完成教师布置的学习任务。

2. 有明确的目标导向

在传统的教学中，教师只关注自己所教的知识能否被学生所掌握，目标可以说非常单一。合作学习至少有两个目标体系：学术性目标及合作技能目标。首先，教师要明确本部分的内容通过学生的合作学习可能会掌握得更好，至少比其他形式能更好地达成教学目标。其次，在合作学习中，学生很明确自己小组的目标是什么，以及具体到自己又是什么。最后，教师还应清楚，通过这些知识的学习可以发展学生的哪些合作或社交技能。

3. 强调学习共同体中各因素的互动合作

合作学习是一个创设的学习环境，它强调通过调动学习共同体各因素间的合作性互动来推进学生的学习。这种互动不单是指师生之间单向或双向的交流互动，而是教师与教师、教师与学生、学生与学生之间展开的多向互动。它重在传统教师与学生彼此影响基础上挖掘同伴之间的影响力，利用每个学生不同的知识背景及多元的个性，让他们在不断交流与合作中建构知识。

4. 注重对小组团体成绩的评价

合作学习把"不求人人成功，但求人人进步"作为追求的一种境界，同时也将其作为教学评价的最终目标和尺度，将常模参照改为标准参照评价，把个人之间的竞争变为小组之间的竞争，把个人记分改为小组记分，把小组总体成绩作为奖励或认可的依据，形成

---

① 王坦. 合作学习的原理与策略 [M]. 北京：学苑出版社，2001.

组内合作、组间竞争的新格局，使得整个评价的中心由鼓励个人竞争达标转向小组合作达标。这种评价真正体现了发展性评价，为评价体制的变革提供了新思路。

另外，合作学习把学生的合作意识与合作技能的运用情况作为对学生评价的重要方面，改变了以往单纯以学习成绩作为评价学生的唯一依据，使教师在注重学生学习知识的同时，进一步关注学生技能的提高和价值观的形成。

二、英语情境教学中合作学习的主要模式

中国的教育理论研究者和教学实践工作者们从实践和理论中创造了许多合作学习的模式与策略。适合在英语情境教学中采用的是自上而下的导学模式。自上而下的导学合作模式是在教师创设的英语学习情境中以课堂教学中师生互动学习类型为基础构建的，是在教师的指导下，通过师生之间、小组之间、生生之间的合作学习来完成教学任务，达到教学目的的一种教学模式。此模式注重调动学生课堂上学习的主动性、积极性，充分激发学生的学习兴趣和合作兴趣，使学生在教师的引导下，通过组内合作、集体合作达到掌握知识和技能、发展能力、培养情感、态度和价值观的目的。其包含的具体要素和操作程序如下。

（一）合作设计

在实施合作学习之前，师生要根据教学内容、学生特点共同参与设计合作学习模式，包括选择小组合作学习的方式，建立合作小组，设计小组合作结构等。

（二）目标呈现

教学目标是小组合作学习的指南，也是合作学习进行评价的依据。教师在上课之始应向学生呈现本节课以及本单元的教学目标。教学目标包括两个方面：一是学术目标，包括对知识的理解掌握、能力的训练与提高、情意的培养等；二是合作目标，包括合作态度（是否积极主动地参与合作）、合作行为（如何表达、倾听、交流）、合作技能（如何与组员交流、组与组之间如何沟通）等。

（三）教师引导，创设情境

教师教学的引导方式、引导时间要视具体的教学内容、教学情境、学生特点而定。最常见的引导方式是集体讲授，但是合作学习中的讲授与一般教学中的讲授有不同之处，合作学习的讲授是经过合作设计的，力求简要清晰，时短量大，高效低耗，有较强的启发探究价值，能为以下的小组合作学习活动留有足够的空间。教师还应该联系旧知识以及现实生活、学习中的具体情况创设情境，运用实验、演示、活动等多种形式对学生进行引导，以引发学生迫切的学习需要。教师在引导过程中要提出下一步的学习问题，分配合作学习任务。另外，教师的引导应该贯穿于整个合作学习过程中，包括小组合作活动、总结、反馈、评价过程，适时对学生、小组进行提示、点拨，使学生明确方向。

（四）小组合作活动

小组合作活动是这一模式的基本中心环节，为达成合作目标，各合作小组就合作任务

展开合作活动。小组可以先进行任务分配，组员根据所分配的任务自主学习，然后组员之间再相互交流、共同探讨，最后达成共识，取得对问题较为全面正确的理解。在小组合作活动中，小组内部要始终营造一种合作、融洽的氛围，使组员有强烈的集体感，组员之间能互帮互学，共同提高。

（五）组间交流

小组合作学习，各小组对所学的问题有了自己的认识后，教师可以引导学生过渡到组际交流中，让各组代表将本组合作学习的成果向全班展示。在组间交流中，经过各组间的讨论，学生的眼界得以开阔，英语表达能力、交流沟通能力得以提高，从而促进学生的全面发展。

（六）评价反馈

这个环节主要是通过评价来适时地了解小组合作学习的实施情况。学生个人、小组、教师都要参与评价过程，对小组的学习态度、方法、能力以及合作技能进行价值判断。教师在评价时，应多给学生正面的鼓励，以减少学生的焦虑程度，增加学生英语学习兴趣。对于在评价中反馈出的信息和问题，师生要善于捕捉，以便采取措施进行补救。

三、英语情境教学中合作学习的有效开展策略

（一）创设恰当的合作情境

英语情境教学中合作学习的实施，需要英语学习和合作情境的创设。任何事物总处在一定的环境中，进行英语合作学习，必须培育适宜于合作学习的情境。合作学习的情境分为物理情境和心理情境。

所谓合作学习的物理情境，就是为完成某一特定的英语学习任务所创设的教学环境、教学场合、适合合作学习的座位布置、适合表演或展示的场景布置等。

创设合作学习的心理环境，应从两个方面着手。首先，强化合作学习参与者的正向心理感受，建立师生平等、信任、尊重和互动的合作关系。罗杰斯（Rodgers）认为，"心理的安全"与"心理的自由"是创造的两个条件，教师要为学生创设一种自由、民主的氛围，以激发学生的思维。为此，教师要做到以下方面：站在与学生平等的地位，以真诚的态度对待学生，加强学生心理安全感；努力促成合作小组成员的相互依赖关系的建立，提高群体凝聚力；保护学生好奇心和探索性行为，不反对学生的大胆猜测；对学生所犯错误有高度容忍精神，在学生回答有误时，不应有任何伤害学生自尊心与积极性的语言和表情；鼓励学生不断思考，尊重学生，使他们敢于、乐于回答问题；鼓励学生大胆创造和想象，不能因为学生提出一个在你看来是不切实际甚至荒诞的问题，就贬斥甚至嘲笑学生；充当"未知者"与学生一起学习，因为这不仅减轻了学生的压力，激发了学生的兴趣，而且增强了师生互动。其次，加强学生合作学习的情感体验，增强合作学习效能感。元认知对整个学习活动起控制和协调作用，而元认知体验是元认知的重要组成部分，班杜拉社会学习理论告诉我们：自我效能感越强，越容易坚持不懈地从事某项活动，当学生体验到合作学习带来的成功时，就会产生对合作学习的更大的兴趣，以更大的热情投入到合作学

习中去，从而为合作学习目标的有效达成提供了重要的前提。

（二）关注不同层面的学生

"因材施教"原则古已有之。而在合作学习中，由于学生在学业成绩、能力特长等方面发展水平的不同，他们在小组内承担的责任、扮演的角色也不一样，因此他们所期望的发展方向、发展水平也是不一致的，这就更需要教师针对不同的学生运用不同的策略。对于优势学生，教师可以给他们安排难度较大、有挑战性的任务，积极拓宽他们的思路，训练其思维和创新能力，并且要指导他们成为小组中的榜样，同时帮助稍差的同伴，在指导同伴时一定要耐心，并且是积极地指导，而不是代替别人完成任务。

在许多教师经常运用的"抓两头，带中间"教学策略中，这个"带"字就常常演变为"一笔带过"的"带"，使中等学生成了最容易被忽视的一个群体。事实上，中等生在学生中占大多数，是教学的主体，也是发展的主体。在合作学习中，中等生是影响小组活动的主要群体，理所当然地应该受到教师的关注。要使合作学习能够顺利进行，教师应该考虑中等学生的现有水平，根据他们的能力水平和发展需求来制订主要的计划和实施教学。

合作学习中，学生的主体性体现得更明显，教师在实施阶段的主要作用是提供指导和帮助，而弱势学生是教师指导和帮助的主要对象。在小组活动中，优生往往有更多的表现，他们承担的任务更多，相应的发言机会、获得成功的机会也更多。弱势学生则正好相反，他们在小组中易被忽略，但绝不能成为教师忽略的对象，而应受到教师的特别关注。

首先，教师要尽可能地发现学生发展所欠缺的方面，如思维水平、学习方法、学习动机等，针对不同的方面对他们实行不同的指导，要特别注意对他们的心理进行辅导，让他们树立起信心。其次，教师给学生的任务应该是有层次性的，使弱势学生能够找到他们能胜任的工作，并在完成任务中找到自我成就感，增强信心。第三，在合作学习进行时，教师要强调整体的进步，让小组内形成主动扶持较差学生的氛围。教师也要在观察、巡视或参与中，特别关注他们，发现他们的困难，及时给予鼓励和指导。最后，在评价时教师要强调小组的整体评价，也要对弱势学生所取得的进步给予表扬。

（三）遵循科学的教学程序

（1）选择话题。教师所给的话题必须能够引发学生的兴趣和引导学生主动参与语言实践活动的欲望，符合学生兴趣的话题有很多，教师可以巧妙地把它们与教学内容结合起来，使之生活化、社会化，学生参与时会十分投入，热情高涨。他们自然会产生求知欲，会把学习当作乐趣。

（2）明确任务。合作学习的任务要明确，难易要适度。小组合作学习前，教师要吃透学生，吃透教材，抓住学生的质疑，精心设计问题。教师应在话题讨论之前对活动或任务有明确的规定，任务的实施必须有清晰的步骤指引和操作指令，使之符合他们的英语知识和能力水平。其次，准备教材的过程是学生语言实践过程中不可缺少的重要部分，教师应十分重视对学生准备工作的指导。

（3）引入激发。除了用精练的语言向全班学生说明活动的目的、内容、要求及所用的主要语言材料等活动要领之外，教师还要做到以下方面：把讲台当舞台，充当演员，做好呈现；充当导演，创设情境；创设一种能引起学生兴趣和共鸣、激发学生积极参与语言思维，并能使其主动交流的语言环境。

（4）任务实施。这是任务活动的"主体"部分。师生共同的任务是尽可能让活动顺利进行，鼓励学生大胆发挥合作精神，努力克服语言上的困难，尽量不让活动中断。教师要进行巡视观察，辅助弱者，提供信息，控制时间，适时介入活动，切忌只站在一旁监督学生的活动。

（5）汇报演示。任务应有明显的任务完成的结果标记，任务的成果既可能是语言性的，也可能是非语言性的。学生活动之后教师应对活动进行总结，展示活动成果，提供反馈信息，使活动达到一个新的高潮，引导学生向高一层次目标努力。教师在活动之后可以采取以下方法：互通信息—展示成果—小组竞争—纠正错误。

（6）总结评价。教师要指出小组活动在英语学习方面的成功、进步之处，回顾语言训练的要点，表扬活动出色的学生和小组，让学生产生成就感。同时提出共同性的语言错误或其他需改进之处，让学生树立信心，做好下次的小组活动。

第九章　专门用途英语教育研究

在我国英语教学与研究体系中，普通英语和专门用途英语一直是两大主流，目前进行的英语教学改革更是突显了专门用途英语的重要性。专门用途英语作为在特定语境、特定行业中使用的英语，是语言共核之外的部分，不经过专门的学习难以掌握。本章即从专门用途英语的基础知识出发，重点论述专门用途英语教学的需求分析与教材开发，同时对商务英语、旅游英语、法律英语这三类较为典型的专门用途英语教学展开分析。

第一节　专门用途英语的基本内容

一、专门用途英语的定义

专门用途英语（English for Special/Specific Purposes，ESP）又称特殊用途英语或特殊目的英语，是一门新兴的分支学科，形成于 20 世纪 60 年代。第二次世界大战以后，随着国与国之间科学、技术、经济、文化等方面交往的日益扩大和纵深发展，ESP 也逐渐发展起来，成为一门逐渐受到人们关注的学科。同时，许多国家为了摆脱战争所带来的困境，重振经济，发展科技，就大力提倡学习英语，因为当时英语已被认为是科学和商贸领域里的国际语言。因此，人们学习英语的目的十分明确，即掌握作为工具的英语为自己所从事的专业服务。专门用途英语从 20 世纪 60 年代初开始形成，发展到现在已有 50 多年的历史了，但有关 ESP 的定义，学界却一直未有定论。目前较有影响的主要有以下 3 种版本。

（1）斯特雷文斯（Strevens）把专门用途英语和通用英语（English for General Purposes，EGP）看作一对相对立的概念，认为专门用途英语课程有着明确的教学目标、教学内容和交际需要，而传统的 EGP 则仅仅是把英语作为一门独立的语言课程来教。1988 年，斯特雷文斯给了专门用途英语一个更为详尽的定义，他认为专门用途英语包括 4 个根本特点（Absolute Characteristics）和 2 个可变特点（Variable Characteristics）。4 个根本特点如下：①它的课程设置必须满足学生的特殊需要；②它的课程内容（即课程的主题）必须与某些特定的学科、职业和活动有关；③它的侧重点应该尽力使句法、词汇、篇章结构以及语义结构等诸方面都适用于那些特定场合的语言运用上；④它必须与一般用途英语形成鲜明的对照。两个可变特点如下：①它可以只限于某一种语言技能的培养；②它可以根据任何一种教学法进行教学（也就是说，尽管交际法通常被认为是最适合专门用途英语教学的，但专门用途英语并不只局限于交际法）。

（2）哈钦森（Hutchinson）和沃特斯（Waters）则认为，"专门用途英语不应该被视为一种特殊类型的语言或教学法，它也不只包括某一种特定的教材。事实上它是一种探讨各种基于学习者需求的语言教学和语言学习的方法。"他们还以学科门类为主线，将专门用途英语分为科技英语（EST）、商务英语（EBE）和社科英语（ESS）3 个大分支，每个分支又再次分为职业和学术 2 个分支。

（3）达德利-埃文斯（Dudley-Evans）和圣约翰（St. John）在斯特雷文斯定义的基础上做了些修改，认为专门用途英语应该包括 3 个根本特点和 5 个可变特点。3 个根本特点如下：①课程设置必须满足学生的特殊需要；②采用课程应有的方法和活动；③以与活动相关的语言（语法、词汇、语域）、技能、语篇和体裁为中心。5 个可变特点如下：①与特定课程相关或为其设计；②在特定教学情境下，可以使用与通用英语不同的方法；③可能为高等院校或职业场所的成年人设计，但也可能是中学生；④一般为具有中级或高级英语水平的学生设计；⑤大部分专门用途英语课程认为学生对语言体系有基本了解，但也可以针对初学者。

虽然视角不完全相同，但 ESP 作为与某种特定职业、专门学科或学习目的密切相关的英语，有其自身独特的词汇、句法、体裁、篇章结构模式，以及明显的专业内涵。应该说，专门用途英语教学顺应时代的发展，满足学习者个性化的需求，是语言技能训练和专业知识学习的完美结合。诚如英国学者宝莲·罗宾孙（Pauline Robinson）所言，语言本身的教学并不是 ESP 的终结，而利用语言实现一个确定的目标才是专门用途英语的真正目的。

二、专门用途英语的发展阶段

（一）语域分析阶段

语域分析阶段形成于 20 世纪 60 年代末 70 年代初。作为最早提出这一概念的语言学家，Halliday 认为语域（Register），即语言使用的场合或领域导致语言材料的变化，语言材料的变化体现在词汇使用和语法上。某一领域（如科技、办公用语等）在词汇和语法方面与其他领域的区别成为这一时期学者们研究的重点，以便使学习者在专业学习中更有针对性，能较好掌握工作情境下的语言特点。语域分析揭示，ESP 倾向于某几个特殊形式，如被动语态、一般现在时、陈述句、祈使句等，但在语法上并无多大特色，特别是在动词形式、动词时态、句子结构、修辞手段、篇章结构上还没有超出一般英语的总框架。

（二）修辞或语篇分析阶段

语篇分析起步于 20 世纪 50 年代，但直到 20 世纪 70 年代才有较快的发展。莱克斯特伦、塞林格和特林伯（Lackstrom、Selinker&Trimble）合作的《语法与技术英语》（*Grammar and Technical English*）一文的发表以及威德森（H. G. Widdowson）对英语进行的语篇上的研究标志着专门用途英语的研究进入了修辞或语篇分析阶段。这一时期研究的主要内容为语篇的结构、句子的排列、句际关系、会话结构、语篇的指向性、信息度、句子间的语句衔接和语义连贯等。专门用途英语语篇分析研究与上一阶段语域分析相比较不再局限于词汇、句子和语法分析的层面，而是在语篇结构的基础上关注句子是如何连接在一起来表达某个意思。但学习者仅掌握篇章结构和行文技巧不足以解决情景交际中的实际问题，语言能力的提升还涉及许多其他方面的问题。

（三）目标情境分析阶段

目标情境分析是以学习者的学习目的为导向，对学习者在使用外语的目标情景下进行交际的内容、方式、途径、媒介、手段等语言特点进行逐一分析，再依据分析结果有针对性地制定教学大纲并设置专门用途英语课程，最终实现学习者在目标情景中能使用外语进行有效的交际。它是以外语学习者的需求为出发点，这个分析过程因此也被称作"需求分析"（Needs Analysis）。目标情境分析阶段与之前两个阶段比较是一种质的飞跃。语域分析和语篇分析阶段研究的是语言形式和交际意义的构建问题，设计视角是专门用途英语组织者和实施者的角度，关注点为语言本身，而目标情境分析把语言分析与学习者的学习目的相结合，从学习者的视角看待专门用途英语教学，设身处地地分析研究外语交际最实用的场合、对象、语言、知识和技能。专门用途英语从这一阶段开始变得更为实用，与通用英语的区别也更明显。目标情境分析被认为是专门用途英语教学的出发点，是专门用途英语的灵魂和核心，也是专门用途英语能够发展了半个世纪并继续蓬勃发展的原因。

（四）技巧与策略分析阶段

专门用途英语的上一个发展阶段——目标情境分析虽然产生了质的飞跃，但它依然是语言表层形式的分析，不同的是其指定了某一特定情境。而技巧与策略分析阶段则将专门用途英语研究的重点转向了语言表层形式下的逻辑思维。技巧与策略分析的指导思想是，在语言运用中，使用者会有相同的思维和解释过程，采用一定的技能可以协助使用者穿透语言的各种表面形式，从语篇中悟出门道。比如遇到对阅读理解构成影响的生词时，我们通过各种线索来推测词义，常用的有利用转换法、派生法、合成法等构词法来推测出词义或词性及通过上下文的逻辑关联或隐含信息推测出词义。

（五）以学习为中心阶段

专门用途英语的出现和发展源于3种力量的推动：特定的学习需求、语言学领域的革命和对学习的新理念。以学习为中心的阶段和前面4个发展阶段相比，发生了根本性的质的变化。此时的专门用途英语研究已不仅仅只是关注语言本身，而是上升到学习语言的主体。学习者们各自不相同的需求和兴趣对学习动机有重要的影响力，因此也对学习效果有直接影响。此阶段的专门用途英语研究已跳出了语言使用的研究，而是回归到语言学习本身。毕竟仅仅描述和阐述人们如何使用语言是不可能学会语言的。"以学习为中心"既强调学生是学习的主体、是内因，注意发挥学生学习的积极性，同时又注意创造良好的学习环境、学习条件，使内因和外因相结合；既注重社会对外语人才的知识和技能的要求，又注意学生的学习要求；既注意努力实现教学的目标，又注意搞好教学的过程；既注意语言的使用，又注意语言的学习。一句话，就是千方百计地调动一切积极因素来提高专门用途英语的教学效果。建构主义学习理论的6条核心特征，即积极的、建构性的、累积性的、目标指引、诊断性和反思性，在"以学习为中心"阶段的专门用途英语教学研究当中得到了充分体现。建构主义的学习目标指引，让学习者清晰地意识到自己的学习目标，并激励自己向预定目标前进。而诊断性与反思性学习，则帮助学习者进行自我监控、自我测试和自我检查等活动，以诊断和判断他们的学习进程以及学习目标实现与否。

三、专门用途英语的分类

(一) 达德利·埃文斯和圣约翰的两分法

达德利·埃文斯和圣约翰是以职业领域为基准，将专门用途英语分为两大类，如图9-1所示。

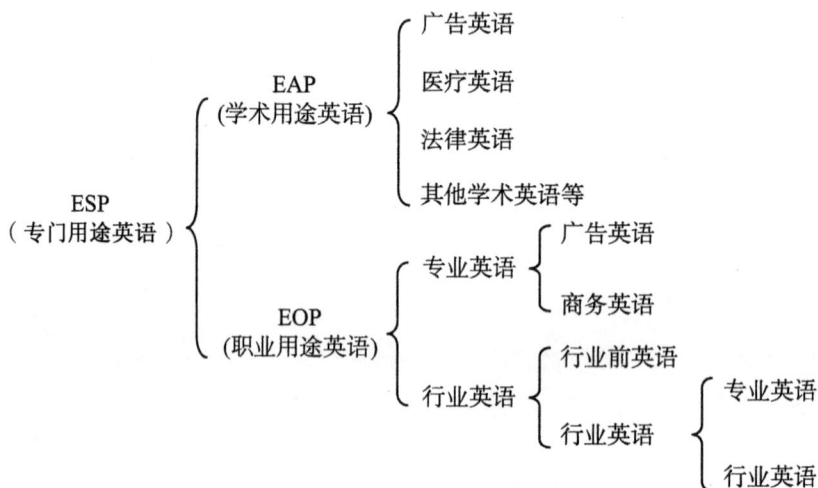

图9-1　以职业领域为基准的两分法示意图

(二) 哈钦森和沃特斯的三分法

哈钦森和沃特斯以科目类别为基准，将专门用途英语分成了3类，即科技英语、商务英语以及社科英语，如图9-2所示。

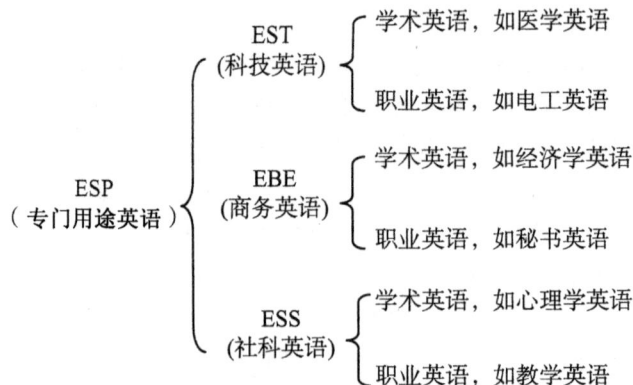

图9-2　以科目类别为基准的三分法示意图

从上图可以看出，专门用途英语被分成了三大学科，并且学科下面的分支都被分为学术英语和职业英语2个次分支，可见以学科门类为主线的三分法显得更为详细。

（三）罗宾孙的两分法

罗宾孙主要是以学生的经历为基准进行划分，将专门用途英语划分成职业英语和学术英语，但是在细化上却和达德利·埃文斯和圣约翰这两位学者的观点不同，如图9-3所示。

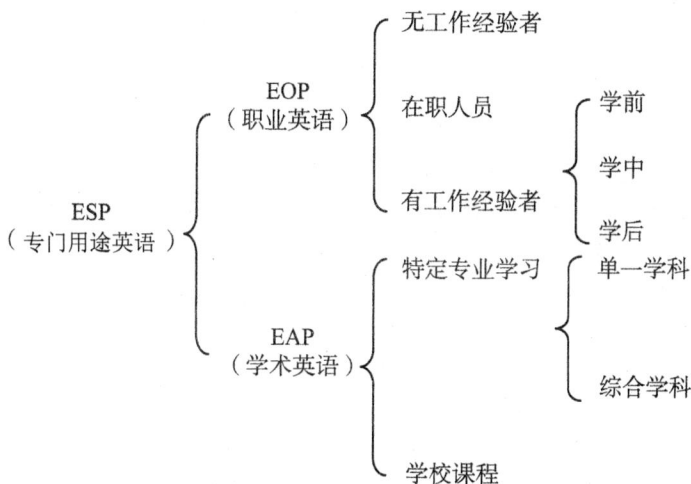

图9-3　以学生的经历为基准的两分法示意图

从上面的分类图可以看出，罗宾孙对专门用途英语教学的不同阶段进行了划分。这种分类明确了各个阶段的教学目标，不仅对课程设置有重要影响，而且指明了专门用途英语学习是一个循序渐进的过程，不能盲目地急于求成。

四、专门用途英语产生的必要性

（一）英语教学的需要

专门用途英语的产生是英语教学自身的需要，对专门用途英语的研究有助于英语教学的研究。简单地说，英美现代教育心理学提倡以学员为中心的教学法。学员的学习需求和兴趣是学习的动力。如果利用这种动力，教学就能收到良好的效果。这一观点移植到 ESP 教学中则要做分析。例如，主观地、不加调查分析地对将去英国搞外贸洽谈的外语学习班学员教授《新概念英语》，学员就有可能感到供求不对应，学习劲头不大，教学效果不佳。但是，倘若认真调查分析他们的具体学习目的，了解他们将如何用英语为他们的工作服务，从而选择适合于他们的英语水平和技能的外贸英语教材，安排好适当的教学内容，学生的学习兴趣就一定能调动起来，教学也能收到良好的效果。

（二）语言学及翻译研究的需要

专门用途英语是语言学理论发展的产物。像英语教学活动一样，语言学方面的研究经历了好几个阶段。最初人们研究语言时只着重于语言本身，研究语言本身词、音、义。随着社会的发展，语言也相应地向前发展。这时学者们意识到了语言在变化，于是开始研究某种语言或某几种语言的演化和发展，这样就产生了历时语言学。到了 20 世纪初，语言学家索绪尔（Saussure）提出仅研究语言的发展和演变是不充分的，要能更好地了解语言，还必须搞清楚在历史中的某一时刻语言的现象，于是他提出了共时语言学。随着自然科学以及人文科学的发展，尤其是人类学、心理学的发展，语言学的理论进入了一个新的发展阶段，一些边缘学科如雨后春笋般的兴起，其中社会语言学也应运而生。社会语言学的兴起，肯定了语言的社会属性和交际功能，这为专门用途英语的产生和发展提供了理论基础。在 ESP 的需求出现的同时，英语语言学研究也在进行。过去对语言的研究是研究语言使用的特性和规律，现在对语言的研究主要研究语言是如何在实际生活交际中起作用的，其研究目的有 3 点：①纯属语言研究；②为了说服有关上级或同行们认识专业英语不同于一般社交英语；③为教授特殊目的的英语。

专门用途英语本质属性的研究有助于其本身专门用途英语的翻译研究。与通用英语的一般文章及文学的各种体裁相比较，专门用途英语存在着自身独有的语言特征、文体特征等。如何准确地把握这些特征，自然是翻译研究理应关注的焦点之一。就我国翻译界现状而言，对科技翻译的研究较为突出，出有专著，编有教材，此外还有《中国科技翻译》《上海科技翻译》等专门期刊；而对商业经济、社会经济两大分支的翻译研究，虽时有文章见诸报刊，但系统的论著似未多见。事实上，各分支中英语在语言运用、文体特色上均有较大差异（如"心理学英语"与"秘书英语"），要做到具有典型性、概括性、实用性，确实还有很长一段路要走。

五、专门用途英语与普通用途英语的差异

（一）需求差异

普通用途英语的学习中学生对英语的学习往往没有明确的需求，他们大多是迫于家长的压力和考试的压力才学习英语。但是专门用途英语的学习者是或为学术研究，或为职业等一些明确的需求而进行学习。这一点也可以从图式理论的角度进行论证。以阅读为例，图式理论认为阅读能力由 3 个方面决定，即语言图式、内容图式和形式图式。语言图式是指阅读者对文章所使用语言的掌握程度；内容图式是指阅读者对文章内容所属领域的熟悉程度；形式图式则是指阅读者对文章所用体裁的熟悉程度。这一理论认为，语言图式在学习者的阅读过程中起主要作用，另外两者对阅读起到一定的辅助作用。进入专门用途英语学习阶段的学习者通常已经具备一定的英语基础，语言图式的要求已经基本掌握。这些学习者将带着明确的学习目的，努力达到内容图式和形式图示的要求，进而有效提高阅读水平，获得所需信息。这种明确的目的和特殊的需求是普通用途英语所不具备的。

（二）教学差异

专门用途英语教学虽然源起于普通英语教学，但是专门用途英语的特殊性决定了在实践过程中它还有着许多不同于普通英语的教学方法。哈钦森、沃特斯、斯特雷文斯等语言学家均认为专门用途英语的研究内容以及教学方式都是由学习者的需求决定的，两者之间

在这两个方面存在一定差别。

普通英语教学以传授常规英语语言技能为目的，并且这种教学是由普通教育目标所决定的。例如，学校开设英语课程是为了普及英语，并且服务于中、高考。但是专门用途英语学习者明确的、特殊的需求决定教学内容和教学课程都有所不同。例如，学术写作、专业词汇、文章体裁等都是普通用途英语教学中很少或者未涉及的。正是由于这种实用的需求，专门用途英语把语言能力的培养重点放在了"行"（Doing），即通过实践提高英语水平。而传统的一般用途英语则把重点放在"知"（Knowing），即把握语言普遍规则放在第一位。可以看出，专门用途英语教学的目标更具体、更明确，因此教学中也常采用任务型教学法。

（三）语言使用特点差异

专门用途英语虽然和普通用途英语共享英语的语言规则，但是在使用过程中，专门用途英语体现了它特殊的一面。以下通过句法、语法、词汇几个方面来展示这种差异。

（1）专门用途英语的句子通常很长。由于学术研究者常常需要全面而客观地描述所述事物，因此他们经常使用 2 个或者 2 个以上的并列句或者并列复合句，再通过各种修饰成分，将所要表达的内容逻辑而连贯地展现出来。尤其是在论文中，这类句子有时长达 5 行，甚至 10 行。

（2）专门学术用途英语较之普通英语更加青睐于使用动词的被动形式。由于英语的主动形式通常表示一种主观能动的作用，缺乏客观性，并且专业领域的论述重点在物不在人，因此，不强调主语的被动语态可以很好地表述观点意见的客观性、科学性。

（3）专门用途英语包含一些其他领域永远不可能用到的专业词汇和一些与专业相关的词汇。不过，专业词汇通常数量比较少，与专业相关的词汇占了大部分。这些词汇有时甚至是一些简单的常规词汇，但是由于情景的改变，其含义和用法也发生了变化。例如，figure 一词通常指"图形，形状，数字"，但是在体育领域，figure skate 则是"花样滑冰"的意思；再如，major 一词通常是指"主要的，大部分的；主修"，但是在军事领域却表示"陆军少校"。这类一词多义的词汇很多，它们在各个领域有着明确的、特殊的含义，这正是专门用途英语必需的最好证据。

第二节　专门用途英语教学的需求分析与教材开发

一、专门用途英语教学的需求分析

（一）需求分析的概念

1. 需求的定义

需求是有机体对一定客观事物需要的表现。人类在种族发展过程中，为维持生命和延续种族形成对某些事物的必然需要；在社会生活中，为了提高物质和精神生活水平，形成对社交、劳动、文化、科学、艺术等的需要。人的需要是在社会实践中得到满足和发展的，具有社会历史性。它表现为愿望、意向、兴趣，而成为行动的一种直接原因。对语言学习的需求是人们为了提高自己的物质和精神生活水平而产生的，是随着社会的发展进步而不断变化的，它直接影响着人们学习语言的动机。

关于外语需求的说法很多，不过它们总体上可以分为 3 类。

（1）主、客观交互作用型需求。需求本身不是一个客观存在的现实，它是主观愿望与客观现实交互作用的结果。例如，新闻专业的学生可能希望自己能用流利的英语进行采访，希望母语是英语的资深记者成为自己的新闻英语课教师。这是他的主观愿望，但客观现实是这样的：教师很难找到，学校只能委派一位英语教师，或英语很好的新闻专业教师为他授课。所以在现实世界中，他可能实现的"现实需求"是学习一位学校委派的教师讲授的课程，通过自己的努力达到最好的英语水平。在现实世界中，人们头脑中的"理想需求"，往往受到各种限制性因素的制约，不仅学生如此，教师、管理者、政策制定者、社会都只能在各种制约因素中寻找效益的最大化。因此，最终成为指导课程设计的那个"需求"，是各方协商、谈判的结果，而不是主观发现的结果。

（2）目标导向型需求。需求是学习者完成语言课程后要达到的目标。这个目标可以是学习者自己制定的，希望从课堂上学到的东西，是学习者的期望值；也可以是学习者不知道或不能够用英语完成的任何事情，是学习者的短缺值。这个目标还可以是语言学习赞助机构或社会期望学习者达到的目标。总之，在目标导向型定义中，需求的内容指向了学习目标。

（3）过程导向型需求。与目标导向型需求相对应的是过程导向型需求。过程导向型需求注重研究学习者需要"做什么"来达到语言目标，即学习的过程就是学习者的需求。其实目标导向型需求和过程导向型需求并不矛盾，它们是相辅相成的关系。在课程设计中，必须先有目标导向型需求，然后根据它判断过程导向型需求。没有了目标，过程无从谈起；而只有目标没有过程，则目标无法实现。所以只有将目标导向型需求和过程导向型需求有机结合，才能设计出有意义、可操作的课程。

2. 需求分析的内涵

需求分析指通过内省、访谈、观察和问卷等手段研究需求的技术和方法。[①] 需求分析属于评估研究范畴。专门用途英语的需求分析通常用于了解学生对外语教学的要求，分析学生语言学习过程中最为薄弱环节等问题。根据这些来确定外语教学过程中的问题所在，以便能够引起重视，不断地改进教学。里奇特利奇（Richterich）首先提出了外语教学中的需求分析的模式，这种模式指出了如何满足学习者在特定语言情境中的语言使用需求等一系列问题，这些分析后来被运用到了专门用途英语教学内容的选择和目标的确定上。[②]

本文的研究是基于哈钦森和沃特斯的需求分析理论来开展的。该需求分析理论是在《特殊用途英语》一书中，论述特殊用途英语课程设置中应注意的问题时提出的。他们认为，在专门用途英语教学领域，需求分析包含两方面的内容：一是有关目标需要的分析，即分析学习者将来必然遇到的社会情景，包括社会文化环境、工作环境及特定环境可能给

① 束定芳. 外语教学改革：问题与对策 [M]. 上海：上海外语出版社，2004.
② 余卫华. 需求分析在外语教学中的作用 [J]. 外语与外语教学，2002（8）：20-23.

学习者在未来工作中带来的特定心理状态等；二是分析学习者的学习需求，包括学习者缺乏的技能和知识、哪些技能和知识应该先学，哪些应该后学，哪些是学习者喜欢或最易适应的学习方法等。另外，此分析模式还考虑到学习者的年龄、性别、国籍、英语知识、其他语言的知识以及职业和受教育情况等。

哈钦森和沃特斯在研究后期，提出了"学习中心法"。他们经过对目标需求及其相应逻辑结果的分析，认为进行目标需求分析时，不应只考虑到有关交际目的情景的语言特征，还应考虑学习者学习的风格和策略等问题。另外，收集需求信息时可使用的方式可以多种多样，如问卷调查、访谈、观察、数据收集和非正式讨论等。

专门用途英语最大的特点，就是意识到需求分析的重要性和对需求的调查研究。专门用途英语重视学习者的意愿和学习目的的分析。另外，教学大纲的设置、教材的使用和教学方法的选择等都基于这些需求。所以，需求分析是专门用途英语教学的根本出发点。需求分析的关键就是，把握学习者现有的语言水平和与社会对其英语语言能力期望之间的差距，所以说需求分析是确保专门用途英语教学能高效完成的前提条件。

（二）需求分析的类型

1. 差距型标准

差距型标准即发现现实与理想的距离，这个距离即为需求。如哈钦森将需求区分为目标需求和学习需求。目标需求是学习者在目标情境中需要做什么，是理想状态的需求。学习需求是学习者需要做什么才能达到目标需求，才能达到那个理想状态，即弥补现实与理想的差距。哈钦森的目标需求中有 3 个重要概念："客观需求""客观缺乏"和"主观需求"。

（1）客观需求，即由目标情境决定的需求。也就是说学习者必须学会这些需求，才能在目标情境中有效地完成任务。

（2）客观缺乏。目标情境中的客观需求与学生现有水平的差距就是客观缺乏。这是不以教师和学生的意志为转移的，也是学生需要学习和弥补的内容。

（3）主观需求。ESP 与 EGP 的不同在于 ESP 对需求的主动"意识"程度较强。而"意识"是个人主观认知层面的东西，它往往会因人而异。虽然可以通过各种手段测量到目标情境的客观需求和客观缺乏的存在状态，但学习者想要的东西——"主观需求"却可能和教师、课程设计者、管理者的期望有所不同，他们也许并不想学习"客观缺乏"的内容，而是有他们自己的兴趣。

2. 需求主体标准

从理论上说在需求分析过程中，有多少个参与方就有多少种需求，如学习者需求、教师需求、官方需求、社会需求、赞助商需求等。在实践中，学生需求和教师需求往往是最关键的，因为他们是课程的主要参与者。而其他需求会通过各种渠道对这两种需求施加影响，所以真正指导课程设计的需求应是各方需求相互妥协的结果。但在妥协的过程中，学生需求和教师需求应占主导地位，其权重应大于其他需求。

3. 需求用途标准

需求分析可以根据用途的不同，分为工作需求、学习需求、考试需求等。如果课程的目标是为了进一步学习深造，或是提升现有的学习质量，则是学习需求。如果课程目标是为了提高未来工作中的能力，那就是工作需求。各类学科的学习需求有相当多的共性，如记笔记、阅读资料、写作论文等，所以学术英语主要为满足学习需求而开设，可以应用于许多不同的学科。而工作需求的共性较少，个性较多，只有熟悉本行业工作的人，才能出色地完成工作需求的信息收集和分析工作。根据不同用途需求的特点来设计课程，能加强针对性，提升学习效率。

4. 需求性质标准

根据需求分析的性质，需求可分为客观需求、主观需求，目标导向型需求和过程导向型需求等。按这一标准得出的分类与按前几种标准划分的需求类型并不重合，它是对前几种需求性质的界定。如目标导向型需求中，可能有一些需求是主观需求，如学习者希望提升口语水平等，而有一些需求则是客观需求，如社会期望大学毕业生能读懂英文专业期刊等。分析需求的性质能让我们主动意识到某些需求本身的缺陷，在权衡各方需求时，趋利避害，追求效益最大化。

（三）需求分析应用于专门用途英语教学中的意义

1. 需求分析有助于英语课程设计

需求分析是系统化的教学大纲建设中不可缺少的一环。需求被确定下来，教学目标也随之确定下来。它可以作为考试、教材选择、教学活动和评价策略的基础，也可以被用于二次评价需求分析的精确度和正确性。合理的需求分析是系统化的语言课程大纲设计中诸多方面有效进行的基础，检验目标和过程及检验需求分析的应用，对深入探讨大纲创造了良好开端。需求分析还是区分专门用途英语和通用英语的一个标准，哈钦森和沃特斯指出，需求或需求分析同学习者的学习动机之间的关系是"如果学习者、负责人和教师知道学习者为什么学英语，这种认知就能影响人们选择易于接受的、合理的语言课程内容"。其积极的意义就是开发学习者潜能。国内的专门用途英语专业分类很多，有商务英语专业、旅游英语专业、法律英语专业、涉外秘书英语专业、外贸英语专业等。针对不同的学习对象，需求分析显得尤为重要。

束定芳总结了需求分析对中国外语学习的重要作用，共有4点：①为制定外语教育政策和设置外语课程提供依据；②为外语课程的内容、设计和实施提供依据；③为外语教学目标和教学方法的确定提供依据；④为现有外语课程的检查和评价提供参考。

2. 需求分析有助于英语教师改进教学方法

需求分析除了对课程设计具有重要意义外，它对于教师改进教学方法，提高教学效果也有重要意义。需求分析的关键是要找出学习者现有的语言能力和某一专业知识水平与他们所期望达到程度之间的差距，以使教师能将精力投放在最需要重视的方面。外语课堂上有不少问题源于教师对学习者的兴趣和需求关注不够，他们没有意识到学习者应是他们搜集信息的重要来源。需求分析可以使教师对于课程最终所要实现的目标有一个清晰的印象，而对于教学目标的清晰把握可以使教师消除教学中的盲目性，提高教学效率。

3. 需求分析有助于提高学习者的学习积极性

使专门用途英语真正有别于通用英语的关键在于，一方面，专门用途英语的需求是为教师和学习者所共同意识到的，是可以明确罗列出来的，而且他们的这种意识会直接影响整个教学过程；另一方面，通过需求分析，学习者也会因回答需求分析的各种问题而对自己的学习目的有一个逐步清晰的过程，而帮助学习者认清学习目标可以使他们最大可能地参与到教学过程中，参与到课程安排、教材选编和课堂教学的互相配合中，从而调动起学习者学习的兴趣和积极性。而随着学习者越来越多地参与到课程中，他们对课程的态度和学习方法也会不断变化，学习效果也会不断提高。

（四）专门用途英语教学中需求分析的具体步骤及注意事项

需求分析通常分为 3 步：需求分析前的准备阶段、数据收集阶段、数据分析和结果运用阶段。Dudley 曾说，需求分析前要查看各种文献、资料和调查报告，以便了解以下内容：①我们还有哪些未知的东西；②避免浪费学生的时间；③了解更多的专业知识；④知道怎样有效地分析数据。

需求分析前的准备阶段为以后的活动定下了方向、程序和目标，是一个定调子的阶段，非常重要。这一阶段应考虑的主要问题如下：

（1）需求分析的结果有何种用途，怎样应用？这是所有工作的第一步，只有清楚需求分析的目的，才能做到有的放矢。只有知道分析结果怎样应用，才能让分析的结果更具可操作性，更加实用，而不会永远是纸上的蓝图。

（2）需求分析由谁来完成？由怎样的团队来完成需求分析直接影响着需求分析的质量和效率。在选择团队时，还应考虑到他们的分工，具体到他们各自需完成的任务。

（3）需求分析何时进行，可用多少时间？时间在任何活动中都应该提前计划好。根据具体情况，需求分析可以分步做、分段做，也可以定期做、临时做。怎样对达成目标有利，就可以怎样安排时间表，但一定要有时间表。

（4）需求分析的内容、要素有哪些？这是需求分析最核心的问题。需要调查的内容一定要具有一定的覆盖度和一定的深入度，应反映需求分析的目标。

（5）从何处获取信息，获取信息的可靠性、可行性如何？这要求充分考虑可能的困难。

（6）需求分析采取何种手段进行，采用哪些测量工具？这要求充分衡量这些测量工具的信度、效度和可操作性。

除此之外，为了保证专门用途英语教学的质量，在进行需求分析时还应注意以下几点：

（1）需求分析不是一蹴而就的活动，它是一个持续的过程，它的结论应不断被检验和再评估。

（2）现实的需求分析是一个妥协的过程，各方的需求可能不一样。各方人士都可能会不自觉地夸大自己需求的重要性，所以课程设计者应理性地权衡协调。

（3）学生的主观因素在需求分析中非常重要。学生在未来的工作中很可能不得不大量阅读枯燥的英文文章，但那时他们有很强的阅读动机，因为那种阅读也许是他们升职的砝码。然而，当他们在学校时，可能不会有那么强的阅读动机。所以，分析学生的动机、策略、偏好等主观因素，是保证课程顺利有效进行的必需步骤。

（4）需求满足的可操作性问题。虽然目标情境中的理想表现与现有表现间的差距就是客观需求，但这个需求中也许只有 70% 可以通过现有条件满足，还有 30% 在现有条件下无法满足，所以在分析需求数据时，一定要结合现有的基础设施、管理水平、课程文化和各种环境因素，仔细辨别哪些需求有可操作性，哪些没有，这样才能使课程设计更有效。希望能够百分之百满足需求的想法是根本不现实的。

二、专门用途英语的教材开发

（一）专门用途英语教材的功能

1. 知识库功能

任何人在回想自己已获取的知识时，都会发现在自己头脑中永久保留的知识中，有相当一部分的知识来自教材。专门用途英语教材包含了两方面的知识——语言知识和专业课知识。就语言知识而言，教材所选用的语篇、示例、解释比其他材料更为准确、系统、多样。

首先，就其准确性而言，教材上使用的都是标准化的英语，而网络材料则难以做到这一点。语言是交流的工具，在实际使用中并不一定都是如此标准的语言，但在学习时，我们仍应该以标准的语言为重心，培养学生得体的表达习惯，同时对非标准的表达持开放态度。如今随着网络的发达，很多学生利用网络学习英语，而上网学英语的学习者来自世界各地，他们的英语表达也带有不同母语的特征，这些语言表达是不能成为正规学习的范例的，但可以成为学习的补充，交际练习的辅助材料。

其次，就系统性而言，教材也是其他材料无法比拟的。教材的编写经过认真仔细的构思，一本应用广泛的教材，可能是众多语言教师、学科专家的智慧结晶，包含了科学的教学理念，设计了结构合理，符合语言学习规律的任务、练习，语言项目的编排体现出层次性。而报纸或杂志材料，通常只关注读者的兴趣点，其语言知识是零散不成体系的。它们并未考虑语言习得的规律，没有循环往复的语言知识积累和操练的设计，所以只能作为辅助性提升兴趣的材料，而不能作为语言学习的主要读本。

最后，就多样性而言，教材会关注语言知识的覆盖度，尤其是专门用途英语教材，表现出更广泛的多样性。而其他媒介的语言材料，由于其媒介形式的固定，读者群的固定，其内容和体裁都表现出较大的局限性。如杂志和报纸的文章，都归属于不同的固定栏目，所以其内容和体裁也相应被固定了，不可能包含其他领域的文章。

2. 观念塑造功能

教材的显性功能表现是知识库，因为它直接为学生提供了要学习的知识内容。但教材还有一个隐性功能，即观念塑造功能，它是由教材的结构设计来完成的。教材的观念塑造作用对于教师来说，并不如对学生那么强烈，因为教师通常具有选择教材的权利。在选择教材时，教师往往会挑选与自己的教学观相符合的教材，而对于那些与自己的教学观完全背道而驰、完全超出自己掌握的教材则不予使用。所以教师的这种选择权使教材的观念塑造功能减弱。但有时教师会受到时代潮流的影响，尝试一些新的教学理念的教材，这种尝试如果成功，将帮助教师建立新的教学观。

3. 信心支柱功能

对于教学经验欠缺，语言水平有待提升，或专业知识欠缺的专门用途英语教师来说，教材的信心支柱或教师培训功能尤为重要。由于专门用途英语课程对英语语言知识、专业知识和课程教学知识都有较高的要求，所以教材的引导和辅助作用表现得较为明显。通常专门用途英语教师不是由英语课教师担任，就是由英语较好的专业课教师担任。他们都是精通某一方面的知识，对另一方面的知识表现得明显缺乏自信。这时，如果有一本由英语教师和学科专家合作编写的教材，则无疑是雪中送炭。英语教师通过教材学习了最新的学科专业知识，提升自己的专业知识水平，发现自己专业知识中的不足之处，明确努力的方向。而专业课教师则可以遵循教材设计的教学思路，体会语言教学的模式、规律、路径，掌握驾驭语言课堂教学的技能，并塑造科学的语言教学观，在以雄厚的专业知识为基础的语言课堂上，做到游刃有余，开展有针对性的教学。

（二）专门用途英语教材开发的指导思想

1. 以合理的教学大纲和教学理论做指导

教学大纲与教材之间是目的和手段的关系，因此，教材建设离不开教学大纲的指导。《大学英语教学大纲》修订本指出，英语专业人才应该"具有扎实的基本功、宽广的知识面、一定的相关专业知识、较强的能力和较高的素质……拓宽人文学科知识和科技知识，掌握与毕业后所从事的工作有关的专业基础知识，注重培养获取知识的能力、独立思考的能力和创新能力，提高思想道德素质、文化素质和心理素质"。由此看出，英语教学大纲对专业英语的建设十分重视并提出了建设目标。另外，对于学生在专业英语学习各阶段所应掌握的各项技能，《大学英语教学大纲》也提出了科学的量化指标，并要求专业英语教材应该全面培养学生听、说、读、写、译的各项技能。

目前国内有一部分学者正在尝试用维多森的交际法理论和语言使用原则为指导编写专业英语教材。这些教材的编写更加重视材料的真实性，致力于使学生将业已掌握的语言基础知识和技能同专业领域的实践相结合，从而发挥语言的实际作用，并在实践中得到锻炼和提升。

2. 加强专业英语教材的研究，提高编写者素质

专门用途英语教材建设的顺利开展除了需要科学的教学大纲和教学理论为指导以外，还需要强调对教材本身的研究。教学观念、教学法、教材三者之间联系紧密，互相影响，教材建设已经不再是教科书那么简单了，而是成为一门系统的科学。因此，对于专门用途英语教材如何才能展现其独特性，并服务于特殊学习目的是国内专门用途英语教学领域中值得关注的重要问题。目前国内很多专门用途英语教材编写者并没有接受过系统的、科学的教材编写训练，这就导致他们编写的教材往往出现操作性不强、脱离现实的缺陷。这就对专业用途英语教材的编写者提出了更高的要求，它要求教材编写者不仅是一名合格的教育者，还必须是一名合格的研究者。作为研究者，教材编写者必须具有扎实的语言学理论基础，能够站在学习者的角度衡量教材的作用。同时，教材编写者还必须不断丰富和完善个人的知识结构，教师队伍也应该更加专业化、多元化。只有这样，专门用途英语教材和教学质量才能得到保证。

（三）专门用途英语教材开发的基础

1. 以需求分析为前提

需求分析在英语教学中的应用起源于专门用途英语教学和以学习者为中心的教学理论，后来很快发展到普通英语教学中，并成为课程建设的基础。需求分析是编写专业英语

教材的前提。专业英语教学所针对的教学对象是有一定英语语言基础的学生，因此专业英语教材建设必须考虑学生的个人需求，要进行学生个人需求分析，即通过访谈、问卷等方法分析学生使用英语的目的、学生现有英语水平、学生需要从专业英语课程中得到什么等，从而为编者提供未来教材使用者的需求情况，进而有针对性地进行选材和设置任务。

2. 以教材评价为基础

哈钦森和沃特斯的评估标准是针对专门用途英语教学提出的，对其教材的评估具有一定的指导性。他们使用对照法，即将"主观需要分析"和"客观对象分析"相对照的客观评价方法，首先，由评价者列出教材目的和对教材的要求，同时列出某一等级评价教材的特点，然后进行对照评价。教学内容包括描述语言的理论基础，听、说、读、写各项大技能及微技能的涵盖程度，各项内容的安排顺序等。哈钦森认为"教材的评估是一个对比的过程：对比需求与教材所提供的解决方法的匹配性"，为了实现"在评估的初期最大限度地不受主观性干扰，最好分别调查教学需求和教材满足需求的方案"，并且"拟定评估标准，列成表格"。罗伯茨（Roberts）强调教材评估应"系统化"，即需要拟定一套正式的评估标准，以保证评估结果的有效性和准确性。在实际操作中笔者认为这些观点具有借鉴意义。

3. 树立高等教育教材观

以就业为导向的职业教育，应采用基于工作过程的课程观，课程内容的序化应以过程性知识为主、陈述性知识为辅，即以实际应用的经验和习得为主，以适度够用的概念和语言为辅。

4. 以学习者为中心，采用模块式编写思路

依据多元智力理论，即智力的多元性和差异性理论，以学习者为中心，摒弃传统的学科知识体系的教材编写体系，采用模块式编写思路。每个模块既是教材的有效组成部分，本身又是相对完整的、独立的，具有一定的可裁剪性和拼接性，可根据不同的培养目标将内容模块裁剪、拼接，使前后课程互相衔接，浑然一体。这样不但避免了重复讲述造成的时间浪费，而且也杜绝了因教师个体在表述上的偏差给学习者的学习带来不必要的障碍。同时，提高模块可以留给学习者一定的学习空间，培养学习者的再学习能力。

5. 符合专门用途英语教材内容选择原则

第一，有明确的能力体系和知识体系。第二，教材内容与学习者所学专业相关，教学法和能力目标训练法能体现职业特色。第三，设计的教学方案切实可行，理论知识"必需、够用"，符合学习者实际。第四，概念、方法和结论的实际应用。第五，教材内容对学习者来说相对新颖，内容具有先进性。第六，教学或测试方面能令教学双方愉悦。

（四）专门用途英语教材的编写

1. 确立编写目标

编写目标是教材编写的指南针，所有编写要素都是为了这一目标服务的。所以，编写教材时，首先要解决这一问题。确立编写目标时，需要考虑如下因素：

（1）教学大纲的教学目标。从理论上说，这一目标就应当是教材编写的目标。对于大范围使用的统编教材来说，更是如此。各学校自己开设的专门用途英语课程，如果经过了严格的课程设计程序，也应当有课堂教学大纲，其中的教学目标也是本校专门用途英语

教材编写的目标。在实际操作中，不同的教材编写者可能针对具体情况，会对大纲中的教学目标进行微调，那么就需要再综合考虑其他因素。

（2）学生的情况。学生的英语水平如何，专业知识水平如何。学生的层次，即学生是本科生、研究生还是在职参与培训的人员，这些都必须加以考虑。如果条件允许，还应当了解学生的学习风格和策略偏好，以便更有针对性地编写教材。

（3）教师的情况。教师是英语教师还是专业课教师，对教材的内容选择，教师用书编写都有极大的影响。虽然在理想状态下的教师应当是英语和专业知识兼备的教师，正如目前众多的专门用途英语教材所设想的那样，但现实是专门用途英语教师往往一方面能力较强，而另一方面能力较弱。这是一个无法回避的现实。与其给教师一本他无法驾驭的教材，不如给他一本某方面知识稍弱，但他完全能驾驭的教材，这样才有可能调动他的授课积极性，才能让他发挥自己的长处，提升教学效果。此外，对教师的年龄、研究方向、教学风格也应当有一定了解，以便教材能更好地发挥作用。

2. 确立编写理念

教材的编写理念主要来自两方面，一是怎样看待教材在教学中的作用，二是怎样看待语言学习。涉及编写理念时，往往需要从微观角度更具体地讨论教材在教学中发挥的实质性作用。例如，教材应该是怎样的知识库？教材是用来教的，还是用来激励学生学习的？

3. 确定编写体例

编写体例要考虑的内容，一是确定每个单元或模块的主题。主题的确定体现了编者所持有的编写理念。比如以任务教学理念来设计教材，其主题很可能就会按照专业任务的目标需求进行挑选；而如果以语法结构理念设计的教材，则其主题很可能就会按语言的语法结构来安排；而按语篇为基础的理念来设计，则可能按专业任务中出现的语篇类型分类。所以不同的理念支配着不同的主题。二是要考虑以何种结构组织教材。无论是采用单元形式还是模块形式，都需要考虑其中的具体结构。在进行这部分设计时，可以再重新审视一下编写目标和编写理念，同时参考已有的同类教材的组织结构，并考虑实际教学中可能出现的限制性因素。在综合考虑这些因素之后，才能做出最后的决定。对于把教材视为教学过程重要引导者的教材编写来说，这部分的设计非常关键，因为它将成为教师进行教学的主要依靠，并对教师的教学理念产生潜移默化的影响。

4. 挑选材料

选材是教材编写中十分关键，又最耗时间的一项工作，同时也是教材编写者最为重视的一项工作。许多学者对于如何选材都提出了自己的看法，如哈钦森认为好的材料应满足以下几点：①激发学生的兴趣；②引出能促进学生思考的活动；③使学生有机会练习已学过的知识和技能；④是学生和教师都能够驾驭的。

5. 设计教师用书

对于现阶段国内的专门用途英语教学来说，教师用书十分重要。因为专业英语娴熟、专业学科知识过硬的专门用途英语教师目前还是凤毛麟角。大部分教师在讲授专门用途英语课程时，仍会比较倚重教师用书去获取一些自己欠缺的知识。对于专门用途英语教师用书应包含的内容，我们认为有以下几个方面：

（1）专业学科背景知识。这对于英语教师使用的专门用途英语教材尤其重要。因为很多专业术语、事件的历史背景、专业的学科知识，英语教师并不一定完全了解。所以教师用书在这方面的补充，将发挥重要作用。

（2）教学模式推荐。对于教材的编写理念和使用策略，只有编写者自己最清楚。而每一本教材在编写时，都会有某种认可的教学理念、教学模式引导着组织材料。在教师用书中，应当将这一理念和模式明确地告知教师，同时教会他们理解和使用，这样才能达到教材编写时的预期效果。

（3）重点、难点解释。教师用书中对核心的重点内容，应有详细多样的操练建议、方法建议，帮助教师提升授课效果。对于难点的内容，则重在解释和理解，提供相应的补充材料，将难点化解。

（4）文章的翻译和练习答案。这是普通教师用书中所占比例最大的部分，可以说这部分内容的作用，主要是减轻教师对教材理解的负担。但仅靠这些，并不能帮助教师提升教学效果，促进自身在学科知识和教学水平上的提高，因为它根本未涉及教学理念塑造和学科知识拓展。所以仅有这些内容的教师用书，并不是真正意义上的教师用书，只能算是教材辅导书。

第三节　商务英语教学

一、商务英语的概念及其应用意义

（一）概念辨析

国外商务英语理论研究主要集中在过去的三四十年。当时的人们认为商务英语与通用英语的区别只在于与商务相关的词汇和专业术语。国内学者对商务英语概念的关注则在近10年间呈明显上升趋势。随着社会和经济不断地向前发展，人们对于商务英语的认识也随着时代变化和商务英语不同的发展阶段不断变化和趋于完善。商务英语概念在实际使用中归纳起来，主要有4种不同的层次：①应用英语的一种，属于专门用途英语的一个分支；②商务英语课程；③商务英语学科；④商务英语专业。

目前，关于商务英语几种具有代表性的定义如下：

（1）商务英语是"中介性语言"，位于特定商务技术语言和普通大众语言的"交界地带"，是一种"工作语言"，几乎不涉及语法层次。

（2）商务英语并不是一个具有坚实基础的学科。它是一个不断发展的实践过程，且因为世界各地的情况和要求不同而具有多种形态。商务英语缘起于两种便利性：国际商务人士之间对于建立沟通途径的需求；适用于交流的语言为英语。基于对国际商务的需求设置教学的框架，此框架可用来指导商务英语学习。商务英语由语言知识和沟通技能两部分组成，其中语言知识包括语法和词汇，沟通技能包括演讲技能、会议组织技能和电话沟通技能。

（3）商务英语是专门用途英语的一个分支，它具有所有专门用途英语所共有的重要因子，与其他专门用途英语一样，商务英语意味着一个特殊的语料库以及特定环境中的特有的交流方式。

（4）商务英语可概括为在经济全球化的环境下，围绕贸易、投资开展的各类经济、公务和社会活动中所使用的语言，具体包括贸易、管理、金融、营销、旅游、新闻、法律等。

可见在商务英语概念的界定上，在不同的发展阶段中，学者的表述各有不同。综合来看，学者们大都认同商务英语在专门用途英语中的分支地位，同时肯定其在特定语境中需要用到交际能力和其他能力。正如张佐成和王彦所归纳的那样："我们不能简单地把商务英语看成是一种语言变体，也不是英语与商务的简单相加，而是一种以英语语言为载体，以商务活动为内容，以商务交流为目的的交际系统，它包含英语语言知识和技能、商务知识、商务技能、跨文化交流意识和能力，并具有自身鲜明的意识形态、礼貌体制和话语形式。"

（二）应用意义

英语在货物进出口贸易程序与交易磋商与签约环节上都至关重要。拟订书面合同时，应使用规范的商业英语，遵循比较固定的条款模式，尽可能采用习惯用语，力求措辞准确、严谨，行文简洁，不留漏洞，避免解释上的分歧。在此过程中，对进出口商品专业术语的正确理解和应用将直接关系到商品交易中的经济效益和交易的成败。

商务函电是商务活动的一个重要组成部分，是通过邮寄或其他电信设施（电话、电传、因特网等）进行的商务对话，并常常被用作一种商务行为或合同的证据。商务函电通常是为达到某种特定目的如销售商品、定价、咨询信息、索赔、商务问候等。在21世纪信息时代，要充分利用函电简便、快捷的优势，提高业务量和效率。商务英语用于翻译服务要求必须忠实于原文，不得肆意发挥，也不得压缩削减。因此，译文的语言应规范化。正如鲁迅所说的："凡是翻译必须兼顾两面，一则当然为求其易解，一则保存着原作的风姿。"

在中国进出口贸易总额迅速增长的背景下，特别是在中国加入世界贸易组织和全球经济一体化的大环境下，社会对商务英语专业人才，尤其是能够从事国际贸易的人才需求大量增加。随着外国广告的大量涌入，如何恰如其分地运用和理解英语广告语言以实现广告的目的，已是摆在进出口商、广告人员及广大消费者面前的一个现实问题。广告英语作为一种应用语言，因其所具有的特殊效用，已逐渐从普通英语中独立出来，发展成非规范化的专用语言，用词造句与普通英语也有许多差异，并随着广告的发展，时代的前进，科技的进步及社会的变更而变化。由于广告本身的目的就在于能给目标对象留下深刻印象，博取人们喜爱，所以许多广告都是经几番推敲而就，用词优美独到，句法简练而内涵丰富，回味无穷，不仅具有很高的商业价值，同时具有一定的语言研究价值和欣赏价值。

二、商务英语教学的现状

虽然商务英语作为特殊用途英语，在语言研究中很早就与普通英语区分开来，在目的性、专业性和交际能力等方面也具有其独特的特点，但是在大多数院校的商务英语教学中，却没有对商务英语教学给予足够的重视，没有一套独立的教学模式与普通英语相区别，在教学内容、课程设置、教学方法、教材、教学设备等方面都无法体现"商务"的特色，商务英语的特点没有在教学中得到充分展示和发挥。多数学生学习目的不明确。

目前，商务英语教学主要采用传统的英语教学方法，即"填鸭式"教学：课堂上，教师往往占据主讲地位，讲解单词、讲解课文、讲解习题……由于商务英语词汇大部分是平时所熟知的单词应用于商务领域而具有新的含义，词汇和句型本身并不复杂，因此，单词、课文的讲解使很多学生在学习的过程中感到内容空洞乏味，感受不到商务英语的独特之处，因而学生缺乏学习积极性。

商务英语的一大特点就是对交际能力的要求很高，非常重视实际的应用。随着经济的发展和社会的日趋国际化，市场上需要大量商务英语人才。可是，现在的商务英语教学中过于注重阅读技能的培养，忽视听说能力的提高。有的院校虽然开始商务英语口语课，但实际上题材常常局限于一些生活用语，与商务联系不大，对于学生实际运作能力的培养十分勉强。不能将英语学习置于真实的商务场景中，在一定程度上直接导致了商务英语专业毕业的学生很难达到预期的教学目标。学生所学商务英语知识满足不了实际应用的要求。商务英语人才的供应与需求脱节。

商务英语是一门集语言与专业知识于一体的学科，长期以来，商务和英语的教学并没有很好地结合起来。商务理论教学和英语教学在很多学校都是两条线进行：一方面由经济学教师专门讲授企业、经济理论；另一方面英语教师按照传统的教学方法教授英语。这样，经济理论和英语始终可以有机地结合起来而形成一套成熟的教学体系。

值得一提的是，随着中国经济的发展和对外合作交流的深入，商务英语教学受到越来越多的关注和重视。近年来，各院校都非常重视商务英语教学改革。其课程体系、课程设置、教学方式等方面的改革，取得了一定的成效。现行的商务英语课程设置，在传统的语言知识和实用技能类课程的基础上增设了专业知识类课程和背景类知识类课程。各校课程门类和名称虽不完全一致，但基本构架大致相同。语言类课程主要有英语精读、英语泛读、英语听力、英语口语、英语视听、英语语音、专业英语、英语函电、外经贸英语会话、英语洽谈、商务英语口译、翻译理论、商务英语翻译等；经贸知识课主要有市场营销、国际金融、企业管理、国际经济化、工商导论等；文化背景知识课主要有英美文化、经济地理、国别介绍等。这一课程设置增加了文化背景知识课，旨在提高学生的综合素质和适应能力，是商务英语教学改革发展的一大进步。

三、商务英语教学的发展

（一）加强商务英语教学的组织工作

自 1993 年英国剑桥大学与原国家教委海外考试协调中心在中国北京、上海、广州、武汉等各大城市推出商务英语证书考试（BEC）以来，中国社会各界已普遍认识并掌握商务英语的重要性和必要性。但是，从总体上看，商务英语教学领域在一定程度上仍停留在"各自为政"的自发性阶段。有的学校主要进行剑桥商务英语证书（BEC）考试的培训工作；有的学校把开设商务英语辅修课作为改革大学英语教学的新途径；有的学校在探索商务英语与经贸专业相结合的培养目标；有的学校在工商管理硕士研究生（MBA）的教学中贯穿商务英语教学。这个局面的形成，既有特定的历史原因，也有必然的内在需求。从事剑桥商务英语证书的培训，是市场的需要，代表商务英语教学服务于职业需求的层次。从事商务英语辅修课教学，是改革大学英语教学的需要，代表商务英语教学服务于各类文、理科学生拓宽知识结构和语言技能的层次。探索商务英语教学与经贸专业相结合，是培养经贸人才的需要，代表商务英语教学服务于培养高级经贸人才的层次。在工商管理硕士研究生的教学中贯穿商务英语教学，是培养管理人才的需要，代表商务英语教学服务于培养复合型管理人才的层次。

然而，随着时代的发展，这种"各自为政"局面的缺陷不断暴露出来。教学地域的不同、教学对象的不同、教学内容的不同、师资水平的不同等各种因素，阻碍了中国商务英语教学的整体发展。商务英语教学下一步应该怎样发展，通过怎样的组织形式来协调发展规模，怎样在不同层次上提高教学水平，已成为商务英语教学界共同关心的问题。

要加快中国商务英语事业的发展，还须尽快建立和健全中国商务英语教学的全国性和地区性组织。只有具备了完善的组织系统，才能有效地实现宏观管理，制定和调整商务英语教学的总体发展目标和计划。有了良好的组织运行机制，才能及时沟通信息，实现资源共享，在不同层次上提高教学水平。简言之，中国的商务英语教学事业正在快速经历从"无序"到"有序"的过渡阶段。加强组织协调工作，已成为商务英语教学的首要任务。

（二）加强商务英语教学的师资建设

商务英语教学的特点之一是它既包含普通英语的内容，又包含商务知识的特定内容。与普通英语相同的是，掌握商务英语，必须具备听、说、读、写、译的基本能力。不同的是，商务英语还涉及相当广泛的专业词汇和知识，如贸易知识、金融知识、财务知识、会计知识、法律知识、管理知识等。概括地说，商务英语包含有丰富的专业知识。这也是为什么西方外语教学界把商务英语教学确定为专门用途英语教学的一个领域的原因。改革开放以来，中国外语教学的整体师资力量有了明显的提高，然而，在商务英语学领域，中国的师资水平仍有待提高。主要原因包括以下几点：①中国具有商务知识和商务英语能力的师资力量流失严重。这个现象在经贸类大学尤为突出。②缺少培养商务英语师资的教育机构。在西方，国际外国语教学教师协会设立了专门的师资培训机构，有计划、有目的、有步骤地不断提高师资水平和壮大师资力量。比较之下，中国的师资问题往往显得比较复杂。机构问题、经费问题、择业观念问题、待遇问题、晋升职称问题等等，都在不同程度上制约了中国师资队伍的建设和发展。对此，我们应予以高度重视，尽可能通过多种渠道解决存在的问题。

（三）改进商务英语教学的手段和方法

1. 运用多媒体设备，改革教学手段

运用现代化的教学设备来进行商务英语教学，充分利用投影仪、幻灯机、计算机、互联网等现代化多媒体手段，能生动形象地呈现商务英语的情景，增加课堂的趣味性，从而增强教学效果，提高教学质量；还能带给学生与当代经济发展紧密结合的教学内容，不仅加强学生在听、说、读和写作方面的能力，还能培养学生独立运用商务英语解决问题的能力。此外，教师可以利用互联网上的虚拟世界，以网络技术为平台，给学生提供网上学习、练习、答疑、讨论的机会，这样不仅能为教学提供一个模拟真实情境的学习环境，而且学生可不受时空的局限，巩固在课堂上所学的知识，全方位地接触外语语言与文化。

2. 采用灵活多样的教学方法

采用传统的英语教学方法，如语法翻译法、听说法等，以教师为主体，教师讲授占据课堂时间的一大半，讲授语言知识、商务知识等。虽然这样能让学生轻松且清楚的了解相关知识，但是学生被动地学习，进行语言操练的机会少之又少，造成"高输入、低输出"的语言实际运用能力低下这一现象，这在商务英语专业学生中十分普遍。这与商务英语对"应用型"人才的要求是相悖的，也无法充分调动学生的学习积极性。为了解决这一问题，教师需要采用灵活多样的教学方法，其中，以学生为主、教师为辅的互动式教学法应该成为商务英语教学中的主要方法。从师生之间到学生之间的互动过程，从低年级的训练到高年级坚持语言与专业有机结合的过程，是学生的口语实践从"单向表达"向"双向表达"过渡的过程。从字、词、句的熟悉到商务活动各个环节的模拟实践，可以最大限度地培养学生的综合能力。

有学者提出在商务英语教学中运用任务型教学法，可以更好地实现商务英语的教学效果，不过这一方法往往用在教师传授完必备的知识、学生在了解并熟悉了相关知识之后。比如在讲到商务信函的书写时，除了介绍信函的写作格式等，还可以设计几个商务情境，要求学生模拟商务环境，写信来解决实际问题，如投诉、订购货物等；在课堂上采取分组或自愿的方式，大家一起讨论某几封信的内容，看是否能达到写信目的，以及如何改进等。

第四节　旅游英语教学

一、旅游英语的特征

旅游（Tour）一词来源于拉丁语的"tornare"和希腊语的"tornos"，原意为"围绕一个中心点或轴的运动；车床或圆圈"，后演变为"顺序"。词根 tour 的不同后缀也有其不同的意思，但个个意思都表明旅游是一种往返的行程，完成这个行程的人被称为旅游者（Tourist）。因为旅游产业由多种产业构成，如交通业、餐饮业、住宿业、娱乐业等，是一个群体产业，形式多样而且分散，所以旅游这一概念存在模糊性。对于旅游的定义一直处于不确定的状态，直到 1955 年，世界旅游组织给旅游下了明确的定义，即旅游是人们为了休闲、商务和其他目的，离开他们惯常的环境，到某些地方去以及在那些地方停留的活动。

随着时代的发展，英语这种全球性的语言已被广泛运用于经济发展的各个领域，旅游业也不例外。因此，关于旅游方面的英语词汇出现在各研究领域中，关于旅游英语方面的书籍也越来越多地出现在人们的周围。自中国成为很多国家官方认可的旅游目的地以来，越来越多的外国游客络绎不绝地来到中国，旅游英语变得尤为重要并得到迅速发展。在大多数情况下，英语是国际旅游业发展中的主要媒介。因此，旅游英语可以说是中国旅游业顺利发展的重要保证。

总的来说，旅游英语主要有如下特征：

（1）实践性强。无论是饭店的管理人员、服务人员，还是旅行社的计调、导游人员，在具体的工作中都是通过语言同客人交流，为客人提供服务的。而良好的语言表达能力和交际能力无疑是旅游服务中一道亮丽的风景线，也是旅游英语教学的重点。

（2）专业性强。旅游英语中涉及了很多有关旅游的专业基础知识，如旅游景点、旅游规划、酒店、旅行社业务、导游实务、旅游交通等。这就要求学生在学习旅游英语之前先具有旅游的专业基础知识，以便于本课程的学习。这也是旅游英语专业性强的体现。

（3）综合性强。旅游英语的综合性体现在它所涉及的内容十分广泛，包括历史、地理、人文、风俗、文学、宗教、艺术、烹饪、建筑等多个学科的知识。旅游英语的教学，可传递丰富的知识，拓宽学生知识面，扩大学生视野，提升学生的综合素质。

在具体的使用过程中，旅游英语与其他专门用途英语的区别就在于，旅游英语在实践中以口语运用为主。其在使用过程中有以下特点：

首先，语言准确清晰。旅游服务人员在英语的使用过程中语音、语调、语法要尽可能准确，使用的词语应日常化和口语化，避免使用生僻的词语，语速要适中，语调起伏有序，富有感情，语句简短，避免长句的使用，表达清晰，有层次，逻辑性强。由于东西方在政治、经济、文化上存在差异，在中国有许多事物不能直译成英语，特别是在听点中国菜的服务中。比如北京的名小吃"驴打滚"，有的就直接翻译成"donkey rolling"，这就让外国朋友不知所云，不敢尝试。相反，如果直接说汉语名称"Lü Da Gun"，再介绍这道小吃的使用材料和做法"Steamed Pea and Bean Flour Cakes with Bean Paste Stuffing"，外国朋友就会清楚，并且接受这种用豌豆粉和黄豆粉，混合蒸熟，卷上豆沙馅做的食物。可见，旅游英语在使用中一定要准确清晰，才能避免造成不必要的误会，影响了服务质量。

其次，语言风格委婉。为了给外国客人提供优质的服务，在服务的过程中，旅游服务人员的语言要委婉，使用礼貌用语，在用语中充分体现服务人员对客人的尊重。比如，在询问客人姓名时，应该用"May I know/take your name?"如果使用在日常生活中询问姓名的问句"What's your name?"这在语法上没有错误，但是听觉上就显得生硬，会让客人感到没有得到应有的尊重，从而影响了客人对服务的评价。因此，旅游英语在使用过程中，常常用到may、please、would you like、what about等带有委婉语气的词或句型，在表达同样意思的句子中，优先选择更为礼貌，更符合场合的表达方式，充分体现为客人服务的思想，避免任何强加于人的色彩。

最后，语言体现美的享受。中国五千年的历史，孕育在秀美的山川之中，源远流长，外国客人来到中国观景的同时，更希望了解厚重的中国文化。旅游服务人员在为客人提供良好服务的同时，言语间也传递着中华文明的气息。为了让客人更深地感受中国的壮美河山、风土人情、饮食文化，感受华夏儿女的礼仪之风，旅游服务人员在英语的表达中以生动活泼的口语为主，使用较多的形象比喻，用语以谦语、敬语、文明语为主，而不同于科技英语的运用。科技英语等在运用中多使用书面语，以陈述为主，语言严谨，比较刻板。简言之，旅游服务人员应力求做到让外国客人在享受风景的同时，也在享受语言之美。

二、旅游英语教学中存在的问题

(一) 旅游英语教师复合能力欠缺

旅游英语专业的教学,既包括使用英语授课的英语专业课,同时也包括使用中文授课的旅游专业课,而往往这些课程是由英语教育专业毕业的教师和旅游管理专业毕业的教师分别授课。作为英语课程的授课教师,其自身的英语水平可能非常高,但对旅游专业知识却一知半解,所以授课重点放在了语法、单词等内容上,不能使学生通过英语专业课学习到旅游专业知识。同样的问题也存在于旅游专业的教师身上。一些旅游专业教师由于自身英语水平所限,无法将旅游专业方面的一些重要词汇及国际旅游市场的最新动态的英文表述传授给学生,教学内容体现不出本学科的时代性和全球化特点。

(二) 教学目标不明确,教学形式没有突出旅游英语的实践性

作为高等院校的教师,具有一定的理论水平是毋庸置疑的,但很多教师由于是在学科本位下形成的知识体系,所以当其站在讲台上时,很多情况下还是在重复自己上学时老师授课所采用的方法,重讲授,轻实践;重语法,轻口语。重点放在语法词汇讲解,学生缺少课堂锻炼机会,忽略了语言实际应用能力的培养以及旅游专业技能的培训,这就与高等院校教学特色不相符合,无法培养出既有专业知识又有综合实践能力的应用型人才。

(三) 旅游教材版本多样化,教学内容繁杂陈旧

目前已经出版的旅游英语的教材版本很多,内容也不尽相同,加上学校的培养计划和专业侧重点不同,所以旅游英语教材的选用呈现出多样化的特点,教学内容也较为繁杂;但教学内容的陈旧、老化,知识面涉及的广度和深度不够,不能反映旅游业发展的现状。这已成为目前教育工作者面临的一个极为紧迫的问题。

(四) 旅游英语的教学缺乏对文化的重视

学习旅游英语不仅是掌握和运用语言的过程,也是接触和认识另一种社会文化的过程。旅游是一种文化,这种文化是一种特定的文化。旅游英语教学的过程也是让学生接触感受旅游社会文化的过程。因此,在旅游英语教学过程中,旅游文化的渗透是十分必要的。只有把文化教学寓于旅游英语教学中,才能称得上是文化教学;只有用文化教学指导旅游英语教学,学生才能更好地接触、认识和感受旅游文化。外语学习的结果不仅仅是限于单纯的语言交际能力,它可以是思维方式的拓展、价值观念的重组和人格结构的重塑。因此,良好的外国语言和文化教学有助于国民素质的提高,有助于塑造新的、符合市场经济需求的人才。

三、旅游英语教学的改进策略

(一) 制定合理的教学目标

在制定教学目标之前,首先要明确旅游英语的培养目标。旅游英语作为旅游专业的一

门专业课，目的是培养既具备过硬的旅游专业知识与技能，又熟练掌握英语，并能用英语为外国朋友做好旅游服务的技能型人才。在教学目标的制定中要体现出对技能掌握的要求；其次是要明确教学对象。随着旅游业对英语人才需求量的不断增加，我国不少教育院校相继开设了旅游英语课程，在教学目标的制定上不能一概而论，过高的目标无法达到，过低的目标又不利于人才的培养，因而，要结合学生实际情况来制定。

(二) 创造"以学生为主体"的课堂

旅游英语的特点之一是实践性强，教学的重点在于听说能力的提高。在旅游英语教学的过程中，要将理论教学与实践相结合，在教学活动中应充分体现学生的主体地位，调动学生的积极性，给学生提供自我发挥的舞台，而不是教师一味地讲授语法、词汇、句型。对于学生而言，他们的动手能力比较强，并且有表演欲望。通过对学生的调查也发现，学生比较感兴趣的教学活动有分组讨论、小游戏、角色扮演等。在活动中，学生的参与度很高，每个同学都可以根据自己的实际情况完成自己的部分。因此，旅游英语教师应首先根据学生的实际情况确定达到哪一个教学目标，根据教学目标和教学内容设计相关的教学活动。其次，在课堂上采取分层教学的方法，即针对同一个内容提出两个要求：①基本要求，适用于大多数学生；②较高要求，适用于能力较强的学生。而对于完成基本要求都有困难的学生，则在基本要求的基础上再做调整。以对话或课文为例，基本要求是流利朗读，根据内容进行角色表演；较高要求是在基本要求的基础上，能够根据已学知识编写对话，并进行角色表演；而对于达不到基本要求的学生可先要求流利的朗读，鼓励这些学生尽力背诵。在每个学生完成任务后，无论完成情况如何，都应该先给予肯定，特别是对英语水平不是很高的学生，以此增强学生的自信心。通过分层教学，力求做到让每个学生在课堂上都有事做，都有所收获。

在具体的教学过程中，教师可充分利用对话和听力部分的内容，灵活运用交际教学法、任务教学法、案例教学法等，在活动中融入旅游英语的知识点，让每个学生都积极参与到教学活动中来，在实际运用中体会旅游英语的特点，比如语音、语调的问题，文明语、敬语、谦语的使用等。同时，教师应该借助于多媒体，将枯燥乏味的字母转变成生动有趣的图像、视频，特别在介绍有关文化的内容时，多媒体的使用可以让学生更直观地感受东西方文化的差异，给学生留下深刻的印象。通过丰富的课堂活动，提高学生对旅游英语的学习兴趣，感受旅游英语的魅力，让学生在快乐中学习。

(三) 加强本土文化渗透

1. 旅游英语教学中本土文化渗透的必要性

作为旅游英语教学的重要手段，本土文化教学在旅游英语教学中占有重要的地位。旅游英语教学的目的除了熟练地掌握语言能力之外，还要求必有丰富的旅游文化知识。把文化和语言紧密结合在一起，才能培养出业务娴熟的旅游涉外人才。把本土文化纳入旅游英语教学中，是当地旅游市场人才培养目标的需要，也是以市场需求和就业为导向的必然结果。旅游英语的学习是掌握和运用语言的过程，也是认识社会文化的过程。旅游是一种特定的文化，把本土文化与旅游英语教学相结合，可以培养旅游英语专业学生的外语交际能力，增强对本土文化的了解，有利于本土文化的传播。

2. 旅游英语教学中本土文化渗透的方法

（1）提升英语教师的综合文化素质。地方旅游文化充分体现了多元的文化，旅游英语教学是一个多元文化的教学，旅游英语的教师也是一个具备多元文化知识的人。作为一名旅游英语教师，除了懂得英语之外，还必须具备相当丰富的文化知识，旅游文化学、旅游心理学、旅游美学最好都能略知一二。只有具备这样的文化素质，才能在教学中让学生感受到旅游文化特有的魅力。因此，教师要在课堂上注意采用各种有效的教学方法对学生进行文化知识的渗透，在实践环节让其感受地方文化、风土人情，让其学会挖掘当地文化内涵，并要进行英文翻译工作。这些需要教师不断提高自身素质才可以完成。旅游专业培养的是旅游工作者。一个称职的旅游工作者，应该是一个文化大使。他不仅要通晓中国上下五千年的文化，也要通晓客源国的文化，要能在陪同接待的全过程中进行两种或多种文化的比较。作为异质文化的传播者，他们的文化素质是很重要的。尤其是旨在培养为当地旅游业服务的涉外人才，更需要注重对地方文化的领会，然后通过一定的方式展示给世人。旅游是一种文化，更是一种跨文化交际。要想进行跨文化交际，没有跨文化意识是不行的。作为异质文化的传播者，除了具有跨文化的意识之外，还应具备一定的审美情趣。

（2）优化旅游英语地方教材。

旅游英语是一门交叉学科，英语教师既要重视英语专业听、说、读、写、译的能力训练，还需要渗透旅游专业知识、地方旅游资源及地方特色文化。在实际的旅游英语教学中，适合旅游英语的教材较少，这导致有些院校旅游英语的教材使用比较混乱，并且教材中符合地方性的旅游英语内容更少。为了加强地方旅游资源文化在旅游英语教学中的渗透，提高旅游英语教学的实用性，我们需要将旅游英语与地方旅游资源有机融合起来。如可以选择当地知名景点、传统菜品、特色小吃、闻名中外的娱乐节目等素材编写成导游词、职场对话、情景短文、剧本、歌曲等，翻译成英文，作为校本教材，将书本知识、学生生活、社会实际以及将来的职场环境有机地进行整合。

第五节　法律英语教学

一、法律英语的概念及其教学内容

（一）基本概念

"法律英语"在英语国家中被称"Legal Language"或"Language of the Law"，即"法律语言"。目前中国学术界对"法律英语"的英译已基本上统一为"the English Language of the Law"。[①]

中国的法律英语教学开始于 20 世纪 70 年代末 80 年代初，至今已历经 20 多年的发展，其学科体系建设已初具规模。虽然目前国内公开出版的教材对于"法律英语"仍有

---

① 熊松. ESP 理论与法律英语学科建设［J］. 贵州警官职业学院学报，2003（4）：91-93.

不同的称谓，如，"法学英语""法律专业英语""法学专业英语"等，但这些教材在内容上都大同小异。这说明中国教育界对于法律英语内涵的认识是基本一致的。但是对于"法律英语"这一概念的界定却是模棱两可的，对于"法律英语"本身性质的认识也存在不足。要对"法律英语"的概念进行准确的理解与界定，首先应该认识到"法律英语"从学科性质上来说是法律科学与英语语言学之间的交叉学科。它是英语语言教学领域中新崛起的一门分支学科，是指与具有某种特点的职业、学科或目的相关的英语，即具有专门用途的英语。法律英语作为"专门用途英语"的一种，首先也是一门英语课程，特殊之处是一门以法律为学习内容的英语课程，是"法律的英语课"。从语言学的角度来看，语言的使用情景和范围能导致语言变异，不同场合产生的在一定的社会文化群体中所特有的一种语言，在语言学中称为"语域"。因此，我们可将法律英语视为一种法律工作者、研究人员在法律语域中使用的英语。法律英语通常来说是英美法系国家的法律语言，并不以国度为界，是以英语为官方语言的英美法系的法律职业者、法学家所使用的习惯语言。

（二）教学内容

法律英语是法律学科与英语语言学的交叉学科的这样一种学科性质决定了其研究的问题和涉及面都较为宽泛，其内容也必然包含了法律学科和语言教学学科两个不同的领域。从法律学科来看，法律英语的教学内容应该涉及法律所有的核心课程和法律专业知识以及一些必备的法律文化和法律技能等等；从语言学的角度来看，法律英语的教学内容涉及语音、语用、英汉对比、翻译、词汇、语体特征、写作等有关英语语言学的所有知识技能和微观的语言现象。

对于法律英语教学内容范围的界定，从不同的角度来看具有不同的划分标准。目前，中国学界对法律英语的研究和学习主要侧重于法律英语的学科地位、教学方法、法律英语的语言特点、法律英语的词汇特点、句法与语法及翻译等各个方面，并且研究成果备出。但是对于法律英语教学内容的专门性研究却涉及较少，鲜有详细而系统地研究法律英语教学内容的文章和专著公开发表或出版。根据学界对法律英语教学内容的些许研究，可以对法律英语的教学内容做出以下概括：法律英语教学内容是指高校在法律英语的教学活动中所传授的知识、技能、技巧的逻辑体系，以及所灌输的思想观点，培养的行为习惯等的总和。目前，就国内各有关院校所开设的法律英语课程所涉及的内容来看，法律英语的内容主要是通过听、说、读、写等教学方式介绍英美法律制度、法院系统，以及各个主要部门法的主要内容。从文体上来讲，包括法律条文、法律著作、法庭审理与辩护、司法文书及结构；从结构上来讲，包括法律英语语言特点的分析、法律英语的翻译技巧、法律背景知识（英美法系与大陆法系的比较、英美主要部门法、程序法等内容）及英美法律教育和法律职业情况等；从技能上讲，包括听、说、读、写、译。概括来说，法律英语的教学内容应该包括但不限于英语语言学的内容、有关法律的人文内容，法律专业知识内容等有关方面。

二、法律英语教学的特殊性

（一）特殊的教学对象

杨怡指出："教学就其本质来说，是教师把人类已知的真理转化为学生的真知，同时引导学生把知识转化成能力的一种特殊形式的认识过程。"在普通英语教学中，学生具有高中的英语语法基础和一定程度的听、说、读、写、译的能力。在法律英语教学过程中，教师应抓住教学对象的特点，进行针对性教学。法律英语教学对象具有一定的特殊性。法律英语教学要求学生了解法律知识，但是他们法律知识欠缺，不熟悉法律英语的专业术语，从未接触过律英语的词汇和句型特征，看不懂法律文本，学习起来寸步难行，更不用说法律英语的实践和运用了。同时，他们又对法律英语感兴趣，希望以后能从事与法律专业相关的工作。可见，该课程对法律英语学生法律知识的运用的要求很高。

（二）特殊的教学目标

在教学过程中，任何教学活动都是为了实现某种目标，达到某种目的，英语教学也不例外。普通英语教学的目标是培养学生听、说、读、写、译的一般英语运用能力，而针对法律英语教学目标，中国司法部早在《法学教育"九五"发展规划和 2010 年的发展设想》中明确指出"重点培养高层次的复合型、外向型法律人才和职业型、应用型法律人才"，为中国法律英语教学提出了新的教学要求。同时，法律英语课程的突出特点是教学目标的"双高"。所谓双高，是指对学生法律基本功的要求高，对他们的英语交际能力要求高，二者缺一不可，即培养出独立处理涉外法律事务的国际法律人才。因此，将教学目标定位于"双高"，才能培养出合格的法律人才，才能提高法律英语的效用和保证法律英语课程设置的意义。

（三）特殊的课程设置

课程设置是实现法律英语教学目标的一大支柱，是进行法律英语教学的关键。为更好实现法律英语教学目标，课程设置中应秉承"大法律英语课程体系"的设计理念，并根据《英语专业大纲》关于"专业课占四年总学时 2/3"的要求，在培养复合型法律英语人才时，要注重对学生进行英语能力和专业素质的培养。同时，课程设置上也应加强法律知识类课程的设置，如设置有关刑法学、民法学、法律文书等法律课程和法律英语阅读、法律英语写作和翻译等英语课程。这样，达到法律知识和英语运用的有效结合。因为法律英语属于专门用途英语的范畴，且与法律知识体系融合，两者联系紧密。法律英语课程应从大一时起与法律课程同时开设，直接进入专业英语学习阶段，让学生及时了解法律英语的词汇、句型及篇章等特点，及时了解英美法律，进而提高其专业素养和法律英语的运用能力。

（四）特殊的教学方法

在普通英语教学中，教师采用传统的教学方法，即在课堂上让学生阅读相关法律英语文献，教师对文献中的词汇、句型和语法现象进行解释，这样的教学效果肯定不佳。传统的"教师满堂灌"方法肯定行不通，且缺少师生互动，学生容易开小差。在法律英语教学中，可采用法律和英语的形式融合的方法教学。使用全英文法律教材，按照法律教学的思路安排教学，将语言能力训练寓于其中。学生了解了法律的同时也学会了其法律的特殊英文表达。其次，采用课堂讨论和辩论方式教学，既可用于一般问题的讨论，也可用于"案例分析教学法"。教师以真实事件为题材，引导学生讨论，整体上提高学生的理解、分析和解决问题的能力，运用法律知识的同时，也提高了英语运用能力。再次，加强"以学生为中心"的教学方法，开发学生的自学潜力。法律英语教学不能仅仅停留在书本教学环节，应多为学生开辟第二课堂或提供法律英语实习机会，如到律师事务所实习，让学生有更多的机会参与社会实践，激发学生主动学习的潜能。还可开展"模拟法庭"等情境教学方式，激发学生的学习兴趣，增加学生的实战经验，活跃课堂气氛，从而培养学生法律知识的运用和交际能力。

三、法律英语教学的优化

（一）明确法律英语教学以语言教学为核心的定位

通常来说，法律英语的教学极易与法学双语课程的教学相混淆，但实际上两者应当有着完全不同的教学目的和要求。在教育部的积极倡导和推动之下，全国各高校法学院都十分重视双语课程的开设和教学，而法律英语的教学则没有得到应有的重视，甚至以双语课程替代法律英语课程。法律英语的教学应当定位于语言教学，而双语课程的教学则是法学理论的教学。语言教学应当遵循语言教学的规律，而法学双语教学应当遵循法学理论课的教学规律。法律英语在教学方法上不能脱离语言教学的特点。法律英语定语虽是法律，是法学院教学计划中所列出的课程，但因其性质是专业英语，所以仍属于语言教学，因此该课程的讲授应当遵循语言教学的规律。正是由于法律英语列入法学院的教学计划之中，而法律英语的教学内容往往是具体的法律理论，不可能脱离具体的法学理论、法律规则以及法律部门而存在，加上许多高校法学院从事法律英语教学的往往是英语较好的法学教师，这些教师并没有从事过专业的英语教学，因此在进行法律英语的教学过程中，往往忽视语言教学的规律，将法律英语课程的教学混同于法学理论的教学，降低了该课程的学习要求，不能很好地完成该课程的教学目标。

法律英语的教学应当与法学双语课程的教学完全不同。双语课程是在各原有法学理论的课程的基础之上加以开设的，原先的课程以母语讲授，而双语课程则使用一门外语讲授，或者一部分使用外语讲授。双语课程的教学目标应当与之前的用母语讲授的课程的目标是一致的，即用外语讲授该课程的理论知识，不是讲授所使用外语的语言知识，或者即使出现语言知识的情况下，也并不作为讲授重点。也就是说，双语课程讲授的是该课程的法学理论，使得学生掌握相关的法学知识。当然双语课程有时也承担着一部分法律英语课程的任务，因为双语课程会使用一门外语，不可避免会涉及语言知识，但教授语言知识仍然不应当是双语课程的重点。普通英语的教学所教授的是语言知识，目的是提高学习者的运用英语的水平，即提高对于英语语言的听、说、读、写的能力；专业英语虽面向专业对象，但其教学目的仍然是为了训练学习者的语言技能。普通英语的教学内容是多样的，而作为专业英语的法律英语，其教学内容与材料虽仅局限于法律内容，但在教学手段上应当并无不同，即法律英语的教学也必须训练学生对于语言知识的掌握。专业英语就其本质来说仍是语言教学，因此也必须遵循语言教学的规律。

（二）加强师资队伍建设和师资培训

法律英语学生的教育目标是复合型、高素质法律专业人才，他们除了具有完善的法律知识体系和较强的法律思维之外，较高的英语水平和应用能力也是现在社会不断发展对他们的要求。因此建立专业的、高素质的法律英语教师队伍是实现这一教育目标的首要条件。就目前情况来说，中国高校中担任的法律英语教师主要有三类：一是聘请来自英语专业教师任教，第二类则是挑选法律教师中英语较好者，三是聘请的国外法律专家。第一类英语专业的教师具有较好英语语言运用基础，如具备流利的口语表达能力等，但往往法律专业知识有些欠缺。第二类法律专业教师具有法律专业知识和较强的法律思维，但他们的英语水平却有待提高；他们由于缺乏相关的、系统的英语教学训练，因此在法律英语教学中会变得吃力；第三类教师一般是在国外接受法律教育，但是对我国的法律法规知之甚少，在教学中很难结合中国法律实际进行教学。

在国内，许多高校已拥有优秀的英语教师队伍和专业课教师队伍，他们在英语教学或在专业课教学中都有突出的表现。但是专门用途英语专业教师在现在的教学中比较紧缺，只有少数教师既拥有较高的英语水平，同时又拥有完善的专业知识体系。因此，要改变现状可采用以下方法：一是学校或教育部门对本校法律专业教师进行专业英语培训，提高他们的英语语言能力，使其能完全胜任法律英语教学。二是聘请法律专业中英语优异者，例如拥有英语专业八级水平者等，或者是英语专业出身，但是获得法律硕士或博士学位的优秀教师。这样一来法律英语教师就能既具有较高的英语水平同时也具有完善的法律知识体系。三是直接聘请外国法律专业教师或专家参与法律英语教学工作。外聘专家担任的课程可以是口语交流等方面，避免因他们对国内法律知识欠缺带来的弊端，同时又可以使学生学习到更加标准的专业口语表达方式。此外，担任法律英语教学的教师也应学习综合知识，努力提高自身各项专业能力，才可以更好地处理教学中出现的问题，完成教学任务。

（三）提高法律英语教材的编写质量

法律英语的教学目前得到越来越多的重视，不仅表现在相关教学研究论文的数量不断增长，也表现在出版教材的数量上。教材数量的增多，一定意义上也意味着该课程的繁荣，但仔细考察这些教材就可以发现，这些教材在体例、内容上多有相似之处，往往是在低水平上的重复。如大多数教材以编或章作为教材的基本组成，每编或章围绕一个主题展开，而这些主题基本上是按部门法加以排列，分别介绍这些部门法（主要是美国法律）的内容。大多数教材的主体内容均为长篇文章，并以此作为教师讲授、学生学习的主要材料。虽然大多数教材课后都编有练习，但这些练习多为对课文内容的阅读和理解，很少有针对专门的语法知识、词汇知识进行训练的，也没有看到一部教材其后附有教师用书。

相比于 10 年之前，法律英语教材的编写有了很大的进步，但仍应不断提高教材的质量。我们认为，教材编写的重点应放在实用性和易用性上。关于教材的体例，旧有的围绕部门法编纂教材的方法有其优势，这种体例便于初学者的学习。在教材内容上，应当选取有典型意义的法律文章或者包含典型词汇和语法现象的文章，因此教材中文章的选取十分重要，但最为困难的可能是课后练习的编写，不论是词汇还是语法，都可能会耗费大量的时间和精力，对于教材编写者的能力是极大的考验。教师用书的内容应包括课程的教学计划、课文讲授中的注意之处、课文的阅读理解以及课后练习的参考答案，以使教师通过教师用书更好地使用该教材。

除了编写上述法律英语的精读教材之外，还应当编写泛读、翻译、写作、口语听力等教材。泛读教材可以提高学生的阅读量，扩大学生的知识面，培养学生的语感；翻译教材可供学生掌握实际运用中可能碰到的法律文件的翻译技巧；写作教材可供学生掌握基本的法律文件的写作技巧；而口语听力教材则可以供学生培养对特定的法律词汇的听力理解以及口头表达能力。使用这些教材，可以增加教学手段，丰富教学内容，帮助学生拓展知识面，提高学生学习法律英语的兴趣，使学生更好地掌握法律英语这一课程。

（四）改革和创新法律英语教学模式

1. 听

听力是英语教学的一项基本技能。和一般英语口语相比，法律英语用语更加正式、严谨、专业、甚至枯燥，这种情况下教师可以采取多媒体辅助教学模式来进行。例如，在教学的过程中教师可以插入相关的音频或视频材料让课堂充满活力，减少枯燥感，同时在观看相关的材料时学生会慢慢学习和运用法律语言，熟悉法律语境。此外，在课下学生可以通过网络观看与法律英语有关的电视或电影，提高自身的英语听力。

2. 说

说是英语教学最根本的目的和最具有实践性的环节。在这一课程中教师可以选择案例教学模式或开设模拟法庭等，在创设的法庭模式下，同学们可以就教师提供的案例进行口语表达。这样既丰富了学生的实践经验，又提高了学生的口语表达能力。教师还可以提供经典案例让学生进行讨论，发表各自不同观点。进行小组讨论可以在法律英语这一语境下使学生提高运用英语的辩护能力和口语表达能力，同时活跃课堂气氛，提高学生的课堂参与积极性和教学效果。

3. 读

在法律英语教学中要想提高学生的阅读能力，其中非常重要的一点是法律英语教材的选用。目前国内外关于法律英语的教材多种多样，因此在选用教材中各高校存在很大差别，教师应该多种教材相结合，尽量选用原版的英美法律资料，让学生阅读法律英语原著、英文的法律规章制度、真实的法律文本。同时，在选择原版英美法律资料时也应结合中国法律的特点选择适合学生将来从业的英语资料，可以根据学生将来想要从事不同法律领域的要求，为他们提供不同的相关的阅读材料，例如刑法和民法，刑诉和民诉等。

4. 写

对法律从业者来说，用英语进行法律写作是处理法律事务中非常重要的能力。在教授写作课程时可以结合其他课程，如说和读课程进行。比如在模拟法庭中起草法律文书、签订民事协议、撰写英文判决书、裁定书等，在阅读课程中对阅读材料进行分析总结。此外，法律专业论文的写作也应在法律英语教学中进行教授，这样一方面可以让学生学习到更多的外国的法律研究，提高他们的学术研究能力，同时在进行法律英语写作时也提高了他们的阅读和翻译能力。

第十章　英语教师的专业发展

教师是教学活动的组织者，也是影响教学效果的最重要因素之一。20 世纪 80 年代以来，关于教师专业发展的研究一直是教育研究的重要领域，研究成果也颇为丰硕。本章即从英语教师专业发展的内涵与主要模式入手，进一步对英语教师专业发展的内在要求及其路径做出探析。

第一节　英语教师专业发展的内涵与主要模式

一、教师专业发展的概念

对于教师专业发展概念的界定，国内外学者们的看法不一。国外最早提出"教师专业化"概念的是霍伊尔（Hoyle），他认为专业化是指一种职业经过一段时间发展后成功地满足某一专业性职业标准的过程，涉及两个一般是同时进行并可独立变化的过程，即作为地位改善的专业化和作为职业发展、专业知识提高以及专业实践中技术改进的专业化。但也有人认为专业化是指一个普通的职业群体逐渐符合专业标准、成为专门职业并获得相应专业地位的过程；或是指某一职业群体的专业性质和状态处于何种情况和水平。在教育界，国外普遍认为专业发展是指教师在知识、思想和教学效果方面取得的连续不断地提升，它被看作是教师在提高教学实践过程中所采用的各种手段，强调教师的经验和专业知识。但有的定义则强调个人发展方面的因素，如将教师发展看作是教师自愿参与的一种不断学习的过程，旨在通过调整自己的教学而满足学生的需求。还有的从人类学和心理学的角度，将教师发展视为一种研究教师所想、所感、所为的有意识的选择过程，认为它是有关课堂之外教师内心世界形成的一种探究。

由于目前中国教师职业尚处于一种逐步形成中的状态，离成熟专业的标准还有一定的差距，对于教师专业发展的认识也有待进一步深化，因此，学术界对"教师专业发展"概念的界定至今仍未达成共识。但中国学者对教师专业发展的普遍认同是，教师是发展中的教育教学专业人员，教师成长要经历由不成熟到成熟的发展历程，在此过程中教师的专业素质不断得到提高与完善。

综上所述，关于教师专业发展内涵的理解大致可以归纳为以下 3 种观点。

（1）以霍伊尔等为代表的学者持第一种观点，认为教师专业发展是教师专业成长的过程，强调一种状态。霍伊尔认为教师专业发展是指在教学职业生涯的每一阶段教师掌握良好专业实践所必备的知识和技能的过程。富兰（Furlan）和哈格里夫斯（Hargreaves）也指出，他们在使用"教师专业发展"这一术语时，既指通过在职教师教育或教师培训而获得的特定方面的发展，也指教师在目标意识、教学技能和与同事合作能力等方面的全面的进步。佩里（Perry）提出，"从意义上来说，教师专业发展意味着教师个人在专业生活中的成长，包括信心的增强、技能的提高、对所任教学科知识的不断更新、拓宽和深化，以及对自己在课堂上为何这样做的原因意识的强化。从积极意义上来说，教师专业发展包含着更多的内容，它意味着教师已经成长为一个超出技能的范围而有艺术化的表现，成为一个把工作提升为专业的人，把专业职能转化为权威的人"。显然，这种过程说突出了教师专业发展过程中知识结构等能力方面的动态变化，但是忽略了教师专业发展的途径和原因，不能全面地反映教师发展的全过程。

（2）以利特尔（J. W. Little）为代表的学者持第二种观点，认为教师专业发展是促进教师专业成长的过程，强调一种动作。他明确指出，对教师专业发展的研究有两种截然不同的路径。其一是教师掌握教学复杂性的过程，这些研究主要关注特定的教学法或所实施的课程革新，同时也探究教师是如何学会教学的，是如何获得知识和专业成熟的，以及如何长期保持对工作的投入等；其二是侧重研究影响教师动机和学习机会的组织和职业条件。中国学者朱宁波对此持相似观点，他认为教师个人在经历职前师资培育阶段、任教阶段和在职进修的整个过程中都必须持续地学习与研究，不断发展其专业内涵，逐渐达到专业圆熟的境界。这种动作说的观点侧重对教师实施教学改革的动机和具体过程研究，缺乏对教师专业发展中自身知识和能力提升的关注，因此也不能全面地反映教师专业发展的过程。

（3）持第三种观点的代表人物是威迪恩（M. Wideen），他认为教师专业发展是教师专业成长和促进专业成长过程的结合，即状态和动作的结合。他指出"教师专业发展有5层含义：①协助教师改进教学技巧的训练；②学校改革整体活动，以促进个人最大成长，营造良好的气氛，提高学习效果；③是一种成人教育，增进教师对其工作和活动的了解，而不仅仅是停留在提高教学成果上；④是利用最新的教学成效的研究改进学校教育的一种手段；⑤专业发展本身就是一种目的，协助教师在受尊敬的、受支持的、积极的气氛中，促进个人的专业成长"。这种观点将教师专业发展的状态和动作结合起来，较全面地反映了教师专业成长的过程。

二、英语教师专业发展的内涵

英语教师专业发展的研究虽然已在国内外逐步兴起，但是研究成果并不成熟，"英语教师专业发展"这一概念目前尚无统一明确的界定。但是学者们普遍认同英语教师的专业地位，认为想要成为一名合格的英语教师，必须具备专门的英语教师素质结构。因此，已有研究多以英语教师的专业素质结构为出发点，探讨英语教师专业发展的内涵。关于英语教师素质结构的理论研究，尽管角度和侧重各有不同，但归纳起来大致包括普通教师所应具备的基本素质、语言教师所应具备的专门素质以及英语学科教学的专门素质3个方面。束定芳认为，合格英语教师的素质应包括专业知识与专业技能、教学组织能力与教学实施能力、人品修养与性格、现代语言学知识、外语习得理论知识和一定的外语教学法知识。吴一安认为，优秀英语教师专业素质包括学科教学能力、职业观与职业道德、教学观、学习与发展观。田式国认为，教师专业素质分为政治思想和人格、外语教育理论、科学文化知识、专业知识、语言功底和应用能力、教学技能与方法、学习和科研能力等几个方面。

语言教学本身和英语教学的双重特殊性使得英语教师的专业发展具有其自身的特点，但是英语教师首先也是教师，因此，英语教师专业发展的概念与一般意义上的教师专业发展具有一致性。所以，在深入探讨英语教师专业素质结构基础上，国内的研究者们结合教师专业发展的多个维度和中国英语教学的实际要求，初步讨论了中国英语教师专业发展的具体内涵：①英语教师的专业发展是指，英语教师在教师职业专业化背景下，在教师教育的机制中，不断学习、反思、发展和成长的动态过程。②在英语教师职业化专业化确立的前提下，英语教师的专业发展概念可以有 2 个维度，其一是指教师个人在专业教学生涯中的心理成长过程，心理成长的内容包括态度层面（专业信心、态度价值观的增强）、学科知识能力层面（学科知识在"博"与"专" 2 个维度上的持续更新）、专业教学知识能力层面（教学技能的提高以及为应对教学不确定性而发展丰富的教学策略意识的不断强化，人际交往与同事合作等能力的完善）；其二指在职教师受外在的教育或培训而获得上述方面的发展。③强调英语教师专业发展中教师的主体性，认为"英语教师专业发展"的概念应该界定为"英语教师以自我发展需要为动力，在教师教育机制中，通过不断学习、反思使自己的专业智能素质和信念系统不断发展、完善的动态过程。

在总结和借鉴国内学者主要观点的基础上，本书认为，英语教师的专业发展应该理解为"英语教师内在专业素质结构不断更新、演进和丰富的过程"，其具体内涵应该从教师专业发展的内容和过程 2 个维度出发进行阐释。

三、英语教师专业发展的主要模式

（一）学校主导模式

学校主导模式，是指教师专业发展由教师所在学校主导，根据学校的实际情况和教师的实际需要，确定有关制度，制定有关方案，组织和开展促进教师专业发展的形式多样、丰富多彩的各项活动。学校主导模式主要具有五大优势：

（1）培训活动与日常工作密切结合，既可以缓解工学矛盾，又有利于克服理论与实际相脱节的弊端。

（2）培训目标明确具体，直接服务于教师的教育教学工作，直接促进教师的专业发展。

（3）培训内容比较丰富，不仅有政策与理论的学习，更主要的是有针对教育教学实际问题的观摩与探讨、交流与借鉴。

（4）培训形式灵活，校本培训可以与校本研究结合起来，使培训克服了单纯的知识讲授的方式，在听课观摩、问题讨论、实践反思、观点交流等活动中，教师的专业素质逐渐得到发展。

（5）培训成本较低，因为教师只是在学校场景中参加学习与培训，不需离开学校外出。

与此同时，学校主导的英语教师专业发展模式也存在一些不足。

首先是培训资源的有限性。仅仅依靠学校自身的资源来提升教师专业水平是远远不够的，学校还必须开发校内外培训资源，如与校外专家、教研部门、教师培训机构等建立稳定的密切的联系，随时关注各种培训和学术会议信息。

其次是专业发展的经验性。校本培训更多的是注重提高教师解决实际问题的能力，对于教师专业发展具有较强的针对性和实效性。但是，校本培训也容易使教师专业发展仅仅停留在实践经验和操作技能的层面，忽视对经验的提升和对教育规律的总结与归纳，难以提升到理论层次。

（二）自我指导模式

1. 自我指导模式的内涵

自我指导模式是指以教师的自我发展、自我指导为主，以教学经验丰富的教师或专家的帮助支持为辅，通过对自己教学活动的反思、研究，对同事教学的观摩、模仿等，总结教学过程中的经验教训，寻找与同事之间的差距，自己探索教学方法、加强与学生的交流沟通，冷静处理课堂突发事故，从而提升自我教学能力的一种专业发展模式。在这种模式中，教师自己的教学发展意愿是决定性因素。2006 年，帕莫拉·埃德姆斯（Pamela Adams）提出了教师发展的 3 种模式，即理性主义发展模式、行为主义发展模式和建构主义发展模式，自我指导型教师教学发展模式的理论基础是理性主义。

理论主义发展模式认为，教师在理性的指导下，具有自我发展的能力与动力，能够约束改正自己的教学行为，科学而客观地指导自己的发展。理性主义重视严密的逻辑推理和实证在知识生产过程中的重要作用。理性主义认为，教师教学发展的过程主要是专家单向向教师传递知识的过程，而讲授、阅读、记忆等是教师教学发展的典型行为。①

2. 自我指导模式的操作方式

（1）自我发展理想。在自我指导型教师专业发展中，首先教师需要对自己有一个预期，即教师希望达到什么样的教学目标，在学生面前呈现一个怎样的教师形象，同行或领导如何评价自己，着重发展自己的哪一种教学能力。其次教师要了解为了达到这样的目标，教师自己需要做哪些准备，克服哪些困难等。通过回答这些问题，教师对自己的教学发展目标有一个清晰的认识。

（2）自我评价。教师需要进行自我评价，即对现在的自己有一个准确的定位，明确自己在教学中的优势和劣势，如何更好地发扬自己的优点和长处，而自己的劣势是什么以及它会带来怎样的危害，教师应该如何超越现实的自己而实现理想的自己。

（3）确定差距。在自我指导型教师专业发展中，教师在完成自我预期与自我评价之后，需要找寻二者之间的差距，即要实现教学能力的提升，自己需要在哪方面努力，是课前的教学设计，教姿教态的端正，教学语言的规范，教学方法的改进，还是现代多媒体教学技术的学习。

（4）制订计划。教师确定了自己的教学理想与现实之间的差距后，需要制订切实可行和科学的发展计划，将自己的教学发展目标付诸实践。教师要明确自己教学发展的现实

---

① Pamela Adams. The role of Scholarship of Teaching in Faculty Development：Exploring an Inquiry-based Model ［J］. *International Journal of the Scholarship of Teaching and Learning*，2008（7）：79.

性和可能性，制订计划时既要考虑到已有的教学经验，也要考虑自己为了达到目标应该学习哪些教学技能和教学方法。既要考虑哪些培训和课程对自己有用，也要根据自己的时间和精力考虑能够参加哪些培训和课程。

（5）实施计划。最后，教师需要实施自己制订的教学发展计划，将计划落到实处。最好能够将目标分解为一个个比较容易实现的小目标，然后逐一实现。教师需要确定哪些新的技术和行为能够为自己所用，并在确定后执行。在实施已经制订的教学发展计划时，教师还需要时刻对新的观点进行反思。

（三）专家主导模式

专家主导模式，是指教师专业发展由专门的学术机构或者专家教授牵头组织和实施的方式。专家主导模式主要有教师发展学校、项目合作研究和民间学术活动 3 种形式。教师发展学校是大学与中小学共建的新型学校，是由大学提供专业支持，中小学提供实践基地，共同促进教师专业发展的一种新模式，它可以为中小学培养教师也可为大学进行教育探索，为促进学生学习提供平台。项目合作研究主要表现为专家教授领衔的课题研究，吸收中小学教师的参与，从而形成专家主导、教师参与的课题研究格局。这种项目合作研究的模式有利于改善教育理论与实践相脱节以及教育研究效益低下的状况，既有助于专家课题研究任务的完成，也带动了参与项目研究的教师的专业发展。民间学术活动是民间力量组织的学术培训或学术会议。这些民间组织包括民办（含事业单位所办）教育机构、民间教研机构以及民间学术团体（如各种学会、协会、专业委员会等）。民间组织围绕教育改革与中小学教师关注的热点问题，组织学术研讨会或培训班，邀请中小学教师参加。教师通过参与这些会议或培训，开阔视野，加强交流，既可以获得专业领域的理论知识，又可以进行现场观摩。

专家主导模式具有三大特点：一是针对性强。无论是项目研究还是学术会议都选择某一领域的特定问题为主题，使研究或研讨的主题明确。二是非强制性。专家主导模式并不强求每个教师都要参加，合作研究或参与会议都是教师与专家（或机构）双方自愿的结果，因此教师的主动性较强，参与比较积极，收获也比较明显。三是选择性。教师可以根据自己的兴趣、研究基础以及学校和个人实际情况，从各种学术信息中选择自己愿意参与的活动。这种模式符合教师专业素质个性化发展的需要。但是，专家主导模式容易受到场所、时间以及经费的限制，大多数教师没有条件参与。各种模式各有优势和缺陷，往往在专业发展的不同阶段需要互补和交叉，也由于教师本身的差异性而对不同的教师有着不尽相同的效果和作用。

（四）松散合作模式

松散合作型的教师专业发展是指以教师之间的非正式合作为基本方式的教师专业发展，它主要通过非正式的交流、借鉴、学习来实现教师的专业发展。松散合作型教师专业发展并不看重教师之间合作的形式，认为只要教师之间的合作是有效的，是能促进教师发展的，都可以看作是合作，而且这种合作应该是自然而然发生的。松散合作型教师专业发展的理论基础是帕莫拉·艾德姆提出的建构主义。建构主义认为知识往往不是被简单地传递，而是被创造性地建构起来的。知识的建构建立在参与者共同的兴趣之上，广泛的主体共同地参与知识的创造，原有的知识和经验被重构，在此过程中也创造了新的知识。建构主义认为，教师的专业发展是教师内在地建构自己的教学知识的过程，它重视对话、讨论、研讨会在教师专业发展中的价值，认为在这样的合作中，教师集体共同建构了教学知识。

松散合作型教师专业发展将正式合作与非正式合作混合起来，使教师的教学发展在轻松、安全和信任环境中进行。教师在获得教学进步的同时，能够享受和谐的人际关系带来的愉悦，因此这种专业发展方式深受教师欢迎。松散合作型教师专业发展的主要方式包括如下几种：

（1）学术午餐会。学术午餐会是松散合作最典型的形式。它通常发生在午餐时间，由教师自愿参加，并以随性发言和自由讨论为主，在相互支持、肯定的氛围中，对教育教学中遇到的问题进行探讨和交流。教师之间是平等的，讨论之后也不需要进行总结。这种形式有利于教师认识更多的同行，思考更多的教学问题。来自不同学科和不同领域的教师之间的交流还有利于教师教学方法的改进和教学思维的发展。

（2）松散教学团队。学校应该鼓励相邻或相近学科的教师建立亲密的相互交流和互动的教学团队，但这种教学团队是非正式的，教师是自愿组织的。教学团队通过经常性的交流、互动，共同讨论彼此在教学中遇到的问题和困惑，并通过有计划的合作，如交流会、共同备课等调动成员之间合作的积极性和主动性，以改进教学方法，完善教学策略，提高教学能力。教学团队还应该采取措施发展团队成员之间的友谊，在工作或者生活中互帮互助，并通过一些活动来增进彼此的情感。在教学团体内部成员之间建立起合作和交流的文化，促进彼此之间信息的交流和合作活动的开展。

（3）教学咨询。教学咨询是指当教师在教学中遇到困难时，向专家和导师请教的行为，教学咨询人员通常都是相关领域如教学技术学、教育社会学、教育心理学等方面的专家，他们能就教师提出的教学问题做出专业的分析和指导。教师通常会就教学中遇到的"疑难杂症"如教学技术问题、与学生的交流互动问题、小组讨论引导问题、教学策略问题等向专家进行咨询，专家通常会根据自己的知识或在查阅资料后对教师碰到的问题进行指导。教师咨询的方式通常是电子邮件、电话或面对面咨询，其中面对面咨询是最有效的形式，这种形式能够使教师准确地表述自己遇到的问题，使咨询能够充分的展开，并且避免误解，而且还可以请专家当面示范，使咨询更生动、更彻底。

（五）实践研习模式

实践研习型教师专业发展是指以教师的教学实践为出发点和归宿，以完善和提高教师的教学实践为目标，以观摩教学、教学研究、合作交流和试验实践为基本方式的教师专业发展模式。从发展目标上看，完善教师的教学实践，提高教师的教学能力是实践研习型教师专业发展的目的；从发展方式上看，实践研习型教师专业发展的前提和基础是实践，通过对实践的总结、反思、研究，提高对实践的认识，并通过这种认识来指导自己下一次的教学实践。实践研习型教师专业发展的理论基础是2006年帕莫拉·埃德姆斯提出的行为主义发展范式论。行为主义发展模式认为，教师教学知识的增长和教学技能的获得是能够被控制的，教师可以通过外部的观察与反馈，自身的实践和试误，获得教学发展所需要的知识和技能，从而达到教学能力和水平的提升。行为主义发展范式认为，教师评价、教学观摩、教学工作坊、教学示范等是教师教学发展的重要形式，专家指导、同伴交流和重视反馈是教师教学发展的有效方式。

教学发展属于一种行为的学习，它虽然需要一定理论的指导，但归根到底还要从实践中学习。理论是对客观事物发展规律的抽象认识，但具体实践却是丰富的，理论必须用来指导实践才会有价值，否则只是空洞的说教而已。而另一方面，实践也是理论的来源，理论是从实践中总结抽象出来的，教师的专业发展必须重视实践的价值和力量，并以实践为出发点和落脚点。

实践研习型教师专业发展模式认为对教学的认识应该从实践中来，并且运用到实践中去。实践研习型教师专业发展反对简单地告诉教师哪一种教学方式更有效，而是主张让教师自己在实践中发现哪种教学方法更优越，更易于让学生接受，从而在实践中发展自己的教学能力。在教师专业发展中，教师应该多与同行进行交流，研究他们的教学法，吸收其中的精髓为我所用；反思自己的教学实践和留心周围的教育现象，善于发现问题、分析问题，从而解决问题；不断根据实际情况改善自己的教学方法；扩展自己的专业知识和能力；及时更新自己的教学理念、教学手段，培养自己教学的创新能力，从而提高自己的教学能力。

第二节　英语教师专业发展的内在要求

一、完善的知识结构体系

（一）扎实的英语学科知识

1. 词汇知识

（1）英语词汇的形态结构。了解词的各种构成要素及其称谓。

（2）英语构词法。英语单词构成有其规律，很好地掌握了构词规律，才可以很好、很快、准确地记忆单词。

（3）词类。词类又叫词性，根据不同的标准可以进行不同的分类。一般根据英语单词在句子中的功用，分成十大类：名词、形容词、副词、动词、代词、数词、冠词、介词、连词、叹词。

（4）词义与语境。语境即言语环境，它包括语言因素，也包括非语言因素。上下文、时间、空间、情景、对象、话语前提等与语词使用有关的都是语境因素。词义即一个词的最初的含义，称作本义。以本义为出发点，根据它所反映的事物或现象的各个特点，词在它的发展过程中又会产生若干个与本义相关但并不相同的意义，这就是词的引申义。语境对词义的作用主要表现在消除歧义，限定所指，提供猜词线索等3个方面。

（5）英语习语。语言是文化的载体，习语又是语言的精华，是一门语言不可或缺的重要组成部分。习语一词的含义甚广，一般指那些常用在一起、具有特定形式的词组，其蕴含的意义往往不能从词组中单个词的意思推测而得。

2. 语法知识

语法是研究语言结构规律的科学，它说明该语言中词或短语等语言成分是如何结合起来形成句子的。英语语法，包括词法和句法两部分。前者是指词的结构、形式和类别的变化，如名词和代词的数、格、性，动词的人称、时态、语态、语气，形容词和副词的比较等级，等等。后者指的是句子中词以上的语言形式的排列组合规则，包括词与词的关系、词的排列、短语和句子的组成以及句子成分等。

3. 阅读知识

（1）文体及结构知识。文体一般有 4 种，即记叙文、说明文、议论文和应用文，在写法上它们都有各自的写作方法和结构特点。

（2）文化背景知识。文化背景包括政治、经济、社会、科学技术、天气情况、地理环境、人物的性格特点及知识水平等各个方面。

（3）生活经验。阅读理解的能力一般随着生活经验的丰富而不断提高。

（4）习语及固定搭配。每一种语言都有自己的习惯用语和固定搭配，一般情况下，这些用语和固定搭配是不能单从字面意思来理解的，英语也是如此。这就要求英语教师在平日的英语学习与教学中进行广泛的阅读，积累、掌握英语中的习语及固定搭配。

4. 写作知识

（1）英语写作训练的目的。在英语教学中，英语写作训练一般包括 2 个方面：一是语言基础方面的训练，即语法和句法等方面的基本功；二是写作知识和能力方向的训练，即写作的基本理论和技巧。

（2）英语的思维方式。中国人用英语写作还面临着思维方式的转变问题，不熟悉英语语言思维方式的人，无论有何等"高超"的写作技巧，都不可能创造出优美地道的英文作品。

（3）英语语言的功底。英语语言的功底指对这门语言中各种语言知识的掌握和运用能力，其中包括用词的准确和精炼、修辞手段的自如运用、时态的准确运用以及语法和句法结构的熟练掌握等。

（4）汉、英语用词和表达习惯的不同。由于英语、汉语是两种不同语言体系，词汇的使用和词义，在许多情况下会有很大不同。具体来说，同一个汉语词的意义在译成英语时，要使用不同的英语来表达。反之，同一个英语词译成汉语时也可能有不同的译义。

（二）广博的文化知识

杜威（J. Dewey）指出一个人想要成为合格的教师需要具备 2 个条件，其一是对教材进行深入思考，可以完整地把握教材；其二是拥有的知识量一定要比任何教科书的或者是教学计划当中规定的知识要广博。一般来讲，中国的英语教师基本上是由大学培养的，因此大学的培养模式直接决定着英语教师的专业素质。中国高等学校英语教学大纲中指出，英语专业技能、英语专业知识和相关专业知识课程构成了英语专业的所有课程。在课程设置比例方面，相关专业知识课程只占用了 15%。同时在大二和大四分别举办的专业等级考试，关注的只是学生听、说、读、写、译等方面的能力，这势必会造成大学英语专业教育只是关注英语专业技能和知识方面的培养的情况。因此出现了大量英语专业的毕业生只懂英语，并且知识结构单一。但是，教师的工作具有人文性的特点，因为教师培养的是符合社会主义建设和发展的人，这就要求英语教师必须具备广博的文化知识，帮助学生更好的理解世界。

二、良好的心理素质

在谈到英语教师的素质时，教师的英语专业水平往往容易受到重视，而教师的心理素质很容易受到忽视。实际上，一名优秀的英语教师应该具备良好的心理素质。心理素质是一个人的情感、意志和性格的总体反映，具有良好心理素质的教师更容易受到学生的爱戴和欢迎，这对英语教学来说尤为重要，因为学生很容易产生移情的心理效果，他们很容易会把对一个教师的喜爱转移到这个教师所教授的课程上面。一名优秀的英语教师首先应该是一个受学生欢迎的老师。

在情感方面，教师首先要热爱英语教育事业，并愿意为之付出心血。青少年是祖国的未来，是 21 世纪中华民族复兴事业的主要承担者，他们素质的高低将直接影响中国未来的发展。因此，每个英语教师都要有一种责任感，有高度的责任心，立志把自己的学生培养成有用之才。英语教学本身也是一个值得为之努力的事业。英语是一种丰富、优美的语言，有着令人陶醉的魅力。而且，英语还承载着久远的文化、伟大的文学传统、西方文明的主流，它不仅值得学，而且值得教。正如作家王蒙先生所说的："多学一种语言，不仅是多打开一扇窗子，多一种获取知识的桥梁，而且是多一个世界、多一个头脑、多一重生命。"教师应该喜欢自己的学生，因为学生的成长体现着教师的价值，是教师生命的无限延伸。在日常的教学中，尽管学生也有让老师烦心的时候，但是他们的点滴进步都是对老师最好的回报。教师还要热爱自己的每一个学生，对学生要一视同仁。一个班级的学生来自不同的家庭，每个家庭都有自己独特的情况。每个学生也有自己的个性特点，教师要平等地对待每个学生；不偏袒自己特别喜欢的学生，也不歧视自己不喜欢的学生；要对学生充满爱心，以求得融洽和谐的师生关系。

在意志方面，教师要具有克服困难的勇气和决心。青少年在学习英语的过程中会出现各种各样的问题，许多问题是无法从书本中找到答案的，这就需要教师培养自己良好的意志，不断地在教学实践中探索解决问题的方法。英语学习是一个漫长的过程，世界上没有一种所谓的速成秘方，能够使学生迅速地学会英语。这需要学生有恒心，也需要教师具有持之以恒的意志。这种持之以恒的意志还表现在教师自身的提高方面。一个优秀的教师需要在教学实践的过程中不断地发现问题，解决问题；不断地通过学习，研究提高自己的教学水平。每个教师都是生活在这个社会中的人，每个人在生活中都有自己烦恼的时候，教师要善于控制自己，不要把不良的情绪带到课堂中。

在性格方面，英语教师要比较外向，活泼热情，风趣幽默；同时还要沉着冷静，善于组织教学，把课堂教学组织得井然有序，生动活泼。

三、过硬的基础教学能力

任何一门专业都对从业人员有基本的能力规定，这些能力就是该专业的基础性能力。英语教师作为承担英语教学任务的专业人员，从其所面向的对象、工作的场所和内容，以及追求的目标等方面来看，至少应该具备 3 个方面的基础性能力。

（一）沟通能力

现代教育教学理论已经不再把教学看成是知识输出和接受的过程，而是师生之间交流和对话的过程。所以，国内有学者提出"教育即交流"的命题，认为教育的过程实质上就是师生沟通的过程。在日常教学中，同一堂课，相同的教学内容，面对相同的学生，有的教师把握起来得心应手，有的教师的课堂却死气沉沉，其主要原因是教师沟通能力存在差异，无效或低效的沟通直接影响了教师的教学效能。因此，沟通能力对于教师来说是最基础的能力。

英语教学尤其需要沟通和交流。学生英语能力的习得往往需要师生之间的充分互动，互动的过程其实就是沟通交际的过程。如果教师缺乏此方面的能力或此方面的能力不强，教学效果的不理想是可想而知的。教师要实现有效的沟通和交流，必须从心底里树立以学生可持续发展为本的思想，在教学中充分发扬民主，公平地对待每一位学生，耐心倾听每一位学生的心声，同时要注意沟通时的语言技巧，让学生乐于沟通，乐于参与课堂学习，进而热爱英语老师，热爱英语学习。充分有效沟通和交流的教学才是有效的教学，具有有效沟通和交流能力的教师才是真正胜任教学的专业教师。

（二）教学设计能力

面对一个特定的教学任务，教师如何组织教材，如何设计教学程序，采用何种教学方法和技术来开展教学显得尤其重要。好的课堂设计可以使课堂教学跌宕起伏、妙趣横生，可以一下子紧紧抓住学生的注意力，激发学生求知的欲望。教学设计能力的高低与操作性知识的多少是密不可分的。但是，操作性知识丰富并不意味着教学设计能力强。英语教师要有意识地加强有关教学设计的研讨，不同的教学设计理念、不同的教学活动的选择、不同的教学媒体的运用都会在很大程度上影响教学效果，影响学生英语能力的习得、巩固和提升。

（三）教学监控能力

一堂课能否顺利展开，能否取得预期的教学效果，不仅有赖于教师的沟通能力和教学设计能力，而且还与教师的课堂管理能力密切相关。按照北京师范大学心理学教授林崇德先生的说法，这种课堂管理的能力就是"教学监控能力"。林崇德先生认为，教学监控能力是教师的核心能力。在一个有几十名学生的教学班，没有很强的课堂监控能力而要实施有效的课堂教学几乎是不可能的。如何有效地推进各种教学活动，如何确保各类学生在学习过程中都在各自的起点上获得应有的进步，如何确保小组合作学习有效实施等，都需要英语教师有很强的能力去掌控。这种教学监控能力其实是一种综合能力的体现，它没有明确的章法可以遵循，运用之妙，存乎于心，但要做到随机应变、游刃有余确非易事。

四、正确的教师专业理念

教师专业理念和教师信念是经常会用到的两个词语，但教师的专业理念不同于教师信念，教师的专业理念属于教师信念，但教师信念不全是教师的专业理念，因为教师信念是"教师深信不疑的观点和看法"，而专业理念是"教师在对教育工作本质理解基础上形成的关于教育的观念和理性信念",这意味着教师的专业理念是经过教师自身的实践和思考而建立起来的。叶澜教授在《新世纪教师专业素养初探》一书中提出未来教师要充分认识到教育的社会性、未来性和生命性,从而形成符合时代发展的教育观、学生观和教育活动观。于英语教师的专业成长而言,我们将英语教师的专业理念分为英语课程观、英语教学观和英语学生观。

(一) 英语课程观

英语课程观是英语教师对英语课程的认识和看法。传统对英语课程的看法,有"课程即知识",如果一个教师持有这样的看法,在课堂教学中就会仅仅围绕有英语知识体系中的听、说、读、写等方面来进行。还有人认为"课程即教材",持有这种观点的教师在英语课堂教学中会以教材为中心,教学的过程就是忠实于教材内容。正确的英语课程观应当为课程不仅仅局限于文本课程,课程是师生共同探索的过程,课程是以学生的生活为主导的,课程是无限的。

(二) 英语教学观

教学过程是一个人与人互动的过程,教学过程是传承知识,培养能力、涵养品行和助长生命的过程,但在教学的过程中,英语教师往往只关注知识和能力的培养,忽视了另外两方面的发展,因此英语教师要有正确的教学观,在课堂教学中创造条件让学生感受生命,体验生活,让学生真正感悟杜威(J. Dewey)所说的教育即成长。

(三) 英语学生观

英语学生观是英语教师对学生的态度和看法。正确的学生观是关注学生的主体能动性,将学生看作课堂教学中不可或缺的主体,在课堂教学中充分发挥学生的主体能动性,让学生积极主动地去探究和创新。关注学生的心理,关注学生的个体差异性,认识到学生是一个有发展潜能和发展需求的人。

五、积极创新的科研素质

刘润清教授指出:"科研就是用标准的方法进行系统的研究,对问题提出可能的答案。换句话说,科研就是要用国际上公认的程序寻求两个或两个以上变量之间的相互关系。"英语教学中的科研就是找出影响英语学习成绩的那些变量(如教材、教法、教师、学习者的年龄、性别、智力、性格等)以及这些变量与学习成绩之间的相互关系。总体而言,外语教学中的科研对象包括 3 个层次,最高层次是本体论,也就是哲学层面上的问题。在这个层次上有两个核心的问题:一是语言的本质,也就是说语言作为一种人类所特有的现象,它区别于动物的交际方式的本质特征是什么;二是语言学习的过程,也就是语言学习理论,这一问题又可以分为两个方面:学习第二语言的心理过程、学习者的个体特征差异。研究者就上述两个方面的问题都进行了大量的研究,并取得了丰硕的成果。本体论层次上的这两个问题最为重要,对这两个问题的回答决定如何回答其他的问题。外语教学科研研究对象的第二个层次是实践论层次,主要研究教学如何实施,包括大纲的制定、教材的编写、各种语言技能的培养、测量和评估等。第三个层次是方法论层次,研究具体的教学方法和手段。

一名优秀的英语教师不仅是教学的实践者，还应该是英语教学与学习规律的研究者。如上文所述，中国拥有世界上为数最多的把英语作为外语来学习的学习者，有着世界上最为庞大的英语教学与研究队伍，在我们中国的历史上也从来没有像今天这样重视英语的学习。但是，令人遗憾的是，在英语教学理论的探索上还没有形成与庞大的学习群体规模相匹配的研究成果。长期以来，中国的英语教学在很大程度上仍然是照搬国外的英语教学理论和教学方法，然而这些理论与方法并非一定适合中国的英语教学。中国的英语教学具有自己独特的语言文化背景，中国的学习者具有自己独特的生理与心理特点，这些都决定了我们在充分借鉴国外的教学理论与方法的同时，要充分考虑中国的特色，通过融合与创新，努力探索具有中国特色的英语教学之路。在这一探索的过程中，英语教师的科研素质将起着决定性的作用。目前许多教师的科研素质都比较低下，认为科研是一件让他们感到头疼的事情。这就需要我们通过自己不断的努力来提高自己的科研素质。

六、与时俱进的发展性教学能力

世界是变化发展的，教学也在不断变化和发展。对于教师来说，不存在一成不变的教学知识、方法和手段，教师的知识和能力需要随着时代的发展和变化而不断更新。

（一）合作研究能力

教学专业与其他专业最大的区别在于工作对象的不同：教师所面对的不是静止的物体，而是一个个具有主体思维的鲜活的生命，教学的复杂性、艺术性和创造性皆由此而生。看似常规的教学活动几乎没有一点是重复的，教师不断被置于新的教学情境中，不得不面对许多新问题。而这些问题都具有个体性、偶然性和情境性，需要教师自己去反思，去寻根究源，找到解决问题的办法。所以，研究应该是教师工作的一种常态。

培养教师研究能力的第一步，是培养教师的批判和反思意识。教师只有摆脱日常经验的局限，对看似平常的教学现象保持批判的态度，才能发现隐藏在教学现象背后的深刻的教育问题；只有通过日常教学反思，才能以敏锐的目光去捕捉那些教学中值得关注而又易于忽略的细微之处。不做研究和反思，简单重复已有的教学经验，是许多教师专业能力退化、教学效能低下的重要缘由。如果一个教师仅仅满足于已有的经验，而不对经验进行深入的思考，那么，他充其量只是一个"熟手"，永远都不会成为"研究型教师"。因此，只有教师自己才能改变自己，只有当教师意识到自己经验的局限性，并通过反思进行批判、调整和重构后，才能形成先进的教育理念，才能总结出有效的教育方法。

当然，教师的研究不应是一个人的孤军奋战和冥思苦想，它需要与同事的沟通和合作。教学工作的特殊性和复杂性，决定了教师仅仅依靠个体反思难以实现真正意义上的专业发展。教师需要与同事一起合作，共同发现问题和解决问题。因而，合作应该是教师研究的主要方式。培养合作能力需要教师有平等开放的心态，有不耻下问、乐于助人的精神，有不计个人得失，把促进学生发展作为教学唯一目的的教育信念和责任感。

实践表明，教师的合作研究能力会在教学中深深影响学生的合作探究能力。这一点在英语课堂教学中表现更为明显。有合作研究习惯的教师自然会把这种习惯迁移到自己的课堂教学中去，从而使自己的课堂教学更具亲和力和实际效果。长此以往，教师的习惯也会变成学生的习惯，达到潜移默化的目的。

（二）创新能力

创新是教学的灵魂，也是教学的最高境界。教师的创新能力是区别"经验型教师"与"专家型教师"的根本标志。所谓创新能力，是指教师能否根据教学内容、情境和对象的变化，创造性地运用教学理论和教学方法以达到教育目标的能力。创新既遵守基本的教育规律，而又不被条条框框所束缚，使教学过程的空间得到拓展并富有弹性，充分体现教师的教学机智。创新能力的培养不仅有赖于教师教育教学观念的更新，更有赖于教师个体实践经验的积累，以及教师对教育教学理论的辩证理解和对教学方法及手段的灵活运用。创新能力的形成，需要教师有扎实的基础性能力作为支撑。脱离基础性能力的培养，没有发展的意识和能力，教师的创新能力也就无从谈起。教师个体实践知识的多少与创新能力的高低有着十分密切的关系。教师要不断丰富个体实践知识，以提高自身的创新能力。

（三）生涯规划能力

当今世界，知识日新月异，学校所面临的教育环境和社会环境正变得日益复杂，教学专业所面临的挑战也日益严峻。"做一天和尚撞一天钟"的教师已经不能适应教育发展和社会发展的需要，教师必须时时刻刻思考怎样才能做一个胜任工作的好教师。教师要根据时代发展，树立明确的、切实可行的专业发展目标，并根据自身所处的内外教学环境的变化，确定并不断调整专业发展的内容和途径。只有对自己的职业生涯进行清晰的规划，才能明确人生和职业的发展方向，才能清楚地认识到自身的价值，抓住机遇，增强自身的职业竞争力和使命感。每位英语教师在工作伊始，就应树立自己的职业理想，做好自己的职业规划，确立自己各个发展阶段专业能力的提升目标，并有效地激励自己一步一步地走向成功。有了明确的目标指引和踏踏实实的行动，成为英语教学名师的理想就不难实现了。

七、熟练驾驭英语教材

优秀的英语教师具有很高的驾驭教材的素质，他们能够真正地做教材的主人，而不做教材的奴隶。这主要表现在教师对教材的评价能力和使用能力两个方面。

教师首先要能够对教材的优劣进行基本的评价。英语学习要大量地接触语言材料，除了主教材之外，教师还要为学生选择一种或数种辅助教材，这就需要教师具备基本的教材评价能力。教材的评价一般包括以下几个方面：

（1）教学的指导思想。教学指导思想包括对语言、语言学习和语言教学的认识，评价教材首先要评价教材所体现的教学指导思想，要看它是否与语言学及其相关学科的最新研究成果相吻合，从而能够从宏观上把握教材的方向。

（2）所采用的教学方法。教学指导思想从宏观上指导教材的编写思路，而教学方法则是教材在内容选择、内容安排和教学活动设计等方面的具体依据和参照。因此，教材编写要体现先进的教学方法。

（3）教材内容的选择和安排。教学方法决定怎么教和怎么学，教学内容则决定教什么和学什么。英语教学的目标在于发展学生综合运用语言的能力，因此教材内容的选择和安排也应该以此为基准。

（4）教材的组成部分。一套完整的教材应该是由学生用书、教师用书、练习册、卡片、挂图、录音带、录像带和多媒体光盘等组成的立体化教材。而且这些组成部分能够构成一个有机的整体，各有特色、各有侧重。

（5）教材的设计。教材的设计指教材的媒介形式、篇幅长短、版面安排、开本大小、图文形式和色彩等。

（6）教材中语言素材的真实性和地道性。语言教学的目的在于使学习者能够使用所学的语言进行交际。因此，学习者学习的语言也应该是实际交际中使用的语言，教材选择或编写的语言素材必须和现实中使用的语言基本一致，必须是真实、地道的。

在教材的使用能力方面，《英语课程标准》（试验稿）专门对此提出了具体的要求：

（1）对教材内容进行适当的补充和删减。在教材使用过程中，教师可以根据需要对教材内容进行适当的补充，以使教材的内容更加符合学生的需要和贴近学生的实际生活。在对教材进行适当补充时，教师还可以根据实际情况对教材的内容进行适当的取舍。

（2）替换教学内容和活动。在教学过程中，教师可以根据实际教学需要，对教材中不太合适的内容或活动进行替换。例如，教师如果认为某个单元的阅读篇章内容适用，但阅读理解练习题设计得不合理或不适合自己的学生，就可以用自己设计的练习题替换原有的练习题。

（3）扩展教学内容或活动步骤。在某些教材中，教学活动的难度过高或过低的现象时有发生。如果教师认为某个活动太难，就可以扩展活动的步骤，增加几个准备性或提示性的步骤，从而降低活动难度。如果活动太容易，教师可以对原有的活动进行延伸。

（4）调整教学顺序。根据学生的实际情况对教材内容的顺序进行适当的调整有利于提高教学效果。比如，现实生活中周围发生了某件重要事情，教材中有一个内容相关的单元，如果在延续性和难度等方面没有太大的问题，就可以提前学习这个单元。

（5）调整教学方法。由于客观条件的差异、学生现有水平的差异以及具体教学实际情况的差异，有时教材推荐或建议的教学方法不一定适合实际教学的需要。在这种情况下教师要注意调整教学方法。

（6）总结教材使用情况。教材使用一段时间以后，应该及时对使用情况进行总结分析。

第三节　英语教师专业发展的路径

一、教师自主发展

（一）开展反思性教学

1. 反思性教学的内涵

孔子曰："学而不思则罔，思而不学则殆。"反思性教学又称"反思性教学实践"，这一概念源于杜威（J. Dewey）的反思性思维概念。他认为，实践者对支持其行动的任何信念和假定性知识做积极、执着和审慎的思考。美国教育家舍恩（Schon）在其著作《反思性实践者：专业人员如何在行动中思维》中提出能够促使从业者专业能力提高的并非是外来的研究性理论，而是从业者对自己的实践行动以及内隐其中的知识、观念进行的有意识的思考，并把这种思考的结果回馈于行动之中，使之得以改善。

教师的发展意味着变革，而卓有成效的变革没有反思是相当困难的。教学反思是指教师在教学实践中，批判地考察自我的主体行为表现及其行为依据，通过观察、回顾、诊断、自我监控等方式，或给予肯定、支持与强化，或给予否定、思索与修正，将"教学"与"学习"结合起来，从而努力提升教学实践的合理性，提高教学效能的过程。熊川武将反思性教学定义为"教学主体借助于行动研究，不断探究与解决自身和教学目的以及教学工具等方面的问题，将'学会教学'与'学会学习'结合起来，努力提升教学实践的合理性，使自己成为学者型教师的过程。反思可以使教师从冲动、例行的行为中解放出来，以审慎的、意志的方式行动；可以使教师从教学主体、目的和工具等方面，从教学前、中、后等环节获得体验，变得更加成熟"。

舒尔曼（Shulman）认为，反思型教师会经常回顾、重建、重现自己的教学行为，并能够对自己的行为表现和学生的行为表现进行批判性分析，而且这些教师总是能够用事实来解释一切。没有教师对自我专业发展过程的反思，就难以实现教师的自我发展。反思性教学是一种可以获得和发展的技能，美国心理学家波斯纳（G. J. Posner）提出了教师成长的一个简捷的公式：经验+反思=成长。这表明了教师的成长与发展需要持续不断地反思已获得的教学经验。反思不仅仅指通过回顾、诊断等方式给予肯定、强化或否定、修正的课后反思，还包括以下两方面教学前认真审视教材，精心设计教学环节，对教学进行预测与分析；教学中边教学边反思，及时得到反馈，及时做出修正。

2. 反思性教学的特征

（1）主体性。主体性是指教学方式的更新和教育理念的获得都是通过教师自觉的努力实现的。在反思的过程中，教师自身是反思主体。教师是反思性教学的源泉。教师的责任感和专业发展的积极性是反思性教学的原动力。教师只有关注教学效果、不断进取和更新教学观念，才能主动发现问题、总结问题、分析问题和解决问题。

（2）情境性。教师每天都面对着不确定的、复杂的、充满困惑的实践情境。反思性教学通过教学反思在变动的教学情境中随时对教学活动进行监控和调节，以达到教学实践的合理性，所以具有情境性。教学情境的复杂多变和不稳定使得现成的教育理论和教学方法往往不能奏效，教师必须通过反思超越自我，创新教学方法和模式，提高教学水平，促进个人的专业发展。

（3）探究性。实施反思性教学的教师会永无止境地追求教学实践的合理性，能敏锐地发现教学实践中有价值的问题，并针对问题进行剖析。反思性教学是教师自觉地、有意识地探究新问题和寻求新策略的活动，正是反思性教学的探究性特征使教师成为教学实践中的研究者。

（4）内隐性。反思型教师通过教学反思建构的个人实践知识大多是一些包含个人经验和感受的默会知识，虽然可以通过写反思日志和进行行动研究来呈现反思过程，但更多时候，反思只存在反思者的头脑中。

（5）批判性。反思性教学需要批判型的教师。反思性思维本身就具有批判性，在接受和使用专家理论时不是全盘接受和机械照搬，而是以批判的态度辩证地看待问题，去伪存真，取其精华，去其糟粕。

3. 基于反思性教学的英语教师专业发展对策

（1）叙事反思。叙事反思是教师通过内隐或外显的方式将所经历的教育事件与相关感受呈现出来，为他们今后的思考提供素材。教师可以采用想象叙事或内隐叙事，将自己头脑中的各种表象通过自己思维的加工而构成各种具有意义情节的事件，如对教学片段的回忆等；也可以采用口头叙事，通过口头言说的方式将自己内心的东西表达出来，如与同事交流反思心得等；还可以采用书面叙事，通过书面语言将自己所见、所闻、所经历的事件写出来，如教学日志、听课记录等。

（2）合作反思。合作反思是英语教师反思性教学和专业化发展的重要途径，包括参与式观察和合作教学等方法。参与式观察（教学观摩）以教师相互听课为主要形式来观察和分析同事的教学活动。合作教学指两名以上的教师同时教一个班的学生。英语教学中的合作教学可以促进教师对教学进行反思，有利于教学合作和教师专业素质的培养，也有利于培养教师的团队精神。

（3）资源反思。资源反思主要包括观看教学录像带和利用教师档案袋等方法。观看自己的教学录像可以使教师站在客观的角度考察自己的教学实践，它不仅能反映自己教学的优点和不足，也能把很多自己并未注意到的教学细节呈现出来。教师档案袋是对所有关于学生学习和教师教学过程的记录，同时还有教师本人对这些事件的评论和解释。它为教师的反思提供了最直接的情境，可以帮助教师反思自己的教学过程，然后据此选择最合适的教学策略，促进教师自己的专业化发展。

（二）加强行动研究

1. 行动研究的内涵

历史上，人们从不同角度对行动研究提出了许多定义。对各种定义进行归纳，大致可分为如下 3 种：

（1）行动研究即行动者用科学的方法对自己的行动所进行的研究。这种观点强调行动研究的"科学性"，是一种技术性行为研究。这与 19 世纪末 20 世纪初兴起的"教育科学化运动"及一些心理学家强调心理测量有很大关系。

（2）行动研究即行动者为解决自己实践中的问题而进行的研究。这种观点更关注行动研究对教育实践的改进功能，它是实践性行动研究，这是英美最为普遍的研究模式。

（3）行动研究即行动者对自己的实践进行批判性思考，以"理论的批判""意识的启蒙"来引起和改进行动。这种观点突出了行动研究的"批判性"，是独立性行动研究。它是实际工作者通过批判性的思考及采取相应的行动，使教育摆脱传统的教育理论和教育政策限制的一种研究方法。

尽管学术界尚未统一对行动研究的定义，但其基本内涵已被人们逐步认识，即行动研究法是解决实际问题的方法，是将研究者和实践者结合起来解决实际问题的方法。教师专业发展行动研究是帮助教师反思自己的教育实践，解决教育教学领域中遇到的实际问题，探讨教育行动的变革，寻求教育实践的合理性，从而全面提高实践质量和教师专业素养的行动与研究合一的活动过程。

2. 行动研究对英语教师专业发展的推动作用

（1）行动研究可推动教师对自身实践的研究。过去的教育研究往往表现出研究者和实践者分离的状态，教育研究脱离了教育日常关心的问题，研究者的主要任务是发展理论，而研究的结果作为论文发表后就被束之高阁。这种为了研究而研究的结果对教学实践没有实际意义，不能成为教师改进教育、教学实践的参考依据。教师迫切需要有实践取向的教育研究，要求研究者面向学校教育、教学工作的实践，深入教育教学的第一线，与教师结合，共同探讨、解决教育教学中存在的实际问题，并指导好教师开展研究工作，促进教师对教育、教学工作的更好理解及对教育教学工作的进一步改进。而且，教育理论、教育研究者无法满足教育实践发展需要的实际情况也要求教育研究者必须与一线教师结合，研究问题、解决问题，并在这一过程中形成新的理论。一线教师直接参与行动研究，成为研究者与实践者的综合体。有了行动研究这一主线做引导，教师可以更及时敏锐地感知自己周围的教育事件，反思自己的教学行为，从一个更高的视角认识自己的教育教学工作。

（2）行动研究可提高教师的教学和科研能力。具有科研意识、知识和能力是所有专业人员的共同特征，因此提高教师专业化水平，必须强调有关研究能力的要求。教师的研究能力，首先表现为对自己的教育实践和周围发生的教育现象的反思能力，善于从中发现问题，发现新现象的意义，对日常工作保持敏感和探讨习惯，不断地改进自己的工作，并形成理性的认识，这就是对教师行动研究能力的要求。

教师的研究是结合自己的实践工作与对象展开的，因此，科研能力也是高质量教育不断发展的必要条件。在进行行动研究的过程中，教师不再仅仅是知识的传授者，他一旦以研究者身份参与各种教改措施和改革方案的制定，就会以比较挑剔的眼光来审视教学，对教学的看法、态度、行为方式都会相应地发生改变，获得对实践情境的新的理解和改进，对教学活动及其本质产生更加深刻的认识。因此，应大力提倡在教学实践中开展教育行动研究。

3. 英语教师专业发展中行动研究的实施步骤

（1）发现问题。在英语教学实践中，教师总会遇到一些困难和问题。有些问题已有所了解，有的还须进一步发现。

（2）分析问题。有了足够的资料和数据，就要对英语课堂教学中发现的问题进行分析确认。比如，这个问题是教学方法问题，还是学生的心理问题、学习动机问题？这个问题产生的原因是环境、文化的影响，还是教学策略的影响？这个问题是否就是费时多、收效低的原因？总之，分析问题就是对问题予以界定，诊断其原因，确定问题的范围，以期对问题的本质有较为清晰的认识。

（3）解决问题。

解决问题的行动目标与过程计划。计划一般应该包括以下内容：一是计划实施后预期达到的课堂教学的目标。英语课程的目标是培养学生运用英语的综合能力。这种能力的形成建立在语言技能、语言知识、情感素质、学习策略以及跨文化交际意识等方面综合发展的基础之上。二是设计在课堂教学之中解决问题的教学策略。教师要根据自己的或其他教师的经验，学习有关课程标准和教学大纲，借鉴国内外先进的语言教学理论，设计出解决问题的教学策略。三是设计好行动的步骤和时间安排。行动的步骤设计是行动研究中非常重要的一个环节，由于课堂教学实践受到诸多因素的影响，因此行动步骤的安排要有灵活性，并且有暂时性和尝试性。

实施阶段主要包括两个方面：行动和针对行动的观察。行动就是按计划设计的方案、策略、方法实施，进行课堂教学。行动研究的目的就是要解决教学实践中的问题，提高教学质量。由于行动研究有情景性和实践性，因此教师一方面要尽量严格地按照计划、方案实施，另一方面又要根据实施过程中的实际情况进行必要的调整，对计划的调整应当记录，并说明调整的原因。在实施计划方案的过程中对行动情况进行观察和记录，收集有关资料，以便及时地对行动情况有一个大致的了解，并最终对研究的过程和结果做出比较全面的分析。

反思与修正。反思和修正是行动研究中的最重要的特点和步骤，是整个行动研究的核心。从事行动研究的教师应该反思，如：问题的界定是否正确？解决问题的行动步骤是否可行且便于操作？计划方案是否周详？是否按计划执行？教学策略如何贯彻？是否产生较好效果？研究的信度与效度如何？

概括总结。对有关材料进行整理、概括。总结出关于行动与目标、策略与问题之间关系的一般性原则和教学模式。

行动与检验。根据修正的计划方案，再一次进行行动研究，在教学实践中，进一步检验这些原则、策略和模式。

提出报告。根据研究结果提出完整的报告。

（三）树立自我发展意识，确立专业发展目标

英语教师专业发展的核心是其自我意识的发展，自主发展的需要和意识是教师专业发展过程中的内在动力和前提条件。教师专业发展的直接动力和专业教学质量的提高离不开教师本人对待专业发展的态度，教师的专业发展是无限的，成熟是相对的，而发展则是绝对的。教师需要不断完善自己的知识结构，把外在的压力与自身的发展紧密结合在一起，把自我的发展与职业的要求结合起来，把教学的成功与持续不断的学习结合起来，并把它们转化为自身发展的动力，教师的自我专业发展需要使得教师在专业发展过程中实施终身教育成为可能。教师必须加强自身的发展，没有教师的发展，也就没有学生更好的发展。

另外，作为成人学习者，教师的学习是自主的学习。教师的学习受自我意识的影响。他们往往自主确立学习动机，自我规划学习目标，而不满足于由他人确定学习的方向。建构主义学习理论强调学习者在学习中的积极作用，强调学习者是认识的主体，是意义的积极建构者，能够自主地对自己的学习进行评价和诊断，而不是从外部来获得反馈。自我管理和规划在教师的自主发展中起着宏观指导和微观调控的作用，因而学习目标不应该从外部、由他人设定，它形成于学习过程的内部，由学习者自己设定。英语教师要获得自主发展，必须在充分意识到自身专业知识、能力等方面存在的问题基础上自觉设定自我学习的目标和计划，确定发展方向、发展内容、发展策略和方式，并付诸行动，并在行动中不断调整、适应、发展，这在一定程度上也会带动英语教师群体专业化。

（四）重视实践性知识的发展

1. 投身日常教学实践

日常教学实践是教师开展自我培训、提高自身专业素质以及获得个人实践性知识的最

重要和最直接的途径。在教师的职业生涯中，教育教学实践是教师生命的存在方式，是教师生活世界的主要组成部分。教师的日常教学活动主要有教学准备活动、课堂教学、处理教学事件、课后辅导、批改作业、自我学习等等，在这些活动中，教师将各种知识结合起来，把教学内容转化成易于学生接受的形式，充分发掘其中的育人因子，努力促进学生的身心发展。通过这些活动，教师将显性的知识内化到自己的知识结构，即将这些知识和自己原有的知识糅合起来形成指导教师行为的实用性知识或个人实践知识。教学实践是教师的实践知识的来源与归宿，教师可以采用教学日记、教后感、教学叙事、教学事件的分析或评论等形式及时进行记录、积累与思考，通过直觉、省察等方式获取这些经验和常识，并通过与其他教师交流、合作而达到知识共享。

2. 参与校本教研

校本教研就是基于学校，以教育教学中所出现的问题和现象为对象，以教师为主体，以学科组或教研组为依托，以专家为引领，以行动研究和叙事研究为主要方法的一种活动。校本教研不仅是学校长远发展的动力，而且也是促进教师专业发展的根本途径。"校本教研赋予了教师研究自身实践的权利，他们不再是被研究的对象，研究成果的纯粹消费者，而是研究自身专业实践的主体。"它有利于教师重新审视自己以往的教育信念，自觉构建新的教育理念并用其指导自己的行为；有利于教师加深对自我的理解和认识，增强反思精神，实现理论和实践的结合、思想和行动的结合；有利于教师实践性知识结构的优化，改变传统上偏重于理论知识讲授为主的培训所导致的偏颇。

就内容与方式上来讲，校本教研主要包括以下 3 种：①以"教和学"为基点，以"课例"为载体，通过教学录像、教案、课例、说课、讲课、评课、学生的作品等方式来开展；②以"课题"为中心，遵循科学研究程序和步骤，开展行动研究和叙事研究；③校本课程的开发，教师可以综合运用各方面的知识，依据本地区的特色，开发适宜学生的新的课程，以弥补国家课程的不足，同时加深对教学与课程的认识。

3. 参加在职培训

由于观念更新、知识速增、科技发展等原因，教师的学习已再不是一次性的、终结性的，而需要不断地"充电"来更新自己的理念和知识结构，以适应社会和教育教学的变化。因此，教师在职培训就成了教师自我发展、自我超越、自我更新的重要途径和方式，其本质是教师重构和更新自己的专业知识，审视自己的专业思想与信念，提升自己的专业认知水平与教学能力，在理论与实践的对话中自觉建构和解读教育教学的本质，形成自己的实用的"理论知识"，进而获得专业成长。

就培训的形式来讲，总体上可以分为"引进来"和"走出去"2 种。在"引进来"的形式当中，最常见和最有效的方式就是邀请专家学者来学校进行专题讲座以及邀请优秀教师授课进行教学观摩。专题讲座是教师培训的重要形式之一，由于实践性知识具有个体性和不可言传的特点，所以作为培训者在制订计划、确定专题的时候就应该清楚教师需要了解和掌握哪些知识并对其有所选择，只有所选择的知识符合教师的实际需要才能为教师所接受，并转化为实践性知识，从而具有现实的意义。组织教师观摩优秀教师的课堂教学是教师培训必不可少的内容，是教师积累实践性知识的最直接途径。教学观摩的实践性，一方面源于这种活动本身是一种实践活动；另一方面因为它是授课教师实践性知识在课堂教学中的自然流露和释放，因此它对教师具有很强的示范性和参照性。所谓"走出去"，最常见的方式就是教育考察。在教师培训的实践性要求中，教育考察占有重要的地位，它是教师跳出自己的视阈局限和认识局限的重要举措。教育考察一方面可以开拓教师的视野，避免成为井底之蛙，形成多年一贯的教学模式和千人一面的教学现状；另一方面可以给教师以思想启迪，帮助他们跳出个人经验的范畴。

二、学校优化管理

（一）建立健全保障和制约制度

1. 制定全面的本校教师专业发展纲要

没有规矩，不成方圆，教师专业发展亦是如此。因此，学校应该为教师制定详细的专业发展纲要，使之有章可循。主要包括校内本学期本学科要重点开展哪些形式的活动，活动实施的时间、人员、形式、组织、效果，以及需要的人、财、物，如何在活动的过程中进行有效监督使之顺利完成，以及活动成功后对主要负责人员的激励机制等等。没有激励机制，教师付出了而没有回报，以后就难以有专业发展的激情了。此外，到外地的培训学习，何种人员可以有资格出去学习，学习后不能一学了之，而应该将所学信息以某种方式反馈回来（比如，给同行做报告、撰写学习心得体会供大家分享、根据所学讲一堂公开课展示学习成果等等），让更多的教师受益，这无形之中也给参加学习的教师一定的压力，让其带着任务去学习，效果自然比无果而终要好得多，从而使外出学习的效果最大化。

2. 建立完善的校内"传帮带"活动（导师制）

校内的"传帮带"活动对于新入职的教师或者专业能力和素养偏差的教师，具有非常重要的作用。一般来说，一位刚从师范院校毕业的大学生，参加工作后，如果没有人帮扶，三五年之内没有大的起色，以后往往会陷入混日子的境地，是很难成长起来的。而部分有上进心但自身专业能力偏差的年轻教师，也需要借力才能发展起来。因此，在本校内，导师制的"传帮带"对于这批人是很有必要的。要实施这一点，就不能走马观花，简单设定名单安排下去就完事，而是要制定严格的制度，规定好"师徒"双方的责、权、利。第一步，做好集体备课。每节课都是在导师带领下先集体备课，导师要带领徒弟在充分了解本节课内容的前提下，引导徒弟学会从各方面备课（备教材、备学生、备教法等等），期间，导师要给徒弟传授基本的上课要领、注意事项以及本节课授课的目标、重难点等等。第二步，导师讲课，徒弟听课。学校要从课程表的安排上，将导师的课全部安排在徒弟之前，这一点非常重要。徒弟听课之后，让徒弟给导师谈听课感想，然后两人一起总结和反思。这个过程要让徒弟多思，多想，多表达，回头多写，从而让每次听课都有一定的收获。导师在这个过程中全方位了解徒弟的进展情况并适当加以指导。第三步，实践检验学习效果。由徒弟上课而导师听课，再从头来一遍研讨，加以总结和反思。整个过程中，如有其他老师参与，从不同的角度提建议和意见，效果会更好。经过这种反复的不间断的磨砺，徒弟的成长会很快，效率会很高，一般情况下，3 个月以内，徒弟就可初步成长为一名能基本独立备课和授课的教师。

3. 建立公平合理的薪酬体系

马斯洛（Maslow）的"需要层次理论"认为，人的基本需求的满足才能产生高层次的发展需要。激励因素是影响人们工作的内在因素，其本质是注重工作本身的内容，借此提高工作效率，促进人们的进取心。激励因素的存在会给人们带来极大的职业满足。影响职业满意度的因素有成就、认可、工作本身的吸引力、责任和发展。教师职业发展的特点之一就是较高的物质需求。在工作中，经济收入和生活条件是教师工作满意度的基础。亚当斯的"公平理论"认为，公平感是人类的基本需要。如果人们在与自己以往比较和别人的比较中感到自己的报酬合理，就会获得公平感。人们的这种对公平与否的判断会影响自己工作的积极性。追求公平是激励的基础，从而提高工作的积极性。收入水平是影响英语教师的职业满意度的基本条件。从某种意义上来说，教师对职业是否满意，关键在于是否公平，因此，学校要为英语教师建立公平合理的薪酬体系。

（二）重视英语教师的继续教育

在信息时代，知识更新速度加快，教师在学校学到的知识不可避免地会过时，新理论、新观念也会不断出现。另外，社会永远处于变化之中，教育也总是在发展和变革着。英语教师所教的是语言，语言随着社会和科技的发展而发生变化，英语新词和新的表达方式不断出现。教师在学校所接受的专业教育不可能一劳永逸。教师必须不断学习、不断探索，才能不被时代淘汰，才能适应社会变革对教育的要求。教师整体专业素质的不断提高是国家教育事业向前发展的保证，因此，学校必须重视英语教师的继续教育。

教师继续教育的培训应充分利用各种教育资源。师范院校、教育学院、具有教师教育优势的综合性大学、教育研究机构和中学应建立教师继续教育联合体，优势互补，共享资源，共同研究教育问题并探索对策。各所学校应制订教师继续教育培训计划，实行轮流培训制，确保每位教师都有接受继续教育的机会。教师继续教育的形式可以灵活多样，例如，在职攻读硕士学位、到大学进修研究生课程或有关本科生课程、参加有针对性的培训班。英语教师继续教育培训应加强语言教育专业课程。外语教育心理学、外语教学理论与实践、英语教学法、第二语言习得、交际语言教学、跨文化的外语教学等等都有利于提高英语教师的实际语言教学能力。教育教学研究能力是现代教育发展对教师的要求，所以，教育研究方法和外语教学研究方法也是英语教师继续教育中必不可少的课程。加强对外交流是英语教师继续教育的需要和趋势。语言承载着文化，不了解某种语言所承载的文化就学不好这种语言。英语教师如果有机会到英语国家生活和学习一段时间，亲身感受异域文化，就能够更好地理解和运用英语语言，也有利于培养世界意识。

（三）营造良好的校内外环境

英语教师专业发展依赖于一定的自然环境和社会环境，也必然受到这些因素的影响。健康向上的校园文化氛围，敬业爱岗、关爱学生、严谨治学、为人师表的教风，勤奋好学、创新合作的学风，积极向上、生气勃勃的校风必定积极推动着英语教师的专业发展。

要想营造良好的校内外环境，学校要从以下几方面入手。

（1）积极向社会展示学校办学成果，让群众了解学校的办学条件、教师工作成果、学生的进步等，从而赢得社会的支持、改善学校办学条件，形成尊师重教的社会风尚，形成学校与社会各界的良性互动。

（2）优化学校文化环境和教育环境。广泛开展"我为学校添光彩"的活动，强化全体师生树立一流学校的意识；善于总结和提炼教职工先进的思想和优秀的品质，倡导"拼搏、团结、合作、奉献、求实、进取"的精神。同时，学校应着力于营造美观雅致的校园环境、公平竞争的学术环境、改善学校物质条件和教师待遇，使全体教职工在政治上放心、环境上顺心、生活上安心、业余时开心、工作上尽心。

（3）学校要求领导干部和党员经常找教职工谈心，改善干群关系和党群关系；教师要经常和学生交心，改善师生关系。

（四）优化师范院校英语专业课程结构

师范教育是教师教育的基础阶段，师范教育的课程设置是培养专业化教师的重要环节。师范院校英语专业的课程需要在三大类别方面加以强化：英语专业课程、教育专业课程和普通教育课程。

英语专业课程包括综合英语、泛读、视听说等英语语言课程和英美文学、英美概况、语言学、翻译、英语报刊阅读等其他课程。中国师范院校英语专业一直以来都非常重视英语专业课程，重视培养学生的英语语言知识和语言技能。英语专业方面的课程总体上受到重视，其原因是人们有着很强的专业意识，把"英语专业"放在第一位。重视师范生英语素质的发展是应该的，因为优秀的英语专业素质是成为优秀英语教师的首要条件。师范院校英语专业的课程设置充分体现了英语的专业性，但是，从师范院校英语专业的课程整体来看，师范性没有得到足够的体现。

师范院校英语专业的课程设置除了体现英语专业性之外，还应该体现师范性。师范性需要通过开设多种门类的教育专业课程来实现。中国师范院校所开设的教育专业课程主要有心理学、教育学、教学法和现代教育技术。英语教学法是英语专业师范教育中一门重要的课程。通过英语教学法课程，师范生了解外语教学的理论和方法，学习英语教学技能。然而，有的学校并没有给予应有的重视，课时安排总共一个学期，每周2课时，并且是大班授课，一百多人的授课班给教师组织课堂活动带来很多困难，学生很难有时间进行教学基本技能的练习。要想使师范生扎扎实实地学好英语教学的理论、方法和技能，必须有足够的课时并实行小班授课。有了足够的课时，才能通过讲解、讨论、观看教学录像、微格教学等方式使学生掌握英语教学法课程的内容。实行小班授课，才能给学生提供练习机会，亲身实践教学方法和技巧，如导入、讲解、提问、组织课堂活动、板书、简笔画等等。只有从课程设置方面给予充分的重视，教学法课程才能为教师培养发挥应有的作用。

教育实习是师范教育的重要组成部分。通过实习，师范生获得初步的课堂教学和学生管理体验，学习如何处理常见的教育、教学问题，获得中学教育教学的感性认识，了解教育改革的理念和方向，为将来从事教师工作打下一定的基础。另外，在实习过程中可以发现实习生知识和教学技能方面的欠缺，反映出师范教育的问题，为改进师范院校的教学提供依据；同时也使师范生意识到自己的不足，并明确下一步的努力方向。

三、政府宏观调控

（一）提高教师的社会地位

任何一个国家的发展与腾飞，都离不开教育的健康发展。而教育的重担，主要落在教师身上。因此，不提高教师的社会地位，让教师在唯唯诺诺中苟且活着，这个国家的发展就没有后劲，没有希望。因此，全社会应该掀起一场轰轰烈烈的尊师重教的热潮，并在全社会让尊师重教成为一种深入人心的风气，使教师这一职业成为人人羡慕的职业，让教师说话有底气，心中有骨气，做人有尊严。尊师重教不是一句空口号，而是要落实在每个人的实际行动中，烙在每个国民的脑海里，融化在整个民族的血液中。教师的职业是培养祖国的未来，如果教师都活得窝窝囊囊，如何能培养出朝气蓬勃、奋发向上的学生？国家应该为人类灵魂的工程师创造一个真正的精神家园，从而吸引更多优秀人才投入到教育教学工作中，为国家的长治久安奠定坚实的基础。目前，几乎没有多少男性毕业生愿意就业当教师，就是因为工资待遇和社会地位太低，没有任何吸引力。如果从根本上解决了这个问题，教师男女性别比例严重失调的问题就会迎刃而解，就会为教师队伍注入新的活力，也会对下一代的教育起到积极的作用。

（二）有效监督教师专业培训质量

中国是个人口大国，更是一个人情大国。如果没有详细而严谨的监督机制，再好的培训计划与实施也会流于形式。为避免这一点，要尽量避免当地培训，减少人为因素的干预。每一次培训，都严把质量关，哪个学员如果不达标，就不发结业证书，让这些教师重新自费补修，直到达标为止，从而迫使教师参与培训的积极性与紧迫感增强，使培训的效果最大化。考核过程要由第三方或多方多人参与，互相监督，使人情、关系无机可乘。同时，也要对培训者的培训质量进行跟踪调查和有效监控，防止其流于形式。这样多管齐下，将可能的漏洞都预先堵死，防患于未然，才能有效落实教师的专业发展培训。如果连续在关键性的教师专业发展培训中不达标者，则暂停其工作，限时让其自己想方设法提升专业素养，直至达标；逾期还未达标者，可自动转岗为职员或者离职。这样也避免了所谓的"校长负责制"中，校长让教师"下岗"而引发的个人矛盾冲突甚至社会问题。

第十一章 英语教学评价

　　教学评价是英语课程教学过程中的重要组成部分，也是新时期英语课程教学改革的关键内容。在英语教学中，教学评价是教师获取教学质量反馈并实现课程教学改革的重要依据，是学生认知自我，革新学习策略与提升学习效率的重要方法。本章即对英语教学评价展开全方位、多层次的分析与介绍。

第一节　英语教学评价的内涵及意义

一、教学评价概述

（一）教学评价的定义

　　"评价"一词源于英文 evaluate，这个词在词源学上的含义是引出和阐发价值。《辞海》对评价一词的解释是"指衡量人物或事物的价值"。从本质上来说，评价是一种价值判断活动，是对客体满足主体需要程度的判断。因此，"评价"一词的内涵可以解释为，依据一定标准对客观事物进行观察，并做出价值判断的过程。

　　教学评价是现代教学研究的重要课题之一。关于教学评价，目前尚没有一个被普遍认同的定义，对教学评价的理解见仁见智。国内外学者在教学评价的研究实施过程中，提出了许多颇有见地的主张，归纳起来，有以下 5 种类型：第一种是着眼于功能，强调通过评价收集资料，为教育决策服务；第二种是着眼于方法，强调评价是成绩考查的方法或调查的方法；第三种是着眼于目的，强调通过评价判断教学目标或教学计划的实施程度；第四种是着眼于过程，强调评价是收集信息的过程，提供决策依据的过程，判断效果的过程，教学优化的过程以及价值判断的过程，等等；第五种是着眼于价值，强调教学评价的关键在于价值判断。

　　尽管不同学者对教学评价概念的理解各不相同，但不难发现，教学评价在总体上是一个活动的过程。所以，可以对教学评价的理解大致概括如下：教学评价是依据一定的社会教育性质、教育方针和政策，对所确立的目标运用有效的手段和方法，对实施各种教学活动的过程与效果，完成和满足个体学习与发展需要的程度做出价值判断的过程。教学评价这一定义有 3 个要点：第一，强调了教学评价的本质，即"价值判断"；第二，指出教学评价的准则，即评价必须"依据一定社会的教育性质、教育方针、政策以及课程标准"

进行；第三，明确教学评价的对象界限，强调教学评价的对象是"实施的各种教学活动的过程与效果，完成和满足个体学习与发展需要的程度"。

教学评价在基础教育课程改革中起着导向和质量监控的作用，是课程改革成败的关键因素，是整个教学工作的一个不可缺少的重要环节。客观、科学、准确的教学评价是提高学校教学质量的重要手段。

（二）教学评价的产生与发展

作为一门科学，现代教育教学评价形成于美国。从 19 世纪初至今 200 余年，经历了萌芽、形成、发展和成熟 4 个阶段。

1. 萌芽阶段（19 世纪初至 20 世纪 30 年代）

在美国出现了教育测量和心理测量方法，以客观地确定个体具有的知识、能力或理解水平为目的，并采用了科学量化的成绩考核方法。1845 年，波士顿首用测验形式，从单纯口试转向客观的书面论文形式，开始了使用标准化测验的历史。到了 19 世纪初，A·比耐设计了一套心理测验量表，开始进行智力测验。

采用数学方法检查教育效果，是教育教学评价史上的一大进步。评价和测量两个概念，可以互换和通用，并与科学探索法紧密联系在一起。评价和测量主要用于判别对象的个体差异。受工业界流行的"科学管理"思潮的影响，科学化、标准化的测量成为教育教学评价的主要手段和时尚。

2. 形成阶段（20 世纪 30 至 20 世纪 50 年代）

以测量为基本手段的评价徘徊了百年，终于有了重大突破。

教育测量尽管是一种比较科学的教育教学评价手段，但却有其致命的缺欠。因为教育教学是个极其复杂而又涉及诸多因素的过程和现象，有些因素是很难精确测量和统计的，诸如创造兴趣、联想和想象力、实验技能和社会态度等。因此从 1930 年始，出现了对教育测验的批判，并开始了"八年研究"的教育实验，泰勒（Taylor）提出了新的教育教学评价概念。他首先分析教育应达到的目标，再由该目标评价教学效果，并通过评价促进教育措施的改进以逼近理想目标。他还通过"情境实验"考查学生的创造性思维，以及学生分析与解决问题的能力。这次实验，既有量的统计，也有质的分析；既有对学生德、智、体诸方面的评论，又有对学校、教师、课程和教材的评价。此后，教学测验被当作整个教育教学评价的一种手段，用来为最终的质的评价提供量的依据。

3. 发展阶段（20 世纪 50 年代末至 20 世纪 70 年代初）

苏联第一颗人造卫星发射升空后，震动了美国朝野，遂颁布了新的教育法，规定了新的数学、科学和外语的教学方案。时隔不久，人们就埋怨教育教学评价在促进课程改革上没起到应有的作用。其中，克龙巴赫（Cronbach）在其文章中对当时的评价提出 3 点质疑：第一，评价不应当只关心课程目标，更应该关注谁是决策人以及他们的决策，评价的中心不仅是目标，更应是决策；第二，评价的重点应放在教育过程之中，而非教育过程结束之后；第三，对不同课程各自特点做评价比对他们简单地相互比较更有意义。显然，这些新观点对评价的理论和技术提出了新要求。

全美评价研究委员会在考察了评价的发展历程之后，断定评价已"重病缠身"，要求发展新的评价理论和方法，研制新的培训评价者的方案。许多新的评价理论、评价方案和评价模型开始出现，主要变化如下：①目标本身成为判断对象，目标的价值结构受到挑战；②评价者不再只是资料的收集者，更是目标的判断者；③除以目标为中心的评价方式之外，又相继出现其他评价形式；④人们对评价功能的认识更广泛，更深刻。

这一阶段，评价理论和技术有了长足的发展，使其成为一门系统的学科。

4. 成熟阶段（20 世纪 70 年代初至今）

评价的领域更加明确，评价成为一门独特专业，日臻成熟。许多大学开设了评价课程。出现了很多评价刊物、论文集和专著。通过各种培训途径，评价者的素质得以提高。评价理论和方法有了根本性的发展。

作为一种人类活动、一种社会现象，评价已逐步成为现代社会和现代教育进步的有力杠杆之一。在这种经验的启示下，各发达国家纷纷进行教育教学评价的研究和实践，还相继出现了国际性的教育教学评价组织和研究机构，评价活动愈来愈活跃。

（三）教学评价的类型

1. 按评价内容分类

（1）能力评价。能力评价是指对评价对象的能力倾向与潜在才能的测验，能力评价的目的在于评价个体的潜在能力，发掘个体能力发展方向。能力评价一般分为两种：一种是一般能力评价，旨在评价个体多方面的潜在才能；另一种是特殊能力评价，旨在探测个体某方面特殊潜在的能力，如音乐能力、绘画能力、表演能力等。

（2）过程评价。过程评价是指在教学活动进行过程中对教学活动本身的评价。过程评价用以调节教学活动过程，其目的不是为了评定成绩，而是为了了解教学过程中的情况，以便及时调整教学状态，帮助评价对象集中注意力朝着预期的目标努力。过程评价的方式就是充分利用现有资源进行评价，过程评价注重学习的意义，关注评价对象的生命历程。

（3）成果评价。成果评价是评价个体在接受教育后的成就，确认人们的需要被满足的程度。成果评价通过收集与成就有关的各种描述与判断，并与目标比较，对其价值和优点做出解释。成就评价一般有两种情况：一是评价个体在学科方面的学习成就；二是评价个体的综合成就，包括品德、学习、科研等方面的成就。

（4）人格评价。人格评价也称个性评价，其目的在于评价个体的人格心理特征，如气质、性格、兴趣、爱好、情感、态度、动机、适应性等方面的心理特征。由于人格的概念十分宽泛，因此人格评价所涉及的内容层面也很多，通常包括性格、情感、态度、人际关系等诸多非智力人格因素。

2. 按评价对象分类

（1）学生评价。学生评价是指对学生个体成长发展情况的评价，既包括对学生个体学习情况的评定，也包括对学生学习态度、情感的评价。学生评价在教学评价中处于核心的地位。学生评价的根本目的是促进学生健康成长与发展。

（2）教师评价。教师评价是对教师作为教学专业人员的评价。教师评价一般从教师的职业素养、教学业绩、科研成果以及课堂教学效果等方面进行评价。教师评价的目的是增强教学效能，促进教师不断地提高。

（3）课程与教学评价。课程与教学评价是指对于具有特定目标的一组连贯的教学活动的评价。课程与教学评价包括对整个学校课程体系的评价，对具体教学科目及其实施情况的评价，以及对特定课堂教学活动的评价。评价课程，必然要评价课程的实施情况，尤其是课程教学情况；评价教学，必然要以课程目标和课程结构、条件为依据。因此，实践中，课程评价与教学评价常常结合在一起进行。

（4）学校评价。学校评价是指对学校的整体工作做全面的评价。学校评价包括对学校履行教育职责资格的评价，对学校各方面工作的评价，以及对学校办学质量的综合性评价等多个方面。学校评价的基本内容可以从学校办学宗旨、办学条件、师资工作、教学工作、思想政治工作、体育卫生和艺术教育条件、总务后勤工作等入手。

3. 按评价的时间和作用分类

（1）诊断性评价。诊断性评价又称"事先的评价"，是在某项教学计划、方案或活动开始之前进行的评价，其目的是为了了解评价对象的基础和情况，或对评价对象的现状和存在的问题做出鉴定，判断其是否具有进行某项教学活动的条件。在教学活动进行之前，诊断性评价的作用不仅在于对评价对象的能力、基础等进行鉴定，更是为了发现存在的问题、原因，即对教学活动的评价不仅需要指出问题，而且需要知道问题产生的原因，以便进行适宜的教育教学活动。正如布卢姆（Bloom）所言："在教学进行过程中所做的诊断性评价，其主要作用在于确定造成对补习性的辅导毫无反映以及一直反复出现的学习上的缺陷的根本原因。"进行诊断性评价是为了便于采取符合评价对象实际情况的适当措施或对症下药。

（2）形成性评价。形成性评价又称"即时评价"或"过程评价"，是在某项教学计划、方案或活动实施的过程中进行评价，其目的在于及时得到反馈信息，及时发现问题，及时调整活动，及时改进工作。用布卢姆的话说，即"形成性评价就是在课程编制、教学和学习过程中使用系统性评价，以便对这3个过程中的任何一个过程加以改进"。因此，形成性评价是一个动态的活动过程。在教学过程中，通过对学生的表现、态度等的观察，对学生提问或测验获得反馈，考察某单元、某节课或某一教学环节的目标、进程是否达成，教学进度是否适合学生的能力，以调整教学进程和改进教学内容，有针对性地对学生的学习情况进行辅导。

（3）总结性评价。总结性评价又称"事后评价"，是在某项教学计划、方案或活动结束后对其最终结果进行的评价，其目的是评价这一最终结果达到预定目的的程度或所取得的总体效益，以便对特定的教学活动做出终结性结论，甄别优劣，鉴定分等，为各级决策人员提供决策信息等。在教学中，终结性评价的主要目标是给学生评定成绩，为学生具有某种能力或资格做证明。如期末考试或毕（结）业考试都属于终结性评价。终结性评价是在学期末或学年末进行的，因此又称为学习后评价。

二、英语教学评价的内涵

（一）英语教学评价的含义

概括来说，英语教学评价主要是指在英语课堂教学过程中应用教学评价，按照规范化的英语课程教学目标，对学生的英语学习过程情况、教师课堂教学效果以及学校组织进行英语课程教学评价。传统形式的英语教学评价方式为终结性评价，一般情况下该种评价方式都是应用在学习阶段完成之后，最终的评价目的在于评估学生达到教学目标的情况。传统化英语教学评价更加重视学习结果，其教学评价学习内容当中大部分都是容易量化的东西，主要包括教学评价知识、教学评价技能等，而且英语教学评价的成绩大部分都是以精确化的百分制进行表达。因该种英语教学评价方式都是将实际考试成绩看作最终评判标准的，因此在某种程度上讲，传统化教学评价强化了学生分数的作用，不能有效提高学生对于英语学习的主动性与积极性，也不利于实现英语学习的持久性。想要改变传统英语教学评价方法的弊端，其解决办法不应该是简单化地取消考试，而应对英语教学评价目的、英语教学评价内容、英语教学评价标准以及英语教学评价方式等实施重新思考，然后有效建立起一整套科学化以及有利于学生全面发展的英语教学评价体系。

英语教学的形成性评价主要着眼于实现学生的多方面发展，教育部颁发的《国家英语课程标准》中已经明确提出对学生的最终学习评价要采用终结性评价以及形成性评价有机结合的方式，而且针对低龄者采用形成性教学评价为主。纵观世界各国的英语教学评价研究状况，西方国家对于英语教学评价的研究历史较长，而且已经形成了相对成熟的专业化理论评价体系。比如美国哈佛大学加德纳博士所领导的课题"零点计划"当中就应用了科学化的形成性学习评价；斯克里芬早在 1967 年的时候，就概括了英语形成性教学评价的基本概念，并对英语教学评价的相关意义进行了论述。

英语教学评价的主体主要包括两个方面的内容，一是校内评价，二是社会评价。校内评价主要针对教学过程，从评教师、学生两个方面进行；社会评价一方面是由上级主管教育机构定期对学校办学条件、教学水平、办学成果等进行评价，另一方面是企事业单位通过评价学生的工作能力来衡量院校教学工作的质量。关于英语教学评价的理论研究，王文娟认为，随着中国英语教学领域的蓬勃发展，在校内评价上，英语教育研究者首先在教育评价的理念上，已从知识本位观念转向能力本位教育观；并对教育的各个环节及对它们的评价上进行了重新审视，逐步形成全新的英语教学评价观念。在此基础上，英语教学评价的理论和实践体系不断得到充实完善。从英语教学评价研究视角上来看，主要分为 3 个研究视角：一是哲学视角，该视角以宏观理性见长；二是经济学视角，以实证分析显优；三是管理学视角，以应用操作为主，实证研究主要集中在心理学研究领域。

（二）英语教学评价的特点

1. 以学生为中心

教学评价的主要目的是通过教师和学生提供与学生学习相关的反馈信息，并通过反馈的信息来观察学生的学习情况，了解学生的学习水平，促进学生不断进步。从教学评价的目的以及评价的过程来看，整个评价都是围绕学生进行的，因此以学生为中心就成了教学评价的显著特点之一。

2. 以教师为指导

虽然教学评价是围绕学生进行的，其目的也是促进学生的学习效果，但教学评价却离不开教师的作用，而且教师在评价过程中具有很高的自主权，教师可以自主确定评价的内容，选择评价的方式，确定处理反馈信息的形式等。可以说，教学评价很大程度上是在教师的监控和指导下进行的。

3. 特定性

教学评价针对的是具体的教师、具体的学生以及具体的教学内容。适用于一个班级的教学评价却未必适用于另一个班级，适用于一种课型的教学评价也不一定适用于另一种课型。可见，教学评价具有特定性，这也就说明在进行教学评价时要选择符合课堂以及学生特点的模式。

4. 连续性

教学评价并不是间断的、一次性的，为了检测教学方式的有效性，教师在对学生进行第一次评价之后还会进行第二次、第三次甚至第四次评价，形成一个"反馈链"，通过多次评价的结果来调整教学，促进学生的学习效率。可见，英语教学评价是一个连续不断呈现出明显连续性的过程。

5. 互惠互利性

教学评价的互惠互利性指的是教学评价对教师和学生都有重要的意义。这一点通过上述英语教学评价的意义就可以明显看出。对于教师和学生来讲，通过教学评价，他们都可以从中发现自己的不足，进而采取措施弥补自己的不足，寻求更大的进步。

三、英语教学评价的意义

（一）顺应英语新课程标准提出的要求

中国基础教育中英语课程的指导原则是注重学生全面发展的素质教育，强调以人为本，注重培养学生的实践能力和创新精神。英语教学评价在英语课程发展中起着十分重要的作用和影响，甚至在某种程度上决定外语课程改革的方向、力度与效果。教育部明确指出科学的评价体系是实现课程目标的重要保障。我们应根据课程标准的目标和要求，通过英语教学评价，实施对教学全过程的有效监控。教学评价也是各级教育及教学管理部门要进行的一项经常性工作。但长期以来，我们对于什么是评价、评价的功能、形成性评价与终结性评价的不同、评价与测试的关系等等问题一直存在着误区。由于多方面的原因，英语教学中存在着将考试作为语言学习的终极目标的现象，用考试代替多元的教学评价目的、评价策略和评价手段，使测试等同于评价，造成了许多负面的影响。

英语课程标准提出了新的评价理念和要求，强调"英语教学评价体系要体现评价主体的多元化和评价形式的多样化。评价应关注学生综合语言运用能力的发展过程以及学习的效果，采用形成性评价与终结性评价相结合的方式，既关注结果，又关注过程，使对学习过程和对学习结果的评价达到和谐统一"。这无疑对英语教学评价提出了新的挑战和要求。为此，我们都要认真学习和领会英语课程标准的精神实质，转变评价观念，明确评价的原则，掌握评价方法，依据英语课程标准全面科学地实施教学评价。通过评价，使学生在英语课程的学习过程中不断体验进步与成功，认识自我，建立自信，促进综合语言运用能力的全面发展；使教师获取英语教学的反馈信息，对自己的教学行为进行反思和适当的调整，促进教师不断提高教学水平；使学校及时了解课程标准的执行情况，改进教学管理，促进英语课程的不断发展和完善。

（二）满足现代教育事业发展的需要

教育要面向现代化，面向世界，面向未来，教育要走上提高民族素质、多出人才、出好人才的轨道上来，就必须重视学校的教育、教学工作，就必须对学校的教学工作进行有效的评价。这是把握教学实际，获得反馈信息，进行科学决策的正确途径。重视研究教育和教学评价，已成为世界各国教育管理普遍的、一致的要求。联合国教科文组织把各国教育行政人员（学校干部和教育行政干部）有没有相当的教育教学评价能力作为评价一个国家教育发达程度和教育效能的一种依据。对学校教育质量、教学效果的评价与检测已被看作探讨、研究现代教育发展的基础性工作之一。美国、日本、英国、法国、德国等国家都非常重视教学评价工作，积极探讨，研究各种适应评价的可行方法，以对学校教育、教学、课程、教材、教法以及学生掌握知识情况做恰如其分的评价，并力图以此为手段，来促进教育、教学目标的实现，培养出合格人才。英语教学评价体现了现代教育发展的世界性趋势，是现代教育事业发展的需要。

（三）推动英语课程教学的发展

从专业化角度出发，英语课程评价是由英语课程计划评价、英语课程资源评价、英语课程实施评价组成的有机整体，而英语教学评价是英语课程实施评价的重要组成部分，也是对教师和学生在英语课程实施中的条件、过程和结果开展的评价。英语课程发展分为英语课程设计、英语课程实施和英语课程评价。英语课程发展传统观念和当代观念是有很大区别的。

传统观念认为，英语课程设计（包括英语教学大纲的制定、英语课程设计的颁布等）在先，然后是英语课程实施（即教师根据英语教学大纲和英语教材进行教学，以及围绕英语教学的一系列活动），最后进行英语课程评价。因此不少英语教师认为英语课程发展的3个部分是首尾相接的3个程序。当代英语课程发展的观念是，英语课程设计要接受英语课程评价的影响，英语课程实施的过程中也要实施英语课程评价，英语课程结束还要进行英语评价，英语教学评价与英语课程设计是相互影响、相互关联的关系。在英语课程设计、实施和评价三者之间，有一个相互联系和相互影响的过程，英语课程发展应当是课程设计、实施和评价三者之间的互动效果。由此可见，当前所倡导的英语课程发展是由英语课程设计、英语课程实施、英语课程评价构成的一个相互依存、相互影响、相互支持、相互制约的系统运作循环互动流程。英语教学评价在整个课程发展中的作用也在不断为人们所认识和重视。

英语教学评价在英语课程教学发展中的重要作用表现在教师教学质量水平提升上。我们谈"人本性"原则，往往关注的只是学生，而忽视了教师，其实更应关注教师。因为只有教师真正得到发展了，教学质量才能得到提高。有学者认为教学评价的改革能为教师的发展打开一条通道，具体做法如下：第一，改变只注重终结性评价忽视形成性评价的现象，以评价促进教学方法的改革和教师发展；第二，改变只注重单项评价的现象，重视教师综合素质的提高；第三，改变应试背景下的竞争机制，建立和谐的人际关系，共建课程文化。

英语教学评价在英语课程教学发展中的重要作用还表现在符合新型英语教学目标上。

新的英语课程标准对英语教学的目标做了新的更符合素质教育的规定，它包括语言知识、语言技能、语言策略、语言情感与文化。其中有些教学目标或指标可以用常规的语言测试方法进行评价与检测，如语言知识和技能，但对于情感和策略等学生内在发展状态性指标如何进行评价，特别是量化评价，传统语言检测手段和方法是无能为力的。因此，根据英语教学发展的需要，必须引入新的评价手段与方法。形成性评价的科学利用能有效检测学生的语言发展状态和趋势，揭示个体学生在学习中的情感状态和策略应用。形成性评价的引入有利于英语教学目标的全面落实，有利于学生英语能力的全面提高和健全、健康人格的形成，有利于学生的可持续发展。

（四）提高英语教师队伍管理的科学化水平

学校的各项工作，尤其是教学工作的质量高低，关键是看教师这支队伍作用发挥得怎样。建立教学评价制度，能实事求是地评价教学工作，真实地反映教师的工作实绩。它不仅能起到对照标准找差距的自我认识作用，而且能唤起被评价者之间、后进与先进之间，比、学、赶、帮、超的激励作用。这会对教师形成压力，进而带来动力。教学评价还可以对教师的晋升、评优及任用等提供重要依据，对成绩优异者予以重用，对不合格者给予培训或调离现职，从而加强教师队伍管理的科学化，调动教师教学的积极性。

第二节　英语教学评价的功能、原则与具体方法

一、英语教学评价的功能

（一）导向功能

英语教学评价的导向功能是指教学评价起着引导评价对象朝预定目标前进的功能和作用。合理的评价行为具有明确的评价目的与标准、一定的评价指标系统、严格的评价程序及科学的评价结论。教学评价的目的与标准将直接引导评价对象向标准方向努力。这就是说，评价的内容与标准将有力地引导评价对象在教与学的过程中做什么，怎么做，这使得教学评价就像一根"指挥棒"，一把"标准尺"，对教育教学的发展起着"定标导航"的作用。它可以为学校教育教学工作指明方向，明确目标，可以帮助教师与学生诊断教与学过程中存在的问题，改进教学策略，促进其不断地发展等。假如评价的重点内容和方式是语言交际，那么英语教学势必会以口语为主；倘若评价以英语情感体验为主要目标，那么英语教学必然重视师生之间的心灵沟通与对话，教学中将重视学生的情感体验与愉悦性。因此，英语教学评价对教与学具有推动、导向的作用。

为了更好地发挥教学评价的导向功能，必须依据教学目标与课程标准制定恰当的评价内容与评价标准，对评价对象进行全面、科学的评价。教学评价要适应时代的发展变化，了解教育改革的动态，了解课程进展的信息，使教学评价既适合教学实际，又体现发展性与前瞻性。

（二）诊断功能

教学评价具有决策和鉴定功能，是学校管理工作的重要组成部分，课堂教学评价是教师工作评价的重要组成部分，也是学校评价体系的核心内容。通过开展科学有效的课堂教学评价，能够有效地鉴定教师的教学态度、教学质量、工作能力、业务水平等，使学校的管理工作更系统化，决策更科学化。对教学效果进行评价，可以了解教学各方面的情况，从而判断教学的质量和水平、成效和缺陷。全面客观的评价工作不仅能估计学生的成绩在多大程度上实现了教学目标，而且能解释成绩不良的原因，并找出主要原因。可见教学评价如同身体检查，是对教学进行的一次严谨的科学的诊断。

（三）激励功能

教学评价对评价对象具有激励功能，即评价能够激发评价对象的情感、斗志、精神。斯塔弗尔比姆（Stufflebeam）曾指出："评价最重要的目的不是证明，而是改进。"通过教学评价，学生能够获得自己学习上的各种信息，并能够对这些信息进行分析和研究，从而发现学习中存在的问题并采取相应的改正措施，最终提高学习效率。教师也可以发现自己的教学中存在的问题以及学生学习上的问题，并做出相应的改进和指导。师生的这些改进、调整措施都是在评价的激励功能下产生的。由此可见，教学评价的激励功能能够促进教师的教、学生的学，并最终提高教学质量。具体来说，教学评价的激励功能表现在以下几个方面。

1. 对教师的激励

教学评价对教师的激励作用在于它能为教师做出教学改革决策提供必要信息，这些信息有助于了解学生在学习中存在的个别性问题和普遍性问题，并了解问题的性质、程度及其原因。通过教师对教学的自评、学生对学习自评、教师对学生的评估、学生对教师的评估以及相关人员对教师、学生的评估，能够较全面、准确地反映出学生学习中存在问题及其共性、程度和缘由，从而使教师有针对、有目的地调整教学内容和教学进度。课堂教学中，教师可使用各种形式的《教与学评估定量表》来了解学生的学习进展，并通过统计和综合了解每个学生在学习群体中的相对位置，掌握每个学生在各个学习阶段的达标情况以及在学习各项内容中表现出来的能力，发现问题产生的原因，进而有的放矢地进行个别指导，因材施教。另外，教学评价还能使教师了解教学中存在的问题，掌握产生这些问题的原因，进而改正不足，提高教学质量。

2. 对学生的激励

教学评价不仅对教师的教学有激励效果，对学生的学习也有激励作用。教学评价能够及时而全面地反映出学生在学习中取得的进步和存在的各种问题，鼓励学生自身采取改进学习的措施。例如，通过《教与学评估定量表》的调查分析，教学评价能够帮助学生清楚地看到自己在学习中的表现，发现哪些知识还没有掌握以及自己学习的情况与教学目标之间的差距，进而改进学习活动。

3. 对教学管理的激励

从教学管理的角度看，评价可以提高教学管理人员管理的针对性和有效性，提升教学质量。教学评价有助于找出教学管理中的薄弱环节，有助于检查教师对教学大纲的执行，有助于掌握教师的教学态度、教学能力、教学改革与创新的情况等。教学评价有助于提高教学管理者的教学管理水平，指导其改进教学管理工作，为教学管理者有效控制教学质量、做出改革决策和采取具体措施提供依据。

（四）调控功能

教学评价的调控功能是指对评价对象的教育教学或学习情况进行调节和监控的功能和作用。教学评价可以通过依据预期目标而制定的评价指标体系和评价标准，监控评价对象的变化情况，对于偏离目标的行为及时进行调整，实现对评价对象的调控。教学评价的调控功能主要表现在两个方面：一是管理者对教学工作进行调控。如学校领导根据教学目标加强对教学工作的调控。二是评价者对评价对象的调控。如通过评价，评价者认为评价对象已达到教学目标，于是便将教学目标适当调高；如评价者认为评价对象难以达到教学目标时，就将教学目标调低，使之符合评价对象的实际情况。三是评价对象通过评价了解自己的优缺点，明确自己的目标，调整教学工作与学习策略，以实现自我修正与调节。

二、英语教学评价的原则

（一）方向性原则

英语教学评价必须坚持正确的思想价值导向，要有利于促进学生良好个人品德的形成。评价要真实、公正、可信，要客观记录和描述学生的学习状况和个人品德发展状况及发展需要，调动学生的积极性，增强学生的自信心和进取意识。

（二）主体性原则

学生的学习和发展是英语教学的出发点和归宿。因而，评价要突出以学生为主体的思想。在各类评价活动中，学生都应是积极的参与者与合作者。教师作为教学的组织者、指挥者，要对学生的学习过程、活动以及学生身心发展状况及时做出评价，要适时地指导学生开展各种评价。首先，对学生的学习评价要以学生的需要为依据，评价要反映他们的需要。其次，学生是评价实施的主体之一，对学生的学习评价要在教师的指导和引导下使学生认识自我评价对学习能力发展的意义，学会自我评价、相互评价的方法。学生的自我评价、相互评价应成为形成性评价的重要组成部分。最后，教师要在评价中发挥主导作用。在评价中其主导作用具体体现在对学生进行学习方法及评价方法的指导，引导学生反思及调控学习过程，引导学生发展。

总之，学生是学习的主体，评价应以学生综合语言运用能力发展为出发点，评价应有益于学生认识自我、树立信心；有助于学生反思和调控自己的学习过程；有助于学生学会自我评价。在各类评价活动中学生都应是积极的参与者和合作者。[①]

（三）科学性原则

教学评价必须要具有可信度与可靠性，必须建立在科学的基础上，有充分的科学依据

[①] 学渊，夏琳. 认识评价，形成中小学英语教学有效评价策略 [J]. 云南教育（继续教育），2005（8）：8.

和科学方法。教学评价要以正确的教育思想和教学理论为指导，遵循课堂教学的规律、原则，适应深化课堂教学改革的要求和各学科的特点。在建立教学评价指标体系时，要有相应的理论依据，每个指标项目要有相对独立的、准确的科学含义。在确定各项指标的评价标准时，要考虑到指标本身的科学内涵和操作的方便。教学评价的方法要力求科学、完整。在评价过程中，要根据教学目标与教学的管理要求，注意从教学过程入手，从教学的计划设计、备课上课、批改作业等方面进行。在评价信息搜集、处理上，要力求全面、客观、公正，注意其可靠性和合理性。

（四）独特性原则

所谓独特性原则就是在英语教学评价中要考虑学生的差异，照顾学生的特殊需要。

首先，根据学生年龄特征，采取适当的评价方式。低年级以形成性评价为主，以学生平时参与各种教学活动的表现和合作能力为主要依据。期末或学年评价应通过对学生学习行为的观察和与学生交流等方式，考查学生用英语做事情的能力。高年级的期末或学年考试可采用口笔结合的方式。口试要考查学生实际运用语言的能力，考查内容要贴近学生的生活。笔试主要考查学生听和读的技能，形式应尽量生动活泼，可采用等级制或达标的方法记载成绩，不用百分制。在其他各年级的评价中也应考虑其年龄特征。

其次，关心学生的特殊需要，评价应具有多样性和可选择性。在平时的形成性评价中，应允许学生根据自己的学习风格、自己的特长或优势选择适合自己的评价方式。对学力较弱的学生，如果学生对自己某次课堂测验成绩不满意，可以与教师协商，暂不记录成绩，学生经过更充分地准备之后，可再次参加评价，并记录他们感到满意的成绩。

（五）客观性原则

教学评价必须采取客观的实事求是的态度，要客观地反映被评价对象的真实价值，不能主观臆断或掺杂个人感情。在编制评价指标体系时一定要进行深入的调查研究，广泛征求教师的意见，使评价指标体系尽可能准确地反映教学的实际情况。在评价过程中，评价者要熟悉评价指标体系和指标的界定，并严格按标准实施。确定评价标准时，不能为了照顾某一评价对象，或为了排斥某一评价对象，把不应列入的条件都列入进去。标准一旦确定，任何人都不能随意改动，如果教学评价是客观的，就会激发师生的教与学的动力；如果评价不是客观的，就会挫伤师生的积极性。因此，客观性原则对于教学评价至关重要。

（六）可行性原则

教学评价是实践性很强的科学，其价值在于可实施、可操作。这一原则要求在对学生进行教学评价时，其内容的标准要明确、具体，不能含混不清或不可捉摸。教学评价要有统一的评价指标，保证被评价内容的可测性与公平性，要简化评价程序，以便广大教师使用。另外，要把评价与教学有机地结合起来。教学活动中进行评价时，要善于对学生的微小变化做出鼓励性评价，用发展、成长的眼光去评价学生，因为他们的可塑性很强。

制定教学评价标准，必须考虑标准的指标的可行性。可行性是指标准、指标在评价实践中适用的程度。在制定标准时要注意以下 3 个问题：①要有足够的信息资源可供利用，使标准建立在大量的资料基础上。②指标要高低适度，既要体现原则，又要切合实际；既要符合统一要求，又要符合被评价对象的总体状况；不能要求过高，也不能姑息迁就。③指标的项目多少要适当。总的来说，指标的概括力要强，每项指标所包含的内容要较宽。选择指标时，要抓住对象的本质属性，或根据评价工作的目的，突出几条主要指标，对于非本质、关系不大的指标尽量舍弃。

（七）评价与指导相结合原则

评价与指导相结合是指按一定的原则、标准对评价对象已完成的行为做出肯定或否定的判定，同时应把评价结果上升到一定的理论高度加以认识，并根据评价对象的主客观条件，从实际出发，指导评价对象改进教学或学习，把握今后的发展方向，使评价对象能够发扬优点，克服缺点，以取得更大的进步。在英语教学中，评价的内容较广泛，原则上评价什么内容，就应对其中存在的问题进行分析和指导，否则评价工作就会失去意义和价值。因此，我们要重视评价结果对学生学习及教师教学的反馈作用，重视评价后的指导。只有从评价到指导，从指导到评价，往返无穷，才能有效地促进学生的发展。

在英语教学评价过程中，要制定科学化的英语教学评价标准，实现评价原则以及指导原则的有机结合。"千里之行，始于足下。"要做好课堂教学评价研究工作，先要从细节做起，从最基础的工作做起。因此，英语教师应根据学生的表现与自己多年的工作经验，制定出合理化的英语教学评价标准，充分体现评价与指导的相互融合。首先，制定教师对课堂教学自我评价标准。其次，设计确定教师对学生课堂学习行为的指导评价标准。再次，英语教师应引导学生自觉地进行正确的自我评价，包括对学习态度的评价、对学习习惯的评价、对学习方法的评价、对合作学习能力的评价、对学习效果的评价。最后，要注重英语教学课内以及课外相结合的教学评价。英语学习要靠英语知识的积累与坚持不懈的练习与实践，而要做到这一点只靠课内的学习是不够的，还要坚持课外的学习和实践。英语教师只有对学生课内和课外的英语学习情况进行综合性指导与评价，才会使评价全面、准确。

三、英语教学评价的具体方法

（一）学生的评价方法

1. 标准测验

标准测验，又称标准化考试。它是根据现代考试理论，运用现代统计手段，严格按照科学程序设计与实施，并且有统一标准的考试。标准测验属于科学化的测验法，它具有以下几个特点：

（1）测验水平具有代表性。标准测验是一种标准化的考试。所谓标准化，是指考试的每一个环节都有一定的质量标准要求，即从试题的编制、考试的实施到评分、记分、分数的合成及解释都要标准化。标准测验有可以对照的标准，即常模。所谓常模，是指个体之间进行比较的标准。某一学科的常模，就是指在该科考试中某团体的平均水平，常以平均数和标准差来表示。由于各种考试的目的、性质、难度不同，其考试原始分数的价值也不同。所以，在评价的过程中，一个孤立的分数如果没有确定的常模作为标准进行比较，是无法判断其高低与否的。而在标准测验中，常模就是比较分数、解释分数的依据。评价时，将评价对象与常模比较，从而判断其在团体中的地位。这种评价，主要是通过横向比较来判断优劣。而要判断评价对象达到目标的程度，则要以既定的目标为标准。

（2）测验对象不受限制。学校里学业成绩考试的对象是学生，考试内容以教学大纲和教材为准。而标准测验，则是一种水平考试，因此，不仅不受考试内容的限制，而且不受考试对象的限制。标准测验着眼于一定的水平，虽然也能反映某些教学大纲和教材内容的要求，但不考虑参加考试者所学内容是否相同以及学了些什么。标准测验的内容和范围由于不局限于某一套教学大纲和教材，适应性很强，所以同一国家不同地区的考生，或者不同国家的考生，只要具备考试所要求的水平，均可应试。

（3）测验程序科学化，质量能得到控制。标准测验的考试设计和实施的全过程，均按照系统的科学程序进行，严格规定测验的手续和时间，采用先进的统计方法，并且要求全体人员按照这一规定去做，最大限度地减少误差，使测验质量得到有效的控制。例如，设计阶段须控制的有考试目的、考试大纲、编题方案、编题及审题、预测、试卷、评定标准、考试说明书等；实施阶段须控制的有实施方案、印制试卷、施测、阅卷、分数转换与统计分析、考试分析报告、考试结果处理等。

2. 观察法

观察法是指通过有目的、有计划地观察学生在日常学习中的表现并加以记录，从而对学生的学习情况做出全面评价的一种方法。观察法作为评价英语教学行为和技巧的最基本的评价工具被广泛地应用。所有语言信息收集的方法都可以被认为是在特定情况下使用特殊方法来了解学生学习的行为、态度或策略。观察分为正式和非正式两种。所谓正式观察就是采用标准化的观察方法。非正式的观察则是对学生某一方面行为规范的观察。观察可以随时进行，但也需要按照系统的方法进行，以保证其客观性。

观察法作为形成性评价的一种重要形式，主要适用于课堂评价。杰纳西（Genesee）和厄普舍（Upshur）认为，在设计课堂观察时需要注意以下问题：

（1）观察的目的是什么？对教师来说，可以通过观察了解学生学会了什么，哪些学习策略对他们有帮助，哪些教学策略对他们更有效，哪些活动和材料是他们喜欢的等。对学生来说，教师及时将收集到的信息反馈给学生，有利于学生更好地了解自己的学习状态。

（2）观察教学的哪些方面可以达到这样的目的？教师在教学过程中可以重点观察课堂实践、教学活动、学生间互相交流等。教师还可以观察学生日常的听、说、阅读和写作的经历。此外，教师还可以随时、随意地观察学生学习上取得的进步。

（3）观察单个学生、一组学生还是整个班级？对某一个学生进行观察，可以了解到这个学生个人的具体困难并与家长、其他老师一起帮助他进步；对全班学生进行观察，可以了解全班的整体进度。

（4）在日常的教学活动中观察还是观察特定的某个活动？教师可以观察学生单独、一对一或分组执行任务时的表现。通过灵活设定的任务或游戏可以帮助教师评估学生的分类能力、记录能力和描述能力等。例如，将学生分为两人一组，一个学生描述一堆物品中的一个的形状，另一个学生把它找出来。比较哪个组在规定的时间内找对的最多，数量最多的队为获胜队。

（5）实行一次观察还是重复观察？是否把观察与学生的其他课程和课外学习相结合？

（6）如何记录观察结果？恰当的记录方式对观察结果有着极大的影响。

3. 访谈法

访谈法是通过直接和学生访谈来获取评价资料的一种方法。这种方法是在观察学生外在表现的基础上，就有关事项进行对话而用的。访谈法是直接接触学生的方法，因此既便于实施又便于感情交流，从而达到研究和评价学生的目的。

访谈法虽然是一种常用的方法，但要提高面谈的效果，并不是一件容易的事，其关键是要有一个明确的谈话目的。访谈可以有多种目的：一是需要了解学生的长处和存在的主要缺点，并给予相应的帮助；二是需要明确问题的发生、发展及变化，以弥补观察法还没有解决的问题；三是由观察或测验所取得的信息，可以通过访谈得到验证或补充；四是从解决问题的途径看，教师可以通过访谈取得学生的帮助等。要提高访谈的效果，除了要有明确的谈话目的，还应注意解决以下几个问题：

（1）要使对方了解谈话的目的。明确谈话的目的，仅限于教师是不够的，还必须使访谈者（如学生）也明白。这样做，能使学生放心地回答教师提出的问题，并能取得学生的协助，以使谈话沿着预定的目的方向进行。

（2）要给对方留有说明问题的机会。访谈，应让学生就谈话的议题自由发表意见，甚至是质疑，而教师则应给他们以说明问题的机会。这样，既可以加深对学生的了解，也可以使学生增加知识，提高认识水平。

（3）要选择谈话的场所和时间。访谈的场所和时间的选择，要以不给对方造成心理压力为原则。场所要选择明亮、安静的地方，给人以愉快感，并且要尽量避开第三者，以免影响谈话效果。谈话的时间要和学生商定，因为学生也有自己的安排。

（4）要使谈话双方情感融洽。情感是双方谈话的基础。如果情感不融洽，就不可能谈出真实情况，至于谈话的效果自然就无从论及了。学生信赖教师，这是教师取得学生协助的重要条件。教师要为学生的成功而高兴，同时对学生的失败要表示同情。谈话时，对学生的失败或痛苦，教师不要勉强追问，以免产生心理障碍，使谈话无法进行下去。

4. 自我评估法

现代英语教学强调对学生自主学习能力的培养，学生要对自己的学习负责，即要在日常学习过程中检测、监控自己的学习情况。因此，自我评估法也是对学生评估的重要组成部分。自我评估就是让学生通过积极思考自己在学习方面的问题，自己评估自己的学习情况。通过自我评估，学生可以正视自己取得的成就，发现存在的不足，从而自我调控学习进程，培养对自身学习的信心和责任感。

在自我评估法中，教师的任务主要有两个：一是根据评估目的制订自我评估表，引导学生进行自我评价；二是通过与学生讨论他们的自评实施过程与结果，了解学生的学习态度，使学生清楚地认识到自己的学习情况。自我评估法经常采用的工具是自评表和自我学习监控表。

（1）自评表。运用自评表对提高教学评估的效率起着促进性的作用，而且其操作起来也比较方便、省时，只需在课堂教学活动结束之时发给学生即可。

（2）自我学习监控表。自我学习监控表通常用来监控学生的学习，在英语教学的任何一个单元的学习过程之中，都可以使用自我学习监控表。

使用自我学习监控表之前，教师先应向学生介绍此表的用途以及操作方式，这有助于学生正确认识和使用它。

学习新单元之前，教师可让学生根据自己的实际情况，提前设定一个想要实现的目标，然后在活动栏中写上要完成的任务。需要指出的是，学生在制订计划和目标时应首先确保这些活动能够为他们挣到足够的分数。这样学生才能够在学习过程中参照自己预先制定的目标时时监控学习的进度，为以后的行为调整做参考。

尽管在使用学习监控表时，完成目标的过程是学生的自主行为，但教师也不应袖手旁观，听之任之，而应时常提醒学生检查自己目标达成的情况，为他们调整下一步的学习活动提供建议和指导。

5. 档案袋评价法

档案袋评价是发展性评价的一种，又称作成长记录袋评价、档案评价、卷宗评价等。从历史渊源来看，它最早应用于学生评价，体现了"学习是个过程，学习评价也应有过程评价"的思想。学生成长记录袋，是指有关学生学习成就或持续进步信息的一连串表现、作品、评价结果以及相关记录和资料的汇集。档案袋评价作为一种评价形式，是指通过记录袋的制作过程和最终结果的分析而进行的对学生发展状况的评价。

成长记录袋记录着学生成长过程中的一系列"故事"，它是学生发展水平、努力与进步过程以及反省与改进状况的较为理想的评价手段。成长记录袋的制作并不是随意的，至少应当注意以下几点：

（1）成长记录袋材料的收集和选择不是随意的，而是有目的的，应依据教学目标或学生发展的目标，来确定收集和选择的标准，甚至是材料的内容和形式。

（2）成长记录袋的基本成分是学生的作品，用以展现学生的成就、进步与不足，描述其学习的过程和方法，反映其学习的态度、兴趣与情感。

（3）学生是"记录袋"的主要建设者和使用者。记录袋主要由学生自己管理。记录袋的设计、成长记录本的填写、成长材料的收集主要由学生来完成。以此为基础，引导学生评价自己的作品，反省自己的学习过程，并由此发现自己的优势和不足。

（4）教师、家长是成长记录袋建设和使用的指导者、引导者。在记录袋的建设和使用过程中，教师、家长应全程关怀，恰当指导，帮助学生对成长记录袋里的内容进行合理的分析，并向学生做出解释和反馈。

（二）教师的评价方法

1. 分析法

分析法是通过对教学工作进行定性分析来评定教师授课质量的，一般没有专门的评价标准，而是依靠测评人员的学识和经验进行评价。分析法可以分为他评和自评两种方式，其评价结果以定性描述为主。分析法的优点是能够突出主题或主要特征，且简便易行。缺点是主观性较强，规范性差。因此，分析法适用于以改进教学工作为目的的日常教师授课评估，不适合规范的、管理型的教师授课质量评价。

2. 随堂听课法

随堂听课法是让评价者在课堂上对授课教师进行直接观察，得到授课教师的教学表情、语言、姿态、行为以及教学过程和教学方法、特点等的所有关于课堂的教学的信息从而评价教学能力，同时提出改进意见的方法。随堂听课法在实施时有以下几种原则：①实事求是原则；②零距离原则；③针对性原则；④鼓励性原则。

随堂听课法能够及时地将评价信息反馈给被评价者，并且提出有针对性的改进意见，但是评价结果易受评价者主观意识和情绪的影响，让评价结果缺少客观性。而且评价者的存在会对被评价者造成一定的心理压力，会影响教学能力的发挥，从而导致教学能力评价结果不准确。

3. 教师自评

教师自评不仅是收集必要评价信息的途径，还是发展性教师评价最具效力的改进源泉，它能为教师的自我反思与改进提供必要的心理框架，有助于教师发现自身的优势和不足，进而设定目标自我激励和自我提高。随着教师评价理论的发展和实践的推进，教师自评已有渐趋衍化为行动研究态势，即教师作为自身教育实践的研究者。行动研究以对所能获取的自我研究信息的深度理解为基础，起点是教师对自身实践的反思，目的在于采取行动去改进自身的实践。

4. 学生学业成就评价

此法又名价值增值法，其主要的变量是应用学生在一定时期内的学习进步情况（如比较两次测验成绩）及其学业成就（如就业率及就业状况、竞赛获奖情况等）来推论和判断教师的教学绩效和能力，力求揭示出教师的教学产生了什么样的结果或影响。

5. 问卷或面谈

问卷或面谈能获得家长与学生等对教师教学的反馈信息，其中面谈可采用结构式（应试者回答相同问题）或非结构式（适合个别应试者对具体问题的回答）。教师借由专业人员之间的建设性面谈，进而反思自身的教育实践和相互学习。此外，面谈还广泛应用于上级部门领导与教师之间，进而为决策的制定或教师的专业成长提供参考。

第三节　英语教学评价的新发展

一、基于情感的教师教学能力评价

（一）基于情感的教师教学能力评价的内涵及其理论基础

传统教学能力评价方法不仅耗费大量人力、物力，还会因评价主体的主观意识影响评价结果的客观性，造成评价结果主观性强等问题。因此，为了克服传统教学能力评价方法中的不足之处，利用计算机技术评价教师教学能力的方法应运而生，该种评价方法是以情感为核心来评价课堂教师教学能力。情感，作为课堂教学过程中不可忽略的因素之一，在课堂授课和学习过程中有重要的作用。在课堂上，教师的情感投入和学生的学习情感反馈是评价教师教学能力的两个主要方面。基于情感的教师能力评价是将情感与计算机技术相结合，并应用于课堂教师教学能力评价当中，通过评价教师和学生的情感状态，对获取的信息行处理识别，分析教师与学生在课堂中的情感表现，从而实现评价教师教学能力的方法。这种评价方法不仅可以克服传统教师教学能力评价方法反馈周期长，评价结果不客观等问题，还能给教师提出针对性的改进意见，促进教师提升自身的教学能力，同时，还能够减少被评价教师的心理压力，让其充分发挥自我。

基于情感的教师教学能力评价的理论基础主要有以下方面。

1. 情感与人类行为的关系

情感是人对客观是否符合自身需要而产生的心理体验，人类的情感与行为有着密切的联系。情感来自客观现实，与需要是相关的，当需要得到满足时，人会产生积极的情感，表现出正面的行为，比如会开心大笑，手舞足蹈；当人的需要没有满足时，人们会产生消极的情感，表现出负面的行为，比如会号啕大哭，捶胸顿足。因此，不一样的行为代表不同的情感。情感不仅受个体主观意识的支配，也能传递给同一环境下的其他人，或受到他人的影响。比如，当看到一个人哭泣的时候，会产生悲伤的情感；当看到一个人大笑的时候，会产生愉悦的情感。

（1）情感受主观意识的影响。

"感时花溅泪，恨别鸟惊心"，伤感的时候看花都带着悲伤的色彩，人的主观意识对情感有非常重要的影响。教师高兴的时候上课对待学生能够更加宽容和善，看到学生接受知识，认真学习时会是高兴的，遇到提问题的学生也能够耐心解答。反之，当教师处于消极情绪下，会对学生正严厉色，很少与学生互动交流。

（2）情感具有传递性。

在课堂教学中，学生与教师的情感之间会相互传递、互相影响。教师教学的积极情感会传递给学生，从而带动学生学习情感；教师的消极情感也会影响学生，会使学生缺少学习的兴趣。学生学习的正向情感会鼓舞教师，为教师积极进行教学活动提供动力；学生的负向情感会使老师失去讲课的热情。

2. 情感与面部的关系

表情是情感的外在体现，是对内心体验的解答，美国心理学家艾伯特（Albert）经过计算得出信息表达中有55%来自面部表情，38%来自声音，其余的7%来自语言表达。不同的情感对应不同的面部表情，关于面部表情，目前最具有权威的是埃克曼（Ekman）等提出的6种基本情感，即高兴、愤怒、厌烦、恐惧、悲伤和惊讶；后来普鲁奇克（Plutchik）增加了接受和期待两种情感。面部的主要特征有眉毛、眼睛、鼻子和嘴巴。表达情感时，面部特征会有不同的表现。

（二）基于情感的教师教学能力评价系统的建设

在基于情感的教师教学能力评价系统中，通过高精度摄像头和录音设备获取教师与学生的图片信息和声音信息，利用情感计算技术处理、识别、分类获取的教师情感与学生情感信息，经过情感模型对比分析后，利用基于情感的教师教学能力评价指标评价教师教学能力。该系统的提出是为了弥补传统教学能力评价方法中主观性强、反馈周期长、工作量大等不足之处。利用该系统对教师教学能力评价不仅能够提高评价效率，及时反馈评价结果和改进意见，同时还能保证评价结果的客观性。

在基于情感计算的即时教师教学能力评价系统中，整个评价过程分为情感的获取、情感计算、指标提取、评价和反馈4个过程。该系统需要现代化的教学课堂环境。在容纳60人的教室安装6个摄像头，能够覆盖整个教室，捕捉到教师与所有学生的任意时刻的图片信息，以便随时记录教师与学生的课堂教学表现。从获取的教师与学生的信息中提取需要的教学能力评价指标进行量化评价，从而得出教师教学能力评价结果。

（三）基于情感的教师教学能力评价指标

1. 教师教学情感投入

教师的教学情感投入是指教师在教学过程中的教学情感表现，包括教师的语言、动作、表情和声音等各个方面的情感信息。教师作为课堂活动的引导者，其情感在教学活动中具有十分重要的作用。通过分析、识别教师的声音、动作、表情和语音中包含的情感信息，评价教师的教学状态，从而判定教师教学过程中的情感投入。教师的教学语言、教态仪表、与学生之间的交流互动、是否尊重并发挥学生的主体地位、是否注重学生实际操作等都可以通过评价教师的教学情感投入程度进行评价。教师表情愉快、声音高亢、姿态表情丰富、与学生面对面并且有眼神交流、提问学生的次数多等说明教师处在良好的教学状态中，；同时教师时刻注意学生、与学生有充分的互动，说明教师的情感投入程度高。反之，教师有愤怒的表情、声音有气无力、鲜有姿态表情、与学生没有沟通交流，说明教师的情感投入程度低。因而，可以通过教师的声音、语言、动作和表情来判断教师教学态度、与学生的互动状态，教师教学语言表达能力等教学能力。

2. 学生学习情感反馈

学生学习情感指的是学生在课堂学习过程中表现出来的情感，其中包括学生的声音情感、语言情感、姿态情感和面部表情等。作为课堂教学活动的主体，学生在课堂学习活动中的学习情感反馈可以反映教师教学能力，教师所设计的教学活动能否调动学生学习积极性，所进行的教学环节能否吸引学生参与教学活动，都能够从学生的学习情感反馈反映出来。教学方法是否符合学生特点、教学内容是否新颖而吸引学生、板书是否工整而看着舒心等都可以通过学生的学习情感反馈表现出来。学生学习时表现出愉快的学习表情，积极回答老师的问题，眼神时刻关注着教师、说明学生听懂了教师所讲的内容，并且拥有愉快的学习体验；同时学生还积极参与教学活动，此种情况说明学生有很好的学习情感反馈。反之，学生皱眉，或者表现出烦躁的表情、不看老师，甚至与周围的同学说话，不回答老师的问题，说明学生没有听明白老师所讲的内容，或者是没有听课，没有参与到课堂学习活动中，这种情况则说明学生没有良好的学习情感反馈。因此，通过评价学生语言情感，肢体动作和面部表情判断学生的学习反馈状态能够评价教师实施教学活动的能力和教学设计能力。

3. 课堂测验

测验作为传统教学评价手段，是学生学习成就的量化评价。随堂测验由教师自编测验，该测验的主要目的是考察一段时期内学生的学习成果。该种评价方法能判断教师讲授知识的正确性，直观反映教学效果。测试成绩高，教师教学效果好。测试结果低，教师教学效果不好。学生是否完成预定的教学目标，可以通过测验评价。此处采用测验的方法来检测课堂上学生是否掌握了教师所讲科学知识，也能验证教师所讲知识的准确性，从而评价教师的教学效果和知识储备等方面的能力。

二、英语教学的动态评价

（一）动态评价的内涵

在过去的很长一段时间内，中国的英语教学评价体系以心理计量学为理论基础。由于这种评价体系所提供的是关于学生在单一时间点上的测验表现或成就的相应信息，故而被称为"静态评价"。静态评价以评价者为中心，着重评价学习的结果，描述个体已形成的能力，因此很难将课堂教学评价应有的诊断、导向、激励等功能充分发挥出来。这既影响了教育目标的实施，又严重阻碍了学生的个性发展以及综合素质的培养，难以满足当今社会发展对英语人才的需求。

动态评价（Dynamica Assessment，DA）是最近二三十年在西方兴起的一种新的评价理论，是与静态评价相对的概念。具体来说，动态评价从动态历时的角度出发来评价个体的认知与元认知过程，并运用交互方法对个体的潜能进行评价。在这一过程中，学习者既可以与教师共同进行课程的设计、实施和评价，还可以直接介入自己的学习过程。此外，学习者还能够以协作的方式参与课程学习和作业设计，而课程的设计也充分考虑学习者对可输入信息的能动选择（如开放式课程设计）。因此，动态评价不仅可以用来对个体学习者的潜能进行评价，还有利于促进个体认知能力的改变，从而使评价由传统静态评价的"结果导向"逐渐向"过程导向"转变。

（二）英语教学动态评价体系的构建——以写作教学为例

1. 评估与教学相融

教学与评估是教师整体教学过程中不可分离的两个过程。教师对教学结果评估的同时，也是对学生总体能力的评估。动态评价对英语写作教学整体的评估与教学来说都是一种促进；同时，也是为了让教学能够达到最佳效果，从而促进学生的发展。因此，评估与教学是一个以发展为导向的辩证统一体。英语写作对学生来说是一门锻炼思维的课程。有效的教学评估不能仅仅观察学生在单独一次写作行为中的表现，而要看学生在整体写作过程中的表现。

2. 渐进式序列化交互设计

所谓的交互设计就指在教学中教师从教学过程和学生学习过程中了解其在多大程度上能够控制这些新生能力，在此基础上设计下一步的交互活动形式，不断改善教学双方的互动方式。在英语写作教学的动态评价中，主要通过跟踪学生的学习成果及分析教学的最后结果来客观地对整个教学做出评价。这样一来，英语教学的评价，尤其是英语写作动态评价就必须结合日常教学中的方法，进行学生学习思路的指导。动态教学评价关键在于教学和学习的过程，只有关注过程发展才能适时地拓宽学生的学习思路，在发挥其主观能动性的同时，完善整体的教学评价。

3. 改善互动环境

根据情境学习的理论研究，在教学中为了让学生对英语写作有充分的想象空间和正确的思路，英语教师可以在教学课堂中设置相关的教学模拟场景，让学生根据主题环境自行命题，完成写作。有学者认为，写前阶段作为写作过程的初始阶段，对以后创作的任何成功的写作都至关重要。那么，这就要求学生在平时多积累词汇、语法，充分培养学生运用写作技巧挖掘题材的能力，这也是解决学生英语写作内容空洞、思路混乱问题的方法之一。学生的想象力是极为丰富的，他们获得资源的途径很多，如网站、报刊、现实生活等。所以，英语写作题材一定要给学生留有充足的想象空间，在搜集这些素材之后要引导学生有效地利用这些素材，充分发挥想象力。这样才能够提升学生的写作兴趣，提高学生的写作能力。

（三）动态评价应用于英语教学的意义

1. 提高教学质量

动态评价体系可以对课堂教学过程进行全面反馈，帮助教师从教学内容、教学实践、教学语言等方面了解教学活动的运作情况，并了解自己在教学中的表现以及教与学之间的差距。这就有利于教师及时调整进度，缩小差距，从而将英语教学质量提升到一个新的高度。

2. 降低学生的外语学习焦虑，激发学习动机

很多英语学习者都曾对英语学习产生过焦虑情绪。可以说，外语焦虑感是语言学习中的一大障碍，也是对语言学习质量产生影响的重要因素。因此，如何采取合理的评价措施来最大限度地降低学生的焦虑就成为一个亟待解决的问题。动态评价体系从评价学生的"过去"和"现在"，转向评价学生的"将来"和"发展"。换句话说，动态评价体系对学生在发展过程中存在的个性差异和不同发展水平予以足够重视，这就使学生成为课堂教学的积极参与者和决策者。这一方面可以充分发挥学生的自主性，提高他们的自信心，使他们认识到自己的优势；另一方面又可降低学生的外语焦虑感，将学生的学习动机激发出来。

3. 培养学生的学习自主性和自主学习能力

动态评价体系关注学生的情感因素，侧重学生学习的发展过程，从而可以对学生的学习状况进行更加全面地反映。这有利于学生对自己的学习进程有效检查和调控，并积极主动地对学习过程进行反思，培养和提高了学生的自我学习管理能力。

三、英语教学的多维度、多元化评价

（一）评价理念人性化

评价理念人性化就是要以师生的情感诉求为本，注重师生的可持续发展与追求进步的过程。这就要求评价者应了解师生的实际情况和具体需求，了解他们的心理活动与情感诉求，给予老师和学生以人文关怀，力争为他们创设一种和谐、轻松、愉快的评价氛围与环境。评价者和评价对象应在平等的基础上展开对话交流，充分发挥双方的主观能动性。尤其是在做学习评价时，评价者应充分考虑到学生的家庭环境和英语实际水平的差异性，尤其是那些家庭经济地位、社会地位相对较低的弱势家庭的孩子，他们的心理更加敏感与脆弱，造成他们英语水平相对比较低的原因也不能完全归咎于自身的不努力。通过用心去倾听、体验他们的思想和感受，积极地帮助、引导他们，他们会相对获得一种心理安全感，更加积极主动地配合教学评价，从内心深处真正认识和理解评价结果。在对待评价的结果上，评价者应当用发展的眼光看问题，不能简单以 A、B 级考试或期末考试成绩来给学生

贴上相应的标签，而是要从他们追求进步的过程来客观、公正地评价他们。只要他们比过去有所进步就是值得肯定的。只有这样的评价才算得上是人性化的评价，只有从评价对象的实际出发，采用人文关怀手段才能促进评价对象英语语言交际能力和专业能力的提高。只有评价者与评价对象的利益捆绑在一起，评价双方才会切实心连心、手拉手地并肩作战。只有了解评价对象历史发展的背景与发展的过程才能了解他们在某一方面的进步，从而为他们的可持续发展创造更好的条件与机会。

（二）评价方式多样化

教学内容的多元化需要教学评价方式的多样化，英语教学评价应当根据评价的目的、性质、对象的不同而选择相应的评价方式。英语教学评价应当采用诊断性评价、形成性评价、总结性评价、质性评价、量化评价、自我评价等多元化的评价方式。对于大学英语教学而言，其生源比较复杂，既有普通高中生，又有艺术类学生，他们的英语水平不尽相同，采用诊断性评价对他们实行分层教学有利于照顾到他们不同的英语学习需求。在教学的过程中实行形成性评价有利于在教学过程中肯定他们在原有水平上的进步，而不是单单以考试成绩为他们贴上"好学生"与"不好学生"的标签，这样他们才能感受到学习过程的乐趣，才能提高英语学习的自信心。采用自我评价有利于评价对象从内心深处认识到自己的不足从而主动地加以改进。

（三）评价客体多元化

英语教学评价的客体不仅涉及英语语言知识技能考试的教学效果或学习效果评价，也涉及教学方法或学习方法、教学手段或学习手段、教学资源或学习资源、教学内容或学习内容的评价，因此，英语教学评价的客体应当多元化。采用灵活多样的教学方法或学习方法有利于教师和学生根据实际情况做出选择和调整。因为作为生活组成部分的语言，它是一个充满活力、不断发展的开放性系统，不同的场合有不同的学习内容，不同的学习者有不同的心理特点。采用灵活多样的教学手段或学习手段，如计算机辅助翻译软件、网络等，有利于教师和学生随时随地展开线上线下的互动交流与相互监督。丰富的教学资源评价有利于教师和学生提高教学效率或学习效率，全面的教学内容评价有利于提高教师和学生英语语言的综合应用能力。

参考文献

[1] 蔡基刚. 中国专门用途英语教学发展回顾、问题和任务 [J]. 西安外国语大学学报, 2015, 23（1）：68-72.

[2] 蔡龙权, 裘正铨. 大学英语教学研究 [M]. 上海：上海科学技术出版社, 2007.

[3] 陈海贝, 魏晓斌, 辛瑞青. 专门用途英语教学理论与实践研究 [M]. 北京：中国书籍出版社, 2015.

[4] 陈坚林. 现代英语教学组织与管理 [M]. 上海：上海外语教育出版社, 2000.

[5] 陈茜. 大学英语教学生态系统简论 [M]. 武汉：湖北人民出版社, 2015.

[6] 陈青松. 网络环境下大学英语自主学习的研究与实践 [M]. 厦门：厦门大学出版社, 2009.

[7] 陈仕清. 英语教师专业发展新路径 [M]. 南宁：广西教育出版社, 2012.

[8] 陈雪芬. 中国英语教育变迁研究 [M]. 杭州：浙江大学出版社, 2011.

[9] 陈燕. 大学英语教师专业发展新视角 [M]. 北京：中国政法大学出版社, 2014.

[10] 陈益志. 生态化学校教育 [M]. 上海：上海远东出版社, 2006.

[11] 程惠云. 生态英语教学智慧 [M]. 北京：中国科学文化音像出版社, 2016.

[12] 程书丽. 交互式电子白板教学应用 [M]. 上海：上海教育出版社, 2013.

[13] 程晓堂, 孙晓慧. 中国英语教师教育与专业发展面临的问题与挑战 [J]. 外语教学理论与实践, 2010（3）：1-6.

[14] 单胜江. 专门用途英语教学研究理论与实践 [M]. 杭州：浙江大学出版社, 2012.

[15] 丁琳琳, 宋莉, 高莹. 数字教育技术背景下大学英语教师专业发展行动研究 [J]. 黑龙江科学, 2017, 8（1）：184-185.

[16] 董金玉, 赵坤, 张琳. 商务英语教学论 [M]. 哈尔滨：黑龙江教育出版社, 2013.

[17] 段建敏. 英语教学实践与反思 [M]. 太原：山西人民出版社, 2009.

[18] 段沫. 基于需求分析的任务型教学研究 [D]. 上海：上海师范大学, 上海：2010.

[19] 方其桂. 翻转课堂与微课制作技术 [M]. 北京：清华大学出版社, 2017.

[20] 符雪青, 黄杏. 大学英语与专门用途英语的教学融合探究 [M]. 北京：中国水利水电出版社, 2013.

[21] 高越, 张秀英. 英语教学与翻译研究 [M]. 杭州：浙江工商大学出版社, 2015.

[22] 龚辉. 英语教学资源基于语料库的现状和建议 [J]. 教学管理与教育研究, 2017, 2（7）：72-74.

[23] 顾佩娅. 中国高校英语教师专业发展环境研究 [M]. 北京：外语教学与研究出版社, 2017.

［24］桂诗春．基于语料库的英语语言学语体分析［M］．北京：外语教学与研究出版社，2009．

［25］郭剑晶．专门用途英语教学研究［M］．北京：知识产权出版社，2012．

［26］郭坤．全球化背景下大学英语跨文化教学研究［M］．成都：电子科技大学出版社，2017．

［27］郭万群．大学英语多模态课堂教学研究［M］．上海：上海交通大学出版社，2015．

［28］何安平．语料库辅助英语教学入门［M］．北京：外语教学与研究出版社，2010．

［29］何安平．语料库语言学与英语教学［M］．北京：外语教学与研究出版社，2004．

［30］何丽芬．基于共生关系的英语教师专业自主发展途径［J］．教学与管理，2016（24）：41-44．

［31］何炫．英语生态化教学环境的构建路径探讨［J］．中国科教创新导刊，2013（1）：219．

［32］胡开宝．语料库翻译学概论［M］．上海：上海交通大学出版社，2011．

［33］黄剑平．辅以语料库的新认知教学法在英语教学中的应用［M］．杭州：浙江大学出版社，2011．

［34］黄军利，骆北刚．英语课堂教学模式的实验研究［M］．苏州：苏州大学出版社，2016．

［35］黄敏．基于微课的"翻转课堂"模式在大学英语教学中应用的可行性分析［J］．时代教育，2016（7）：2-3．

［36］贾春霞．教育生态学视域下的现代信息技术与大学英语课程整合状况分析［J］．校园英语，2015（33）：18．

［37］江桂英．中国英语教育语言经济学的视角［M］．厦门：厦门大学出版社，2010．

［38］姜晓瑜．专门用途英语教学研究［M］．北京：知识产权出版社，2017．

［39］金跃芳．英语情境教学理论与实践［M］．杭州：杭州出版社，2005．

［40］李冰冰．英语教学与翻译理论研究［M］．北京：北京理工大学出版社，2017．

［41］李成洪．英语教学与跨文化传播［M］．沈阳：东北大学出版社，2013．

［42］李海振，王桂荣，刘若涵．交互式电子白板课件制作与应用［M］．哈尔滨：哈尔滨工程大学出版社，2016．

［43］李华芳，何小平．语料库语言学与英语教学［J］．考试周刊，2009（26）：126-127．

［44］李会功．微课翻转课堂设计制作与应用［M］．北京：清华大学出版社，2017．

［45］李佳．英语文体学理论与实践［M］．厦门：厦门大学出版社，2011．

［46］李建红．多元视角下的大学英语教育研究［M］．上海：上海交通大学出版社，2011．

［47］李金炫．教育心理学在高中英语教学中的应用［J］．校园英语（教研版），2012（12）：89-90．

［48］李芒，张敬涛，朱京曦．交互式电子白板有效教学应用［M］．北京：中央广播电视大学出版社，2013．

［49］李少华．英语全球化与本土化视野中的中国英语［M］．银川：宁夏人民出版

社，2006.

[50] 李岩. 如何运用情境教学法进行英语词汇教学 [J]. 时代教育（教育教学），2011（10）：163-164.

[51] 李友良. 英语学习策略与自主学习 [M]. 上海：上海交通大学出版社，2011.

[52] 刘长江. 信息化语境下大学英语课堂生态研究 [M]. 北京：世界图书北京出版公司，2014.

[53] 刘春生，李海振，王宝军. 交互式电子白板技术开发 [M]. 哈尔滨：哈尔滨工程大学出版社，2015.

[54] 刘法公. 论基础英语与专门用途英语的教学关系 [J]. 外语与外语教学，2003（1）：31-33.

[55] 刘倩. 英语教师专业发展理念与实践 [M]. 济南：山东教育出版社，2009.

[56] 刘庆林. 地方文化与旅游英语教学以晋城为例 [M]. 成都：四川人民出版社，2010.

[57] 刘润清. 英语教育研究 [M]. 北京：外语教学与研究出版社，2004.

[58] 刘向红. 大学英语自主学习理论研究与实践 [M]. 西安：西北工业大学出版社，2010.

[59] 刘雍潜. 信息技术环境构建与教学应用 [M]. 北京：中央广播电视大学出版社，2009.

[60] 路景菊. 大学英语情境教学研究 [M]. 长春：吉林大学出版社，2007.

[61] 罗少茜. 英语课堂教学形成性评价研究 [M]. 北京：外语教学与研究出版社，2003.

[62] 马烨文. 基于语料库的英语教学资源现状与对策 [J]. 校园英语，2016（2）：49-50.

[63] 闵小梅. 专门用途英语（ESP）翻译与教学探究 [M]. 北京：中国水利水电出版社，2017.

[64] 莫莉莉. 专门用途英语教学与研究 [M]. 杭州：浙江大学出版社，2008.

[65] 欧阳俊林. 英语教学论 [M]. 合肥：安徽人民出版社，2007.

[66] 邱东林，季佩英，范烨. 大学英语教育探索与实践 [M]. 上海：复旦大学出版社，2012.

[67] 屈文生，石伟. 法律英语阅读与翻译教程 [M]. 上海：上海人民出版社，2012.

[68] 芮燕萍. 大学英语教师专业发展实证研究 [M]. 北京：国防工业出版社，2011.

[69] 商文. 高中英语翻转课堂教学模式探究 [J]. 考试周刊，2015（83）：95-96.

[70] 沈国荣. 现代信息技术与大学英语教学融合中的教师生态位研究 [M]. 郑州：黄河水利出版社，2016.

[71] 沈银珍. 多元文化与当代英语教学 [M]. 杭州：浙江大学出版社，2006.

[72] 盛荣杰. 英语教学心理研究 [M]. 哈尔滨：黑龙江人民出版社，2008.

[73] 宋建勇. 高校英语任务型教学与评价研究 [M]. 西安：西安交通大学出版社，2017.

[74] 苏玉洁. 英语教学中的心理学应用 [J]. 考试周刊，2011（47）：125-126.

[75] 孙红琼. 大学生英语自主学习的优化构建 [M]. 昆明：云南大学出版社，2007.

[76] 孙若红．语料库在英语专业词汇教学中的应用［M］．北京：中国社会科学出版社，2017.

[77] 孙维，王立军．网络环境下大学英语教师专业发展与反思性教学［M］．北京：电子工业出版社，2012.

[78] 孙旭春．网络环境下大学英语听说教学研究理论、模式与评价［M］．昆明：云南大学出版社，2015.

[79] 田式国．英语教学理论与实践［M］．北京：高等教育出版社，2001.

[80] 田忠山．语言经济学视域下专门用途英语的教学效率研究［J］．黑龙江高教研究，2017（7）：174-176.

[81] 王蓓蕾．基于学习档案的英语学习者自主能力培养研究［D］．上海外国语大学，2012.

[82] 王进军．综合英语教学原理［M］．广州：中山大学出版社，2011.

[83] 王龙吟，何安平．课堂教学语料库在英语教学研究中的应用——英语课堂会话语篇分析系列论文综述［J］．中小学外语教学（中学篇），2005，28（1）：1-5.

[84] 王路．英语课堂情境教学的探索与思考［J］．中小学教材教学，2004（23）：3-6.

[85] 王乔英，武敏，张晓航．当代多元文化与英语教学探索［M］．北京：光明日报出版社，2013.

[86] 王秋芳．现代英语教师专业发展的理论与途径研究［M］．北京：新华出版社，2015.

[87] 王荣媛，王英，沈海英．英语语言与文化研究［M］．昆明：云南人民出版社，2013.

[88] 王世庆．大学英语教学研究［M］．天津：天津科学技术出版社，2009.

[89] 王晓燕．立足认知心理学提高英语教学质量研究［J］．成才之路，2017（21）：5-6.

[90] 王旭卿．信息技术教育应用技能［M］．上海：上海教育出版社，2012.

[91] 王亚盛，丛迎九．微课程设计制作与翻转课堂教学应用［M］．北京：机械工业出版社，2016.

[92] 王勇．翻转课堂的理论与实践 基于应用型本科人才培养的探索［M］．杭州：浙江大学出版社，2016.

[93] 魏立明，战秀琴．高中英语教学评价［M］．长春：东北师范大学出版社，2005.

[94] 魏向君，周亚莉，杨丽丽．信息技术与英语教学［M］．兰州：甘肃民族出版社，2007.

[95] 吴迪．英语教学评价［M］．延吉：延边大学出版社，2017.

[96] 吴军，晁宏晏，苏莹．语料库与英语语言特征研究［M］．北京：新华出版社，2013.

[97] 吴文．英语教学生态模式研究［D］．重庆：西南大学，2012.

[98] 向晓．旅游英语语言认知解读［M］．北京：光明日报出版社，2010.

[99] 肖礼全．英语教学方法论［M］．北京：外语教学与研究出版社，2006.

[100] 徐晶，何力，童美茹．英语教学与文化视角［M］．北京：光明日报出版社，2016.

[101] 徐淑娟．大学英语教学改革与任务型教学法［M］．北京：中国水利水电出版

社，2015.

[102] 徐淑娟．大学英语生态教学模式建构研究［M］．北京：科学出版社，2015.

[103] 杨勇萍．跨文化交际与英语文化教学［M］．太原：山西人民出版社，2012.

[104] 袁春艳．综合英语教学论［M］．广州：中山大学出版社，2005.

[105] 张洪涛．浅谈心理学原理在英语教学中的应用［J］．校园英语，2012（6）：38.

[106] 张静．基于"生态化教育"理念的大学英语课堂教学策略［J］．开封教育学院学报，2013，33（4）：105-106.

[107] 张俊英．英语寝室与课堂教学互动教学模式研究［M］．杭州：浙江教育出版社，2006.

[108] 钟美荪，金利民．英语专业本科人才培养改革与教师专业发展［J］．外语界，2017（2）：61-66.

[109] 周冠琼．中西文化差异下的大学英语教学研究［M］．北京：中国水利水电出版社，2016.

[110] 周慧慧，王晓铭．大学英语自主学习教学策略研究［M］．北京：中国商业出版社，2013.

[111] 周启加．基础教育英语教师教学能力及其发展研究［M］．杭州：浙江大学出版社，2014.

[112] 周玉忠，肖克义，张广军．英语教学随即评价理论与实践［M］．银川：宁夏人民教育出版社，2011.

[113] 朱家科．大学英语教学中的文化教学［M］．武汉：华中科技大学出版社，2009.

[114] 朱洁．法律英语教学概论［M］．北京：经济科学出版社，2016.

[115] 朱梅萍，沈忆文．外语院校专门用途英语教学模式探讨［J］．中国 ESP 研究，2010（1）：80-87+192.

[116] 朱文忠．商务英语教学研究［M］．西安：世界图书西安出版公司，2011.

[117] 朱意红，陈舒恩．交互式电子白板与教学革新［M］．宁波：宁波出版社，2014.

[118] 邹申．英语专业写作教学语料库建设与研究［M］．上海：复旦大学出版社，2011.

[119] 邹晓玲．大学英语课堂教学研究［M］．重庆：重庆大学出版社，2007.